Burgen und Festungen in der Euregio Maas-Rhein

Eine touristische Entdeckungsreise

GEV

Euregio Maas-Rijn
Maas-Rhein
Meuse-Rhin
N
Weert
A2
Maas
PROV
LIMB
Geel
A13
E313
Maaseik
PROVINCIE LIMBURG (B)
Sittard-Gel
E314
Diest
Genk
A2
Route 17
A76
Hasselt
Route 13
A2
A13
Maastricht
A78
Route 14
Valke
Leuven
Route 15
Maastricht
Route 18
St. Truiden
Route 11
Millen-Riemst
Tienen
Route 16
Borgloon
Tongeren
Route 12
Meuse
A25
A3
E40
A4
A3
E411
Route 10
E40
Louvain-La-Neuve
Liège
PROVINCE DE LIÈGE
A15
The
Route 9
Route 7
Huy
E42
A26
E25
Namur
Meuse
A4
E411
Dinant
La Roche

Düsseldorf
Remscheid
Mönchengladbach
Neuss
Solingen
ermond
Grevenbroich
Erkelenz
Leverkusen
einsberg
Bergisch-
Gladbach
Bergheim
Köln
Rur
E40
Jülich
Alsdorf
Kerpen
Hürth
erlen
erkrade
Route 1
Troisdorf
Route 5
Brühl
Siegburg
Rhein
Eschweiler
Düren
Route 2
Stolberg
Route 3
Bonn
Aachen
REGIO AACHEN
Nideggen
Euskirchen
Bad-Godesberg
te 8
Eupen
Route 4
Limbourg
Rur
hìmont
Bad-Neuenahr
Route 6
Mayen
A27
E42
E44
E29
E42
Maßstab / Schaal / Echelle : 1 : 650.000
© AnyWay Productions / tel. 0031-113-556088

Das Buch ist Teil des Interreg-II-Projekts „Burgen und Festungen in der Euregio Maas-Rhein“ Es wurde ermöglicht durch das Interreg-II-Programm der Europäischen Union und mit finanzieller Unterstützung des Landes Nordrhein-Westfalen sowie des Kreises Düren.

Projektträger:	Gemeinde Riemst, Tourismus Riemst
Partner:	Gemeinde Maastricht, Stichting Maastricht Vestingstad, VVV Maastricht, Gemeinde Theux, WEGE im Kreis Düren
Projektkoordination:	Ab Ovo, Ingrid Desmedt
Arbeitsgruppe:	Th. Brauers, K. Buch, I. Desmedt, J. Eeckhout, A. Henrar, Dr. P. Hoffsummer, A. Jenniskens, J. Notermans, Th. Provaes, J. Schmitz, T. Waegeman
Autoren:	K. Buch, I. Desmedt, J. Eeckhout, Dr. P. Hoffsummer, A. Mingels, J. Notermans, E. Poulsen, J. Schmitz, Dr. Th. Schreiber, T. Waegeman
Endredaktion:	K. Buch

Die Reprodukion historischer Dokumente wurden u.a. ermöglicht durch:
Alden Biesen, Provinz Limburg (B.) Abteilung Dokumentation, Stadtarchiv Sint-Truiden, Stadtarchiv Tongern.

Bei der Beschreibung der Radrouten war uns das bestehende Knotenpunktesystem der Provinzen Belgisch- und Niederländisch-Limburg eine große Hilfe. Das Radwegenetz von Belgisch-Limburg wurde von „Regionaal Landschap Kempen en Maasland“ und „Regionaal Landschap Haspengouw“ entwickelt und wird von der Provinz Limburg (B) verwaltet. In Niederländisch-Limburg wurde es von „Parkstadt Limburg“ entwickelt, die es auch verwaltet.
Bei der Beschreibung der Autorouten durch Belgisch-Limburg waren uns die bestehenden „Haspengau-Autorouten“ eine große Hilfe. Beschreibungen und Karten sind in den Verkehrsämtern (VVV) der Provinz Limburg (B) erhältlich.

Entwurf Karten:	Anyway productions, Heinkenszand, Nl. Hans-Joachim Ehrig, Aachen, D.
Übersetzung:	Marion Schmitz-Reiners, Sabine Reifer, Antwerpen

www.gev.be
buchverlag@grenzecho.be

Layout und graphische Bearbeitung: Cito Communication GmbH, Bilstain (B)
Bildbearbeitung: Grenz-Echo Druckerei, Eupen (B)
Druck: Druckerei Grenz-Echo, Eupen (B)

ISBN: 90-5433-159-3
D/2002/3071/2

Gleichzeitig mit der deutschen Ausgabe erscheint das Buch ebenfalls in niederländischer (GEV) und französischer Sprache bei Editions de l'Octogone.

Printed in Belgium

INHALT

19 Vorwort

21 DIE ENTWICKLUNG DER BURGEN UND FESTUNGEN IN DER EUREGIO MAAS-RHEIN

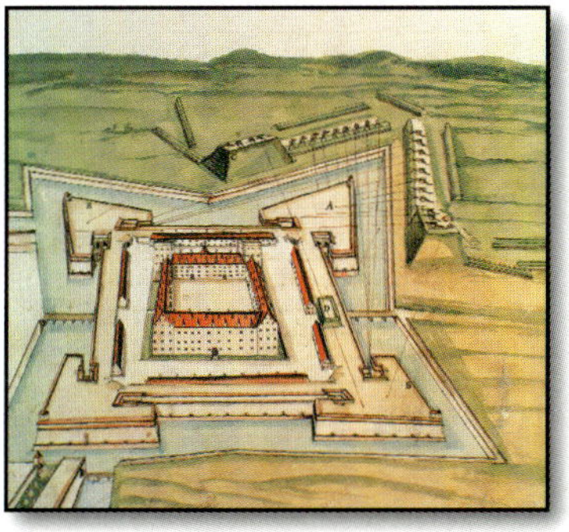

21 Einleitung
21 Allgemeine Anmerkungen zum Festungsbau
23 Die territoriale Strategie der Römer (1. bis 4. Jahrhundert)
24 Wehranlagen gegen die Normannen (5. bis 9. Jahrhundert)
25 Feudalherren und das Aufkommen der Motte, der festen Häuser und der Donjons (10. bis 12. Jahrhundert)
31 Die passive Verteidigung weicht der Aktiven (13. bis 15. Jahrhundert)
34 Mittelalterliche Stadtbefestigungen
39 Die mittelalterliche Belagerung
43 Das Aufkommen der Feuerwaffe
45 Der neuzeitliche Festungsbau
48 Unterirdische Kriege
51 Beispiele für den neuzeitlichen Wehrbau in der Euregio
52 Das 19. und 20. Jahrhundert

57 TOPOGRAFISCHE ASPEKTE DES BURGENBAUS ZWISCHEN MAAS UND RHEIN

57 Die Landschaften der Euregio Maas-Rhein
59 Die naturräumlichen Grundlagen und ihre Bedeutung für den Bau von Befestigungsanlagen
60 • Das Vorhandensein von Wasser
63 • Das Relief

64 • Die Baumaterialien
66 • Die Handelswege

67 GRUNDZÜGE DER TERRITORIALEN ENTWICKLUNG IN DER EUREGIO MAAS-RHEIN
67 Die Herrschaft Roms
67 Das Frühmittelalter
67 Das karolingische Reich zerfällt

69 Die Bildung von weltlichen Territorien im Mittelalter
69 • Der Limburgische Erbfolgestreit (1283-1288)
69 • Die Grafschaft Limburg
69 • Die Grafschaft Geldern
69 • Die Grafschaft Jülich
70 • Die Herrschaft Heinsberg
70 • Die Herrschaft/Grafschaft Valkenburg
70 • Das Herzogtum Brabant
70 • Die Grafschaft Loon

71 Die Bildung geistlicher Territorien im Mittelalter
71 • Das Erzstift/Kurfürstentum Köln
71 • Das Fürstbistum Lüttich
71 • Die Reichsabtei Stablo-Malmedy
71 • Die Reichsabtei Burtscheid
71 • Die Reichsabtei Kornelimünster
73 • Die Abtei Sint-Truiden

73 Andere weltliche Territorien mit Besitzungen in der Euregio Maas-Rhein
73 • Die Freie Reichsstadt Aachen
73 • Die Grafschaft Blankenheim
73 • Die Grafschaft Schleiden
73 • Das Herzogtum Arenberg

75 Vor dem Ende des Ancien Regime
75 • Das Vordringen des Herzogtums Burgund
75 • Habsburgische, Spanische und Österreichische Niederlande

75 Die Zeit der französischen Herrschaft (1794/1797-1814)
77 Die staatliche Neuordnung in Mitteleuropa (1815-1816)
77 Das Königreich der Vereinigten Niederlande zerfällt (1830-1839)

80 Gebietsabtretungen und veränderte Grenzen nach dem Ersten Weltkrieg
80 • Gebietsneugliederung in Preußen im Jahr 1932

80 Staatliche Neubildungen in Deutschland seit 1945

80 Grenzkorrekturen nach dem zweiten Weltkrieg

80 • Deutsch-niederländische Staatgrenze
80 • Deutsch-belgische Staatsgrenze
82 • Gebietsaustausch im Landkreis Monschau

82 Die Umwandlung des Königkreichs Belgien in einen Bundesstaat

82 Der Wandel binnenstaatlicher administrativer Gebietsgliederungen
83 • Gemeindefusionen in der niederländischen Provinz Limburg
83 • Gemeindefusionen in den belgischen Provinzen Limburg und Lüttich
83 • Gebietsreformen auf Gemeinde-, Kreis- und Bezirksebene im Bundesland Nordrhein-Westfalen

87 DIE TOURISTISCHEN ROUTEN **1**->**12** Autorouten
87 1 Burgen und Festungen im Jülicher Land, 60 Km
87 Das Haus Rath
87 Die Burg Obbendorf
88 Das Schloss Hambach
90 Die Befestigung der Stadt Jülich
91 • Das Bastionärsystem des 16. Jahrhunderts
91 • Die Zitadelle Jülich
91 • Palazzo in fortezza

93 • Rurtor
93 • Der Brückenkopf von Jülich
96 Die Burg Dürboslar
96 Die DeutschordenskommendeSiersdorf

99 2 Burgen und Festungen in der Börde, 50 Km
99 Das Haus Rath

100 Die Burg Gymnich
101 Die alte Burg bei Nörvenich
101 Die Harffsche Burg
103 Die Burg Binsfeld

103 Die Burg/das Schloss Burgau

105 3 Burgen und Festungen der Rur-Eifel, 100 Km
105 Die Burg/das Schloss Burgau
106 Die Burg Untermaubach
107 Die Burg Nideggen

112 Die Burg Hengebach
113 Die Burg Simonskall
114 Die Laufenburg

117 4 Burgen und Festungen im Euskirchener Land, 50 Km
117 Die Motte Knöpp
118 Die Hardtburg

119 Der alte Burgberg bei Kreuzweingarten
120 Die Burg Kirspenich
121 Die Burg Arloff
122 Die Alte Burg bei Bad Münstereifel
122 Bad Münstereifel
123 • Die Landesburg Münstereifel
124 • Die Stadtmauern
124 Das Schloss Wachendorf
125 Die Burg Zievel
125 Die Burg Satzvey

128 Die Burg Veynau
128 Die Stadt Zülpich

131 5 Burgen und Festungen im Grenzland, 60 Km
131 Die Burg Dürboslar
131 Deutschordenskommende Siersdorf
132 Die Burg Rode
133 Die Burg Wilhelmstein
134 Das Haus Türmchen
136 Die Aachener Stadtbefestigung
137 Die Burg Monschau
138 Die Burg Stolberg

141 6 Burgen und Festungen in der Hocheifel, 90 Km
141 Die Burg Blankenheim
142 Die Burg Dollendorf
143 Die Burg Jünkerath
144 Die Burg Kronenburg

145 Die Burg Reifferscheid
147 Die Burg Wildenburg

149 7 Von Franchimont nach Poulseur, 70 Km
149 Das Schloss Franchimont (Theux)

152 Die Wehrkirche von Theux
152 Der befestigte Hof von Jevoumont
153 Das Fort Tancrémont
153 Der Turm von Louveigné
154 Das Schloss Harzé
154 Der Turm von Izier
155 Die Burg Logne

156 Das Schloss Lassus
156 Das Schloss Rennes
156 Der Turm von Ouffet
156 Die Avouerie von Anthisnes
157 Der Turm von Poulseur

159 8 Von Limbourg nach Sippenaeken, 50 Km
159 Limbourg, Oberstadt
160 Das Schloss Libermé
161 Die Burg Raeren
162 Das Haus Raeren

162 Das Haus Amstenrath

163 Die Burg Eyneburg oder Emmaburg
164 Das Schloss Streversdorp
164 Das Schloss Beusdael

167 9 Von Huy nach Modave, 100 Km
167 Die Zitadelle von Huy
168 Die Burg Moha
168 Das Schloss Jehay
169 Der romanische Turm von Amay
170 Villers-le-Temple
170 Das Schloss Modave

173 10 Vorschläge zu Lüttich und Umgebung
173 Die Zitadelle von Lüttich

174 Die Karolingische Wehrmauer von Chèvremont
174 Das Schloss Saive
175 Die modernen Forts

179 11 Die Looner-Route, 86 Km
179 Die Burg und das Schloss Millen
180 Das Schloss 's Herenelderen
180 Tongern
181 Die Burgruine von Colmont
181 Gors-Opleeuw
181 Borgloon, eine gräfliche Stadt
181 • Die Burg Loon
182 • Stadtwälle und Tore
183 Das Schloss Rullingen

185 Das Schloss Hoepertingen (Mariagaarde)
185 Das Schloss Rijkel
186 Die Deutschordenskommende Ordingen
188 Das Schloss Binderveld
188 Das Schloss Duras
189 Sint-Truiden

195 12 Die Tongern-Route, 55 Km
195 Sint-Truiden
195 Brustem
195 Die Schlacht von Brustem, 1467
198 Das Schloss Rijkel
198 Das Schloss Termotten in Groot Gelmen

198 Schloss Veulen
199 Schloss Heers
200 Motte Horpmaal
201 Vechmaal
201 Rutten
201 Schloss Hamal
202 Der Turm von Aynechon
202 Die Lütticher Städte erheben sich gegen den Fürstbischof
204 Die Verwicklung von Hamal und Aynechon in den Krieg zwischen Awans und Waroux (1290-1335)
205 Tongern
205 • Die erste steinerne Umwehrung (98-117)
205 • Die zweite steinerne Umwehrung (308-337)
205 • Befestigung der Klosterkirche (Ende des 9. Jahrhunderts und 10. Jahrhundert)
206 • Die Befestigung des vorstädtischen Kerns (Anfang 12. Jahrhundert)
206 • Städtische Befestigungsarbeiten (Mitte 13. Jahrhundert)
208 • Wiederaufbau und Erweiterung der Stadtmauer (16. Jahrhundert)
208 • Der systematische Abbruch der Stadtumwehrungen (17. bis 19. Jahrhundert)

211 DIE TOURISTISCHEN ROUTEN ⑬->⑱ Fahrradtouren
211 ⑬ Die Bilzen-Route, 53 Km
211 Die Wasserburg von Millen
211 Schloss Genoelselderen
212 Alden Biesen, ehemalige Landkommende des Deutschen Ordens
213 Bilzen
214 Schloss Schoonbeek
215 Diepenbeek
216 Vliermaalroot
217 Hoeselt
218 Die Schlacht bei Hoeselt 1328
218 Schloss 's Herenelderen

221 ⑭ Die Alden-Biesen-Route, 31 Km

223 ⑮ Die Colmont-Route, 38 Km
223 Schalkhoven

223 Das „Rote Schloss“ Guigoven
224 Gors-Opleeuw
225 Die Burgruine von Colmont
226 Colmont
227 Schloss Betho
228 Der Donjon von Mulken

229 Tongern
229 Nerem

231 ⑯ Die Elven-Route, 30 Km
231 Das Stadtmodell von Maastricht 1748
232 Die Überreste der Festung Wyck
232 „De Burght“ (Die Burg)
233 Das Haus Eyll
233 Das Schloss Gronsveld
233 Das Schloss Ryckholt
234 Das Schloss Oost
235 Das Schloss Eijsden

233 Das Fort Navagne oder Elvenschans
237 Das Fort Eben-Emael
238 Das Schloss Neercanne oder Agimont
239 Joc (Joint Operations Center)

239 Das „Stachelschwein“
239 Das Fort Sint-Pieter
240 Die Tapijnkaserne
240 Helpoort und Umgebung
242 Vijf Koppen (Fünf Köpfe)

245 ⓱ Die Maastal-Route, 48 Km
245 Schloss Bethlehem

246 Schloss Borgharen
247 Gut Hartelstein
247 Gut Geulle
248 Schloss Elsloo
249 Schlossruine Stein
250 Leut
251 Rekem
252 • Ein adeliges Städtchen
252 • Verfall und Untergang
253 Schloss Pietersheim
255 Fort König Wilhelm I.
256 Die Verteidigungsanlagen von Du Moulin
257 Die „Nieuwe Bossche Fronten“

259 ⓲ Die Heuvelland-Route, 25 Km
259 Sibberhuis
259 Schloss Valkenburg

260 Die Herren von Valkenburg
260 Die Stadtbefestigung von Valkenburg
261 Schloss Sint-Gerlach

262 Haus Severen
262 Schloss Geusselt

264 Register

269 Fotonachweis

270 Bibliographie

Vorwort

Auch wenn es sich bei diesem Buch im Grunde um ein Sachbuch handelt, möchten wir Sie auffordern, Ihrer Phantasie bei der Lektüre freien Lauf zu lassen. Denn es versetzt Sie von der ersten Zeile an in die Welt des kleinen Landadels, der mächtigen Herren, der selbstbewussten, befestigten Städte und der aufblühenden Nationen. Burgen und Festungen waren Symbole für Machthunger und Machterwerb, für Kriege und Bündnisse. Ihre Bedeutung reichte weit über die neuzeitlichen Landesgrenzen hinaus.

Heute gilt diesen Baudenkmälern ein wiedererwachtes Interesse. Darum haben sich 1999 vier Gebiete der Euregio auf Anregung der belgischen Gemeinde Riemst zu einem bemerkenswerten Projekt zusammengeschlossen. Im Mittelpunkt standen Restaurierungs- und Renovierungsvorhaben, die von den Kommunalverwaltungen und Freiwilligen in Millen (B), Franchimont (B) und Maastricht (NL) getragen wurden. Das Burgenmuseum in Nideggen im Kreis Düren (D) gab es bereits, jedoch konnte es durch das Projekt weiter aufgewertet werden.

Weitere Ziele des Projekts waren es, in jedem der beteiligten Euregio-Gebiete touristische Zentren zu gründen, Rad- und Autorouten zu erarbeiten und ein Buch herauszugeben. Das Buch sollte gründliche, aber leicht verständliche Informationen über den Burgen- und Festungsbau im Allgemeinen vermitteln und Vorschläge für Ausflüge mit Fahrrad und Auto zu den einzelnen Wehrbauten der Euregio enthalten. Dass wir uns im deutschen Teil der Euregio auf Autorouten beschränkten, lag daran, dass es zwischen Bonn und Aachen bereits eine „Wasserburgenroute“ für Radwanderer gibt.

Heute sind wir drei Jahre weiter. Das Buch liegt vor. Wir verbinden damit die Hoffnung, dass es für Sie ein Wegweiser ist, der Sie kundig anhand eines bestimmten Themas durch die Euregio führt.

Erlauben Sie, lieber Leser, uns noch eine persönliche Bemerkung.

Die intensive Zusammenarbeit mit den Initiatoren dieses Buchs und unseren Partnern aus den verschiedenen Regionen war auch für uns ein großer Gewinn. Wir machten eine Entdeckungsreise durch die Welt der Sprachen, der Arbeitsweisen, der Sensibilitäten und der Gepflogenheiten der gesamten Euregio. Das hat uns große Freude bereitet, und dafür sind wir allen Beteiligten dankbar.

Die Stadtverwaltung und Tourismus Riemst (Belgien, Provinz Limburg), die Stadtverwaltung und Tourismus Maastricht (Niederlande), die Stichting Maastricht Vestingstad (Niederlande, Provinz Limburg), die Kommunalverwaltung von Theux (Belgien, Provinz Lüttich) und die WEGE im Kreis Düren wünschen den Lesern dieses Buchs eine ebenso erfreuliche Erfahrung. Und eine spannende Entdeckungsreise durch diese – bis vor Kurzem – noch unbekannte Region, die zu Recht Euregio heißt.

Jan Peumans,
Bürgermeister der Stadt Riemst

Ivo Thys,
Vorsitzender von Tourismus Riemst

Theo Bovens, stellv. Bürgermeister der Stadt Maastricht
Wilco de Jong, Direktor des VVV Maastricht
Theo Provaes, Stichting Maastricht Vestingstad

Im Namen der Gemeindeverwaltung von Theux
Maurice Corne, Bürgermeister von Theux
Roland Bloden, Schöffe für den Tourismus

Wolfgang Spelthahn, Landrat des Kreises Düren
Michael Gramm, Geschäftsführer der WEGE im Kreis Düren

Die Entwicklung der Burgen und Festungen in der euregio Maas-Rhein

Einleitung

Hohe Mauern, tiefe und breite Gräben, steile, palisadenbewehrte Wälle, Türme mit Zinnen und Schießscharten, Bastionen und Zugbrücken – so stellen wir uns Burgen und Festungen vor. Anstürmende Truppen werden abgewehrt, immer bessere Geschütze halten sie auf sicherem Abstand. Burgen und Festungen zwingen zu Respekt. Sie strahlen Stärke aus, sind die Ausfallbasis für territoriale Eroberungen oder die Demonstration landesherrlicher Macht.

Ihre Geschichte ist der Spiegel wechselnder politischer und wirtschaftlicher Machtverhältnisse, gleich ob sie sich auf die lokale, die regionale oder die territoriale Ebene beziehen. Die überall präsenten Burgruinen, die verlassenen Festungen sind stille Zeugen vergangener oder vergänglicher Glorie.

Aber die Betrachtung der mittelalterlichen und nachmittelalterlichen Festungen konfrontiert uns auch mit der Entwicklung immer raffinierterer Angriffs- und Verteidigungstechniken. Dabei denken wir nicht nur an Waffen und Verteidigungsinstrumente, sondern auch an die Entwicklung von Taktiken und Strategien und an die Ausrüstung und Organisation der Kampftruppen. Dabei dürfen wir nicht vergessen, dass es stets bewohnte Orte zu verteidigen galt: eine Hauptstadt, eine Adelsresidenz, eine Siedlung, eine Stadt oder das Umland dieser Stadt. Verwaltungszentren und Fürstenhöfe wurden bewacht, aber bewacht wurden auch die blühenden Siedlungen, in denen Handel getrieben, das Leben genossen, geglaubt und gebetet wurde. Heiß begehrt von Feinden aller Art war schon früh das reiche und strategisch günstig gelegene Gebiet zwischen Maas und Rhein.

Allgemeine Anmerkungen zum Festungsbau

So lange es Menschen auf Erden gibt, so lange haben sie sich auch bekämpft. War zunächst noch die blanke Faust die einzige Waffe des Urmenschen, so wird er irgendwann einmal einen Stein oder einen Ast aufgehoben haben, um noch furchteinflößender zu wirken. Das war der eigentliche Beginn des Rüstungswettlaufs. Denn gleichzeitig begannen die Menschen, sich auch Methoden und Instrumente auszudenken, mit denen sie sich verteidigen konnten.

So lange es sich um Zweikämpfe handelte, kam man mit einem Schild, einem Helm und einem Harnisch aus. Kämpften Gruppen gegeneinander, mussten andere Methoden her. Irgendwann wird einer unserer Ahnen festgestellt haben, dass ein natürlicher Graben oder ein umgefallener Baumstamm effizient gegen anstürmende Angreifer schützten. In diesem Augenblick begann der Mensch, in die Natur einzugreifen, indem er sich nicht mehr nur hinter natürlichen Gräben und vom Sturm gefällten Bäumen verschanzte, sondern selbst Gräben anlegte und Bäume umhackte. Das war der allererste Beginn des Wehrbaus. Bereits damals richtete sich die Anlage von „Festungen“ nach den Waffen der Feinde. An diesem Prinzip hat sich im Laufe der Geschichte nichts verändert. Der Angreifer erfand neue Waffen, der Verteidiger reagierte mit neuen Techniken. Das führte natürlich dazu, dass diejenigen, die sich verteidigen mussten, immer einen kleinen Rückstand im Rüstungswettlauf hatten.

Wehrbauten jeglicher Art hatten also immer den Zweck, feindliche Angriffe abzuwehren. Ein wichtiges Element war dabei, dass es demjenigen, der sich verteidigen musste, möglich sein musste, sich rechtzeitig einen Überblick über die feindlichen Operationen zu verschaffen. Meistens gingen die Bewohner einer Burg oder einer Festung davon aus, dass sie mit einer relativ kleinen Gruppe einer großen Übermacht Widerstand leisten mussten. Die Architektur der Wehrbauten war von dem Gefühl der Unsicherheit beeinflusst. In Zeiten, in denen es viele Konflikte gab, wurde viel Zeit und Geld in den Bau von Burgen und Festungen investiert, in ruhigeren Zeiten weniger.

Bereits im 3. Jahrtausend vor Christus wurden im Mittleren Osten die ersten Umwallungen angelegt. Städte wie Babylon, Ur und Troja waren von hohen Mauern umgeben, und oben auf den Mauern befand sich ein Wehrgang mit Zinnen. Manchmal waren die Städte sogar von zwei oder drei Ringmauern umgeben. Derartige Befestigungsanlagen bewiesen ihren Nutzen bis zur Erfindung des Schießpulvers im 15. Jahrhundert. Damals lag die Erfindung der Festungsmauer bereits vier Jahrtausende zurück. In der heutigen Euregio hatten die Römer die ersten Wehranlagen errichtet. Mit dem Aufkommen der Feuerwaffen wurde das Gleichgewicht zwischen Angriff und Verteidigung gründlich über den Haufen geworfen. Notgedrungen mussten im Festungsbau neue Wege beschritten werden. Es kam zur Entwicklung der bastionierten Festung. Das Ergebnis war, dass Angriff und Verteidigung abermals ein Gleichgewicht erreichten. In der zweiten Hälfte des 19. Jahrhunderts erfolgte ein weiterer historischer Schub: Die Feuerwaffe mit gezogenem Lauf, der Hinterlader, automatische Waffen und die Brisanzgranate wurden erfunden. Noch einmal wurden „Festungen" gebaut, und zwar in Form von Betonbunkern, die weit außerhalb der Städte errichtet wurden. Aber die Schrecken des Ersten Weltkriegs machten definitiv allen Illusionen ein Ende, dass Festungen noch so etwas wie Schutz und Sicherheit boten.

Im Lauf der Jahrhunderte hat sich der Festungsbau zu einem wichtigen Zweig der Kriegstechnik und zu einer Art Wissenschaft mit einem ganz eigenen Vokabular entwickelt. Berühmte Künstler und Wissenschaftler beschäftigten sich mit der Kunst des Festungsbaus, darunter Albrecht Dürer (1471-1528), Leonardo da Vinci (1452-1519) und Simon Stevin (1548-1620). Später kamen echte Spezialisten hinzu, unter denen Vauban (1633-1707) und Menno van Coehoorn (1641-1704) die wichtigsten waren.

Regelmäßig tauchte in der Geschichte der Mythos von der uneinnehmbaren Festung auf. Beispiele sind Troja, Massada oder *Eben-Emael*. Jedoch wurde dieser Mythos stets von der Realität überflügelt. Angreifer, die über ausreichend Zeit und Mittel verfügten, schafften es immer wieder, auch diese Festungen zu Fall zu bringen. Denn nach einer gewissen Zeit war auch in der stärksten Festung der Vorrat an Lebensmitteln und Munition erschöpft. Während im Mittelalter die Bewohner einer Burg oder einer befestigten Stadt häufig ausgehungert wurden, lag das Problem in den darauf folgenden Jahrhunderten häufig darin, dass zu einem bestimmten Zeitpunkt das Schießpulver und die Kugeln aufgebraucht waren und die Kanonen und Gewehre der Belagerten dadurch nutzlos wurden. Außerdem waren die Angreifer auch deshalb im Vorteil, weil die Festung ein großes, massives Ziel für die Geschütze darstellte, während die Verteidiger in der Festung auf Soldaten zielen mussten, die sich als kleine Pünktchen über eine große Fläche verteilten. Natürlich waren manche Festungen stärker als andere. Belagerer hatten immer die Möglichkeit, ihre Pläne noch einmal zu überdenken, wenn sie merkten, wie viel Zeit, Geld und Menschenleben die Einnahme der Festung zu kosten drohte. Das führt uns bereits zu einem weiteren wichtigen Zweck von Festungen: Sie sollten abschreckend wirken. Die Gleichung war einfach: Je höher die Mauern und je imposanter der Bau, umso größer die Wahrscheinlichkeit, dass es überhaupt nicht zu einem Angriff kam.

Die territoriale Strategie der Römer (1. bis 4. Jahrhundert)

Im Jahr 15 v. Chr. erreichten die Römer unter Kaiser Augustus das Gebiet der heutigen Euregio. Ihr Ziel war die Kontrolle der lukrativen Salz- und Bernsteinstraße, die von der Ostsee bis zum Mittelmeer reichte, und der Ost-West-Route, die die Gebiete der Kelten mit Griechenland und dem Nahen Osten verband. Beide Verkehrsachsen wurden von den Germanen kontrolliert. In aller Eile, aber planmäßig errichteten die Römer auf ihrem Marsch in den Norden ein Netz von militärischen Lagern. Im Jahre 9 kam es zur Schlacht im Teutoburger Wald, bei der drei Legionen, insgesamt 18.000 Mann, von den Germanen ausgelöscht wurden. Nach dieser traumatischen Niederlage zogen die Römer sich definitiv hinter die Rheinlinie zurück, die inzwischen von großen Heereslagern (castra) und kleineren Forts (castella) gesichert worden war.

Südlich dieser Linie, dem Limes, konsolidierten die Römer bis weit ins 2. Jahrhundert hinein ihre territoriale Autorität. Politische und militärische Stabilität führten zu einer wirtschaftlichen Blüte der besetzten Gebiete. Die Pax Romana brachte Atuatuca Tungrorum (*Tongern*) und Trajectum ad Mosam (*Maastricht*) Reichtum und Wohlfahrt. Tongern war von einer vier Kilometer langen Stadtmauer umgeben, die weniger Verteidigungszwecken diente als eindrucksvoll die gerade erworbenen Stadtrechte demonstrieren sollte.

Gegen Ende des 2. und in der ersten Hälfte des 3. Jahrhunderts wurden die römischen Kolonien jedoch immer häufiger von germanischen Stämmen überfallen. Das war für die Römer ein Grund, auch das Hinterland militärisch zu sichern. Die Rheingrenze wurde weiter verstärkt. Am Ärmelkanal und der südlichen Nordseeküste beschützten Küstenkastelle wie *Aardenburg*, *Maldegem* und *Oudenburg* den Litus Saxonicum. Die römische Heerstraße Boulogne-Bavai-Tongern-Köln wurde von sorgfältig geplanten Wehranlagen (*Braives*, *Givry*, *Liberchies*, *Morlanwelz*, *Taviers* und *Waudrez*) beschützt. Von den Hügelkämmen der Ardennen aus konnte das umliegende Land beobachtet werden (*Buzenol*, *Dourbes*, *Eprave*). Den Abschluss dieser militärischen Baumaßnahmen bildete die Anlage von starken Mauern rings um die Handelsstädte und militärischen Stützpunkte.

Die vier Kilometer lange Stadtmauer rings um *Tongern* wurde neu angelegt und umgab nur noch ein leicht zu verteidigendes kleineres Areal, und die prächtigen Landhäuser, die „Villas“ im Umland der Stadt, wurden von Erdwällen und Palisaden umgeben.

Die frühgeschichtlichen und römischen Verteidigungsbauten sind die Vorläufer der mittelalterlichen Festen Plätze. Nicht selten wurde das römische Baumaterial im Mittelalter „recycelt“. Jedoch gibt es einen wesentlichen Unterschied zwischen den frühen und den mittelalterlichen Wehrbauten: Während das römische Verteidigungssystem in erster Linie dazu bestimmt war, ein großes Gebiet mit zahlreichen Siedlungen, Ländereien, Verbindungsstraßen, Verkehrsknotenpunkten und Handelszentren zu schützen, beschränkte sich die Wehrfunktion der mittelalterlichen Festen Plätze auf ein recht überschaubares Gebiet.

Wehranlagen gegen die Normannen (5. bis 9. Jahrhundert)

Nach den Einfällen der Germanen und den damit verbundenen Völkerwanderungen blieben die römischen Verteidigungsbauten verlassen zurück. Jedoch wurden sie schnell von den Salischen Franken entdeckt, die sie prompt in ihr Verteidigungssystem integrierten. Denn die Merowinger lebten auf großen aristokratischen Ansitzen, von denen viele von Gräben, Erdwällen und Hecken umgeben waren. Der Sicherheitsabstand zu den Gebäuden betrug die Flugweite eines Pfeils. Orte, die einen natürlichen Schutz boten, wurden als Fliehburgen eingerichtet und waren meistens nicht bewohnt. Die merowingischen Könige, aber auch ihre Nachfolger, die Karolinger, verließen sich in erster Linie auf die Stärke und die Beweglichkeit ihrer Truppen. Bis weit ins 9. Jahrhundert hinein residierten sie relativ sorglos in ihren Palästen und auf ihren ländlichen Gütern. Das Baumaterial bezogen sie aus den uralten, inzwischen halb verfallenen römischen Stadtmauern und Steinbrüchen. Jedoch weigerten sie sich, Verteidigungsanlagen zu bauen. Denn Mauern und Wälle galten eher als Zeichen von Schwäche denn natürlicher Autorität, und außerdem implizierten sie die Gefahr von Aufständen. Dafür entwickelten sich in einem Gebiet, das früher von befestigten Bauten übersät war, Fürstentümer, die einander freundschaftlich verbunden und alle zusammen von einer zentralen Macht abhängig waren.

Das führte dazu, dass sich die offene Landschaft hinter der Nordseeküste den Normannen als leichte Beute geradezu anbot. Einzelne Versuche von Vasallen, sich durch den Bau von hastig hochgezogenen Wehranlagen gegen deren Einfälle zu schützen, wurden zunächst noch verboten, wie aus dem Edikt von Pîtres hervorgeht, das 864 von Karl dem Kahlen erlassen wurde. Jedoch nahm das Schicksal seinen Lauf. Das königliche Monopol wurde zusehends geschwächt, und Ende des 9. Jahrhunderts legten Grafen, Bischöfe und Äbte in der Nähe der Küste und von Flüssen wie Schelde und Maas, von wo aus die Normannen ins Inland eindrangen, systematisch Fliehburgen an. Das führte unter anderem auch zur wachsenden Bedeutung der Grafschaft Flandern. Das stark geschrumpfte *Tongern* wurde zu einem neuen, bescheidenen Bischofssitz. Die alte römische Stadtmauer lieferte das Material für eine neue, mittelalterliche Umwehrung, die jedoch einen viel kleineren Kern umgab und sich nur teilweise mit den römischen Mauern deckte.

Auch neue Ansiedlungen, die Vorläufer späterer Städte, wurden von Erdwällen und Gräben umgeben. In der Nähe älterer Siedlungen ohne militärischen Charakter gründeten die Territorialherren Fliehburgen. Dabei handelte es sich um große, runde Gelände, die von einem Graben, einem Wall und einem Palisadenzaun umwehrt waren. Diese Fliehburgen waren nur für den Notfall bestimmt und nicht ständig bewohnt. Jedoch befand sich darin häufig eine Kapelle, wodurch es eine enge Beziehung zwischen diesen Burgen und den benachbarten, nicht befestigten Siedlungen gab. Beispiele für derartige Fliehburgen sind die von einem Graben und einem Wall umgebenen Areale *Beek* und *Vlodrop* in der niederländischen Provinz Limburg und die Fliehburgen, die im flämischen *Veurne*, in *Sint-Winboksbergen* oder im seeländischen *Middelburg*, *Schouwen* und *Souburg* ausgegraben wurden. Sie wurden castrum, castellum oder munito genannt. Auch die frühmittelalterlichen Wirtschaftshöfe im Besitz von Bauern und Herren, die so genannten Curtis, sowie Klöster wurden von Befestigungsanlagen umgeben. Ein ungfähr in Form einer Acht angelegter Graben teilte die

Güter in zwei Teile auf. In der einen Schleife lagen die öffentlichen Gebäude, wozu die Aula, ein aus Holz errichteter Versammlungssaal, sowie die Camera, die Wohngebäude, zählten, in der anderen befanden sich die Wirtschaftsanlagen – Bauernhof, Stallungen usw. Die Curtis war umgeben von Acker- und Weideland. Bekannt ist die Curtis *Dorestad* in den Niederlanden und die im flämischen *Petegem*. Die Verteidigungsfunktion spielte jedoch eine weniger wichtige Rolle als die agrarische Funktion, die Wohnfunktion oder die religiöse Funktion. Das ist auch der Grund für die Tatsache, dass die Gebäude über ein größeres Gelände verstreut waren.

In allen genannten Fällen blieb das horizontal angelegte Verteidigungssystem bescheiden. Der Verlauf der Umwehrung war offen und unregelmäßig und orientierte sich an früheren Verteidigungsanlagen oder dem natürlichen Relief der Landschaft, wodurch sie für den Feind eher den Charakter einer Bodenerhebung hatten. Steile Hänge konnten die anstürmenden Truppen jedoch aufhalten und versetzten sie in eine unterlegene Position. Flankierungen waren unbekannt oder beschränkten sich auf den Zugang. Die einzige Möglichkeit, die Befestigung zu verstärken, war, an den Schwachstellen mehrere Verteidigungslinien hintereinander zu staffeln. Die Dimensionen der Wehranlagen, ihr horizontaler Charakter und ihre Funktion als Fluchtort erforderten von ihren Bewohnern einen großen Einsatz und eine ausgesprochen kollektive Organisation. Es mussten Garnisonen gebildet werden, die Wehrpflicht wurde eingeführt, und andere Bürger, die im Belagerungsfall nicht eingezogen wurden, waren für die Verpflegung zuständig.

Feudalherren und das Aufkommen der Motte, der festen Häuser und der Donjons (10. bis 12. Jahrhundert)

Langsam, aber sicher verfiel die Zentralmacht. Die Herren und Landbesitzer mussten sich mehr und mehr auf ihre Vasallen verlassen, wenn es darum ging, ihre Verteidigungsanlagen

Sturm auf eine Motte (Detail aus dem Bayeux-Teppich). Erkennbar sind der Hügel mit dem Holzturm, der Graben und der ihn umgebende Wall.

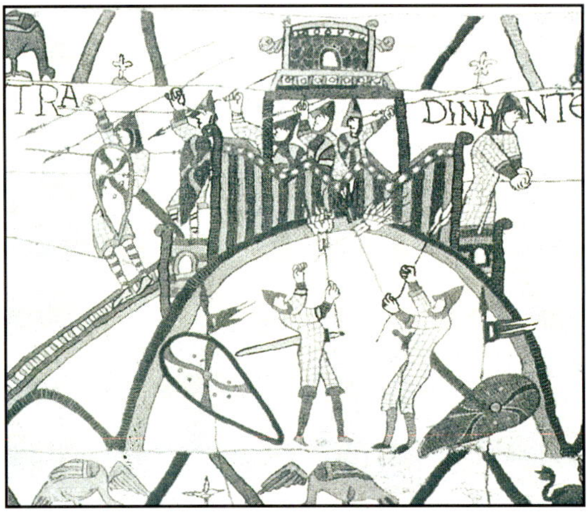

Sturm auf eine Motte (Detail aus dem Bayeux-Teppich)

gegen feindliche Angriffe zu schützen. Auch der interne Kampf konzentrierte sich ab dem 10. Jahrhundert auf die ländlichen Wehrbauten. Außer den bereits genannten Fliehburgen, Anlagen passiver Verteidigung, in denen die Bewohner einer Region Schutz vor einem gemeinsamen Feind suchten, erschienen auch rein militärische Wehranlagen, deren Zweck es war, Herrschaft zu erobern oder zu untermauern. Diese Festen gingen mehr und mehr in das Eigentum von Feudalherren über, die nur noch eine lose Bindung an den König oder Kaiser hatten.

Der Grund für diese Entwicklung war der wachsende Bedarf an Kavallerie in schwerer Rüstung. Kleine Gruppen bewaffneter Männer, die sich auf die Kriegsführung spezialisiert hatten und Bewohner eines Festen Platzes waren, stellten sich in den Dienst eines Lehnsherren und ließen sich dafür reichlich mit Grund und Boden belohnen.

Dies führte schnell zu einer Aufsplitterung der Macht und beschränkte die Mittel, die pro Feste verfügbar waren. Die Machtkämpfe zwischen den lokalen Herrschern führte anschließend wieder zu einer wahren Explosion der Zahl der Festungen. Das galt auch für das unruhige Maas-Rheingebiet. In diesen wirren Zeiten versuchten regionale Herrscher mit viel Mühe, ihre Dynastien aufrecht zu erhalten. Viele bezogen ihr Selbstbewusstsein aus ihrer Stammburg, wie auch aus dem Namen dieser Geschlechter hervorgeht – derer von *Cuijk*, *Geldern*, *Heinsberg*, *Kessel*, *Limburg*, *Loon*, *Mereheyn*, *Vlakenburg* und *Wassenberg*. Ihre Burgen wurden die Zentren gleichnamiger Territorien.

Einigen Herren wie denen von Brabant, *Geldern*, *Jülich*, *Kleve*, *Limburg* und *Loon* gelang es, mit oder ohne die Hilfe der mächtigen Bischöfe von Lüttich, Utrecht und Köln ihren territorialen Status zu konsolidieren und mehr oder weniger abgegrenzte Besitztümer aufzubauen. Vor allem diese neuen territorialen Herren errichteten im Maas-Rheingebiet zwei neue Typen von Wehrbauten: die Motte und

Die Motte von Kessenich (Belgisch-Limburg) während der Ausgrabungen

Rekonstruktion einer Motte mit Wirtschaftshof (Zeichnung von J. De Meulemeester, Archäologe)

das Feste Haus. Bei der Motte stand das defensive, wehrbare Element im Vordergrund, wogegen das Feste Haus eher einem repräsentativen und administrativen Zweck diente. Logischerweise wurden Motten vor allem in Zeiten von Eroberungsfeldzügen oder dort errichtet, wo gerade eroberte Gebiete gesichert werden mussten.

Die Festen Häuser dagegen finden wir eher in Gebieten mit einer hohen Kultur und einer geordneten und stabilen gesellschaftlichen Struktur. Ab der zweiten Hälfte des 10. Jahrhunderts gab es die ersten schüchternen Ansätze, die traditionellen, horizontalen Wehranlagen durch Motten zu ersetzen, einem neuen Festungstyp mit einem einzigen starken, dominanten Punkt. Den Kern einer Motte bildete ein konischer Hügel, der entweder bereits vorhanden war (wie in *Komont*) oder künstlich aufgeschüttet wurde (*Kessenich*, *Millen*, *Horpmaal*, *Brustem*).

Der Querschnitt eines solchen Hügels variierte zwischen zwanzig und hundert Metern und die Höhe zwischen drei und zwanzig Metern. An seinem Fuß war der Hügel von einem Ringwall mit Graben umgeben. Oben auf dem Hügel befand sich ein viereckiger Holzturm. Dieser Turm war für den Herrn sowohl Wohnung wie Bastion und Ausguck. Meistens befand sich am Fuß des Hügels eine zweite, niedrigere Geländeerhöhung mit den Wirtschaftsanlagen (Bauernhof, Stallungen) und der Kapelle. Dieses „Zwinger“ genannte Areal war ebenfalls von einem Palisadenzaun und einen Graben umwehrt. Innerhalb dieser äußeren Verteidigungslinie gab es auch Räume für die Garnison und Platz für Menschen aus der Umgebung, die aus irgendwelchen Gründen ein Unterkommen suchten. Spuren zahlreicher Zwinger sind bis heute erhalten geblieben – manchmal in Form des Wirtschaftshofs, manchmal, weil aus der Kapelle eine Pfarrkirche wurde (*Kessenich*). Noch vor Mitte des 11. Jahrhunderts hatte sich

Der achteckige Donjon von Millen (Belgisch-Limburg) während der Ausgrabungen

dieser Wehrbau-Typ in ganz Westeuropa verbreitet. In seltenen Fällen wurde in der unmittelbaren Umgebung einer Motte eine zweite Motte gebaut, die manchmal als vorgeschobene Verteidigungsanlage diente, manchmal auch, wie in *Kessenich*, die Folge von Erbteilung waren.

Der Turm der Motte bestand in der Regel aus drei Stockwerken. In der Scheune im Erdgeschoss wurden Getreide und andere Vorräte gelagert, im ersten Stock wohnten der Herr und seine Familienmitglieder und im zweiten Stock, unter der Verteidigungsplattform, weitere Verwandte und die Mitglieder der Garnison. Der Eingang des Turms befand sich auf Höhe des ersten Stocks und war über eine Holzbrücke oder -treppe erreichbar. Die steile, mit Dornsträuchern bepflanzte Böschung des Walls, der Glacis, auf dessen Krone sich ein Palisadenzaun befand, bildete ein erstes Hindernis für den Feind. Die Böschung bremste den Angreiffer ab und versetzte die Verteidiger zudem in die Lage, sich einen Überblick über das feindliche Heer zu verschaffen. Weiter schützte sie den Holzturm vor Feuersbrunst. Vom Turm aus konnten die Wirtschaftsanlagen überblickt und notfalls mit Pfeilen bestrichen werden. Hinter der Umwallung des Hofs konnte eine erste Verteidigungslinie angelegt werden. Die Verteidigungs- und Wohnfunktion der Motte waren also sowohl vertikal (der Turm) wie horizontal (Wirtschaftshof) angelegt.

Ab der zweiten Hälfte des 11. Jahrhunderts wurden die hölzernen Motten, die leicht in Brand gesteckt werden konnten, durch steinerne ersetzt. Diese massiven viereckigen Türme wurden Donjons genannt. Das Erdgeschoss war noch stets ein dunkler, geschlossener Lagerraum mit einer Gewölbedecke, der vom ersten Stock – den Wohnräumen – durch eine Falltür, das so genannte Angstloch, erreichbar war. Noch immer war die Wehrfunktion wichtiger als der Wohnkomfort. Die Wohnräume waren nur über den ersten Stock und

Der achteckige Donjon von Brustem (Belgisch-Limburg)

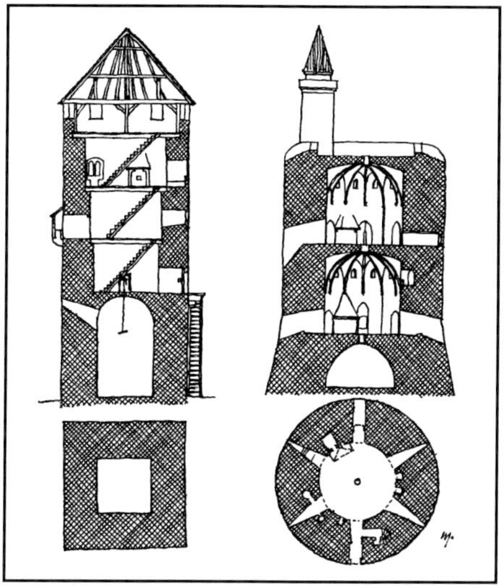

Querschnitt und Grundriss eines Donjons oder wehrbaren Wohnturms

einen schmalen Vorbau erreichbar. Das Tageslicht fiel durch Mauerschlitze, und nur ein Kamin, der in die dicken Mauern eingelassen war, bot einige Bequemlichkeit. Außer Wohnräumen gab es im Turm auch einen Empfangs- und einen Andachtsraum, wobei sich diese Räume manchmal über mehrere Stockwerke verteilten. Jedoch waren die viereckigen Türme aufgrund ihrer großen blinden Mauerflächen nicht leicht zu verteidigen. Bereits im 12. Jahrhundert tauchten die ersten polygonalen Türme auf, zum Beispiel achteckige (*Brustem*), sechseckige (*Kessenich*), zehneckige (*Kolmont*, *Mulken*) und sogar sechzehneckige (*Valkenburg*). Schließlich wurden sogar runde Türme gebaut (*Achel*), wobei die Wohnräume aus Gründen des Komforts noch immer gerade Wände aufwiesen.

Eine größere und komplexere Variante des Donjons war das Feste Haus, das sowohl als Wohngebäude wie als administratives Zentrum diente. Von dort aus wurde regiert, es wurde Recht gesprochen, die Lehen wurden eingezogen und hohe Gäste mit ihrem Gefolge empfangen. Die regionalen Festen Häuser waren Varianten der Pfalzen des deutschen Kaisers. Der Grundriss war stets quadratisch oder rechteckig. Bei quadratischen Grundrissen maßen die Seiten zwölf bis 14 Meter, bei rechteckigen zwölf mal 20 oder 30 Meter.

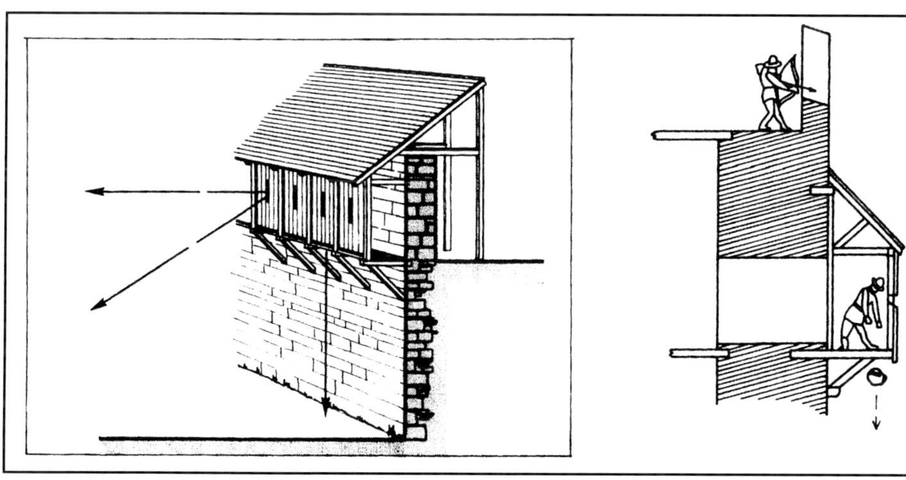

Der hölzene Wehrgang mit Hürdengalerie, typisch für das 12. Jahrhundert

Der befestigte Turm von Theux (Provinz Lüttich). Der Turm ist mit einer Hürdengalerie ausgestattet

Noch bestehende Beispiele sind die Festen Häuser der Grafen von Loon in *Borgloon*, die ältesten Gebäudeteile des Schlosses von *Valkenburg* (das von einer Gracht und einem Wall umwehrt ist) oder das Feste Haus zu *Maastricht*, das im 10. Jahrhundert von den Herzögen von Niederlothringen als Gegenstück zur St.-Servatiuskirche errichtet worden war.

Bei Ausgrabungen in der Motte von *Kessel* fand man unter dem Hügel einen älteren Turm aus der Mitte des 11. Jahrhunderts, bei dem es sich möglicherweise um die Stammburg der Herren von Kessel handelte. Das Innere der meisten Donjons war durch eine Längsmauer zweigeteilt. Durch das zunehmende Bedürfnis, mehrere Funktionen in einer Burg zu vereinigen, wurde die Aufteilung des Gebäudeinneren ab Ende des 12. Jahrhunderts immer komplizierter. Die Burgen enthielten nun Galerien, zahlreiche Zimmer und sogar ein umfangreiches Kanalisierungssystem. Typisch für das 12. Jahrhundert sind auch die leichten Strebepfeiler, die einen Wehrgang stützten, und hölzerne Vorkragungen, Vorläufer der späteren steinernen Gusslochreihen für heißes Pech oder Öl, der Maschikulis.

Bis 1180 beschränkten sich die architektonischen Neuerungen auf die Innenaufteilung der Donjons und den Umfang der Wehranlagen. Wenn der Motte-Typ beibehalten wurde, errichtete man oben auf dem Hügel einen Ringwall. Die Voraussetzung war allerdings, dass genug Erde aufgeworfen worden war. Manchmal wurde auch am Fuß des Hügels ein Ringwall errichtet. Wenn sich an die Innenseite der oberen Mauer Räume anlehnten, die rings um einen Innenhof gruppiert waren,

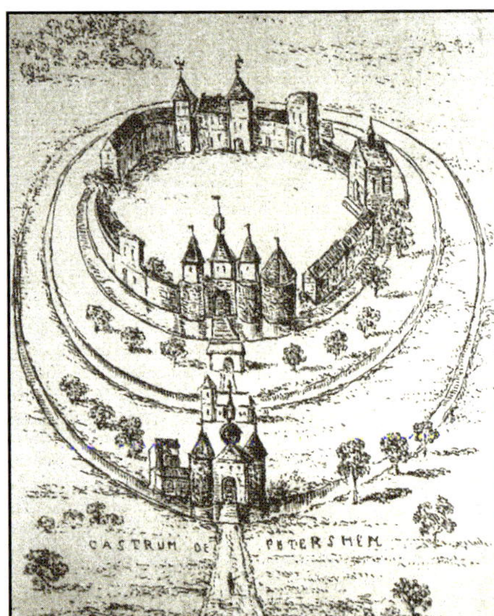

Die Burg von Pieteersheim, Lanaken (Belgisch-Limburg), ein typischer Bau vom Shell-keep-Typ

spricht man von einer Randhausburg (Shell-keep). Ein Beispiel dafür ist die Burg von *Pietersheim*. Manchmal wurde ein Donjon auch in einem ausgehöhlten Mottenhügel oder auf ebener Erde errichtet, wobei der Mottenhügel rings um den Turm aufgeworfen wurde. Ein derartiger „einmottierter" Donjon überraschte jeden Feind, der den Turm durch Unterminierung einnehmen wollte.

Bei allen diesen Wehranlagen sprechen wir von passiver Verteidigung, die sich auf glatte, steile und dicke Mauern stützte, die sich zudem noch auf einer ebenso steilen Anhöhe befanden und von hohen Palisaden und tiefen, breiten Gräben umgeben waren. Eine aktive Verteidigung war nur von der Krone der Wehrmauern aus möglich. Von Zinnen und Schießscharten aus konnte man den Feind unter Beschuss nehmen, und von dem leicht vorkragenden Fachwerk aus konnten die Verteidiger Projektile auf die Belagerer am Fuße des Turms abfeuern. Flankierende Elemente wie Treppentürme oder rechteckige oder runde Stützmauern waren vielfach noch mehr oder weniger zufällige Beigaben. Die erfolgreichsten Arten der Belagerung waren außer dem frontalen Angriff, dem Überraschungsangriff, der Brandstiftung und der Unterminierung vor allem das Aushungern der Belagerten – und der Verrat.

Die passive Verteidigung weicht der aktiven (13. bis 15. Jahrhundert)

Ab Anfang des 13. Jahrhunderts wurde die militärische Architektur perfektioniert. Burgen wurden komplexer, Entwürfe durchdachter, der Einsatz von Materialien verfeinert. Die Burgen wurden von spezialisierten Baumeistern entworfen, die im Dienst des territorialen Herrschers standen. Auch profitierte man von den Erfahrungen der Kreuzzüge, bei denen europäische Ritter mit byzantinischen Festungsanlagen und arabischen Angriffstechniken Bekanntschaft gemacht hatten. Die Einführung moderner Angriffstechniken und die Entwicklung stets wirksamerer Waffen führte zu immer raffinierteren Verteidigungsanlagen. Katapulte und Geräte zum Abschießen von großen Pfeilen - die Balliste -, Belagerungstürme, Sturmböcke und Mauerbrecher stellten eine immer größere Bedrohung für die Mauern dar.

Die Zeit, in der Burgen noch umschlossene Fluchtorte, Donjons die Demonstration ultimativer Stärke und Wälle effiziente, vorgeschobene Schutzschilde waren, war vorbei. An ihrer Stelle entstanden ganze Komplexe von Geländeabschnitten und Bauelementen, deren Verteidigungsfunktionen sich ergänzten. Die Burg wurde ein kompaktes und komplexes System von Gebäuden und hohen und niedrigeren Türmen und Mauern, die einander ergänzten und auch im wörtlichen Sinne stützten. Der zentrale Donjon war nicht mehr ein passiver Fluchtort, sondern ein aktives Element, das mit dem Ganzen verschmolzen war. Von der Anordnung her dominierte er entweder sämtliche Gebäude am Vorhof, oder er lag an den Außenmauern und beherrschte somit einen äußeren Gürtel einander flankierender Gebäude und Türme. Auch horizontal schützten die einzelnen Abschnitte der Burg einander, und zwar durch eine systematische Flankierung oder seitlich vorkragende Verteidigungsanlagen. Das Umland konnte nun ohne Hindernisse unter Beschuss genommen werden.

Donjons und flankierende Türme erhielten eine runde Form mit Gewölben in allen Stockwerken. Dadurch wurde einerseits die Gefahr einer Feuersbrunst vermindert, andererseits die Angriffsfläche verkleinert. Die Chance war groß, dass feindliche Geschosse die Mauern nur noch seitlich streiften. Die Schießscharten wurden so angelegt, dass ein Gegenangriff möglich wurde. Um das Schießen mit Arm-

Runder Torturm der Burg von Monschau (D)

brüsten nach den Seiten und nach unten zu ermöglichen, wurden die schlitzartigen Scharten nach innen oder außen erweitert. Außerdem fiel die Mauer nicht senkrecht ab, sondern bildete eine schräge Ebene, wenn sie nicht durch eine künstlich angelegte Böschung geschützt wurde. Dadurch erreichten Steine, die aus den Wurflöchern geschoben wurden, mit Wucht den Fuß der Mauer. Erstmals erschienen auch auf dieser Höhe schmale Schießscharten. Das vorgeschobene Verteidigungsschild wurde durch eine zweite, niedriger gelegene Umzäunung ergänzt, und die Gräben wurden verbreitert und vertieft. Die herrschaftlichen Gebäude wurden an der Innenseite der Ringmauer errichtet und gruppierten sich um einen zentralen Innenhof, der als Lagerplatz für Waffen benutzt werden konnte und auch der Kommunikation zwischen den einzelnen Teilen der Burg förderlich war. Und da die Burg nicht mehr ausschließlich Verteidigungszwecken diente, widmete man nun auch dem Wohnkomfort, dem Luxus und der Ästhetik mehr Aufmerksamkeit.

Es wurden immer mehr hölzerne Wehrgänge und Mauervorsprünge angelegt, was den Soldaten der Garnison ermöglichte, ungehindert rings um die Burg zu zirkulieren. Weiter wurden oben auf der Mauer Plattformen für Wurfgeschosse angelegt. Denn aktive Verteidigung bedeutete, dass von der Burg aus die Belagerer auch angegriffen werden konnten. Kein Wunder, dass vor allem die Torgebäude eine spektakuläre Entwicklung erlebten: Zunehmend wurden sie mit einfallsreich konstruierten Wipp- und Zugbrücken, Fallgattern, Barbakanen und vorgeschobenen Forts versehen.

Der Hundertjährige Krieg (1337-1453) beeinflusste den Burgenbau abermals tiefgreifend. Mit Armbrüsten wurde aus kleineren, kreuzförmigen Schießscharten auf vorbei stürmende Reiterscharen geschossen. Anfang des 15. Jahrhunderts tauchten die ersten so genannten Schlüssellochscharten auf, Schießscharten, die ein rundes Loch für das Durchstecken der ersten, primitiven Handfeuerwaffen, der Bombarden, aufwiesen. Die Wehrgänge auf der

Runder Flankenturm der Burg von Millem (Provinz Belgisch-Limburg) vor der Restaurierung

Die Burg Saive (Provinz Lüttich) mit Schießscharten

Mauerkrone wurden mit Maschikulis, Gusslochreihen für heißes Pech oder Öl, ausgerüstet. Die Burgtore wurden durch vorgeschobene Bauten immer besser befestigt und von zwei Türmen flankiert. Diese vorgeschobenen Anlagen entwickelten sich von Barbakanen zu selbstständigen kleinen Wehrbauten, den Forts.

Inzwischen verbesserte sich auch der Wohnkomfort. Die Wohn- und Empfangsräume (Corps de logis) wurden größer, die Fenster breiter. Häufig wiesen sie auf kleine Innenhöfe. Auch die Räume an den Außenmauern wurden mit Fenstern versehen. Vom obersten Stockwerk aus hatte man oft eine schöne Aussicht auf die Umgebung. Die Innenausstattung der Wohnräume wurde komfortabler und die Wände der Empfangsräume wurden bemalt. Es wurden große Küchen mit enormen Rauchfängen eingerichtet, und über Wendeltreppen waren die einzelnen Stockwerke leicht erreichbar. Die Türme erhielten schmucke Bekrönungen. Immer mehr wurde nach einem Gleichgewicht zwischen der Wehr- und der Wohnfunktion gesucht, was auch zu regelmäßigen, eher rechteckigen Grundrissen und geraden Linien führte. Dies erleichterte deutlich die Einrichtung der Wohnräume.

Mit der Entwicklung der Pulvergeschütze ging die militärische Bedeutung der Burgen langsam zurück. Immer mehr wurden sie zu Schlössern mit einem ausgesprochenen Residenzcharakter. Jedoch blieb auch der militärische Charakter noch erhalten, auch wenn die Gräben, die hohen Mauern mit Brustwehr und Schießscharten, die Türme und die Zugbrücken vor allem herumziehende Räuberbanden oder aufständische Untergebene abschrecken sollten – oder letztendlich nur noch Zeichen einmal erworbener Macht waren.

MITTELALTERLICHE STADTBEFESTIGUNGEN

Ende des 12. und im 13. Jahrhundert erhielt eine Reihe von Städten in der heutigen Euregio die Genehmigung, Befestigungsanlagen zu bauen, um sich gegen Angreifer zu schützen. Meistens behielten sich die Landesherren diese Entscheidung vor, da sie auch mit gewissen Risiken verbunden war: Einerseits wurde die Stadt zu einem soliden Bollwerk und war dadurch durchaus zur Landesverteidigung geeignet, andererseits bestand immer die Gefahr, dass sich die städtische Bevölkerung selbst gegen die Territorialherren erhob.

Städtische Verteidigungsanlagen dienten einerseits dazu, Leben und Besitz der Bürger zu schützen. Darum waren in erster Linie auch die Bürger selbst für deren Unterhalt, die Bewachung und die Verteidigung zuständig.

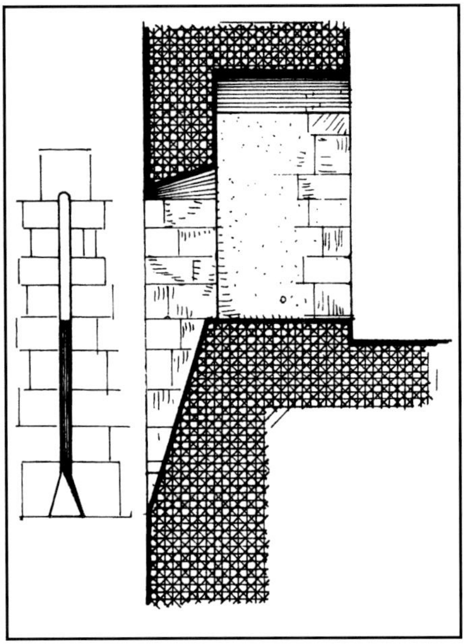

Vorderansicht und Querschnitt einer Schießscharte aus dem 13. Jahrhundert

Andererseits konnten die befestigten Städte ebenso wie die Burgen zu wirksamen Verteidigungsanlagen werden, die das Territorium der Herren gegen Angriffe von außen schützten. Darum überließen viele Herrscher die Verteidigungsaufgabe nicht lange den Bürgern selbst, sondern stellten Heere zusammen und legten Garnisonen in die Städte. Die komplexen Machtverhältnisse in der heutigen Euregio führten dazu, dass zahlreiche Städte befestigt wurden.

Anfänglich bestanden die mittelalterlichen Wehranlagen vor allem aus einem Erdwall und einem Graben. Der Graben entstand sozusagen von selbst, wenn man Boden aushob, um den Wall aufzuwerfen. In niedriger gelegenen Gebieten füllten sich die Gräben mit Wasser, in höher gelegenen blieben sie trocken. Wall und Graben boten ausreichend Schutz gegen Überfälle von herumziehenden Banden oder Soldaten. Auch konnte nun kontrolliert werden, wer die Stadt betrat und wer sie wieder verließ. Jedoch waren diese primitiven Verteidigungsanlagen nicht dazu geeignet, ein gut organisiertes und entschlossenes Heer abzuwehren.

Die Verteidigungsfunktion der Wälle verbesserte sich, als auf ihrer Krone Palisaden- oder Bretterzäune angelegt wurde. Häufig wurden die Holzwände auf die Dauer – und manchmal sehr langsam – durch Mauern ersetzt, die eher dazu geeignet waren, langen Belagerungen zu widerstehen. Auch der Zugang zur Stadt wurde sicherer. Denn bis zum Bau der Mauer befanden sich in den Wällen nur einfache Holztore, die abends geschlossen wurden.

Das Aufwerfen eines Erdwalls kostete in der Regel wenig Zeit und Mühe. Das war der Grund dafür, dass neue Viertel, die außerhalb der ursprünglichen Stadt entstanden, zunächst einmal mit einem Wall und einem Graben

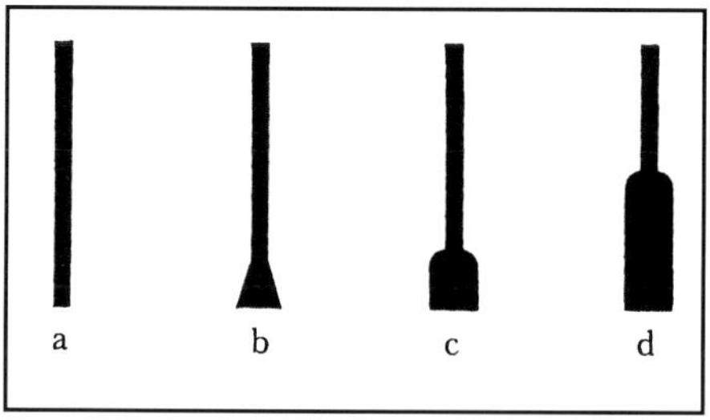

Einfache vertikale Schießscharte

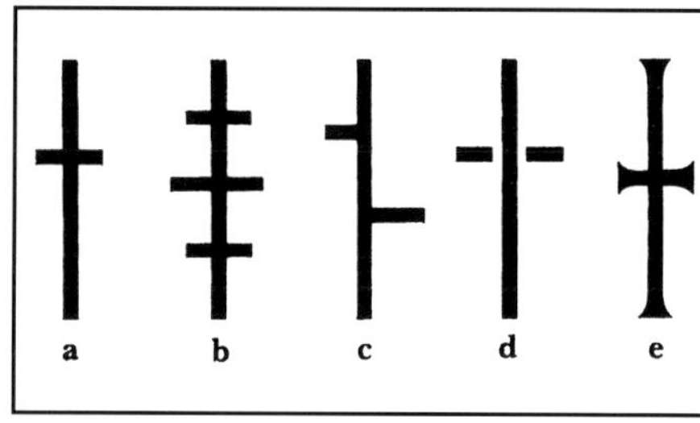

Kreuzscharten (13. Jh.)

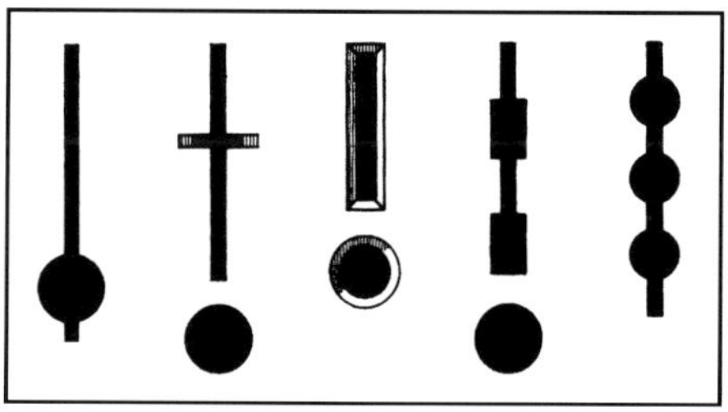

Schießscharten mit Öffnungen für Bombarden, die ältesten Feuergeschütze (14.-15. Jh.)

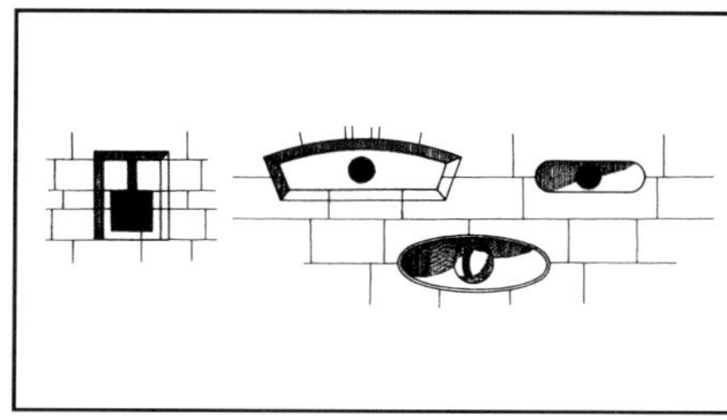

Maulscharten für Bombarden (15.-16. Jh.)

In Stellung gebrachtes Geschütz

umgeben wurden. Erst viel später – wenn überhaupt – wurde der Wall durch eine Mauer ersetzt. Ob eine Mauer gebaut wurde oder nicht, lag vor allem an der finanziellen Situation der Stadt und an der Bedeutung, die ihr als Verteidigungselement zugemessen wurde.

Viele kleine Städte wurden überhaupt nicht umwehrt. Andere wurden relativ schnell durch eine Mauer umgeben, die oben auf dem Wall angelegt und deshalb Wallmauer genannt wurde. Wenn die Stadt nicht auf einer natürlichen Anhöhe lag, zog sich häufig rings um den Wall noch ein Graben.

Jedoch waren die wichtigsten Städte schon im Mittelalter von dicken und hohen Mauern umgeben. Oben auf den Mauern gab es einen Wehrgang mit Zinnen und Schießscharten. Der Mauerverlauf wurde von Türmen und Stadttoren unterbrochen. Die Türme ermöglichten den Verteidigern eine gute Aussicht auf das Umland, das sie im Angriffsfall mit Pfeilen bestreichen konnten. Aber wenn es den Angreifern gelungen war, weiter vorzurücken, wurde es immer schwieriger, sie zu treffen. Die Verteidiger konnten nur noch etwas ausrichten, wenn sie sich selbst immer mehr in die Schusslinie begaben.

Auch durch die Schießscharten in den Mauern selbst, also unterhalb des Wehrgangs, konnte dieses Problem nicht völlig gelöst werden, da es dazwischen längere Mauerteile gab, die durch die Pfeile nicht erreicht werden konnten, was den Angreifern ein relativ gefahrloses Vorrücken ermöglichte. Im Mittelalter (und schon davor) versuchte man, dieses Problem durch den Bau von Türmen zu lösen, die mit seitlichen Schießscharten ausgestattet waren. Dadurch konnten auch die blinden Mauerabschnitte mit Pfeilen verteidigt werden. Dieses Prinzip – das Beschießen von der Seite aus – nennen wir Flankieren. Nunmehr war die Mauer besser zu verteidigen, aber es war auch

Tor mit Pechnase

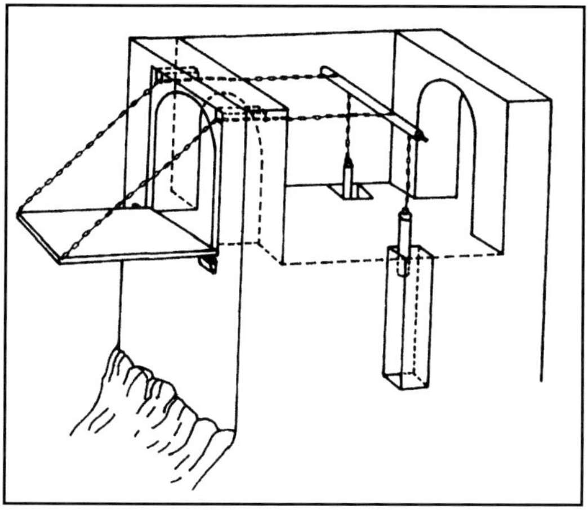

Zugbrücke mit Gegengewicht

ein neues Problem entstanden: Nun gab es an der Vorderseite des Turms einen neuen toten Winkel.

Auch für dieses Problem fand man eine Lösung: Der obere Teil der Stadtmauer wurde mit einem vorkragenden Rand versehen, in dessen Boden sich Schießscharten oder Wurflöcher befanden, durch die ein Feind, der bis zum Fuß der Mauer durchgebrochen war, von oben unter Beschuss genommen werden konnte. Eine derartige steinerne oder manchmal auch hölzerne Vorkragung wird in der Terminologie des Wehrbaus Maschikuli (Gusslochreihe, Pechnasenkranz) genannt. Wenn es sich jedoch nur um eine vorspringende Ausstülpung über einem kürzeren Mauerstück oder einem Stadttor handelt, dann sprechen wir von einer Pechnase.

Die schwachen Glieder im Verteidigungsgürtel waren die Stadttore. Deshalb gab man sich besondere Mühe, sie zu befestigen. Die meisten Stadttore wurden von zwei Türmen flankiert, aber es gibt auch Tore, die nur durch einen seitlichen Turm geschützt waren oder bei denen sich das Tor selbst in einem Turm befand. Nur kleinere oder vereinzelte Mauerdurchgänge wurden im Mittelalter nicht durch Türme geschützt. Jedoch waren sämtliche Tore mit schweren Holzflügeln und die meisten zusätzlich mit einem Fallgatter versehen, das von einem Raum oberhalb des Tors aus bedient wurde. Außerhalb des Tors befand sich meistens eine Zugbrücke. Um die defensive Funktion der Torgebäude zu verstärken, wurden sie häufig noch um einen vorgeschobenen Turm auf dem Vorgelände ergänzt.

Bis heute blieben viele Überreste dieser mittelalterlichen Stadtbefestigungen erhalten. Ein großer Teil der Innenstadt von *Sittard* ist noch immer von einem Wall umgeben; von dem dazugehörigen Graben und den Palisaden auf dem Wall ist jedoch nichts übrig geblieben. In *Tongern* sind noch Reste der römischen Stadtmauer, aber auch der mittelalterlichen Stadtmauer und einige Stadttore zu entdecken. Diese Mauer wurde wahrscheinlich auf einem Erdwall errichtet, der bereits früher be-

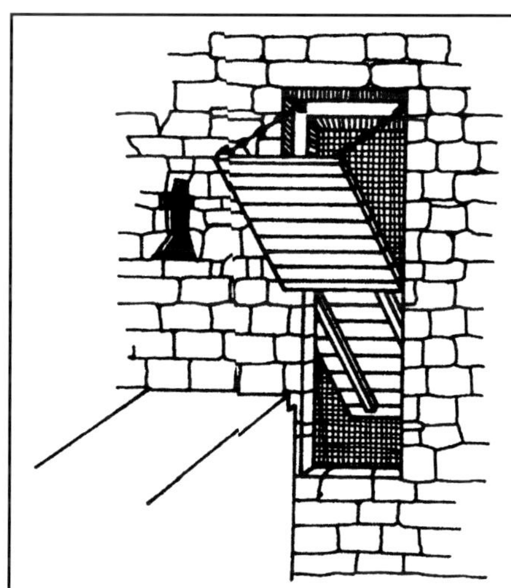

Klappbrücke

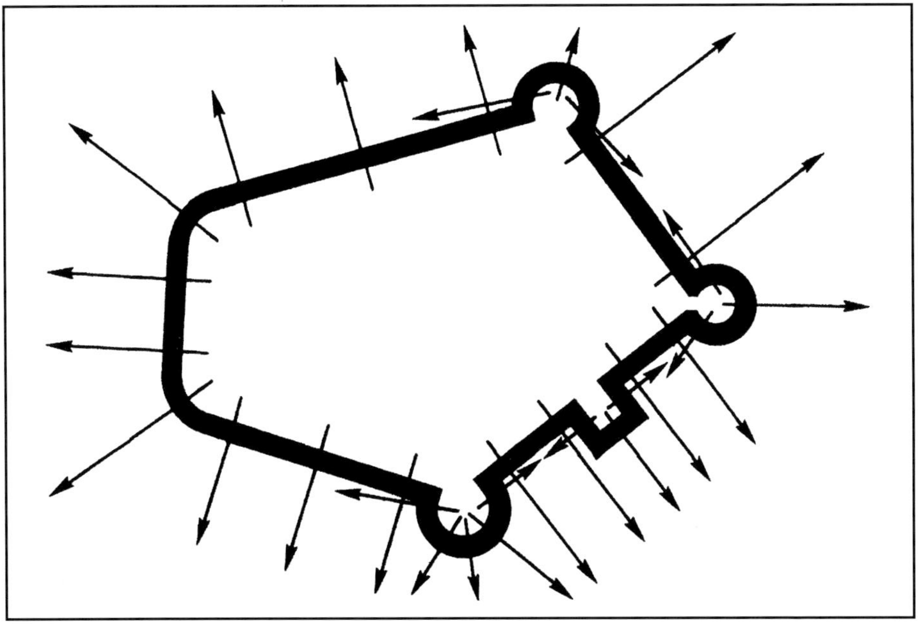

Flanken- und Kreuzfeuer

standen hatte. Die Moerenpoort ist ein mittelalterliches Stadttor, das sich in einem Turm befand, der vollständig aus Mergel gebaut war.

In *Maastricht* gibt es die Überreste zweier mittelalterlicher Stadtmauern. In der Umgebung der Helpoort hat man Anfang des 20. Jahrhunderts versucht, die mittelalterliche Situation zu rekonstruieren. So sehen wir hier zwei Stadttore mit einem spitzen Dach, einem Wehrgang mit Zinnen und Mauerbögen, in denen sich Schießscharten für Armbrüste befinden. Die Helpoort ist ein schönes Beispiel für ein mittelalterliches Stadttor, das von zwei Türmen flankiert war. Über dem Tor befindet sich die Rekonstruktion einer Pechnase, und über dem Torbogen ist auch noch die Öffnung für das Fallgatter zu erkennen. An verschiedenen Stellen sehen wir deutlich, wie die erste Stadtmauer, nachdem sie nutzlos geworden war, in die Bebauung der Stadt integriert wurde. In der zweiten Stadtmauer gibt es drei Öffnungen, durch die das Flüsschen Jeker in die Stadt und wieder hinaus strömte.

Auch in *Valkenburg* gibt es noch ein Stückchen Stadtmauer mit einem halbrunden und einem viereckigen Turm. Außerdem besitzt das Städtchen an der Geul noch zwei Stadttore. Die Grendelpoort ist von zwei halbrunden Türmen flankiert, die Berkelpoort befindet sich in einem viereckigen Turm. In *Jülich* blieb von der mittelalterlichen Stadtmauer das Rurtor (oder Hexentor) übrig. Dieses massive Stadttor wird von zwei halbrunden Türmen flankiert. Über dem Durchgang mit seinem gotischen Spitzbogen befindet sich eine hölzerne Pechnase.

In *Roermond* blieben der Rattentoren, ein runder Eckturm, und im Norden der Stadt Teile von drei Stadttürmen und der Basis der Stadtmauer erhalten.

In *Lüttich* gibt es hier und da noch kleine Abschnitte der mittelalterlichen Stadtmauer und Reste der alten Stadttore, die jedoch so gründlich umgebaut wurden, dass sie fast nicht mehr zu erkennen sind.

Die mittelalterliche Belagerung

Die Mauern, Türme und Tore der mittelalterlichen Städte und Burgen boten im Allgemeinen einen guten Schutz vor Angriffen, selbst wenn schweres Belagerungsmaterial eingesetzt wurde. Die Bedrohung für die Bewohner lag eher in der Dauer der Belagerung. Lange Belagerungen führten unweigerlich zu Erschöpfung, Hunger und Krankheiten der Eingeschlossenen. Deshalb legten die Bewohner einer Stadt oder Feste in Zeiten politischer Spannungen meistens einen großen Vorrat an Lebensmitteln und Kriegsmaterial an. Von größter Bedeutung war auch die Trinkwasserbevorratung, vor allem dann, wenn das Wasser von außerhalb der Feste bezogen wurde. Denn die Belagerer konnten die Wasserzufuhr ohne Weiteres unterbrechen oder das Wasser ungenießbar machen, indem sie Kadaver in die Flüsschen oder Bäche warfen.

Die mittelalterliche befestigte Stadt Tongern (aus „Paweilhar", 15. Jh.)

Die Verteidiger einer mittelalterlichen Feste verfügten meistens nur über eine beschränkte Zahl von Waffen. Eine effiziente Waffe war die Armbrust: Die Schützen, die oben auf den Mauern oder Türmen und somit über dem Feind postiert waren, konnten mit ihren Pfeilen einen Umkreis von 250 Metern erreichen. Weiter gab es in den meisten Festungen einige leichte Wurfgeschütze. Ansonsten war man auf Pech, Schwefel und siedendes Öl angewiesen. Auch konnten die Belagerten durch größere oder kleinere Ausfälle versuchen, den Belagerern das Leben schwer zu machen. Für Nahkämpfe gab es natürlich Schlag- und Stichwaffen wie Schwerter oder Speere.

Die Angreifer versuchten häufig, die Mauern im Sturm einzunehmen. Zu diesem Zweck fertigten Zimmerleute an Ort und Stelle lange Leitern nach Maß. Meistens gelang es nur wenigen Angreifern, ohne schwere Verletzungen die Mauerkrone zu erreichen. Auf der Mauer kam es dann zum Kampf Mann gegen Mann. Aber selbst wenn ein Teil der Mauer auf diese Weise erobert worden war, konnten die Verteidiger sich noch immer in die benachbarten Türme zurückziehen und den Feind mit Pfeil und Bogen beschießen. Die erste Bestürmung war auch meistens erfolglos, worauf die Angreifer sich zurückzogen, um neue Pläne zu entwickeln.

Die mittelalterlichen Belagerer benutzten auch diverse „Kriegsmaschinen“, von denen einige bis auf die griechische und römische Antike zurückgehen. So wurden für die Überquerung der Gräben hölzerne Brücken mit Rädern angefertigt, die vom einen zum anderen Ufer geschoben werden konnten. Wenn schweres Material über den Graben transportiert werden musste, warf man einen Damm auf. Zu diesem Material gehörten zum Beispiel Sturmböcke, die dazu dienten, Breschen in die Mauern zu schlagen. Meistens handelte es sich um überdeckte Geräte auf Rädern, in denen mehrere Soldaten Platz fanden, wobei der eigentliche Rammbock an Ketten aufgehängt war. Die leichten Waffen der Belagerten konnten wenig gegen diese monströsen Sturmböcke ausrichten. Eine andere Möglichkeit, eine Bresche in die Mauer zu schlagen, war das Untergraben des Fundaments. Um die Männer, die diese Arbeit ausführten, zu schützen, wurde eine Art Dachkonstruktion gebaut, unter der sie relativ ungestört ihrer Aufgabe nachgehen konnten. Ein anderes Mittel, um die Mauer zu überwinden, waren Belagerungstürme. Diese Türme, die an Ort und Stelle ebenfalls nach Maß gefertigt wurden, bestanden aus mehreren Stockwerken. Vom zweithöchsten Stockwerk aus konnten erfolgreiche Angreifer über eine Fallbrücke auf die Mauer treten, vom höchsten

Das Sint-Gangelhoftor in Sint-Truiden

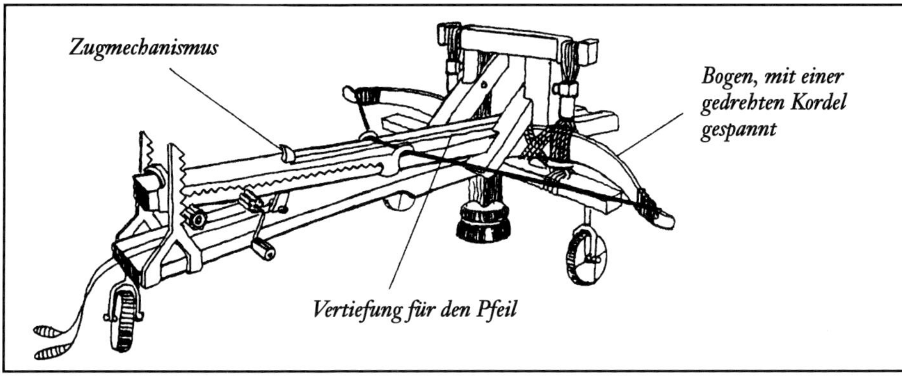

Eine Balliste für große Pfeile

Stock aus wurden sie mit Pfeil und Bogen gesichert. Weiter unten im Turm befand sich oft auch ein Rammbock, mit dem man gleichzeitig versuchte, eine Bresche in die Mauer zu schlagen.

Zum Arsenal der Belagerer gehörten auch Wurfgeschütze, mit denen Pfeile, Steine und andere Projektile über große Distanzen geschossen werden konnten. Diese Wurfgeschütze konnten ja nach Flugbahn der Projektile in zwei Gruppen eingeteilt werden. Mit der Balliste wurden Geschosse – meistens schwere Pfeile – abgefeuert, die die Mauern im waagerechten Flug und mit großer Geschwindigkeit trafen. Mit Schleudern wurden Pfeile, aber auch brennende Pechtonnen, Bienenkörbe, Kadaver und der Inhalt von Latrinen im hohen Bogen über die Mauer und bis in die Festung hinein katapultiert. Für die Wurfgeschütze gab es zwei Funktionsmechanismen. Die ältere beruhte auf dem Torsionsprinzip: In einen hölzernen Rahmen wurde eine Sehne gespannt, an der man einen Wurfarm befestigte. Zog man nun den Wurfarm nach unten, verdrehte sich die Sehne, wodurch eine hohe Spannung entstand. Durch eine Sperrklinke wurde der Wurfarm anschließend arretiert und das Geschoß konnte angebracht werden. Wenn dann die Sperrklinke gelöst wurde, schoss die Sehne in ihren ursprünglichen Zustand zurück, und das Geschoss wurde abgefeuert. Um 1200

Rekonstruktion eines Belagerungsturms

Wurfgeschütze oder Ballisten nach mittelalterlichen Zeichnungen und einer Rekonstruktion von Viollet-le-Duc (19. Jh.)

kamen Wurfgeschütze in Gebrauch, die auf dem Hebelprinzip beruhten und Blide genannt wurden. Derartige Hebelgeschütze bestanden aus eine Art Wippe mit ungleich langen Enden. Am kurzen Ende war ein Gewicht befestigt, das bis zu zehn Tonnen wiegen konnte. Das lange Ende wurde mittels einer mechanischen Konstruktion nach unten gedreht und ebenfalls mit einer Sperrklinke arretiert. Nachdem das Projektil – häufig in einer Art Ledersack – angebracht worden war, wurde die Arretierung gelöst, und das Projektil schoss nach oben. Diese Geschosse flogen viel weiter als diejenigen, die von Torsionsgeschützen abgefeuert wurden. Ein Nachteil der Torsionsgeschütze war auch die Tatsache, dass die Sehne relativ empfindlich war.

Ende des 13. und Anfang des 14. Jahrhunderts tauchten mehrere sehr brennbare Explosivmittel auf, die zweierlei Zwecken dienten: Einerseits sollten sie Brand stiften, anderseits Panik verbreiten. Der bekannteste dieser Stoffe ist das bereits ältere Griechische Feuer, das angeblich sogar auf Wasser brannte und dessen Zusammenstellung noch immer unbekannt ist. Jedoch kam im 13. Jahrhundert auch das Schießpulver in Gebrauch. Gegen Ende des Mittelalters sollte es zu einer vollständigen Umwälzung in der Kriegskunst führen.

Alles in allem war die Belagerung einer Feste im Mittelalter für den Belagerer ein teures und arbeitsintensives Unternehmen. Aber wenn ein Heer stark genug motiviert war und ausreichend Durchhaltevermögen besaß, gelang es ihm beinahe immer, die Feste zu erobern oder die Belagerten zur Kapitulation zu zwingen. Denn zwar konnten diese, sofern sie über ausreichende Vorräte und genug wehrbare Männer verfügten, eine Belagerung monatelang aushalten; die einzige Möglichkeit, einen Feind zu vertreiben, war jedoch dessen Demotivierung oder Hilfe von außen in Form eines Befreiungstrupps.

Das Aufkommen der Feuerwaffe

Niemand weiß, wer wann die ersten Explosivstoffe und das erste Pulvergeschütz erfunden hat. Und vermutlich werden wir es auch nie erfahren. In China wurde möglicherweise schon im 12. Jahrhundert Schwarzpulver benutzt. Im 13. Jahrhundert wurde in Europa das Schießpulver erfunden. Diese Erfindung wird abwechselnd dem englischen Franziskaner Roger Bacon und dem deutschen Mönch Berthold dem Schwarzen zugeschrieben.

Urkundlich erwähnt wurde die erste Feuerwaffe oder Kanone im Jahr 1326. Damals wurden in Florenz eine Bronzekanone und eiserne Kugeln für die Verteidigung der Stadt gegossen. Um diese Zeit muss jemand auf den Gedanken gekommen sein, eine hochexplosive Pulvermischung dazu zu benutzen, ein Geschoss aus einem Rohr abzufeuern. Ab 1340 wird in verschiedenen Urkunden regelmäßig der Einsatz von Bombarden bei Belagerungen erwähnt. Bei diesen ersten Feuerwaffen, kurzen Belagerungsgeschützen mit großem Kaliber, handelte es sich um kleine Metalltöpfe oder –rohre, aus denen pfeilförmige Projektile abgeschossen wurden. Pfeile und ihre Wirkung waren schließlich schon lange bekannt, und sie mussten nur noch für den Gebrauch in Feuerwaffen geeignet gemacht werden.

Eine frühe Büchse, ausgegraben in der Burgruine von Pietersheim, Lanaken (Belgisch-Limburg)

Auch die Lafetten waren in den Anfangsjahren der Feuerwaffe schlichte Konstruktionen aus Balken, auf denen der Kanonenlauf mit Eisenbändern und hölzernen Keilen befestigt wurde. Die Kraft des Rückschlags muss damals wesentlich geringer gewesen sein als heute, denn das Schießpulver war relativ schwach und die abzufeuernden Geschosse waren leicht von Gewicht. Besonders eindrucksvoll waren diese ersten Kanonen nicht. Es war ein Wunder, dass sie überhaupt funktionierten, und es war kaum möglich, ein Ziel präzise anzupeilen. Allerdings konnte schon der Knall, der beim Abfeuern entstand, den Feind gehörig in Verwirrung stürzen. Umso besser für den Besitzer der Kanone, wenn dann auch noch etwas getroffen wurde. Beim Abfeuern ging regelmäßig etwas schief, und wir können annehmen, dass es eines gewissen Mutes bedurfte, solch eine Kanone zu bedienen.

Zunächst wurden Kanonen aus Bronze gegossen. Das war mit einigen Nachteilen verbunden. Man brauchte Spezialisten, man konnte nur relativ kleine Kanonen herstellen, und selbst wenn sie nach modernsten technischen Erkenntnissen gefertigt worden waren, war ihnen durch den Druck, dem sie bei den Explosionen ausgesetzt waren, kein langes Leben vergönnt. Schon früh ging man zu einer anderen Produktionstechnik über. Rings um einen länglichen hölzernen Kern wurden lange Eisenstäbe geschmiedet, wonach die Konstruktion mit eisernen Ringen oder Reifen verstärkt wurde. Während aus den kleineren Kanonen Eisenkugeln abgefeuert wurden, wurden für die großen Steinkugeln benutzt. Diese waren leichter als die

Das Fort Sint-Pieter bei Maastricht

Eisenkugeln, weswegen die Gefahr eines Berstens des Kanonenlaufs geringer war, und außerdem erreichten die Geschosse bei gleich starkem (oder schwachem) Schießpulver eine größere Geschwindigkeit. Alles in allem waren jedoch auch die geschmiedeten Kanonen schwere, plumpe Waffen, die nur auf mächtigen Karren transportiert werden konnten. Es war zeitraubend, sie in Stellung zu bringen, und wenn sie einmal da waren, blieben sie auch dort, weshalb sie fast ausschließlich bei längeren Belagerungen benutzt wurden.

Sicher ist jedoch, dass bereits damals die Basis für alle späteren Feuerwaffen gelegt wurde. So gab es Vorderlader, Waffen also, die von ihrer Vorderseite her geladen werden mussten, aber auch schon Hinterlader, die an der Rückseite des Laufs eine Art loses Magazin mit Öffnung hatten, in der sich das Schießpulver befand.

Es war jedoch kaum möglich, dieses Magazin so luftdicht abzuschließen, dass bei der Explosion kein Gas entweichen konnte, weshalb viel Energie verloren ging. Deshalb wurden bis in die zweite Hälfte des 19. Jahrhunderts hinein vor allem Vorderlader benutzt – zunächst, wie wir gesehen haben, schwere Kanonen, später leichtere Waffen, die von den Soldaten getragen werden konnten, die Vorläufer der modernen Handfeuerwaffen. Die Kanonen konnten in Flachfeuergeschütze und Steilfeuergeschütze unterteilt werden. Die Kugeln, die aus einem Flachfeuergeschütz abgeschossen wurden, beschrieben eine flache Kurve, diejenigen, die aus Steilfeuergeschützen abgeschossen wurden, eine hohe, wodurch sie zum Beispiel auch Stadtmauern überwinden konnten. Häufig wurden Kanonen mit Namen versehen. In *Gent* gibt es heute noch die „Dulle Griet", eine Kanone mit einem Gewicht von ungefähr 16 Tonnen.

Im Lauf des 15. Jahrhunderts entwickelte sich die Artillerie zu einem Kriegsinstrument, das mit einem Schlag alle mittelalterlichen Befestigungen praktisch wertlos machte. Denn einerseits wurde die Technik des Kanonengießens, andererseits das Schießpulver verbessert. Und auch die Kanoniere beherrschten ihr Handwerk immer besser. Dennoch blieben die Kanonen schwer und unhandlich und erwiesen ihren Zweck nur bei Belagerungen.

Die mittelalterlichen Stadtmauern waren diesen Geschützen nicht gewachsen. Hatte ein Belagerer seine Kanonen erst einmal in Stellung gebracht, war es ihm ein Leichtes, Breschen in die Mauern zu schießen, wonach die Stadt oder die Festung eine leichte Beute für das Fußvolk wurde. Oben auf den Stadtmauern, den Türmen und den Toren gab es nicht genug Platz für Geschütze.

Nach mehr als drei Jahrtausenden war das Gleichgewicht zwischen Angriff und Verteidigung gründlich gestört. Die Angreifer waren im Vorteil, was neue Verteidigungstechniken und -anlagen erforderte.

Der neuzeitliche Festungsbau

In der ersten Hälfte des 16. Jahrhunderts unternahmen zahlreiche mittelalterliche Städte erste Versuche, ihre Stadtmauern der Bedrohung durch Feuerwaffen anzupassen. Die Mauern wurden verstärkt und die Türme mit Erde aufgefüllt und zu primitiven Geschützplattformen umgewandelt. Auch wurden vielerorts Erdwälle hinter oder vor den Mauern aufgeworfen und die Stadttore durch vorgeschobene Tore und neue Türme gesichert. In den ersten Jahrzehnten des 16. Jahrhunderts tauchen auch die ersten Rondelle auf, hohe, runde Ausstülpungen der Stadtmauern. Sie waren eindeutig eine Reaktion auf die neue Entwicklung.

Oben auf den Rondellen gab es eine durch eine Brustwehr geschützte Geschützplattform. Da die Rondelle stabiler waren als die alten Verteidigungsanlagen, konnten sie einem Beschuß länger Widerstand bieten. Auch Albrecht Dürer trug in dieser Zeit neue Ideen zum Festungsbau bei. Er entwarf aus der Stadtmauer rund vorspringende Wehrtürme mit Gewölben, die Geschützen Platz und Mannschaften Schutz boten. Diese Verteidigungswerke nannte er Bastei. Derartige Umbauten der Stadtmauern waren durchaus sinnvoll, da sie geeignet waren, die erste schwierige Periode nach Einführung der Feuerwaffen zu überbrücken. Jedoch kam die endgültige Lösung aus Italien, und zwar in Form fünfeckiger Verteidigungswerke, der Bastionen, die die Türme in den Stadtmauern ersetzten.

Der Vorteil dieser Bastionen gegenüber den alten Wehrtürmen war, dass es praktisch keine toten Winkel mehr gab. Von den zurückspringenden Flanken der Bastionen aus konnten die Stadtmauern mit Geschützfeuer flankiert werden. Diese Geschütze befanden sich sowohl in den Kasematten im Inneren der Bastion wie oben auf der Bastion.

Die ersten Bastionen waren noch recht bescheiden und befanden sich in so großem Abstand voneinander, dass man dazwischen meistens eine zusätzliche kleine Verteidigungsanlage baute. Später wurden sie größer und lagen auch näher beieinander. Dadurch konnte

Schildmauern beim Donjon von Franchimont. Derartige Mauern sollten Schutz vor den ersten Feuerwaffen bieten

Während des Achtzigjährigen Kriegs (1568-1648) wurde, der Not gehorchend, in den ehemaligen Niederlanden eine neue Festungsbaumethode entwickelt. Noch immer beruhte die Verteidigung der Städte vor allem auf den alten Stadtmauern, die zwar zum Teil dem Verlauf der Zeit angepasst, zum Teil aber unverändert mittelalterlich geblieben waren. Jedoch war es schon wegen der umfangreichen Maurerarbeiten kaum möglich, alle Stadtmauern mit Bastionen zu versehen. Eine Lösung schienen Bastionen, die aus Erde aufgeworfen wurden. Denn Erde und Arbeitskräfte gab es überall reichlich, und nebenbei fiel auch noch ein Graben ab, der die Umwallung zusätzlich sicherte.

In diesem altniederländisch genannten Verteidigungssystem befand sich vor dem Hauptwall und den Bastionen noch ein niedrigerer Vorwall, der Faussebraie, von wo aus man mit Musketenfeuer den Graben bestreichen konnte. Die Flanken der Bastion ragten nun rechtwinklig und nicht mehr im spitzen Winkel aus dem Wall, wodurch die Konstruktion einfacher und überdies der Raum in den Bastionen größer wurde. Vor den Bastionen wurden manchmal Vorwerke angelegt (Ravelins, Halbmonde und Hornwerke).

von den Bastionen aus nicht nur die Stadtmauer, sondern auch die jeweils benachbarte Bastion gesichert werden. Man spricht hier von dem altitalienischen und neuitalienischen System. Der italienische Einfluss machte sich auch in der heutigen Euregio breit, und nicht wenige italienische Architekten traten in den Dienst der hiesigen Herrscher.

In der ersten Hälfte des 17. Jahrhunderts wurden Bastionen sowohl nach der neuitalienischen wie der altniederländischen Manier errichtet. Mitte des Jahrhunderts jedoch wurde deutlich, dass beide Systeme ihre Schwächen hatten. Hilfe kam aus Frankreich, und zwar zuerst in der Person von Pagan und später durch Vauban. Die Bastionen wurden größer, und Vauban legte vor die Kurtine eine Tenaille, um den Hauptwall besser zu schützen. An der Straße, die rings um die Festung führte, wurden große Plätze für Waffen angelegt. Von dort aus konnte zum Gegenangriff übergegangen werden. Vauban erkannte auch die Schwäche des Bastionengürtels: Schon die Einnahme einer einzigen Bastion konnte dazu führen, dass die ganze Stadt in die Hände des Feinds geriet. Deshalb entwarf er sogenannte detachierte Forts, die dem Hauptwall weit vorgelagert waren. Im Gegensatz zu seinen Vorgängern hielt Vauban sich nicht in erster Linie an überkommene Regeln der Wehrbauarchitektur, sondern an die jeweiligen Erfordernisse des Geländes.

Auch in den damaligen Niederlanden gelangte man zu der Überzeugung, dass das altniederländische System modernisiert werden müsse. Anfänglich orientierte man sich dabei noch an Frankreich, aber nach dem Erscheinen des Buchs „Nieuwe vestingsbouw op een natte horisont“ von Menno van Coehoorn verbreitete sich das neuniederländische System. Coehoorn war der Meinung, dass Angriff die beste Verteidigung war.

Die Verteidiger einer Festung durften sich nicht darauf beschränken, Angriffe vom Inneren der Festung aus abzuwehren, sondern mussten ihrerseits mit Geschützfeuer und Ausfällen zum Gegenangriff übergehen. Um dies erreichen zu können, musste es möglich sein, den Angreifer flächendeckend unter Feuer zu nehmen, und sämtliche Elemente des Verteidigungsgürtels mussten einander unter-

Eine frühe Kasematte in der Burgruine von Logne (Provinz Lüttich)

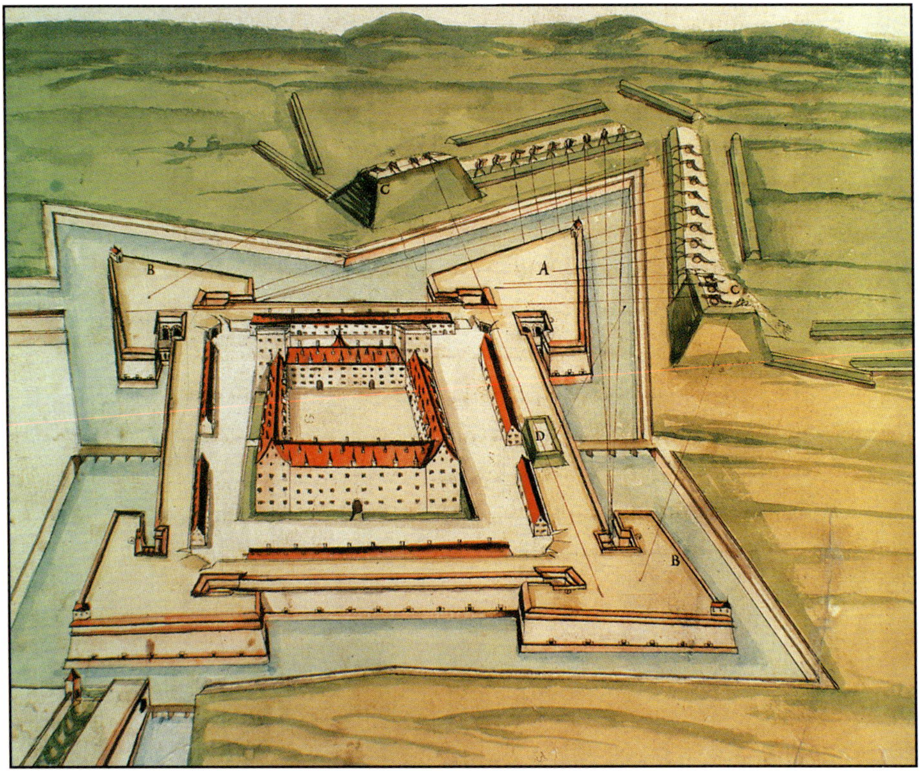

Die Zitadelle von Jülich

stützen können. Coehoorn entwarf Verteidigungsanlagen, bei denen der Fall eines Elements nicht unbedingt zum Fall des nächsten führte. Das Zentrum der Festung – Wohn- und andere Räume – lag unter der Schusslinie des Belagerers. Zwar gab es im System von Coehoorn noch Bastionen und dazwischenliegende Mauerabschnitte oder Kurtinen, jedoch ließ er, wenn es sich anbot, sogar die Kurtinen ganz weg und reihte Bastion an Bastion. Spätere Festungsbaumeister nahmen sich daran ein Vorbild, was zur Entwicklung de r so genannten altdeutschen Manier des Festungsbaus führte. In Frankreich orientierte sich Cormontaigne am System von Vauban, und Montalembert entwickelte das polygonale System. Montalembert propagierte außerdem die Anlage von Forts außerhalb der Festung, um einen Beschuß von dem der Festung vorgelagerten Gelände aus zu verhindern. Seine Ideen leiteten über zur neudeutschen Manier.

UNTERIRDISCHE KRIEGE

Schon im frühen Mittelalter versuchten Belagerer, Stadtmauern zum Einsturz zu bringen, indem sie das Erdreich unter der Mauer unterminierten. Häufig wurde dann Holz in diese Hohlräume geschoben und angezündet, was die Stabilität der Mauer vollends zerstörte. Seit dem 16. Jahrhundert wurden bei Belagerungskriegen Gänge unter den Mauern angelegt, die mit Schießpulver gefüllt wurden. Für derartige Arbeiten waren Spezialisten erforderlich, die man in den wallonischen Bergwerken fand. Die unterirdischen Minen hatten einen sehr negativen Einfluss auf die Moral der Belagerten. Denn diese konnten sich nie sicher sein, ob sie sich gerade über solch einem Gang befanden, der jede Sekunde explodieren konnte.

Jedoch warteten nicht alle Festungsbewohner darauf, dass eventuelle Feinde begannen, ihren Grund und Boden zu unterminieren. Bestand diese Gefahr – und sie bestand für alle Festungen, bei denen der Grundwasserspiegel tief genug war –, so legten sie selbst ein Minensystem an, das es ihnen ermöglichte, sich gegen unterirdische Angriffe zu verteidigen. Hierbei spürten sie auch die feindlichen Minen auf, drangen zu ihnen durch und machten sie ggf. durch eine kontrollierte Explosion unschädlich. Besonders wichtig waren die Lauschgänge. Denn die beste Waffe in diesem Kampf war das menschliche Ohr.

Die Verteidiger versuchten auch die Außenseite ihrer Festung, meistens das Glacis, durch ein System von Gegenminen zu sichern. So konnte man nicht nur die Minen, sondern auch Geschützbatterien des Feinds ausschalten. Manchmal legte man im Inneren des Glacis so genannte „Fougassen" an, Gruben, die mit einer Schicht Schießpulver und darüber einer Schicht Steinen gefüllt waren. Das Schießpulver konnten bei dem Artillerieangriff zur Explosion gebracht werden.

Genauso wie der Wehrbau im Allgemeinen wurde auch der Minenbau zu einer Art Wissenschaft, die zahlreiche Experten beschäftigte. Vor allem die erforderliche Sprengkraft des Schießpulvers wurde diskutiert und es wurden regelmäßig Experimente durchgeführt, bei denen unter anderem getestet wurde, aus welchem Abstand es möglich war, benachbarte Minen des Feindes zu vernichten und auf deren Basis mathematische Formeln entwickelt wurden. Denn die Verteidiger mussten stets

Minengang in Maastricht

Die Bastion Waldeck bei Maastricht

versuchen, die Minen des Feindes so schnell wie möglich zu zerstören, um zu verhindern, dass von dort aus die eigenen Minen in die Luft gejagt wurden. Das Gegenminensystem einer Festung bestand meistens aus einem oder mehreren unterirdischen Gängen, die sich an der Außenseite des Trockengrabens um die Festung zogen. Lag dieser Gang genau hinter der Böschung des Grabens, nannte man ihn einen „magistralen Gang“. Dieser Gang war häufig teilweise oder ganz mit Schießscharten versehen, von wo aus der Graben unter Feuer genommen werden konnte. Auch gab er Zugang zu den Lauschgängen und manchmal auch zu den Gängen, über die die Fougassen erreichbar waren.

Im 19. Jahrhundert verlor das Minensystem zunehmend an Bedeutung, da die Stärke der Artillerie zu- und die Zahl der Belagerungen stark abnahm.

Dennoch wurden noch während des Ersten Weltkriegs zum Beispiel in der Umgebung von Ypern Minengänge und Minenöfen gegraben, bis sich der Schützengrabenkrieg vollständig festgefahren hatte.

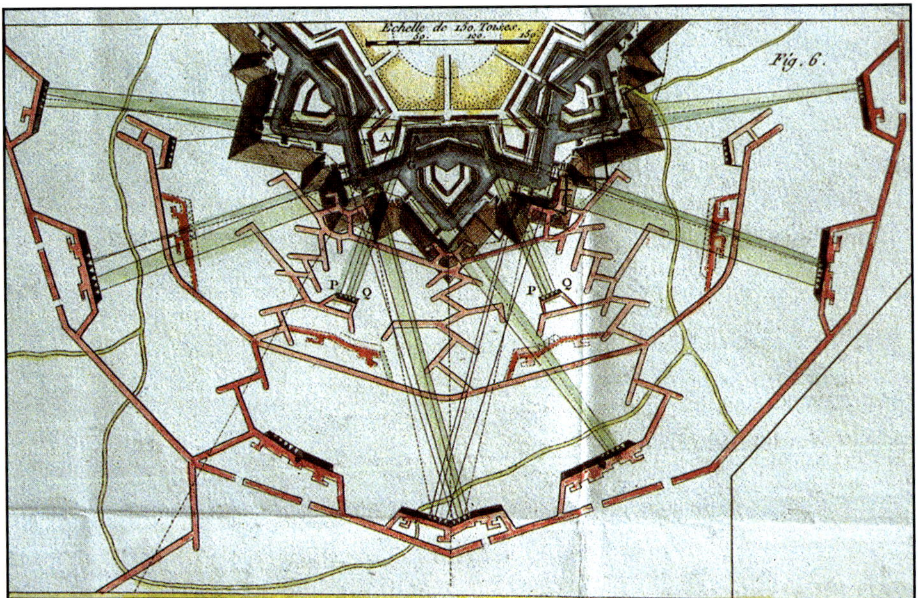

Annäherungsgräben rings um eine belagerte Festung (aus der Encyclopédie von Diderot und d'Alembert)

Beispiele für den neuzeitlichen Wehrbau in der Euregio

In *Maastricht* finden wir im Verlauf der zweiten Stadtumwallung Beispiele dafür, wie die mittelalterliche Stadtmauer dem Aufkommen der Feuerwaffen angepasst wurde. Die Wehrtürme wurden bis zur Höhe der Mauerkrone abgebrochen, mit Erde aufgefüllt und manchmal mit Kasematten ausgestattet.

Die Mauerbögen wurden mit Mergelblöcken gefüllt, und vor der Mauer befindet sich ein Erdwall. Auch die beiden Rondelle „Vijf koppen“ und „Haet ende Nijt“ blieben erhalten; sie gehörten einst zur 1516 erbauten Umwehrung der Neustadt. Hinter den Überresten dieser jüngsten Stadtmauer befindet sich abermals ein massiver Erdwall.

In *Sittard* befindet sich das Fort Sanderbout, einziges bekanntes Zeugnis der sog. altitalienischen Festungsbauweise in der Euregio. Die Kasematte mit den beiden Schießscharten und einige Reste des Wehrgangs blieben erhalten. Die Kasematte befand sich wahrscheinlich in der Flanke einer kleinen Bastion, die sich aus der Mauer ausstülpte.

Die neue Zitadelle von *Jülich* ist ein bemerkenswertes Beispiel neuitalienischen Festungsbaus. Das auf einem viereckigen Grundriss ruhende Bauwerk, entworfen von dem italienischen Architekten Alessandro Pasqualini, ist mit vier Bastionen mit zurückspringenden Flanken versehen, von denen aus die Soldaten die jeweils benachbarten Bastionen perfekt schützen konnten.

In Maastricht vermitteln die Forts Waldeck und Saxen noch einen Eindruck von der Stärke der detachierten Bastionen, wie sie unter anderen von Vauban entworfen worden waren. Auch das Fort Sint Pieter ist in gewissem Sinne solch eine detachierte Bastion. Sie wurde 1701/02 als Vorposten errichtet, dessen Zweck es war, Beschießungen schon auf dem Vorgelände abzuwehren, wodurch sie eigentlich eine Vorwegnahme der neudeutschen Schule war.

Die Bauten der Linie von Du Moulin in Maastricht sind ein Beispiel für das tenaillierte oder altdeutsche System. Der kürzlich restaurierte Brückenkopf von *Jülich* wurde ebenfalls nach dem Bastionsystem angelegt. Er besteht aus zwei halben Bastionen, einer vollständigen Bastion, zwei Kurtinen und zwei Flanken, die an den Fluss anschließen.

Von der Zitadelle in *Lüttich* blieben noch zwei Bastionen mit dazwischenliegender Kurtine übrig.

Bemerkenswert ist weiter *Stevensweert*, ein Städtchen, dessen Straßenmuster vollständig der Wehrfunktion des Orts angepasst wurde. Es wurde nach mathematischen Prinzipien entworfen, wobei die sternförmig angelegten Straßen auf Bastionen oder Stadttore hinausliefen, weshalb eventuelle Eindringlinge leicht unter Feuer genommen werden konnten. Von den Festungsanlagen selbst blieben nur einige leichte Erhebungen übrig.

In *Maastricht* gibt es noch ein umfangreiches System von Minengängen, von denen die meisten im 18. Jahrhundert angelegt wurden.

Das 19. und 20. Jahrhundert

Das 19. Jahrhundert war von der industriellen Revolution geprägt. Auch auf dem Gebiet der Feuerwaffen kam es zu großen Umwälzungen. Zunächst wurden die Handfeuerwaffen, danach die Kanonen modernisiert, die – wie wir gesehen haben – einen enormen Einfluss auf den Wehrbau ausgeübt hatten. Ab Mitte des Jahrhunderts wurden die alten bronzenen oder gusseisernen Kanonenrohre durch stählerne

Rohre ersetzt. Die alten Rohre wurden von der Vorderseite her geladen, und die Innenseite war glatt. Die neuen stählernen Kanonenrohre wurden gezogen, was auch mit sich brachte, dass die Innenseite des Laufs spiralförmige Rillen aufwiesen, die sich in Richtung Mündung schraubten. Die Geschosse, die aus diesen Rohren abgefeuert wurden, waren mit Nocken versehen und wurden durch die Rillen im Lauf zu einer Rotation um die Längsachse gezwungen, was die Treffsicherheit erheblich erhöhte.

Durch diese neue Entwicklung war es schwierig geworden, Kanonen von der Vorderseite her zu laden. Das förderte die Entwicklung des Hinterlader-Geschützes. Bereits im 15. Jahrhundert gab es Hinterlader, die mit so genannten Kammerstücken ausgestattet waren. Ein großes Problem blieb jedoch die Tatsache, dass es fast unmöglich war, die Zündkammer, das Kammerstück, hermetisch abzuschließen. Dadurch konnte bei der Zündung Gas entweichen, und ein großer Teil der Energie ging verloren, wodurch der Schuss an Kraft einbüßte. Bei den Vorderladern konnte nur durch das kleine Zündloch Gas entweichen. Durch die technische Entwicklung im 19. Jahrhundert wurde es allerdings möglich, Hinterlader zu konstruieren, deren Magazin einerseits leicht geöffnet werden konnte, die anderseits auch gut schlossen. Dadurch wurden die Gewehre nicht nur treffsicherer, sondern konnten auch schneller geladen werden und schwerere Kugeln über einen größeren Abstand befördern.

Stevensweert (Niederländisch-Limburg)

Das Fort Eben-Emael (Provinz Lüttich, einer der Bunker)

Auch die Lafetten wurden weiterentwickelt. Der Rückschlag, der beim Abfeuern einer Kanonenkugel entstand, war für alle bestehenden Lafetten ein großes Problem. Man versuchte, den Druck durch alle möglichen Mittel abzufangen – durch Taue, durch künstlich aufgeworfene Erdwälle hinter den Kanonen oder durch Keile. Dennoch musste eine Kanone, nachdem der Schuss gelöst war, immer wieder aufs Neue gerichtet werden. Die Festungsartillerie löste dieses Problem in der Mitte des 19. Jahrhunderts, indem sie die Lafette mit einer hydraulischen Bremse versah, die sie fortan in der gewünschten Position festhielt. Was die Feldartillerie betraf, so wurde erst Ende des Jahrhunderts eine befriedigende Lösung in Form einer mehrgliedrigen Lafette gefunden. Hierbei handelte es sich um eine Lafette, deren unterer Teil fixiert werden konnte, während das Kanonenrohr in einen Bremsblock geschoben wurde.

Nunmehr konnten die Kanoniere auch durch ein Schild, das auf der Lafette befestigt wurde, geschützt werden. Das wiederum erlaubte eine Weiterentwicklung der Kanonen. Die Sprengkraft des Schießpulvers wurde erhöht, und die Geschosse verließen den Lauf mit einer größeren Wucht. Die Brisanzgranate, ein Geschoss, das mit einer hochexplosiven Ladung gefüllt war, verstärkte die zerstörerische Wirkung der Kanonen. Diese Granaten verwandelten sich im Flug in einen Splitterregen, was eine offene Anordnung von Geschützen und Mannschaften während eines Beschuss unmöglich machte.

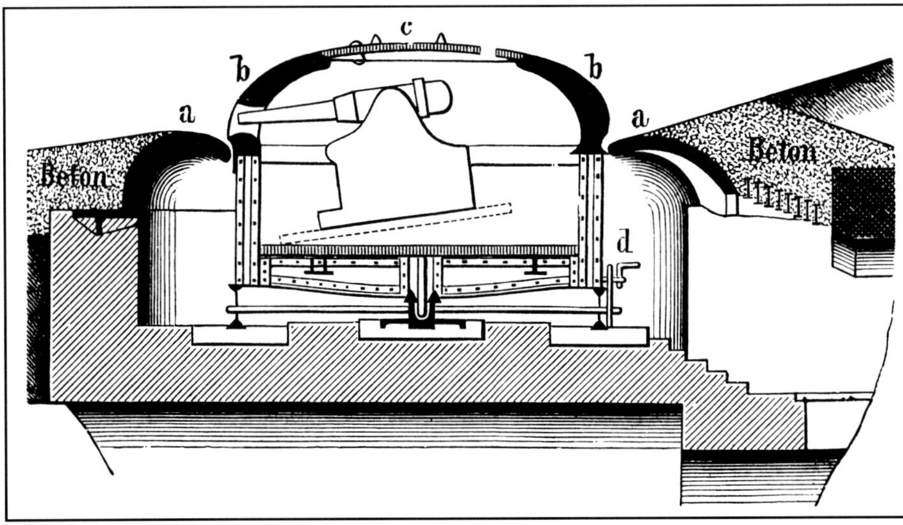

Querschnitt durch eine Geschützkuppel

Durch diese neuen Erfindungen waren die vorhandenen Verteidigungsanlagen auf einen Schlag veraltet. Die Kanonenkugeln flogen acht Kilometer weit und trafen meistens auch ihr Ziel. Das bedeutete zunächst einmal, dass die meisten Verteidigungsanlagen zu nahe bei den Städten lagen, um diese noch schützen zu können. Außerdem waren sie nicht auf die Wirkung moderner Geschütze eingerichtet. Während des Kriegs zwischen Frankreich und Deutschland in den Jahren 1870 und 1871 sammelte man gezwungenermaßen erstmals umfangreiche Erfahrungen mit neuen Waffensystemen.

Während des 19. Jahrhunderts wurden noch bastionierte Festungen gebaut. Die größere Reichweite der Geschütze erforderte jedoch ein Umdenken. Wehranlagen wurden der zu verteidigenden Stadt oder Festung immer weiter vorgelagert. In der zweiten Hälfte des 19. Jahrhunderts ging man zum Bau polygonaler Festungen über. Diese Festungen wiesen keine Bastionen mehr auf. Sie hatten einen vieleckigen Grundriss, und die Gräben wurden von Bauelementen aus geschützt, die an den Ecken oder von der Umwallung aus in den Graben hineinragten.

Die Festungen, meistens Bunker, wurden abermals bombenfrei gemacht und mit unterirdischen Unterkünften für Material und Mannschaften ausgestattet. Bombenfrei bedeutete in erster Linie, dass man an der Vorder- und Oberseite des Bunkers eine zweieinhalb bis drei Meter dicke Erdschicht anbrachte. Ringsherum erhob sich ein hoher Erdwall. Steinerne Querwälle schirmten die Geschütze gegen seitlich einschlagende Geschosse ab. Die Erfindung der Brisanzgranate machte eine Betondecke von zweieinhalb Metern erforderlich, und die Geschütze wurden nun in unterirdischen Kasematten aus Beton oder in schweren stählernen Panzerkuppeln aufgestellt. Diese Forts wurden in immer weiterer Entfernung von den Städten gebaut und waren häufig auch Elemente systematisch angelegter Verteidigungslinien.

Im Ersten Weltkrieg wurde deutlich, dass auch die modernsten Wehranlagen dem neuen Kriegsgerät keinerlei Widerstand mehr zu bieten vermochten. Dennoch erlebte der Festungsbau in der Zeit zwischen den beiden Weltkriegen noch einmal eine kurze Blüte.

Hier und da in Europa wurden neue, noch stärkere Bunker gebaut, einige bereits vorhandene wurden umgebaut, und es wurden auch ganze Verteidigungslinien aus kleineren Bunkern angelegt, die einerseits als Schutzräume für Mannschaften, andererseits als Gefechtsstellungen dienten.

Die klassische Festung jedoch hatte ihren Dienst getan.

J. Notermans und T. Waegeman

Das Fort Tancrémont (Provinz Lüttich)

Topografische Aspekte des Burgenbaus zwischen Maas und Rhein

Die Landschaften der Euregio Maas-Rhein

Die Euregio Maas-Rhein zeichnet sich nicht nur durch ihre wechselhafte und tausendjährige Geschichte aus. Auch die Landschaft weist eine große Vielfalt auf, die es letztendlich ermöglichte, dass sich diese Region den Herausforderungen durch die wirtschaftlichen und politischen Veränderungen im Lauf der Jahrhunderte stellen konnte.

Grund für die Verschiedenartigkeit der Landschaft ist ihr geologischer Untergrund, der im Laufe der Jahrmillionen durch erdgeschichtliche Prozesse immer wieder verändert und überformt wurde. Der geologisch älteste Bereich der Euregio ist der Rücken des Hohen Venns, ein Teil des Faltengebirges der Eifel und Ardennen. Er wurde durch Tektonik und Abtragung im Erdmittelalter zu einer Rumpffläche gekappt. Die flache schildförmige Hochfläche wird als Vennplateau bezeichnet. Ihren

ÄRA	PERIODE	EPOCHE	BEGINN VOR JAHREN
ERDNEUZEIT (Kanäozoikum)	QUARTÄR	HOLOZÄN PLEISTOZÄN	10.000 1.600.000
	TERTIÄR	PLIOZÄN MIOZÄN OLIGOZÄN EOZÄN PALÄOZÄN	5.000.000 23.000.000 35.000.000 56.000.000 65.000.000
ERDMITTELALTER (Mesozoikum)	KREIDE JURA TRIAS		135.000.000 205.000.000 250.000.000
ERDALTERTUM (Paläozoikum)	PERM KARBON DEVON SILUR ORDOVIZIUM KAMBRIUM		290.000.000 355.000.000 410.000.000 435.000.000 510.000.000 570.000.000
ERDURZEIT	PRÄKAMBRIUM		4500.000.000

Die Zeittafel der Erdgeschichte

höchsten Punkt stellt mit 694 Metern über dem Meeresspiegel das „Signal de Botrange" dar. Dort entspringt die Rur, aber auch zahlreiche andere Flüsse und Bäche wie die Ahr, die Erft, die Inde, die Gileppe oder die Weser haben hier ihren Ursprung. Im Erdmittelalter lagerte sich in den Mulden neben dem Vennrücken ein Deckgebirge aus Sandsteinen, Kalksteinen, Dolomiten, Mergel und Kreide ab. Daher stammen die unterschiedlichen Gesteinsvorkommen in der Euregio.

Der rote Buntsandstein in *Nideggen*, die Kreideschichten des Lousbergs in Aachen oder die Kalkmergelbrüche im Pietersberg südlich von *Maastricht* sind Beispiele dieses Deckgebirges. Alle diese Gesteine wurden im Laufe der Geschichte als Baumaterial benutzt.

Von den tiefgreifenden Bewegungen bei der Auffaltung der Alpen Ende des Tertiärs waren auch Eifel und Ardennen mitbetroffen. Sowohl der alte Teil des Gebirges als auch die jüngeren Deckschichten wurden stark angehoben, sodass das Ardennenvorland und die Vennfußfläche um ca. 300 Meter unter dem Block des Hohen Venn zurückblieben. In dieser Zeit schnitten sich, bedingt durch die Hebung, auch die Flüsse tiefer in die Rumpfflächen der Eifel ein, sodass tiefe Kerbtäler entstanden.

Die Rheinbucht ist ein flacheres Gebiet, das im Norden und Westen an das Vorland der Ardennen und de r Eifel anschließt. Nach einigen Senkungen lag das Gebiet im Tertiär schließlich ca. 900 Meter unter dem Meeresspiegel. Diese Senke wurde schließlich durch Massen von Gesteinsschutt aus dem Gebirge teilweise wieder aufgefüllt.

Mehrfach drangen auch Ausläufer des im Nordwesten liegenden Meeres in diese Senke vor. Nach dem Rückzug des Meerwassers bildeten sich auf den marinen Ablagerungen Sümpfe mit dicken Schichten aus abgestorbenen Pflanzen. Hieraus entstanden die linksrheinischen Braunkohlevorkommen, westlich des heutigen Rheinverlaufs.

Die Steinkohle, deren Schichten im Maastal, im Wurmtal und im Tal der Inde nahe Eschweiler an die Oberfläche treten, wurde im Karbon gebildet und gelangten durch die Erosion an die Oberfläche.

Zu Beginn des Quartärs herrschte in Europa ein Tundrenklima vor. Die Flüsse führten wenig Wasser und hatten daher nicht genügend Kraft, Sande sowie kleinere und größere Steine aus dem Gebirge über weite Strecken zu transportieren. Sie wurden daher in dicken Schotterschichten im Tiefland abgelagert. Auch die Vegetation war nur spärlich ausgebildet und der Wind hatte daher gute Angriffsmöglichkeit auf Gestein und Böden. Aus den mächtigen Schotterschichten wurde das feinere Material ausgeweht. Sand setzte sich vor allem in den niedriger gelegenen nördlichen Gebieten der Euregio ab, während die zentraler gelegenen Gebiete unter einer Schicht Lehm begraben wurden. Dort entstanden einerseits die ärmeren Landbaugebiete wie die sandigen Kempen und andererseits die fruchtbaren Lehmflächen des Haspengaus und das Gebiet zwischen Maas und Wurm. In den höchstgelegenen Gebieten der Euregio finden wir weder Decksand noch Löß. Vereinzelt entstanden auch Landdünen aus Flugsand, zum Beispiel auf dem kempischen Hochplateau oder im Maastal.

Zusammengefasst lässt sich die Euregio in drei landschaftliche Einheiten untergliedern: im Süden und Südosten die wasser- und holzreichen Gebirgslandschaften der Eifel und Ardennen, im Norden und Westen das Tiefland von Maas und Rhein mit den fruchtbaren Bördenlandschaften und dazwischen die abwechslungsreiche Übergangszone der Eifel- und Ardennenvorländer.

Die Hohltraverse des Brückenkopfs von Jülich

Die naturräumlichen Grundlagen und ihre Bedeutung für den Bau von Befestigungsanlagen

Die Entscheidung für die Befestigung eines Ortes, einer Stadt oder den Bau einer oder sogar mehrerer Festungen konnte von verschiedenen Motiven getragen sein. So stand beim einzelnen Burgbesitzer sicher die Befestigung und Sicherung seines Amtssitzes, seiner Wohnstätte oder Lehen im Vordergrund. Burgen und Festungen konnten jedoch auch zum Schutz für ganze Bevölkerungsgruppen, zur Verteidigung der Reichsgrenzen gegen auswärtige Feinde oder zur Sicherung von Pässen, wichtigen Straßen zu Lande und zu Wasser oder gar zur Abschirmung von Häfen gegen Seeräuber errichtet werden. Unabhängig vom Zweck, der im einzelnen Falle verfolgt wurde, musste sich die Anlage einer Befestigung immer an den naturräumlichen Gegebenheiten orientieren. So entstanden unterschiedliche Befestigungstypen z. B. in Abhängigkeit von der Höhenlage, der Verfügbarkeit von Wasser oder dem Angebot an Baumaterialien vor Ort.

Das Vorhandensein von Wasser

Seit jeher hatte das Vorhandensein von Bächen und Flüssen einen großen Einfluss auf die Entscheidung der Menschen, eine Siedlung zu gründen. Denn Bäche und Flüsse waren Lieferanten von Trinkwasser und Tränken für die Tiere. Auch an den Wasserläufen der Euregio entstanden schon früh Siedlungen. Später dienten die Flussläufe auch als Transportwege. Zahlreiche bedeutende Städte wie *Maastricht* oder *Köln* entstanden in unmittelbarer Nähe eines schiffbaren Flusses.

Aber auch kleinere Flüsse wie Rur, Wurm oder Jeker konnten durch den Einsatz flacher Lastkähne für den Transport von Waren und Menschen genutzt werden. Auch aus strategischen Gründen waren Flüsse sehr wichtig. Zum einen bildeten sie eine natürliche Barriere gegenüber feindlichen Übergriffen. So wurden die Wurm und der Senserbach ab 1200 als natürliche Grenzen des *Aachen*er Reiches angesehen – Grenzen, die kaum zusätzlich befestigt werden mussten. Zum anderen waren Flussübergänge von großer Bedeutung für den Verlauf von Heeres- oder Handelsstraßen.

So ist die Rimburg nördlich von *Herzogenrath* eine Wasserburg, die den Übergang über die Wurm sicherte. Die Bedeutung dieses Übergangs war bereits den Kelten und Römern deutlich, worauf die nahe keltische Wallburg sowie die sechs Meter breite Römerbrücke in früherer Zeit hinweisen.

Ein Beispiel aus der jüngeren Geschichte ist der Brückenkopf in *Jülich*, der durch napoleonische Truppen zu Beginn des 19. Jahrhunderts angelegt wurde. Er sollte die Westflanke der Stadt Jülich und die Rurbrücke sichern. Die Befestigung des Rurübergangs bei Jülich geht ebenfalls auf die Römer zurück, die am Ostufer der Rur bereits im 4. Jahrhundert ein Kastell errichtet hatten.

Andererseits waren Flussläufe auch Ausgangspunkte für Angriffe. So bewegten sich die Normannen im 9. Jahrhundert bei ihren Angriffen in leicht zugänglichen Offenlandschaften und benutzten die Flüsse dabei als natürliche Leitlinien. Daher war es geboten, gleichzeitig mit der Errichtung von Höfen, Siedlungen und Städten an schiffbaren Flüssen auch Verteidigungswerke anzulegen. So waren Teile der mittelalterlichen Stadtbefestigung von *Maastricht*, Wälle und Stadtmauer, ab 1180 gegen die Maas gekehrt.

Freilich kam dem Wasser selbst, auch an kleineren Flussläufen und in Flussauen, eine Verteidigungsfunktion zu. Da es in den Niederungen meist einfach war, Gräben auszuheben, konnten Höfe leicht durch einen Wassergraben befestigt werden. Siedlungen mit einem oder mehreren Häusern wurden bereits im 10. Jahrhundert durch einen Wassergraben und eine Palisade umwehrt.

Anfang des 11. Jahrhunderts tauchte im Niederrheingebiet ein weiterer Befestigungstyp auf, der in den südlichen Niederlanden (dem heutigen Belgien) den Schlüsselfaktor für die Burgenentwicklung im 12. und 13. Jahrhundert bilden sollte: die Motte, ein meist kreisrunder Hügel, der einen zunächst hölzernen Turm trug. Durch den Aushub eines ringförmigen Grabens wurde in der Mitte des Areals mit dem Aushubmaterial ein künstlicher Hügel aufgeschüttet. Der Graben füllte sich entweder durch das anstehende Grundwasser, was im Tiefland von Maas und Rhein der Fall war, oder er wurde durch einen Stich an einen benachbarten Fluss angebunden.

Wie das Beispiel der Motte *Hoverberg* im Kreis Heinsberg zeigt, konnten Motten auch von mehreren Gräben umgeben sein. An die in den Niederungen des Schaagbaches liegende Motte schließt sich ein weitläufiges System aus Wällen und Gräben an. Die Sumpflage der Motte stellte einen weiteren Pluspunkt für die Verteidigung dar. Trotz der ungünstigen Lage baute man gerne in Sümpfen, da die Durchquerung für Unkundige nur unter Lebensgefahr möglich war.

Bekannte Beispiele hierfür sind *Montfort* in Niederländisch-Limburg und *Grevenbroek* (bei Achel) in Belgisch-Limburg. Noch heute verraten kreisrund angelegte Grundmauern, Ring- oder Mantelmauern einer Burg ihren Ursprung aus der Motte. Dadurch heben sie sich auch deutlich von den Bauten in Höhenlagen ab. Zuweilen aber liegen Motten auch auf Anhöhen. So ist die Hardtburg im Kreis Euskirchen aus einer Motte entstanden und bis heute trotz ihrer Höhenlage von einem Wassergraben bewehrt. Das Wasser stammt aus einem Bach in der Nähe. Auch natürliche Hügel wurden mit dem Aushubmaterial des Umfassungsgrabens künstlich erhöht, sodass man fast von einer Höhenburg sprechen kann, wie zum Beispiel in *Colmont* in Belgisch-Limburg.

Neben der Motte entwickelte sich in den Niederungen im Laufe des Mittelalters ein weiterer Befestigungstyp, die Wasserburg. Zwar gab es keine natürliche Anhöhe, die dem Feind das Leben erschwerte; dafür war sie von tiefen und breiten Wassergräben umgeben. An der der Burg zugewandten Seite der Gracht erhob sich eine Ringmauer, die ein weiteres Hindernis für den Feind darstellte. Ein gutes Beispiel hierfür ist die von mehreren Wassergräben umgebene

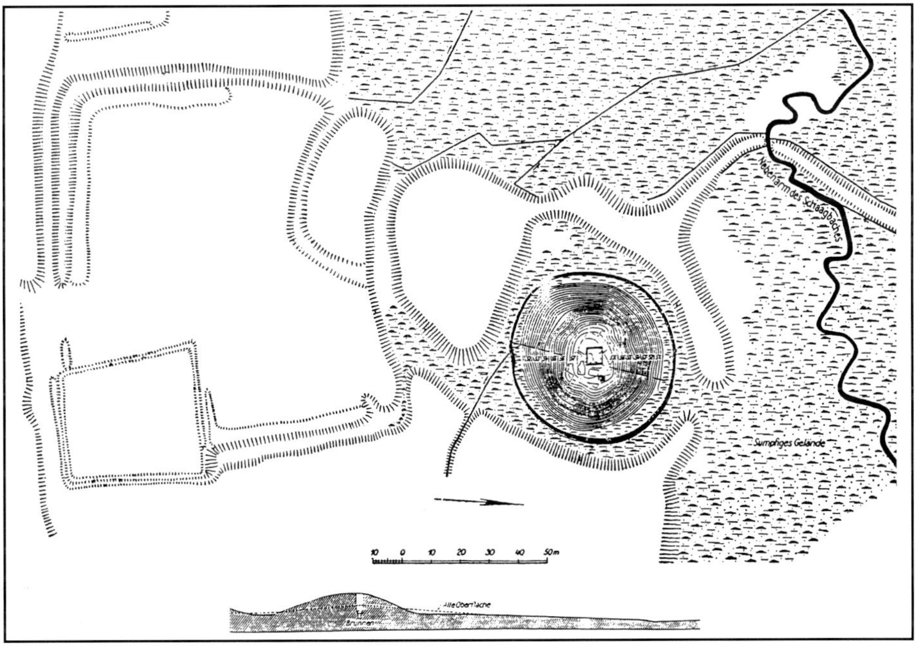

Der Grundriss der Motte Hoverberg (Kreis Heinsberg). Nach R. Friedrich in: H.W. Böhme, Burgen der Salierzeit 1. Monogr. Röm.-German. Zentralmuseum 25 (1991) S. 184

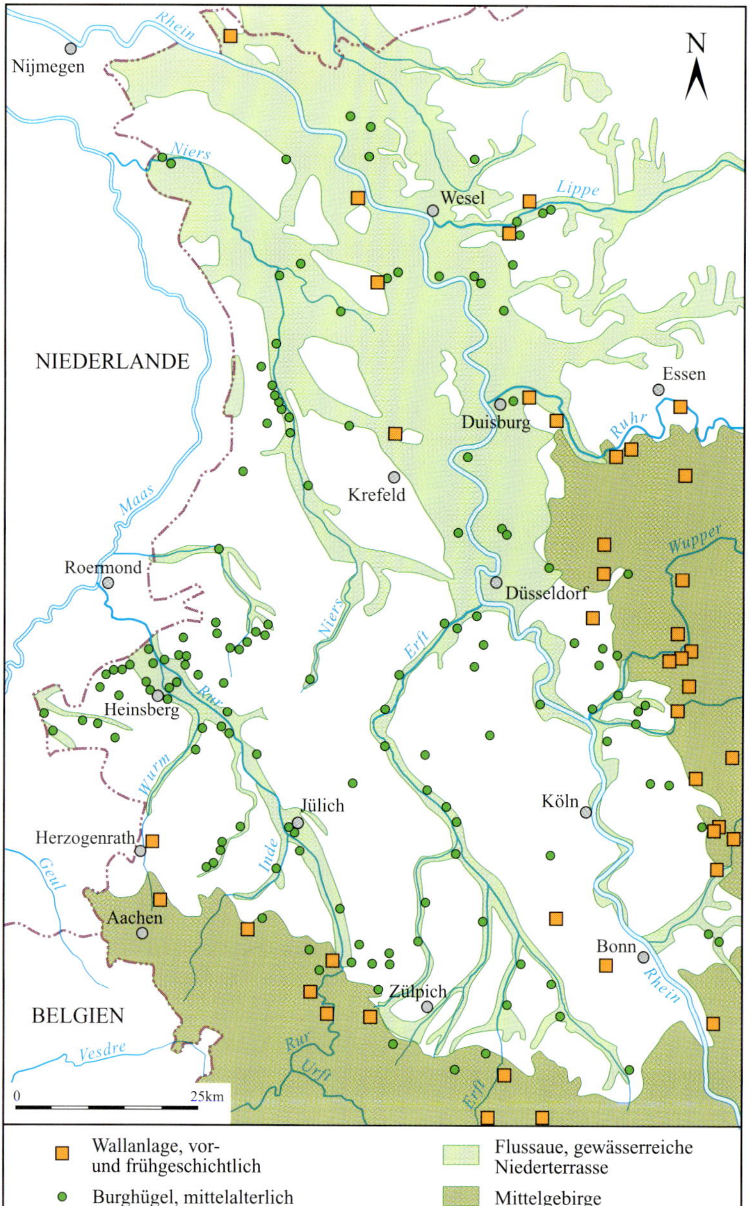

Wehranlagen am Niederrhein und im deutschen Mittelgebirgsvorland, (nach M. Müller-Wille, Führer zu vor- und frühgeschichtlichen Denkmälern, hrsg. v. Röm.-German. Zentralmuseum Mainz, Bd. 15 (1969), S. 55)

Franchimont, eine typische Höhenburg. Gewachste Federzeichnung von Mathieu-Antoine Xhrouet (18. Jh.)

Ruine *Pietersheim* in Lanaken in Belgisch-Limburg. Zuweilen waren die Wasserburgen von einem Grabensystem umgeben und nur über mehrere Brücken zu erreichen.

Die Brücken konnten im Bedarfsfalle leicht gesperrt, auf- oder weggezogen werden, wodurch der Feind in einigem Abstand zur Burg gehalten werden konnte.

Das Relief

Im Gegensatz zu den Motten und Wasserburgen, die aufgrund ihrer Lage im Tiefland durch Wasser bewehrt werden mussten, war die Verteidigung höherer Lagen einfacher. So wurden in der Eifel und den Ardennen schon in vor- und frühgeschichtlicher Zeit zahlreiche Wehrbauten errichtet. Aber auch hier orientierte sich die Anlage der Befestigung meist an Flüssen oder Wasserläufen, wie aus der Karte des Niederrheins und des deutschen Mittelgebirges hervorgeht.

Noch heute kann man vielerorts die Reste von Wallanlagen im Gelände erkennen. Ein Beispiel ist die keltische Fliehburg auf dem Stromberg im Kreis Euskirchen. Diese Wallanlage befindet sich an der Erft, die hier durch den Billiger Horst bricht und in die Ebene führt.

Eine keltische Fliehburg konnte aber auch auf einem Bergsporn gelegen sein. Durch diese vorteilhafte Lage musste nur eine Angriffsseite durch einen Wall gesichert werden. Dieser Typ kann als Vorläufer der im folgenden noch beschriebenen Spornburg gelten.

Im Laufe der Zeit drangen die Festungen auch in höhere Regionen und Hochlagen vor. Nachdem man zunächst im unteren Teil von steil ansteigenden Bergflanken Hangburgen gründete, musste man mit zunehmender Effizienz der Wurfmaschinen und Geschütze immer größere Höhen aufsuchen. In dieser Zeit entwickelte sich die typische Höhenburg. Diese konnte, je nach geografischer Lage, als Gipfel- oder Spornburg ausgebildet sein. Um eine Gipfelburg errichten zu können, benötigte man eine nach allen Seiten gleichmäßig abfallende und möglichst steile Erhebung. Da es sich bei Eifel und Ardennen um ein Rumpfgebirge handelt und Gipfel nur äußerst gering ausgebildet sind, tritt dieser Burgentyp in unserem Bereich des Mittelgebirges fast nie auf.

Anders steht es mit Spornburgen, die zahlreich vertreten sind. Durch ihre Lage auf dem Ausläufer eines Bergs waren derartige Burgen optimal zu drei Seiten hin geschützt. Nur eine Seite musste bewehrt werden. Außerdem konnten der unter der Burg gelegene Wirtschaftshof effizient gesichert und die Talwege überblickt und kontrolliert werden. Spornburgen besaßen eine gute Wasserversorgung sowohl durch Bäche als auch durch Hangwasser, wodurch sie gegenüber Gipfelburgen im Vorteil waren.

Durch den Wasserreichtum der Eifel und Ardennen bestanden also beste Voraussetzungen für die Entstehung derartiger Burgen. Beispiele hierfür sind die Burg *Nideggen* am Steilufer der Rur oder die Alte Burg bei *Münstereifel*, die auf halber Höhe des Queckenberges – eines Felsvorsprungs im Erfttal – erbaut wurde. In der Provinz Lüttich sind *Franchimont* und *Logne* am Zusammenfluss von Ourthe und Lembrée oder *Limburg* an der Weser eindrucksvolle Beispiele. Zur Abgrenzung von Territorien wurden von jeher naturräumliche Gegebenheiten, wie Flüsse und Bergkämme genutzt, konnte man sie doch ohne weitere Hilfsmittel deutlich im Gelände erkennen. An diesen natürlichen Grenzen entstanden auch häufig Burgen, die der Sicherung der jeweiligen Territorien dienten.

Aufgrund ihrer wehrtechnischen Überlegenheit eignete sich die Höhenburg besser zum Aufbau einer unabhängigen dynastischen Herrschaft. Die Wasserburgen wurden dagegen eher von den Mitgliedern des niedrigen Adels, der sich im 11. Jahrhundert herausbildete, bewohnt. Erst als die Höhenburgen durch die Entwicklung des Schießpulvers ihre wehrtechnische Überlegenheit verloren hatten und so manche als uneinnehmbar geltende Festung gestürmt worden war – man denke nur an *Nideggen* (1542) –, zog auch der Hochadel in die Niederungen. Das Leben dort war natürlich wesentlich bequemer, da die Höhenburgen durch ihre Abgelegenheit schwieriger zu versorgen waren und der bautechnische Aufwand deutlich größer al s in den Niederungen war.

Die Baumaterialien

Durch die erdgeschichtlichen Prozesse ist das Tiefland von Niedermaas und Niederrhein im Wesentlichen flach ausgebildet. Der Boden besteht zu großen Teilen aus mächtigen Lößschichten, sodass nur wenig Steinmaterial zum Burgbau vorhanden war. Da die Verkehrsverhältnisse in den frühen Jahrhunderten schwierig waren, konnte man das Baumaterial nur sehr schlecht über weite Strecken transportieren. Man war auf Baumaterial angewiesen, das in der Nachbarschaft zu finden war. Zunächst wurden daher die Niederungsburgen nur aus Holz und Lehm errichtet.

Natürlich war die Holzbauweise einfacher, billiger und weniger zeitraubend als die Steinbauweise. Das galt auch für den Turm einer Motte. Da ein Holzturm außerdem ein geringeres Gewicht als ein vergleichbarer Steinturm hatte, war er für den weniger tragfähigen Untergrund eines künstlich aufgeschütteten Hügels geeigneter. Jedoch erwiesen sich bald die Nachteile der Holztürme. So musste das Holz immer wieder erneuert werden und war außerdem durch brennende Pfeile leicht entflammbar.

Der Übergang von den Erd- und Holzbauten zu Steinbauten vollzog sich in den Niederungen im 11. Jahrhundert. Wo es möglich war, wurden die Türme nun in Stein neu errichtet. Auch die Palisaden und Holzzäune, die die Erdhügel umgaben, wurden durch steinerne Ringmauern ersetzt. Einen Wohnturm aus Bruchstein findet man heute noch in *Arloff* im Kreis Euskirchen.

Im 13. Jahrhundert wurde auch die bereits in römischer Zeit bekannte Ziegeltechnik wieder eingeführt. Das bedeutete einen Standortvorteil für die Niederungen, denn dort standen Lehm und Ton in großer Menge zur Verfügung. Ziegelsteine hatten außerdem gegenüber natürlichen Steinen den Vorteil, dass man leichter etwas damit formen konnte. So wurde die Ziegelbaukunst infolge des Materialmangels an Naturstein in den Niederungen zur Vollendung ausgebildet.

Die Feinheit der Ziegelsteinbauweise kann man heute noch an Fenstern, Schartenfassungen sowie Tor- und Türmchenteilen der Wasserburgen erkennen. Jedoch bevorzugten Bauherren dort, wo Bruchstein in der Nähe war, dieses harte Baumaterial. So wurden die Wehrmauern von *Pietersheim* (Lanaken) und die ersten Stadtmauern von *Maastricht* aus Carbonsandstein errichtet. Die zweite Stadtmauer von Maastricht wurde aus Namurer Blaustein hergestellt. Zu dieser Zeit hatten sich die Transportmöglichkeiten bereits erheblich verbessert.

Das untere Maasbecken verfügt außerdem über einfach zu bearbeitendes Mergelgestein. Man findet es oftmals in Paramenten oder Unterteilen von Mauern und Türmen, wie zum Beispiel in der Moerenpoort in *Tongern*, der Stadtmauer von *Valkenburg* oder der Wasserburg in *Millen*-Riemst.

Beim Bau von Burgen und Festungen in höheren Lagen wurde von Anfang an Naturstein verwendet. Denn zu den vorbereitenden Arbeiten zum Bau einer Burg gehörten die Planierung des Bauplatzes, die Abschrägung einer Felswand oder auch Terrassierungsarbeiten. War das dabei gewonnene Abbruchmaterial brauchbar, wurde es zum Burgbau weiter verwendet. Ansonsten mussten Steine aus einem Steinbruch herangeschafft werden. Derartige Steinbrüche wurden vorzugsweise am Fuße der jeweiligen Felswand oder an einem benachbarten Hang eingerichtet. Ob die Steine nur grob behauen, wie im 10. und 11. Jahrhundert üblich, oder – noch aufwendiger – zu größeren oder kleineren Quadern behauen wurden, hing vor allem von der finanziellen Lage des Bauherrn ab.

Höhen- und Niederungsburgen weisen zahlreiche gemeinsame Bauelemente wie Wohnturm und Wehrmauern auf. Trotzdem sind sie in ihren Ausprägungen unterschiedlich. So sind in den Niederungen Wohntürme mächtiger als in den Höhenlagen, wo schlankere Donjons erbaut wurden. Auch die Dicke der Mauern lässt sich nicht vergleichen. So haben die Wasserburgen wesentlich dünnere Mauern als die höher gelegenen Burgen. Dies mag daran liegen, dass durch das oftmals weitläufig angelegte Grabennetz ein Beschuss durch Wurfgeschütze oder ein Rammen der Mauern sowieso unmöglich war.

Die Handelswege

Bereits in der Zeit der Römer entstand ein Wegenetz, das von den ihnen nachfolgenden Völkern zum Teil beibehalten und erweitert wurde. So liefen wichtige Hauptstraßen bereits in römischer Zeit durch die Euregio, zum Beispiel von *Nimwegen* über *Heerlen*, *Aachen* und *Kornelimünster* nach *Trier*, von *Neuss* über *Jülich* und *Aachen* nach *Lüttich* oder vom französischen *Bavai* über *Sint-Truiden* nach *Tongern* und *Maastricht*.

Reisende und Händler, die diese Straßen benutzten, stellten natürlich eine leichte Beute für Diebe und Räuberbanden dar. Es war daher ein einträgliches Geschäft, die Verkehrswege zu Wasser und zu Lande zu sichern und zu kontrollieren. So ging es 1288 bei der Schlacht von *Worringen* (nördlich von Köln) vor allem um die Kontrolle des Handelsweges von Brabant/Flandern ins Rheinland und die entsprechenden Zolleinnahmen. Hier standen sich die Truppen des Grafen von Brabant und des Erzbischofs von Köln sowie deren Verbündete gegenüber.

Zahlreiche Burgen wurden daher in erhöhter Lage angelegt. Von diesen Burgen aus hatte man einen guten Überblick über die Straßen im Tal oder am Ufer eines Flusses, die man auch gleich sichern und kontrollieren konnte. Die Burg *Blankenheim* im Kreis Euskirchen zum Beispiel entstand im 13. Jahrhundert auf einem steilen Felsen oberhalb der Ahrquelle. Sie bot eine strategisch günstige Aussicht auf die Straße von Köln nach Trier. Auch *Brustem*, *Borgloon* und *Colmont* in Belgisch-Limburg kontrollierten eine wichtige Verbindung, die Straße nach *Tongern*. Und von der Wasserburg von *Millen-Riemst* aus konnte man die alte Heerstraße von Tongern nach Maastricht im Auge behalten. Natürlich wurden auch schiffbare Flussläufe als Handelswege genutzt und mussten kontrolliert werden. So wurde von den Wehranlagen von *Huy* und *Lüttich* aus die Maas beherrscht. Auch in Niederländisch-Limburg wurden zahlreiche Burgen wie *Stein*, *Horn* und *Kessel* zur Kontrolle des Schiffsverkehrs auf der Maas errichtet.

K. Buch

Grundzüge der territorialen Entwicklung in der Euregio Maas-Rhein

Im Großraum zwischen Schelde und Rhein erstreckt sich die Euregio Maas-Rhein zu beiden Seiten eines Abschnitts von Mittel- und Niedermaas als Achse.

Die Herrschaft Roms

Nachdem Cäsar um 51 v.Chr. die Gebiete westlich des Rheins erobert hatte, drückte die Herrschaft Roms dem Gebiet und seinen Bewohnern während mehrerer hundert Jahre einen deutlichen Stempel auf. Als besonders dauerhaft erwiesen sich einige größere, teils zeitweilig befestigte Siedlungen wie *Tongern* und *Maastricht* und ferner die Trassen einiger Fernstraßen (z.B. *Köln-Jülich-Heerlen-Maastricht-Tongern*-Bavai-*Boulonge-sur-Mer*). In spätrömischer Zeit entstand in Tongern ein Bischofssitz.

Letzeren verlegte der heilige Servatius 384 in das damals noch bedeutendere und besser befestigte Maastricht (Trajectum ad Mosam).

Das Frühmittelalter

Verzahnt mit dem schrittweisen Abzug der Römer aus deren linksrheinischen Provinzen drangen germanische Völker ein, darunter, in den Raum um Niederrhein, Maas und Schelde, vor allem Franken. Auf merowingische Könige (u.a. Childerich, König der Salischen Franken, ca. 456 bis 482) folgten ab 751 mit Pippin (der Kurze) die karolingischen Herrscher. In Orten an der Maas (z.B. *Herstal*, *Jupille*, *Andenne*, *Chèvremont*/Vesdre) und *Aachen* (dort Beginn der Residenz Karls des Großen ab ca. 700) zeichnete sich im Kernbereich der heutigen Euregio Maas-Rhein auch eine Konzentration des damaligen pippinidisch-karolingischen Eigenbesitzes ab. Karl der Große ordnete sein ausgedehntes Reich in die Gaue als Amtsbezirke, in denen Gaugrafen im Auftrag des Königs die Verwaltung und Rechtspflege leiteten.

Das karolingische Reich zerfällt

Das Reich Karls des Großen ging noch ungeteilt an dessen Sohn Ludwig den Frommen über, wurde nach dessen Tod jedoch unter seinen drei Söhnen aufgeteilt. 843 kam es mit dem Vertrag von Verdun zu einer ersten Teilung. Es bildete sich das Mittelreich zwischen Schelde und Rhein unter Kaiser Lothar I. mit *Aachen* als Residenz, das fränkische Westreich unter König Karl dem Kahlen und das fränkische Ostreich unter König Ludwig dem Deutschen. 855 ging das Mittelreich an König Lothar II. über. Nach ihm wurde es ab dem 10. Jahrhundert auch Lothringen genannt. Mit den Verträgen von Meerssen (870) und Ribemont (880) wurde das Mittelreich an das fränkische West- bzw. Ostreich aufgeteilt (annähernd entlang der Maas und Ourthe, Our und Mosel).

Durch das vormalige karolingische Kernland verläuft seither der Grenzsaum zwischen dem späteren Deutschland und Frankreich. Nach dem Tod Zwentibolds (900) schloss sich der lothringische Adel dem Westreich an.

Erst 925 konnte König Heinrich I. das Herzogtum Lothringen wieder dauerhaft mit dem ostfränkischen („deutschen") Reich verbinden.

Territoriale Gliederung 870

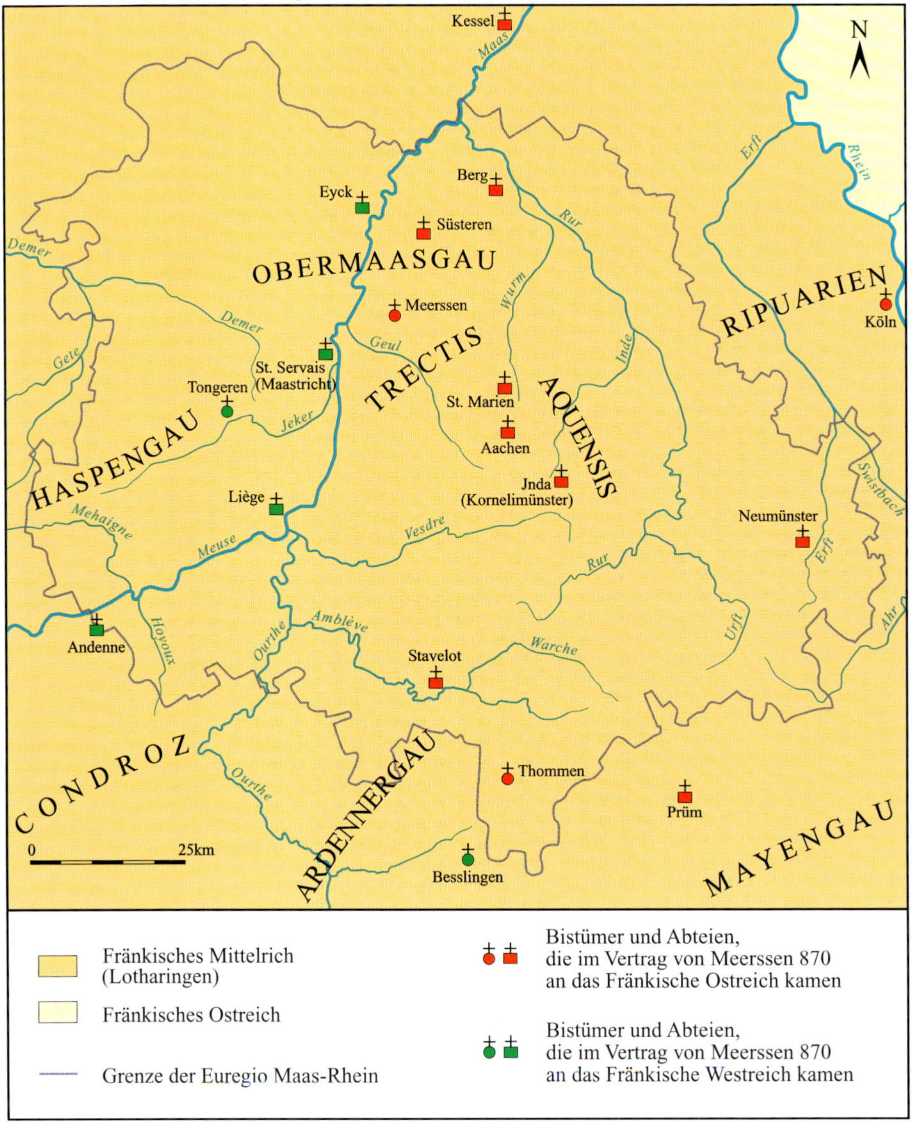

Die Bildung von weltlichen Territorien im Mittelalter

Etwa seit der Jahrtausendwende entstand wegen der schwächer werdenden Königsmacht eine Vielzahl von Territorien. Daraus ging im Zeitverlauf ein bunter und in ständiger Veränderung befindlicher territorialer Flickenteppich hervor. Dessen Bildung und andauernde Wandlungen durch Belehnung, Erbe, Fehde, Pfandschaft oder Kauf können hier nur in äußerster Kürze angedeutet werden.

Der Limburgische Erbfolgestreit (1283-1288)

Diese militärische Auseinandersetzung fand ihren Höhepunkt am 5. Juni 1288 in der Schlacht von *Worringen*, nördlich von Köln. Dort trafen die Ritterheere zweier Kriegsparteien aufeinander. Auf der Seite des Kölner Erzbischofs Siegfried von Westerburg standen die Grafen von *Geldern*, *Luxemburg* und *Nassau* mit ihren Vasallen, auf der Seite des Herzogs Jan I. von *Brabant* die Grafen von *Jülich*, *Berg*, *Loon* und *Mark*, deren Vasallen und weitere Bundesgenossen sowie die Bürger von Köln. Im Ausgang der Schlacht und damit des Erbfolgestreits lag die herausragende Weichenstellung für die nachfolgende Entwicklung aller damals beteiligten Territorien.

Die Grafschaft Limburg

Die an der Weser gelegene Grafschaft Limburg erhielt in der Nachfolge der vormaligen Herzöge von Lothringen um 1100 den Titel Herzogtum und erwarb 1136 das „Land van s'Hertogenrode" (vormals „Rode") sowie 1151 die Herrschaft Wasserberg.

Durch Heirat der Erbtochter Irmingard war Limburg ab 1282 mit Geldern verbunden, bevor am Ende eines Erbfolgekriegs (1283-1288) das Herzogtum Limburg samt dem „Land van s'Hertogenrode" an *Brabant* gelangte.

Die Grafschaft Geldern

1104 nannte sich Gerhard von Wassenberg „Herr von Geldern". In der ersten Hälfte des 13. Jahrhunderts eine Grafschaft, erwarb Geldern u.a. Besitzungen und Rechte an der Maas (z.B. Roermond und Venlo). Nach der Auflösung der Verbindung von Geldern und Limburg (1288) folgten Erweiterungen des Territoriums ab dem späten 13. Jahrhundert teils längs des Flusses etwas südwärts (u.a. *Echt*, *Born*, *Montfort*, *Nieuwstad*, *Posterholt*, *St. Odilienberg*, *Roosteren*, *Vlodrop* und ein Teil von *Wegberg*) und weiter in Richtung Südosten (die Enklave *Erkelenz*).

1339 wurden die Grafen zu Herzögen erhoben. *Roermond* war ab ca. 1350 Hauptort (Verwaltungssitz) des „Geldrischen Oberquartiers". Das Herzogtum wurde 1473 von Burgund militärisch besetzt, blieb bis 1477 von diesem annektiert und gelangte 1543 an Habsburg als Teil der Habsburgischen Niederlande.

1579 trennte sich der nördliche Teil des Herzogtums von Spanien und trat den Niederländischen Generalstaaten bei, während das Geldrische Oberquartier bis Ende des Spanischen Erbfolgekriegs (1713) bei den Spanischen Niederlanden verblieb.

Die Grafschaft Jülich

Die Grafschaft Jülich entstand um 1000 im Jülichgau. Sie zeichnet beispielhaft die zielstrebige räumliche Erweiterung eines Territoriums vom 12. bis zum 16. Jahrhundert nach.

Wichtige Erwerbungen innerhalb der heutigen Euregio Maas-Rhein waren zum Beispiel 1177 die Grafschaften *Maubach* und *Nörvenich* (Erbfolgen), 1207 zunächst vorübergehend, ab 1305 definitiv die Grafschaft *Hengebach/Heimbach* (Erbfolge), 1246 die Reichsstadt *Düren* durch Pfandschaft, 1312 die Grafschaft Are/Hochstaden (u.a. mit *Münstereifel*) als Erbschaft, 1354 die Herrschaften *Aldenhoven* und

Eschweiler (über Pfandbesitz), 1355 die Herrschaft *Euskirchen* durch Gebietstausch, 1392 die Herrschaft *Randerath* mit *Linnich* durch Kauf, 1472 die Herrschaft *Heinsberg*, teils durch Heirat, 1484 durch Kauf, 1435 die Herrschaft *Monschau*, zunächst als Pfand, ferner ca. 1400 durch Kauf. Über Kaufakte kamen weitere Herrschaften zum Herzogtum Jülich: 1400 *Born*, *Sittard* und *Susteren*, danach 1494 *Wassenberg*, spätestens 1514 *Boslar* und 1541 *Millen*.

Von 1393 bis 1423 waren *Jülich* und *Geldern* in Personalunion verbunden. Dies galt von 1356 bis 1381 auch für *Jülich* und *Valkenburg*. Die Jülicher Grafen erhielten 1336 die Markgrafen- und 1356 die Herzogswürde.

Das Herzogtum Jülich war im 15. und 16. Jahrhundert an der Bildung des ersten Großstaates im niederrheinisch-westfälischen Raum beteiligt: 1423 wurden die Herzogtümer *Jülich* und *Berg* (seit 1299 mit der Grafschaft *Mark* verbunden) vereinigt.

1511 bzw. 1521 folgte die Vereinigung der Länder *Jülich*, *Berg*, *Kleve*, *Mark* und *Ravensberg*. Daraus gingen 1614 *Jülich-Berg* an die Kurpfalz, hingegen *Kleve*, *Mark* und *Ravensberg* an *Brandenburg*.

Die Herrschaft Heinsberg

Die Herrschaft *Heinsberg* wird 1085 mit Goswin von Heinsberg, dem Onkel Gerhards I. von Wassenberg (einem der „Flamenses") erstmals urkundlich erwähnt. 1472 kam sie zum Teil auf dem Erbwege, teils 1484 durch Kauf an Jülich.

Die Herrschaft/Grafschaft Valkenburg

Um 1118/19 erwarben die Herren von *Heinsberg* die Herrschaft Valkenburg. 1266 kam auch *Monschau* (samt der Herrschaft *Sittard*) als Erbe an Valkenburg.

Als Grafschaft ging Valkenburg seit 1356 mit *Jülich* eine Personalunion ein, bevor es 1381 durch Kauf an *Brabant* fiel. Daraus gelangten die Herrschaft Sittard ca. 1400 sowie 1435 die Herrschaft Monschau an das Herzogtum Jülich.

Das Herzogtum Brabant

Ausgehend von *Löwen* setzten um den Beginn des 13. Jahrhunderts Bemühungen der Grafen von Brabant ein, ihr Territorium nach Osten zu erweitern. Dabei trafen sie bald auf die nach Westen gerichteten Bestrebungen zur Macht- und Besitzerweiterung der Erzbischöfe von *Köln* wie auch die Anstrengungen zur Ausweitung des geldrischen Territoriums in südlicher Richtung.

1202 erhielt Brabant die Reichsbesitztümer in *Maastricht*. Seither war diese Stadt unter dem *Lüttich*er Fürstbischof und dem Grafen bzw. Herzog von Brabant „zweiherriges" Territorium (Kondominium). Um 1244 kam *Heerlen* an Brabant und 1245 folgte der Erwerb des Landes von *Dalheim*

Die Grafschaft Loon

Um 1000 entstand die Grafschaft Loon aus den fränkischen Grafschaften *Haspengau*, *Maasgau* und *Taxandrien*. Der erste bekannte Graf von Loon war Arnold I.

Als Arnold II. kinderlos starb, übertrug er seine Grafschaft 1014 der Lütticher Kirche, wo sein Bruder Balderik Bischof war. Dieser übertrug sie anschließend seinem jüngeren Bruder Arnold III. als Lehen der Lütticher Kirche mit der für die Zukunft wichtigen Klausel, dass die Grafschaft dem Lütticher Klerus zurückgegeben werden müsse, wenn ein Graf keine Nachkommen hatte.

Graf Ludwig II. (1191-1218) führte mit Brabant Krieg um die Grafschaft *Duras*, aber auch um die Grafschaft Holland und die Stadt

Maastricht. Die vereinigten Heere von Lüttich und Loon schlugen die Brabanter 1212 während der Feldschlacht von *Steppes* bei Montenaken. Arnold VII. (1229-1256) heiratete die reiche Gräfin von Thiny und erweiterte die Grafschaft ansehnlich, unter anderem um die Herrschaft *Dilsen* und das befestigte *Stokkem*.

Mit dem Tod des kinderlos gebliebenen Ludwigs IV., der von 1323 bis 1336 regierte, war die männliche Linie ausgestorben. Es begann der Looner Erbfolgekrieg.

1366 wurde das Territorium unter Erhalt einiger eigener Rechte mit dem Fürstbistum *Lüttich* vereinigt. Ab diesem Zeitpunkt nannte der Lütticher Fürstbischof sich gleichzeitig Graf von Loon.

Die Bildung geistlicher Territorien im Mittelalter

Das Erzstift / Kurfürstentum Köln

Köln ist seit der spätromanischen Zeit Bischofssitz und seit der Zeit Karls des Großen Sitz eines Erzbischofs (806 unter Hildebold). Zu dessen Kirchenprovinz zählten u.a. die Bistümer Lüttich sowie Utrecht. Erzbischof Bruno von Köln erhielt 954 von seinem Bruder Kaiser Otto I. auch das Amt des Herzogs von Lothringen.

Lange andauernde und zähe Bemühungen um eine nach Westen, besonders längs des Handelsweges Köln-*Maastricht* gerichtete Ausweitung des Territoriums der Kölner Erzbischöfe scheiterten endgültig mit der Niederlage gegen den Herzog von *Brabant* in der Schlacht von *Worringen* (1288).

Innerhalb der heutigen Euregio Maas-Rhein waren die Erzbischöfe (später: Kurfürsten) von Köln seither als Landesherren lediglich in deren Südosten mit kleineren Gebietsanteilen vertreten (z.B. *Zülpich*, *Arloff*).

Das Fürstbistum Lüttich

Der Maastrichter Bischof Lambertus wurde etwa 705 in Lüttich ermordet. Dessen Nachfolger, Hubertus, verlegte den Bischofssitz ca. 718 nach *Lüttich* an da s Grab seines heiligen Vorgängers.

Bischof Notger von Lüttich erhielt ca. 980 über einen Teil seines Bistums auch die weltliche Macht. Das Territorium des Fürstbistums Lüttich wurde wenig später noch erweitert, u.a. um die Grafschaft *Huy* und die Markgrafschaft *Franchimont*. Um 1050 kam die Grafschaft *Haspinga* hinzu, ca. 1200 die Grafschaft *Moha* und danach 1227 die Herrlichkeit *Sint-Truiden* samt der Stadt, aber ausgenommen den Bezirk der Abtei St. Trudo.

Die Reichsabtei Stablo-Malmedy

Der heilige Remaclus gründete 648 die Abtei Malmedy und 650 die Abtei Stablo (heute: Stavelot), beide unter einem gemeinsamen Abt.

Die Doppelabtei wurde mit ausgedehntem Grundbesitz aus Königsgut in den Ardennen versehen und erhielt von den karolingischen Herrschern die Rechtsstellung als Reichsabtei.

Seit ca. 1137 war sie als Fürstabtei ein souveränes geistliches Territorium des Deutschen Reiches, das auch die Grafschaft *Logne* umfasste (bis 1794).

Die Reichsabtei Burtscheid

Die Reichsabtei Burtscheid, von Otto III. 997 als Benediktinerkloster gegründet, erhielt 1018 von Kaiser Heinrich III. Grundbesitz aus Königsland, wurde um 1200 in ein Zisterzienserinnenstift umgewandelt und war seit 1138 (König Konrad III.) bis zur Auflösung 1802 reichsunmittelbar.

Die Reichsabtei Kornelimünster

Die Reichsabtei Kornelimünster (oder „Inda"), 815 von Kaiser Ludwig dem Frommen

Territoriale Gliederung 1543

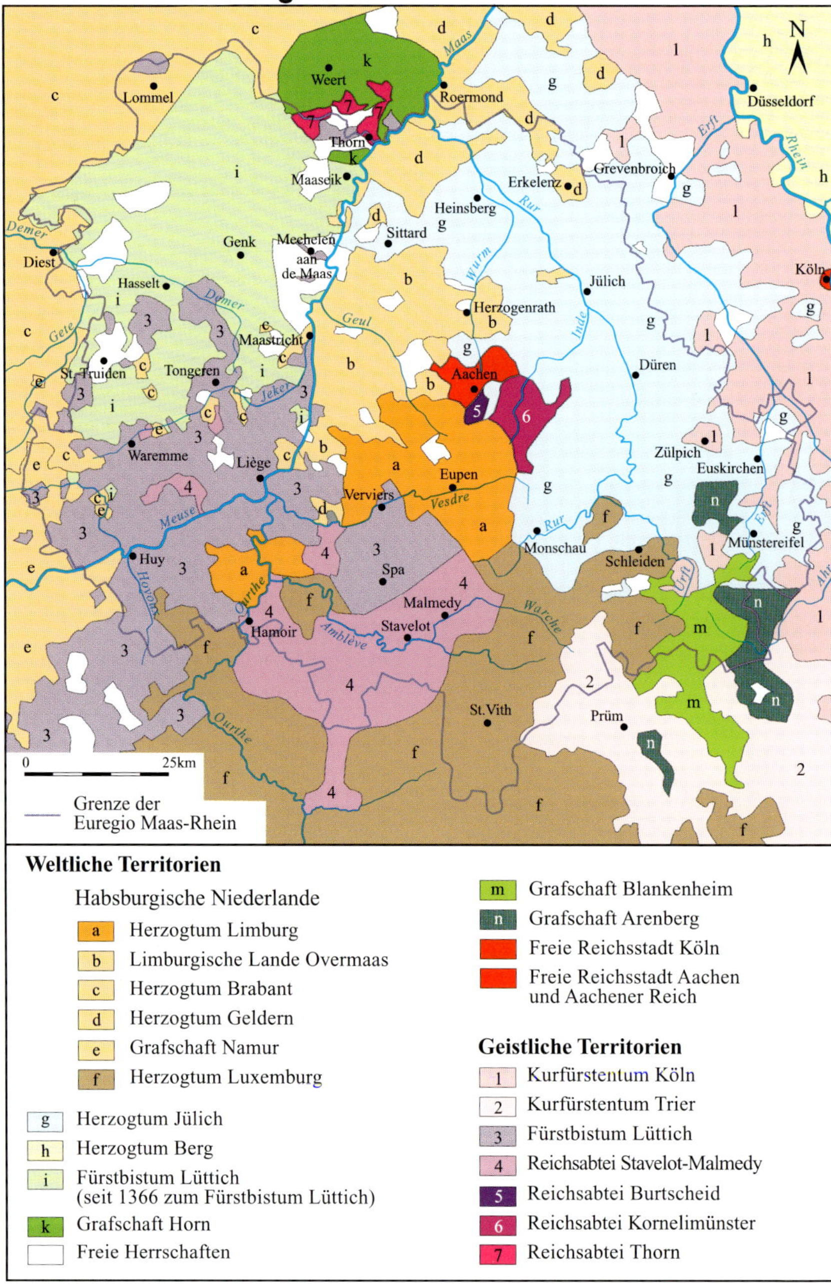

Weltliche Territorien

Habsburgische Niederlande

- a Herzogtum Limburg
- b Limburgische Lande Overmaas
- c Herzogtum Brabant
- d Herzogtum Geldern
- e Grafschaft Namur
- f Herzogtum Luxemburg

- g Herzogtum Jülich
- h Herzogtum Berg
- i Fürstbistum Lüttich (seit 1366 zum Fürstbistum Lüttich)
- k Grafschaft Horn
- Freie Herrschaften

- m Grafschaft Blankenheim
- n Grafschaft Arenberg
- Freie Reichsstadt Köln
- Freie Reichsstadt Aachen und Aachener Reich

Geistliche Territorien

- 1 Kurfürstentum Köln
- 2 Kurfürstentum Trier
- 3 Fürstbistum Lüttich
- 4 Reichsabtei Stavelot-Malmedy
- 5 Reichsabtei Burtscheid
- 6 Reichsabtei Kornelimünster
- 7 Reichsabtei Thorn

gegründet, wurde aus königlichem Grundbesitz mit eigenem Territorium ausgestattet („Münsterländchen"), zu dem später u.a. die benachbarten Herrschaften *Eilendorf* und *Gressenich* kamen. Zum Territorium der Reichsabtei zählten u.a. die Orte *Brand*, *Breinig*, *Büsbach* und *Walheim*.

Die Abtei Sint-Truiden

Ein örtlicher Edelherr stiftetet 655 am Flüsschen Cicindria ein Kloster und schenkte dies samt dem zugehörigen freien Grundbesitz dem Bischof von *Metz*. Daraus ging 740 die Benediktinerabtei St. Trudo als Herrlichkeit des Bischofs von Metz hervor.

Den Bemühungen der Herzöge von *Brabant*, diese Herrschaft zu erwerben, entgingen Stadt und Abtei 1227 durch den Anschluss als zweiherriges Territorium an das Fürstbistum Lüttich.

Andere weltliche Territorien mit Besitzungen in der Euregio Maas-Rhein

Die Freie Reichsstadt Aachen

Das Gebiet von Aachen war seit keltisch-römischer Zeit besiedelt und ging nach der fränkischen Landnahme in das Königsgut über. 765 bestand ein Hofgut König Pippins. 789 fertigte Karl der Große die erste Urkunde in seiner Pfalz zu Aachen aus, wo 805 die Pfalzkapelle geweiht wurde.

Der Ort der königlichen Pfalz war von 936 (Otto I.) bis 1531 (Ferdinand I.) Krönungsstätte für 33 deutsche Könige. Aachen wurde von Kaiser Friedrich Barbarossa 1166 zur Freien Reichsstadt erhoben und erhielt einige Jahre später seine erste Stadtmauer. 1336 bestätigte Kaiser Ludwig IV. (der Bayer) die Erweiterung des reichsstädtischen Territoriums um die vor der Stadtmauer gelegenen „Quartiere" *(Laurens)Berg*, *Orsbach*, *Vaals*, *Haaren*, (Broich-) *Weiden* und *Würselen* als „Aachener Reich". Um etwa diese Zeit wurde die baufällig Pfalz zum Rathaus umgewandelt und die zweite Stadtmauer vollendet.

Die Grafschaft Blankenheim

Bei der urkundlichen Erstnennung, 1115, waren die Herren von Blankenheim auch im Besitz von *Schleiden*. 1380 erhielten die Edelherren den Grafenstand. 1469 war das Territorium über die Erbfolge im Besitz der Grafen von *Manderscheid*-Blankenheim. Dazu zählte nun auch u.a. die Burg Manderscheid.

Verbunden waren seither die Grafschaften Manderscheid (seit 1488), *Kronenburg* und *Dollendorf*. 1780 erreichte dieses Eifelterritorium mit Blankenheim als Residenzort den Höhepunkt seiner Macht.

Die Grafschaft Schleiden

Dieses Territorium, erstmals 1198 genannt, entstand durch die Verteilung der älteren Grafschaft *Blankenheim* unter die Söhne Gerhards II. von Blankenheim, von denen sich Konrad „Herr von Schleiden" nannte.

Durch Heirat kam Schleiden 1443 an Manderscheid-Schleiden, 1539-1773 an die Grafen von der Marck sowie 1773-1794 an die Herzöge von Arenberg.

Das Herzogtum Arenberg

Das Herzogtum Arenberg umfasste 1794 innerhalb der heutigen Euregio Maas-Rhein unter anderem die Herrschaft *Kerpen*/Eifel, die Baronie *Kommern* und, unter luxemburgischer Oberhoheit, die Grafschaft *Schleiden*.

Darüber hinaus gab es eine ganze Reihe meist kleiner „Freier Herrschaften" wie z.B. die Reichsherrschaften *Reifferscheid* und *Rimburg* und in Limburg u.a. *Wijlre*, *Wittem*, *Wijnandsrade*, *Pietersheim*, *Kessenich* und *Rekem*.

Territoriale Gliederung 1789

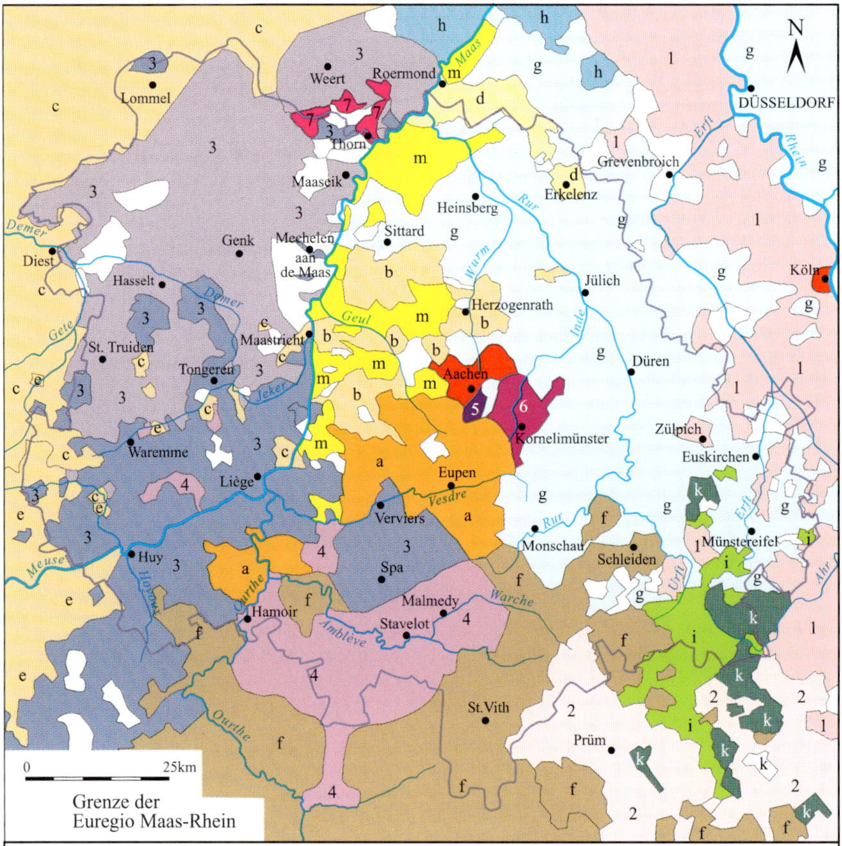

Weltliche Territorien

Österreichische Niederlande

- a Herzogtum Limburg
- b Limburgische Lande Overmaas
- c Herzogtum Brabant
- d Herzogtum Geldern
- e Grafschaft Namur
- f Herzogtum Luxemburg

- g Herzogtum Jülich-Berg
- h Königreich Preussen
- i Grafschaft Blankenheim
- k Herzogtum Arenberg
- Freie Herrschaften

- Freie Reichsstadt Köln
- Freie Reichsstadt Aachen und Aachener Reich

Geistliche Territorien

- 1 Kurfürstentum Köln
- 2 Kurfürstentum Trier
- 3 Fürstbistum Lüttich
- 4 Reichsabtei Stavelot-Malmedy
- 5 Reichsabtei Burtscheid
- 6 Reichsabtei Kornelimünster
- 7 Reichsabtei Thorn

- m Republik der Vereinigten Niederlande (außerhalb des Hl. Römischen Reiches)

Vor dem Ende des Ancien Regime

Das Vordringen des Herzogtums Burgund

1369 übertrug Johanna, die Erbin von Brabant, ihr Herzogtum samt *Limburg* und den „Limburgischen Landen Overmaas" an Burgund. Das Herzogtum Burgund erweiterte seinen Herrschaftsbereich gewaltsam um das Fürstbistum *Lüttich* (mit *Loon*, 1467) und das Herzogtum *Geldern* (1473). Nach dem Tod Karls des Kühnen im Jahr 1477 gewannen Lüttich – wie vorübergehend auch Geldern – erneut ihre frühere territoriale Unabhängigkeit zurück.

Habsburgische, Spanische und Österreichische Niederlande

Der österreichische Erzherzog Maximilian (1486 in *Aachen* als Maximilian I. zum König gekrönt) heiratete 1477 Maria von Burgund, die Erbtochter Karls des Kühnen. Sie brachte dem Habsburger das „Burgundische Erbe" zu (u.a. „Habsburgische Niederlande"), starb aber bereits 1482.

Kaiser Karl V. übertrug beim Thronverzicht (1556) den Besitz in den Niederlanden seinem Sohn, König Philipp II. von Spanien („Spanische Niederlande"). Während dessen Regierung begannen 1568 kriegerische Auseinandersetzungen mit den in der Utrechter Union (1579) vereinigten, zur kalvinistischen Lehre übergetretenen Sieben Provinzen (d.h. den niederländischen Generalstaaten). Letztere sagten sich 1581 von Spanien los. Die anschließenden verheerenden Kriegswirren erfuhren im Dreißigjährigen Krieg eine europäische Ausweitung. Sie endeten erst 1648 mit dem Westfälischen Frieden, der in Münster und Osnabrück ausgehandelt und abgeschlossen wurde.

Das Ende des Dreißigjährigen Kriegs führte u.a. (im „Partagetraktat" 1661/1663) zur Aufteilung der „Limburgischen Lande Overmaas" (Land van *Valkenburg*, Land van *Dalheim* und Land van *s'Hertogenrode*) in je einen weiterhin spanischen Teil und einen seither „staatischen" (niederländischen) Gebietsteil der Vereinigten Niederländischen Provinzen.

Der südliche Teil des Herzogtums Geldern, das Geldrische Oberquartier, zählte bis zum Frieden von Utrecht (1713) zu den Spanischen Niederlanden.

Davon verblieb 1716 nur noch das Territorium um *Roermond* bei den nun Österreichischen Niederlanden, während u.a. *Montfort*, *Nieuwstad* und *Venlo* an die niederländischen Generalstaaten kamen. *Erkelenz* gelangte 1719 an das Herzogtum *Jülich*.

Schließlich zählten außerhalb der Euregio Maas-Rhein liegende, zuvor geldrische Gebietsteile ab 1716 zum Königreich Preußen.

Die Zeit der französischen Herrschaft (1794/97 – 1814)

Unter der französischen Herrschaft erfolgte die territoriale Gliederung nach dem Vorbild der Verwaltungseinteilung des gesamten übrigen französischen Staatsgebiets in Departements, Arrondissements, Kantone und Gemeinden. Damit verschwand die bisherige, oft kleinräumige territoriale Gebietszerstückelung.

Nach der Annexion der 1794 von Frankreich besetzten Gebiete hatte die heutige Euregio Maas-Rhein Anteil am „Département de la Meuse inférieure" (Niedermaasdepartement, Hauptort *Maastricht*) und dem „Département de la Ourthe" (Hauptort *Lüttich*), die beide 1795 eingerichtet wurden (Friede von Basel).

Hinzu kam das „Département de la Roer" mit dem Hauptort Aachen, das staatsrechtlich erst 1797 ein Teil Frankreichs wurde (Friede von Campo Formio).

Territoriale Gliederung 1802

Französische Departements:

- Departement Niedermaas
- Departement Ruhr
- Departement Ourthe
- Departement Saar
- Departement Rhein-Mosel
- Departement Forets
- Departement Sambre-Maas
- Departement Dijle
- Departement Zwei-Neten

- Departementsgrenzen
- Grenze der Euregio Maas-Rhein
- LIÈGE — Hauptort eines Departements

Nach der Niederlage Napoleons und dem Rückzug seiner Truppen wurden diese drei Departements 1814 zunächst der Verwaltung des Generalgouvernements Niederrhein unterstellt.

Die staatliche Neuordnung in Mitteleuropa (1815/1816)

Auf dem Wiener Kongress wurde unter anderem das Königreich der Vereinigten Niederlande im Wesentlichen aus den französischen Departements „de la Meuse inférieure" und „de la Ourthe" bzw. aus Teilen der vormaligen Österreichischen Niederlande, der Niederländischen Generalstaaten und des Fürstbistums Lüttich gebildet

Aus dem „Departement de la Ourthe" gingen die Kantone *Eupen*, *Malmedy*, *Sankt Vith*, *Schleiden* und *Kronenburg* an das Königreich Preußen. Dies galt ebenso für die als Exklave des „Departement de la Meuse inférieure" an der Rur gelegenen Orte Welz und Rurdorf, die nun in den Landkreis *Jülich* eingegliedert wurden.

Aus dem vormaligen Kanton *Rolduck* des gleichen Departements wurde *Herzogenrath* abgetrennt und zum Landkreis Aachen gefügt.

Die vormals jülichschen Gebiete zählten unter französischer Herrschaft weitgehend zum „Departement de la Roer". Soweit sie innerhalb der Reichweite eines Kanonenschusses – also mindestens eine halbe Meile oder 3,766 Kilometer – vom Ostufer der Maas entfernt lagen, wurden sie 1815 an das Königreich der Vereinigten Niederlande übertragen.

Dies betraf im Bereich der Euregio Maas-Rhein u.a. *Sittard* und *Born*. Die übrigen früher jülichschen Landesteile gingen an das Königreich Preußen und wurden darin dem Regierungsbezirk Aachen zugeordnet.

Die neuen preußischen Kreise Eupen, Malmedy und Sankt Vith (letzterer seit 1821 mit dem Kreis Malmedy vereinigt) des Regierungsbezirks Aachen zählten zuvor zum französischen „Département de la Ourthe".

Das Königreich der Vereinigten Niederlande zerfällt (1830 – 1839)

Im Spätherbst 1830 brach in Brüssel ein Aufstand los, der wenig später in die Unabhängigkeit der südlichen Provinzen des Königreichs der Vereinigten Niederlande mündete. 1831 stellten die damaligen Großmächte die faktische Trennung des neuen belgischen Staates von den Niederlanden fest.

1831 befand sich die gesamte Provinz Limburg – ausgenommen die Festungsstadt *Maastricht* und die südlich davon gelegene Gemeinde Sint-Pieter – im belgischen Besitz. Die belgische Verwaltung für die damals 319 Gemeinden dieser Provinz musste in *Hasselt* eingerichtet werden.

1839 besiegelte der Vertrag von London die Trennung Limburgs in einen seither belgischen und einen weiterhin niederländischen Teil. Dabei wurde festgelegt, dass – ausgenommen die bislang niederländisch verbliebene Festung Maastricht am Westufer der Maas – die zu Limburg gehörende Gemeinden am Ostufer des Flusses beim Königreich der Niederlande verblieben, damit diesem eine „Landbrücke" zu dessen südöstlichen Gebietsteil erhalten blieb. Der seither belgische Anteil Limburgs umfasste zunächst 198 Gemeinden.

Ab dem 5. September 1839 gehörte die niederländische Provinz Limburg – ausgenommen die beiden Festungen Maastricht und *Venlo* – als Herzogtum Limburg dem Deutschen Bund an. Im Frieden von Prag (23. August 1866) hatte Österreich der Auflösung des Deutschen Bundes zugestimmt.

Territoriale Gliederung 1815/16

Territoriale Gliederung 1839

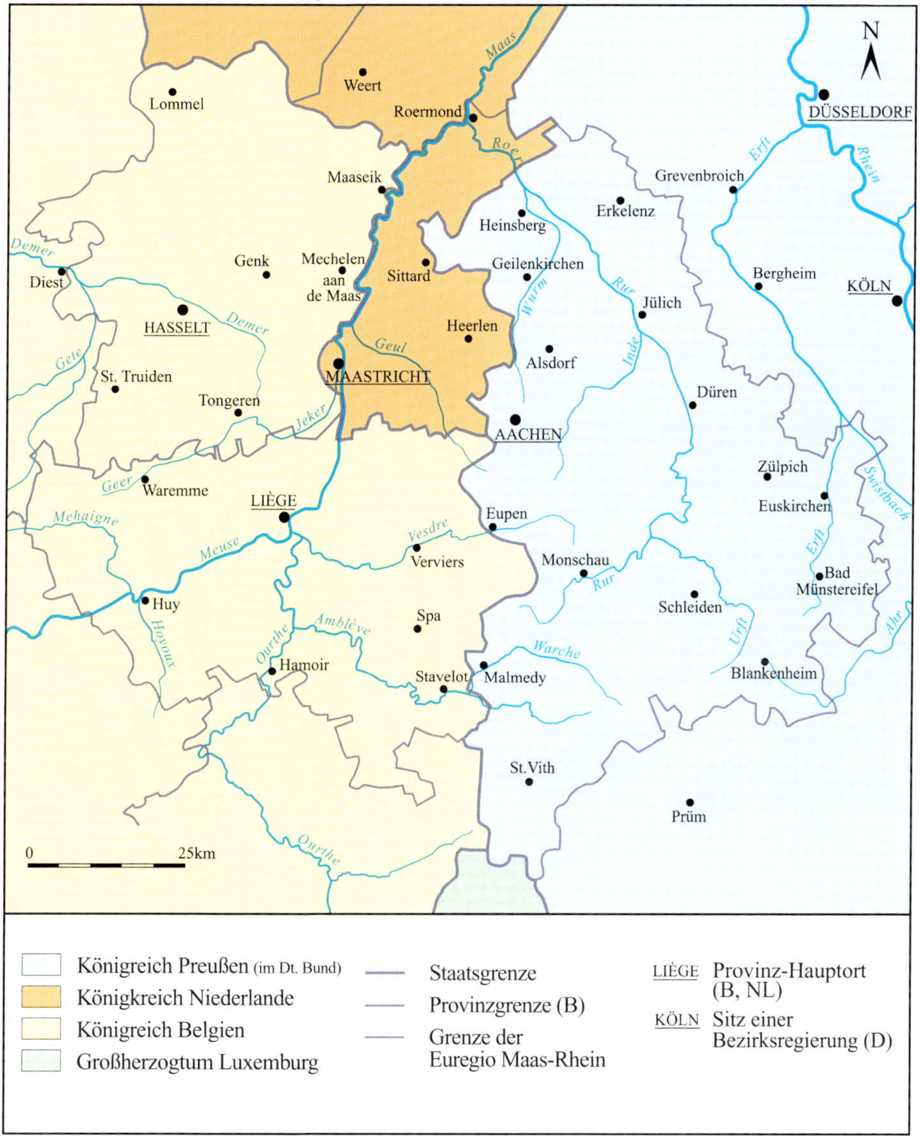

Daraufhin schied die niederländische Provinz Limburg zum 17. Mai 1867 aus dem Deutschen Bund aus.

Gebietsabtretungen und veränderte Grenzen nach dem Ersten Weltkrieg

Die seit 1816 preußischen Kreise *Eupen* und *Malmedy* kamen mit dem 20. September 1920 an das Königreich Belgien – zunächst als dessen „Ostkantone", ab 1925 als Teil der Provinz *Lüttich* im Arrondissement Verviers. Dies traf auch auf einige westliche Gebietsanteile des Landkreises Monschau zu. Damit zusammenhängend wurde der Gleiskörper der Vennbahn dem belgischen Staatsgebiet zugeschlagen, was dazu führte, dass er auf mehreren Streckenabschnitten den Zusammenhang des deutschen Staatsgebiets im Kreis *Monschau* (seit 1972 Kreis Aachen) durchschnitt.

Die Straßen Roetgen-Fringshaus-Konzen und Fringshaus-Lamersdorf blieben in deutschem Besitz. Die Gemeinde Losheim (Kreis Schleiden) kam 1919 an Belgien, konnte jedoch zum 1. Oktober 1921 in den deutschen Staatsverband zurückkehren.

Gebietsneugliederung in Preußen im Jahr 1932

Der damalige Landkreis Heinsberg wurde zum 1. Oktober 1932 weitgehend in den Landkreis Geilenkirchen eingefügt, der zum 1. August 1933 als Landkreis Geilenkirchen-Heinsberg bezeichnet wurde.

Die Gemeinden Arsbeck, Hilfahrt, Myhl, Ratheim und Wildenrath gelangten damals jedoch in den Landkreis Erkelenz. Zum 1. Oktober 1932 wurde auch der bisherige Landkreis Rheinbach aufgelöst.

Ein Teil der bislang zugehörigen Gemeinden – darunter Münstereifel – wurde in den Landkreis Euskirchen eingegliedert.

Staatliche Neubildungen in Deutschland seit 1945

Mit dem Ende des Zweiten Weltkriegs kam Deutschland unter eine Militärregierung der sie greichen Alliierten. Preußen wurde am 25. Februar 1947 aufgelöst.

Die Regierungsbezirke Aachen, Düsseldorf und Köln im Norden der vormaligen Rheinprovinz unterstanden der Militärverwaltung im britischen Besatzungssektor, welche am 23. August 1946 das Land Nordrhein-Westfalen bildete. Letzteres ist seit dem 24. Mai 1949 ein Teil der Bundesrepublik Deutschland.

Grenzkorrekturen nach dem Zweiten Weltkrieg

Deutsch-niederländische Staatsgrenze

Kleinere, längst wieder rückgängig gemachte Grenzkorrekturen führten zwischen dem 29. April 1949 und dem 1. August 1963 zur vorübergehenden Unterstellung einiger Gemeinden des „Selfkantkreises Geilenkirchen-Heinsberg" als „Drostamt Tüddern" unter niederländische Auftragsverwaltung.

Eine der Rückgabebedingungen war der Bau der Straße Koningsbosch-Schinveld (N 274) als innerniederländische Straße durch deutsches Staatsgebiet. Weitere vorübergehende Korrekturen betrafen kleinere Grenzflächen entlang der Wurm u.a. in den Gemeinden Herzogenrath und Merkstein.

Deutsch-belgische Staatsgrenze

Die vormaligen Kreise Eupen und Malmedy waren während des Zweiten Weltkriegs vom „Großdeutschen Reich" annektiert worden und kamen mit dessen Ende wieder an Belgien zurück. Weitere vorübergehende Grenzverschiebungen betrafen kleinere Geländeausschnitte bei den Aachener Grenzübergängen Aachen-Bildchen und Aachen-Köpfchen. Im

Amtssprachen

© Geograph. Institut, RWTH Aachen

vormaligen Kreis Monschau wurden 1949 einige Gebietsteile im Westen des Landkreises bis zum Abschluss eines belgisch-deutschen Abkommens unter belgische Auftragsverwaltung gestellt. Von der 1957 vertraglich vereinbarten Grenzverschiebung zwischen dem Kreis Monschau und Belgien wurde auch der Verlauf der Fernstraße Aachen-Monschau (B 258) betroffen, die seither zwischen Fringshaus und Konzen über belgisches Staatsgebiet verläuft, dort aber von Deutschen ohne grenzbedingte Behinderungen benutzt werden kann. Aus der vormaligen Gemeinde Kalterherberg (seit 1972: Stadt Monschau) wurde der Gebietsteil Deutsch-Leykaul westlich des Breitenbachs im März 1949 abgetrennt und unter belgische Auftragsverwaltung gestellt. Davon wurde zum 24. September 1956 die Hälfte wieder an die Bundesrepublik Deutschland zurückgegeben.

Gebietstausch im Landkreis Monschau

1957 wurden 840 ha Wald beim Forsthaus Wahlerscheid (Gemeinden Kalterherberg, Höfen), seit 1949 unter belgischer Auftragsverwaltung, von der Bundesrepublik Deutschland an Belgien abgetreten. Im Austausch dafür kamen 400 ha Wald nördlich der Straße Roetgen-Fingshaus-Lamersdorf (L 114) an die Bundesrepublik. Die Gemeinde Losheim (vormals Kreis Schleiden) wurde am 23. April 1949 von Belgien besetzt und vorerst verwaltet. Sie gehört seit 28. August 1958 wieder zum deutschen Staatsgebiet.

Die Umwandlung des Königreichs Belgien in einen Bundesstaat

Das Königreich Belgien ist gegenwärtig in drei Regionen gegliedert: die Flämische Region, die Wallonische Region und die Region Brüssel-Hauptstadt. Die belgische Provinz Limburg zählt zur Flämischen Region, die Provinz Lüttich zur Wallonischen Region. Diesen Regionen, die mit eigenen Regionalparlamenten und –regierungen ausgestattet sind, wurde u.a. die Verantwortung für die wirtschaftliche Entwicklung übertragen.

Die Festlegung der Regionen in Belgien wurde ergänzt um die Bildung von Sprachgemeinschaften (1962). Der durchweg zweisprachige Großraum Brüssel ist als besonderes Gebiet keiner der drei Gemeinschaften zugeordnet. Die belgische Provinz Limburg zählt zum Gebiet der Flämischen Gemeinschaft, die Provinz Lüttich weitgehend zum Gebiet der Französischen Gemeinschaft.

Am 10. Juli 1973 billigte die belgische Verfassung auch der deutschsprachigen Minderheit in Ostbelgien den „Rat der deutschen Kulturgemeinschaft“ als beratendes Parlament mit Sitz in Eupen und begrenzten Zuständigkeiten in Fragen der kulturellen Autonomie sowie des Unterrichtswesens zu. Mit der dritten Änderung der Verfassung (15. November 1978 bis 18. Januar 1984) wurde der Weg frei für die Bildung der Deutschsprachigen Gemeinschaft. Deren Rat wurde zum 30. Januar 1984 durch Gesetz gebildet. Er erhielt eigene Zuständigkeiten für den Haushalt der Gemeinschaft sowie die Geschäftsbereiche Gesundheit und Soziales, Kultur und Medien. Ihm entspricht als Exekutive eine Regierung von drei Ministern. Sitz des Rates und der Regierung ist Eupen. Das Gebiet der Deutschsprachigen Gemeinschaft zählt in wirtschaftlichen Belangen zum Gebiet der Region Wallonie.

Der Wandel binnenstaatlicher administrativer Gebietsgliederungen

Generelles Ziel derartiger Maßnahmen ist die Steigerung der Leistungsfähigkeit der innerstaatlichen Verwaltung auf verschiedenen Ebenen angesichts der ständig zunehmende Anforderungen an Dienstleistungen für die Bürger.

Gemeindefusionen in der niederländischen Provinz Limburg

In Südlimburg wurde bei kommunalen Gebietsreformen (Gemeindefusionen) die Anzahl der Gemeinden zum 1. Januar 1982 von 58 auf 23 verringert. Im Euregio-Anteil Mittellimburgs folgte zum 1. Januar 1991 die Verringerung der Zahl der Gemeinden durch Fusionen von zwölf auf fünf.

Zum 1. Januar 2001 wurden die Gemeinden Sittard, Born und Geleen zur neuen Gemeinde Sittard-Geleen zusammengeschlossen.

Gemeindefusionen in den belgischen Provinzen Limburg und Lüttich

Die Festlegung der Sprachengrenzen innerhalb Belgiens führte auch zur Feststellung der Sprachenzugehörigkeit jeder einzelnen Gemeinde. Dabei ergaben sich im Osten der Provinz Lüttich neun Gemeinden mit Deutsch als erster und Französisch als zweiter Sprache (nach dem Stand der letzten kommunalen Gebietsreform).

Die sechs niederländischsprachigen Gemeinden der „Voerstreek" wurden aus der frankophonen Provinz Lüttich in die niederländisch sprechende Provinz Limburg umgegliedert (3. November 1962); dafür kamen mehrere frankophone Gemeinden aus der Provinz Limburg zur Provinz Lüttich (Corswarem, Ortrange, Bassenge, Eben-Emael, Termaaien, Rukkelingen-aan-de-Jeker und Wonk). In der Provinz Limburg blieben nach den Fusionen von 1964 und 1970 noch 136 von 206 Gemeinden (1875) übrig.

Nach der letzten Fusionswelle (1. Januar 1977) verblieben davon nur noch vier kommunale Einheiten, darunter die beiden zweisprachigen (niederländisch-französischen) Gemeinden Voeren und Herstappe. In der Provinz Lüttich (1. Januar 1977) ging die Anzahl von zunächst 326 Gemeinden (1830) in mehreren Schritten bis zum 1. Januar 1977 auf nur noch 84 Gemeinden zurück, darunter neun deutschsprachige Gemeinden, zwei frankophone Gemeinden mit Deutsch als zweiter Sprache und drei „Fazilitätengemeinden".

Gebietsreformen auf Gemeinde-, Kreis- und Bezirksebene im Bundesland Nordrhein-Westfalen

Innerhalb der „Regio Aachen" wurden erste Gemeinde-Neugliederungen 1969 vorgenommen, noch vor der umfassenden Neugliederung des Neugliederungsraumes Aachen (vormals Regierungsbezirk Aachen) zum 1. Januar 1972.

Im Einzelnen handelte es sich um:

- die Bildung der neuen kreisfreien Stadt Aachen aus der vormaligen kreisfreien Stadt Aachen und mehreren Nachbargemeinden aus dem vormaligen Landkreis Aachen;

- die Bildung des Kreises Heinsberg mit zusammen zehn Gemeinden aus dem vormaligen Kreis Erkelenz und dem Selfkantkreis Geilenkirchen-Heinsberg. Die Gemeinden Elmpft und Niederkrüchten (z.T.) gingen aus dem vormaligen Landkreis Erkelenz an den Regierungsbezirk Düsseldorf;

- die Bildung des neuen Kreises Düren mit insgesamt 15 Gemeinden aus den vormaligen Landkreisen Jülich und Düren. Dabei kam zur Gemeinde Hürtgenwald der Ort Vossenack aus dem vormaligen Kreis Monschau; Heimbach und sein heutiger Ortsteil Vlatten gehörten ursprünglich zum Kreis Schleiden;

- die Bildung des neuen Kreises Aachen aus dem Landkreis Monschau (ohne Vossenack) und den verbleibende Gemeinden des vormaligen Landkreises Aachen zum neuen Kreis Aachen mit zusammen neun Gemeinden;

Territoriale Gliederung 1972

- die Bildung des neuen Kreises Euskirchen aus den vormaligen Landkreisen Euskirchen und Schleiden mit zusammen zwölf Gemeinden (ohne Heimbach und Vlatten). Davon wurde 1975 die Gemeinde Erftstadt in den Erftkreis umgegliedert.

Zum 1. August 1972 wurde der bisherige Regierungsbezirk Aachen aufgehoben und in den Regierungsbezirk Köln eingefügt.

Prof. Th. Schreiber

Belgien	Niederlande	Deutschland
Königreich*	Königreich*	Bundesrepublik*
Region*	Provinz*	Bundesland*
Provinz*		Regierungsbezirk
Arrondissement		Kreis/ kreisfreie Stadt*#
Gemeinde*	Gemeinde*	Gemeinde*

Ebenen der politischen Gebietsverwaltung in den Nachbarstaaten

* mit gebietsbezogener, gewählter Volksvertretung.

\# darüber: Landschaftsverband als übergeordnete Einrichtung der kommunalen Selbstverwaltung

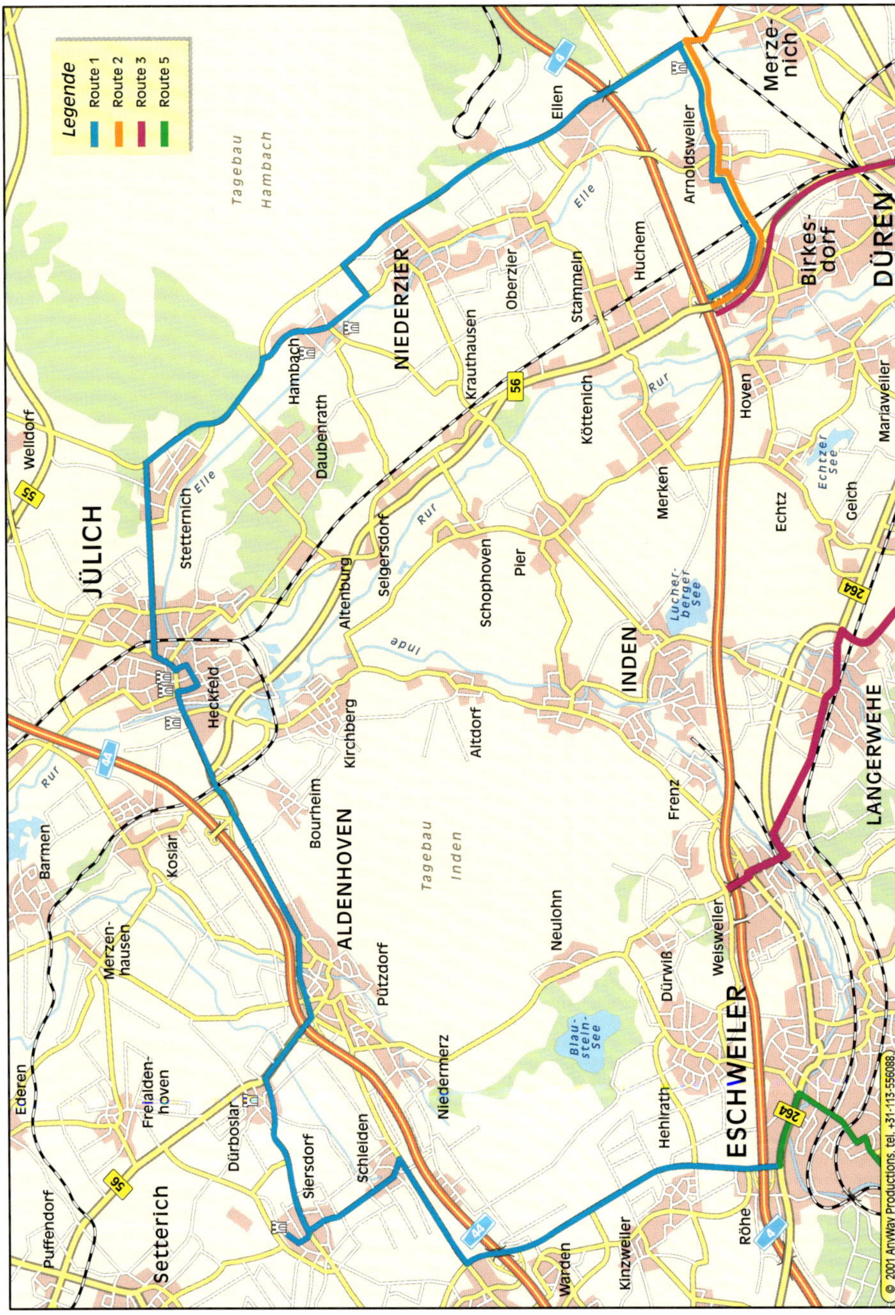
Legende
Route 1
Route 2
Route 3
Route 5
JÜLICH
ALDENHOVEN
NIEDERZIER
INDEN
ESCHWEILER
LANGERWEHE
DÜREN
Setterich
Puffendorf
Ederen
Freialden-hoven
Dürboslar
Siersdorf
Schleiden
Merzen-hausen
Barmen
Koslar
Welldorf
Stetternich
Heckfeld
Bourheim
Kirchberg
Pützdorf
Niedermerz
Altenburg
Selgersdorf
Daubenrath
Hambach
Tagebau Hambach
Tagebau Inden
Krauthausen
Oberzier
Stammeln
Huchem
Arnoldsweiler
Ellen
Merze-nich
Birkes-dorf
Hoven
Mariaweiler
Echtz
Geich
Echtzer See
Köttenich
Merken
Pier
Schophoven
Altdorf
Frenz
Neulohn
Dürwiß
Weisweiler
Hehlrath
Blau-stein-See
Lucher-berger See
Kinzweiler
Warden
Röhe
Rur
Inde
Elle
© 2001 AnyWay Productions, tel. +31-113-556088

1. Burgen und Festungen im Jülicher Land, 60 km

Die Runde beginnt an der Ausfahrt Düren der Autobahn A 4. Zunächst fahren Sie auf der B 56 Richtung Düren, bis ein Schild nach Arnoldsweiler weist. Hier biegen Sie links ab. Folgen Sie der Hauptstraße und fahren Sie durch Arnoldsweiler hindurch (L 257). Nach Verlassen des Ortes kommt an der linken Seite ein baumumstelltes Wasserburggelände, Haus Rath, in Sicht. In der Zufahrt können Sie Ihr Auto abstellen und zu Fuß die im Privatbesitz befindliche Burg besuchen. Da Schloss Rath ein landwirtschaftlicher Betrieb ist, bitten die Bewohner darum, die Wirtschaftsgebäude nicht zu betreten. Die Besichtigung des Innenhofs der Burg ist jedoch gestattet.

Das Haus Rath

Ihr heutiges Aussehen erhielt die Wasserburg zu Beginn des 17. Jahrhunderts. Rheinhard Prinz von Horchheim, der das Anwesen durch Kauf an die Familie brachte, gab dem Rittersitz seine jetzige Gestalt. Haus Rath ist eine zweiteilige Niederungsburg, die mit einem nassen Graben umwehrt ist. Der Hauptburg ist eine dreiflügelige Vorburg aus Backstein angeschlossen, die sich zum Herrenhaus hin öffnet. Die Vorburg dient als Wirtschaftshof.

Aus der Umbauperiode des 19. Jahrhunderts stammt die Zufahrt an der Westseite mit ihren zwei flankierenden Türmen. Das ältere Tor an der Ostseite der Anlage wird nur noch als Durchfahrt zum Wirtschaftshof benutzt.

Vor dem Osttor lag ehemals ein streng geometrischer barocker Garten, von dem heute nur noch der Pavillon erhalten ist. Das Herrenhaus, ein vierflügeliger Bau mit Ecktürmen über hohem Kellergeschoss, erhebt sich unmittelbar aus dem Graben. Der rechteckige Backsteinbau schließt einen quadratischen Innenhof ein, seine dreigeschossigen Flankierungstürme sind mit Schießscharten ausgestattet.

Weiter geht´s auf der Landstraße 257 bis zur nächsten Kreuzung, wo Sie nach links auf die L 255 abbiegen. Nach ca. 5 Kilometern der Beschilderung Richtung Hambach folgen. Auf der Strecke dahin passieren Sie rechterhand einen kleinen Wald, hinter dem sich das riesige Baggerloch des Braunkohle-Tagebaus Hambach verbirgt. Auf der Großen Forststraße fahren Sie nach Hambach hinein. Folgen Sie der Beschilderung zur Burg Obbendorf.

Die Burg Obbendorf

Ein Ritter Reinhard von Obbendorp erscheint erstmalig 1301 in den überlieferten Quellen. Ende des 14. Jahrhunderts befand sich der Rittersitz in den Händen des herzoglichen Hofmeisters Johann Schellaert de Oppendorff. Er ließ den ältesten und noch erhaltenen Bauteil, den Torturm, anlegen. Haus Obbendorf ist eine rechtwinklige längliche Anlage, die teilweise noch von einem Graben umwehrt ist. An der Südostecke befinden sich die Wohngebäude mit ihren Renaissancegiebeln; daran schließt sich der Torturm an.

Fahren Sie zur Großen Forststraße zurück und weiter in den Ort hinein. An der zweiten Bushaltestelle biegen Sie links in die Schlossstraße ein. Die imposante Ruine von Schloss Hambach liegt auf der rechten Seite und kann von der Straße aus nicht über-

Die Burg Obbendorf: „Corps de logis“ und Torturm

DAS ENDE DER JÜLICHER DYNASTIE

Die Dynastie der Herren von Jülich-Kleve-Berg starb 1609 im Mannesstamm aus. Zuvor war bestimmt worden, dass die Söhne der Tochter erbberechtigt seien. Es ergab sich eine komplizierte Erbfolge mit zwei berechtigten Anwärtern auf das größte Territorium in Nordwestdeutschland: der Kurfürst Johann Sigismund von Brandenburg und der Pfalzgraf von Neuburg. Aber auch der deutsche Kaiser Rudolf II. hatte Interesse an dem Territorium, sodass er es als erledigtes Lehen einziehen und seinem Sohn geben wollte. Ausländische Mächte wie Frankreich und die Niederlande begannen, sich in den Konflikt einzumischen. Nachdem der Kaiser von der Stadt Jülich Besitz ergriffen hatte, schlugen der Kurfürst und der Pfalzgraf ihre Residenz im nahen Hambach auf, um ihr Erbe zu verteidigen. Ein europäischer Konflikt drohte, der erst im allerletzten Augenblick durch den Vertrag von Xanten abgewendet werden konnte.

sehen werden. Parkplätze befinden sich unmittelbar vor dem Schloss. Der Innenhof des Schlosses darf betreten werden.

DAS SCHLOSS HAMBACH

Nach der Zerstörung der Alten Burg bei Jülich, dem ersten Stammsitz des gleichnamigen Grafenhauses, durch Erzbischof Siegfried von Westerburg im Jahre 1278 errichtete der Graf von Jülich eine Burg bei dem Dorf Hambach. Die meist als Schloss bezeichnete Befestigung wird 1317 erstmalig in einer Urkunde als Hamburg erwähnt. Sie erscheint des Öfteren in Urkunden des 14. und 15. Jahrhunderts, anscheinend war die Burg eine beliebte Residenz des Grafen. So ist überliefert, dass bei Schloss Hambach ein Tierpark bestanden hat. Die Erinnerung an das Gehege hat sich bis heute in der Flurbezeichnung Wolfshaag nahe des Dorfes erhalten.

Zahlreiches Dienstpersonal war auf der landesherrlichen Festung ansässig und es wurden hier sogar Kanonen gegossen. Da man auch Geschützpulver auf Schloss Hambach lagerte, brannte aufgrund einer Unachtsamkeit die Anlage nach einer Explosion im Pulvermagazin ab.

1548 begann das Jülicher Herrscherhaus mit einer grundlegenden Wiederherstellung ihrer Burg. Die Pläne für den Wiederaufbau entwarf der berühmte Renaissance-Architekt Alessandro Pasqualini, von dem auch die Wehranlagen und die Zitadelle von Jülich stammen. Mit dem Aussterben des Herzoghauses Jülich-Kleve-Berg 1609 verlor Hambach seine Funktion als adelige Residenz und ging seinem Verfall entgegen.

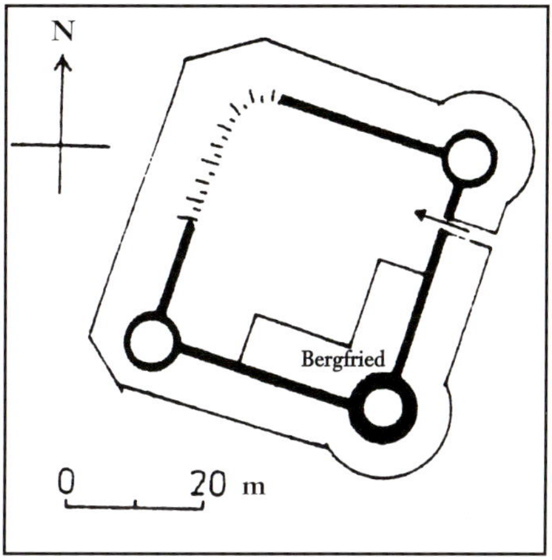

Der Grundriss der Burg Hambach

Schloss Hambach war eine rechtwinklige Burganlage aus Backstein vom Kastelltyp mit je einem Rundturm an den Ecken. Umwehrt ist die Anlage von einem Graben. Von den Baukörpern stehen heute noch drei Flankierungstürme und die an den Südturm anstoßenden Flügel. Die Flügel wurden als Saalbauten genutzt. Heute dient der östliche Trakt als Wohnhaus. Der Südturm und der Ostturm werden dem Aufbau unter Pasqualini zugeschrieben. Am Ostturm erkennt man deutlich die Anfallfläche der Ringmauer, die – wie die Backsteinverzahnung am Mauerwerk verrät – einst bis zum zweiten Geschoss reichte. Im Mauerwerk des Ostturms haben sich von einer Geschützstellung Stufenscharten erhalten.

Der Ostturm der Burg Hambach

i *Kostenlose Führungen durch die Besitzer sind am Wochenende und nach telefonischer Anmeldung möglich:*
Frank Klamandt,
Tel. 00 49 (0)24 28 90 16 81, oder
Ludwig Dumoulin,
Tel. 00 49 (0)24 28 43 22,
Schlossstraße 117, D-52382 Niederzier.

Zurück auf der Hauptstraße verlassen Sie den Ort in Fahrtrichtung Stetternich. Folgen Sie der Beschilderung nach Jülich. In Jülich fahren Sie immer geradeaus in Richtung Zentrum. Nach einer kleinen Eisenbahnbrücke biegen Sie links in die Große Rurstraße ein. Nach ca. 200 Metern erscheint ein Schild „Zitadelle“, dem Sie bis zu den ausgewiesenen Parkmöglichkeiten folgen. Nach Besichtigung der Zitadelle können Sie durch die Jülicher Innenstadt zum Rurtor und dem Brückenkopfpark spazieren.

Die Befestigung der Stadt Jülich

In römischer Zeit entstand an der aus Nordost-Gallien kommenden und nach Köln führenden Fernstraße an einem Übergang über die Rur eine Siedlung, die Juliacum genannt wurde. Mit Zunahme der Unruhen in spätrömischer Zeit wurde in Juliacum ein Kastell errichtet, das ein symmetrisches Vierzehneck bildete.

Die zivile Siedlung lag außerhalb der Festung. Zu Beginn des 14. Jahrhunderts erhielt Jülich, neben Nideggen die wichtigste Stadt der Grafschaft Jülich, eine neue Stadtbefestigung.

Von der großen Ringbefestigung mit den drei Toren hat im Wesentlichen nur das Rurtor überdauert.

Der geldrische Erbfolgekrieg

1538 trat Wilhelm V. aufgrund von Vereinbarungen mit den geldrischen Ständen im Alter von 22 Jahren die Herrschaft im Herzogtum Geldern an.

Sein Vater war Herzog Johann II. von Kleve, seine Mutter die Erbtochter Maria von Jülich-Berg.

Als sein Vater neun Monate später unerwartet starb, fielen Wilhelm die elterlichen Erblande zu. Als Herzog Wilhelm V. gebot er über ein Territorium, das sich beinahe über das ganze Stromgebiet zwischen Rhein und Maas erstreckte.

Unweigerlich geriet der junge und politisch unerfahrene Herzog zwischen die Interessen der ihn umgebenden Großmächte.

Um bei der unvermeidlichen Konfrontation mit Kaiser Karl V. Verbündete zu finden, versuchte Wilhelm, eine Allianz mit dem englischen König Heinrich VIII. zustande zu bringen. Es wurde eine politische Heirat zwischen seiner Schwester Anna und dem englischen König Heinrich VIII. vereinbart. Obwohl die Heirat vollzogen wurde, ließ sich Heinrich VIII. aus politischen Gründen wenig später wieder scheiden.

1542 brach der Konflikt mit Kaiser Karl V. zu einem offenen Krieg aus. Kaiserliche Truppen fielen von Brabant aus in die Herzogtümer Jülich-Kleve-Berg und Geldern ein. Karl V. legitimierte sein Vorgehen damit, dass seine berechtigten Erbansprüche auf Geldern verletzt worden seinen.

Tatsächlich fürchtete der katholische Kaiser, dass der Protestantismus auf die vereinigten Herzogtümer am Niederrhein übergreifen könnte, da Wilhelm V. offen mit dem neuen Glauben sympathisierte. Der Krieg wurde mit großer Grausamkeit geführt. Am 6. September 1543 musste sich der unterlegene Jülicher Fürst in das kaiserliche Feldlager bei Venlo begeben und um Frieden bitten. Um den widerspenstigen Herzog in Zukunft fest an das kaiserliche Herrscherhaus zu binden, verpflichtete Kaiser Karl V. Wilhelm, eine seiner Nichten zu heiraten.

Auf Geldern musste der Herzog verzichten. Nach langer und schwerer Krankheit starb Herzog Wilhelm V. 1592 im Alter von 75 Jahren.

Das Bastionärsystem des 16. Jahrhunderts

Nachdem der Erbfolgekrieg um Geldern 1543 für das Jülicher Herzogshaus so unrühmlich verlaufen war, entschloss sich Wilhelm V., die strategisch wichtigsten Punkte seines Landes zu befestigen. Im Verlauf der Kriegshandlungen hatte Kaiser Karl V. die bis dahin als uneinnehmbar geltende Höhenfestung Nideggen eingenommen und das Jülicher Land verwüstet. Es hatte sich bei den Kämpfen gezeigt, dass sich die mittelalterlichen Befestigungsanlagen überlebt hatten und keinen Schutz mehr vor den modernen Artilleriewaffen der kaiserlichen Truppe bieten konnte. Ein Umbau der bestehenden Festungseinrichtungen versprach keine Abhilfe. So entschloss man sich, den italienischen Architekten Alessandro Pasqualini an den herzoglichen Hof zu berufen. Die Italiener hatten schon längere Zeit mit den neuartigen Geschützwaffen Erfahrung gesammelt und das Bastionärsystem entwickelt.

Pasqualini entwarf einen Plan, wonach die Stadt Jülich mit einer Wallanlage umgeben werden sollte. Die nördliche Flanke sollte von einer großen Zitadelle beherrscht werden. Für den Architekten war es ein Glücksfall, dass 1547 ein Stadtbrand die meisten mittelalterlichen Häuser vernichtete. Jetzt konnte auch das Straßennetz neu angelegt werden. Um einem Feind, der bereits in die Stadt eingedrungen war, die Verschanzung in den Häusern zu erschweren, richtete Pasqualini alle Straßen auf die Zitadelle aus. Von dort aus konnten sie eingesehen und, falls erforderlich, unter Feuer genommen werden. Der Erdwall, mit dem man die Stadt umgab, war 22 Meter breit und 12 Meter hoch. Auf der Feldseite wurde der Wall mit einer starken Ziegelmauer verkleidet, um ihm zusätzliche Festigkeit zu verleihen.

1860 wurde die Stadtbefestigung von Jülich niedergelegt. Von den ehemals vier Bastionen und den vier Stadttoren stehen heute im Wesentlichen nur noch der Portalbogen des Aachener Tors mit einem Stück der Kurtinenmauer.

Die Zitadelle von Jülich

Koordiniert wurde die Verteidigung der Stadt von der Zitadelle aus, einem quadratischen Bau mit pfeilförmigen Bastionen an den Ecken, die in den 93 Meter breiten Graben hineinreichen.

Der Grundriss der Zitadelle ist so entworfen, dass sich bei den Schussfeldern keine toten Winkel ergeben. Die Flanken der Bastionen sind hinter den Facen zu so genannten Bastionsohren zurückgezogen. Von dieser gedeckten Stellung konnten Angreifer, die bereits an den Fuß der Bastionen vorgedrungen waren, unter Feuer genommen werden (1. Feueretage).

Kasemattierte Erdwerke verbanden die Bastionen miteinander. Das unmittelbare Vorfeld der Zitadelle konnte durch Geschütze, die auf den Wällen und Bastionen hinter einer Brustwehr positioniert waren (2. Feueretage), verteidigt werden. Auch von den Kavalieren, überhöhten Stellungen auf den Bastionen, die im 18. Jahrhundert hinzugefügt wurden, konnten Angreifer unter Beschuss genommen werden (3. Feueretage). Die Verteidigung erfolgte also auf insgesamt drei Ebenen.

Die Zitadelle kann über zwei Tore mit geschweiften Poternen, überwölbten Gängen durch den Wall, betreten werden.

Palazzo in fortezza

Im Innenhof der Zitadelle erhebt sich das Renaissance-Schloss mit der Residenz und den Verwaltungsräumen des Herzogs von Jülich. Pasqualini entwarf einen vierflügeligen Bau nach dem Vorbild italienischer Paläste.

Das zweigeschossige Schloss aus Backstein war an der Ostseite mit je einem Turm an den Ecken bekrönt. Gewaltige Kellergewölbe erstrecken sich unter dem Gebäude, die als Küche

Die Zitadelle von Jülich

und Vorratsräume dienten. Im Innenhof des Palastes befand sich eine zweigeschossige Loggia. An der Ostseite des Schlosses ragt die Apsis der Kapelle aus der Mauerfront hervor.

Die Fassade ist reich mit Pilastern dorischer und ionischer Ordnung sowie Halbsäulen kompositer Ordnung gegliedert.

Im Zweiten Weltkrieg musste das Gebäude schwere Schäden hinnehmen. Am besten erhalten ist der Ostflügel. Der Süd- und Nordflügel der Anlage musste 1972 leider einem Schulgebäude weichen. Pasqualini schuf mit der Stadtbefestigung von Jülich eine der ersten frühneuzeitlichen Festungen in Europa, die u.a. zum Vorbild der Zitadelle von Spandau und Wülzburg bei Weißenburg (Bayern) wurde. In ihrer Art ist die Stadtumwehrung von Jülich ein einzigartiges kulturelles Erbe.

Um zum Rurtor (Hexentor) zu gelangen, gehen Sie von den Parkplätzen zur Düsseldorfer Straße, in die Sie nach links einbiegen (Stadtplan S. 94). Folgen Sie der Straßen bis zum Marktplatz. Nach Überqueren des Marktplatzes führt die Rurstraße rechts direkt zum Rurtor. Rund um den Marktplatz und den benachbarten Straßen

Die Schlosskapelle in der Zitadelle von Jülich

der Fußgängerzone laden Restaurants und Cafes ein, Rast zu machen. Als zusätzliche Sehenswürdigkeit bietet sich das Stadtgeschichtliche Museum im Rurtor an.

Das Rurtor

Das Rurtor, im Volksmund Hexentor genannt, ist ein großes Doppelturmtor aus der ersten Hälfte des 14. Jahrhunderts. Der eigentliche Turmbau mit spitzbogiger Durchfahrt wird von zwei Türmen mit halbkreisförmigem Grundriss flankiert. Mehrere Schießscharten für Armbrüste ermöglichten das Bestreichen des Vorgeländes.

Das letzte Ziel in Jülich ist der Brückenkopf. Um ihn zu erreichen, passiert man das Rurtor und folgt der Großen Rurstraße. Nach ca. 50 Metern erreichen Sie eine große Brücke, die die Rur überspannt. Von dort haben Sie bereits einen guten Überblick auf das Festungsbauwerk, und Sie können auch seine Funktion, die Sicherung des Flussüberganges, erkennen. Vor der Brücke geht rechts die Ellbachstraße ab, von der eine Fußgängerbrücke zum Brückenkopfpark führt.

Der Brückenkopf von Jülich

1794 nahmen französische Revolutionstruppen Jülich ein. Sie begannen mit der Neubefestigung der Stadt, da die renaissancezeitliche Festung militärtechnisch veraltet und in einem schlechten baulichen Zustand war. Strategisch gesehen war die Lage von Jülich im Rurtal ungünstig. So hatten die französischen Truppen auch leichtes Spiel bei der Einnahme des Ortes, da sie nur ihre Artillerie auf den benachbarten Anhöhen zu positionieren brauchten.

Bei der Anlage der Festung durch Pasqualini Mitte des 15. Jahrhunderts war die Lage der Stadt noch kein strategisches Problem gewesen, weil die Reichweite der Geschütze damals noch wesentlich geringer war.

Am 13. Juni 1799 begannen die Bauarbeiten an dem Brückenkopf, der zur Sicherung des bei der Stadt gelegenen Rurübergangs angelegt wurde. Der Brückenkopf war aber nur Teil der Neukonzeption der Befestigungswerke bei Jülich. Beabsichtigt war ferner noch der Bau neuer Ravelins – einer Art Schild – im Vorfeld der Festung und ein Fort auf der Merscherhöhe.

Da man mit der Arbeitsleistung der zwangsverpflichteten Bevölkerung nicht zufrieden war, setzte die französische Regierung ab 1801 zweitausend französische Soldaten ein. 1808 waren die umfangreichen Bauarbeiten, für die man auch die Rur hatte umleiten müssen, abgeschlossen.

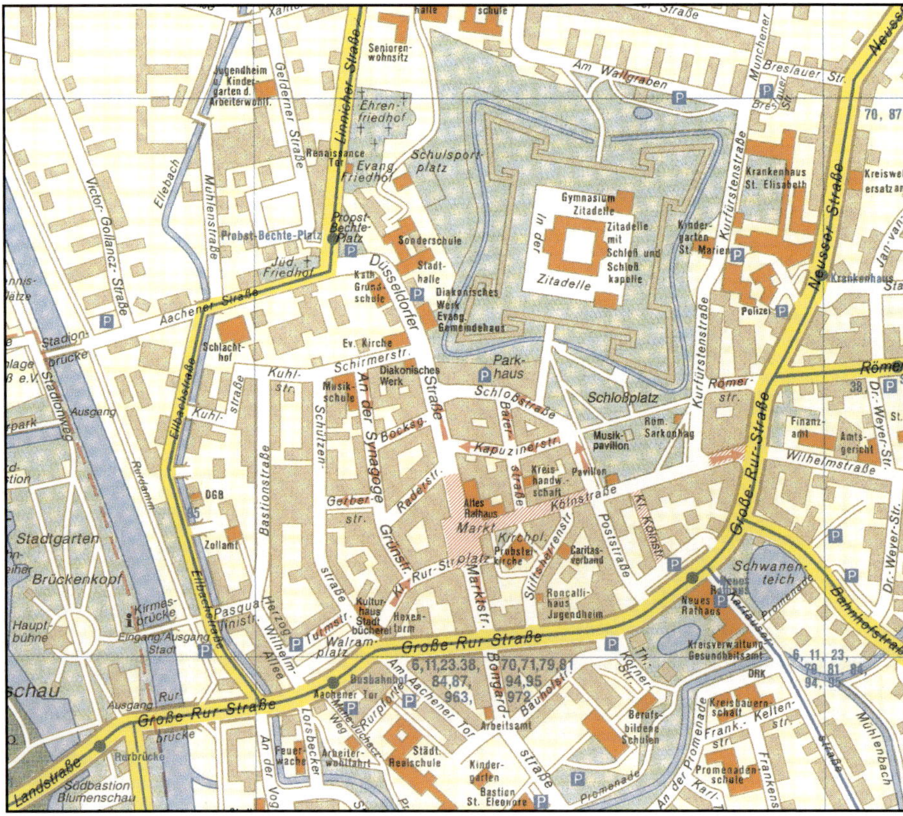

Stadtplan von Jülich

Das Rückgrat der Brückenkopfbefestigung ist das Kronwerk, dass im Grundriss einer Krone ähnelt. Wie bei der Zitadelle durchlaufen gewölbte Kasematten aus Backstein das erdgedeckte Werk. Ein nur 1,50 Meter hoher Gang durchzieht das Kronwerk und verbindet die einzelnen Kasematten miteinander.

Je eine Kasematte ist mit drei Schießscharten für Handfeuerwaffen ausgestattet. Über den Kasematten verläuft ein breiter Wallgang hinter einer Brustwehr aus Erdwerk. Vor dem Kronwerk verläuft der innere Festungsgraben, ihm vorgelagert ist das Glacis, ein feindwärts geböschter Wall.

i *Das Museum in der Zitadelle von Jülich ist von Montag bis Freitag von 14.00 bis 17.00 Uhr und samstags, sonntags und an Feiertagen von 11.00 bis 18.00 Uhr geöffnet.*
Von März bis November ist es nur samstags von 14.00 bis 17.00 Uhr und sonntags von 11.00 bis 17.00 Uhr geöffnet.
Der Park des Brückenkopfes ist von April bis Oktober montags bis sonntags von 9.30 bis 18.00 Uhr und von November bis März von 10.00 bis 17.00 Uhr geöffnet.
Führungen durch Zitadelle und Brückenkopf können bei Jülich-Information e. V., Kleine Rurstraße 20, D-52428 Jülich, Tel. 00 49 (0)24 61- 34 63 63 reserviert wer-

Der Hexenturm von Jülich

den. Da Führungen für Einzelpersonen recht teuer sind (40 EURO), empfiehlt es sich, sich einer Gruppenführung anzuschließen. Von März (je nach Witterung auch erst ab April) bis Oktober einschließlich, trifft man sich um 11 Uhr am Hexenturm. Jeden ersten Sonntag im Monat finden Stadtführungen statt, jeden zweiten Sonntag des Monats Führungen durch Zitadelle und Schloss, am dritten Sonntag sind der Brückenkopf und am vierten Sonntag die Museumssammlung in der Zitadelle an der Reihe. Wenn es einen fünften Sonntag gibt, finden themenbezogene Führungen statt.

Hier endet der Spaziergang durch Jülich. Kehren Sie auf demselben Weg zurück zum Parkplatz. Über die Große Rurstraße verlassen Sie Jülich in Richtung Aldenhoven.

Sie folgen der Straße, bis es an einer Kreuzung rechts nach Geilenkirchen geht. Biegen Sie in diese Straße ein und fahren Sie bis zur Ortschaft Dürboslar. Links führt die Heerstraße in den Ort hinein. Hinter der Ortseinfahrt müssen Sie sofort wieder rechts in eine nur teilweise befestigte Straße, die Geilenkirchener Straße, abbiegen. Diese führt direkt auf die Burg Dürboslar zu.

Die Burg Dürboslar

Heute ist Burg Dürboslar eine zweiteilige Wasseranlage des 17.-19. Jahrhunderts. Das zweistöckige Herrenhaus auf rechteckigem Grundriss von 1841 wurde auf dem älteren Sockelgeschoss eines Vorgängerbaus errichtet. Der Backsteinbau wird noch bis heute beinahe vollständig von einem Wassergraben umwehrt. Von dem Vorgängerbau von 1685 ist an der Nordostecke ein schlanker Rundturm und an der Südwestecke ein zweigeschossiger Rechteckturm erhalten.

Nach Osten hin öffnet sich die dreiflügelige Vorburg mit ihrem Torbau am Westende. Der zweistöckige Torturm aus Backstein stammt aus dem Jahr 1651. Die Laufrollen der ehemaligen Zugbrücke sind noch vorhanden. Das Obergeschoss an der Feldseite des Torturms wird durch mehrere rechteckige, quergeteilte Fenster gestaltet und schließt nach oben mit einem geschweiften Giebel ab. An der Westseite des Bauwerkes findet man mehrere Schießscharten, von denen aus der Graben unter Beschuss genommen werden konnte.

Fahren Sie nach der Besichtigung zurück zum Orteinsgang und folgen Sie der Heerstraße durch das Dorf, das Sie in Richtung Siersdorf verlassen. Am Kreisverkehr in Siersdorf in Richtung Bettendorf nehmen Sie die erste Straße rechts (Marktstraße). Danach biegen Sie wiederum rechts in die Kirchstraße ein, der Sie auch an der Gabelung weiter folgen. Am Ende der Straße gelangen Sie durch zwei Tore auf einen Gutshof, auf dessen Gelände sich die Ruine der Deutschordenskommende Siersdorf befindet. Sollte das Tor geschlossen sein, kann man klingeln. Leider ist es gefährlich, die Ruine selbst zu betreten, aber auch der Anblick als solcher ist schon sehr reizvoll.

Die Deutschordenskommende Siersdorf

Beschreibung siehe Route 5.

An dieser Stelle besteht die Möglichkeit, zur Route „Burgen und Festungen im Grenzland“ weiterzufahren. Hierzu fahren Sie zurück zur Pützgracht, in die Sie nach rechts einbiegen. Für die weitere Beschreibung verweisen wir auf Seite 131 (Route 5) (im Anschluß an die Beschreibung der Deutschordenskommende Siersdorf).

Wenn Sie diese Möglichkeit nicht wählen, fahren Sie zurück zum Kreisverkehr, an dem Sie sich nun Richtung Schleiden halten (L 50). Folgen Sie der Straße durch Schleiden bis zu einer Kreuzung, an der es rechts nach Aachen geht. Fahren Sie ohne Richtungswechsel durch den Kreisverkehr. Schließlich biegen Sie rechts auf die L 240 Richtung Eschweiler ab. Fahren Sie über die A 44 hinweg und folgen Sie der Beschilderung zur A 4, Auffahrt Eschweiler.

Der Torturm der Burg Dürboslar

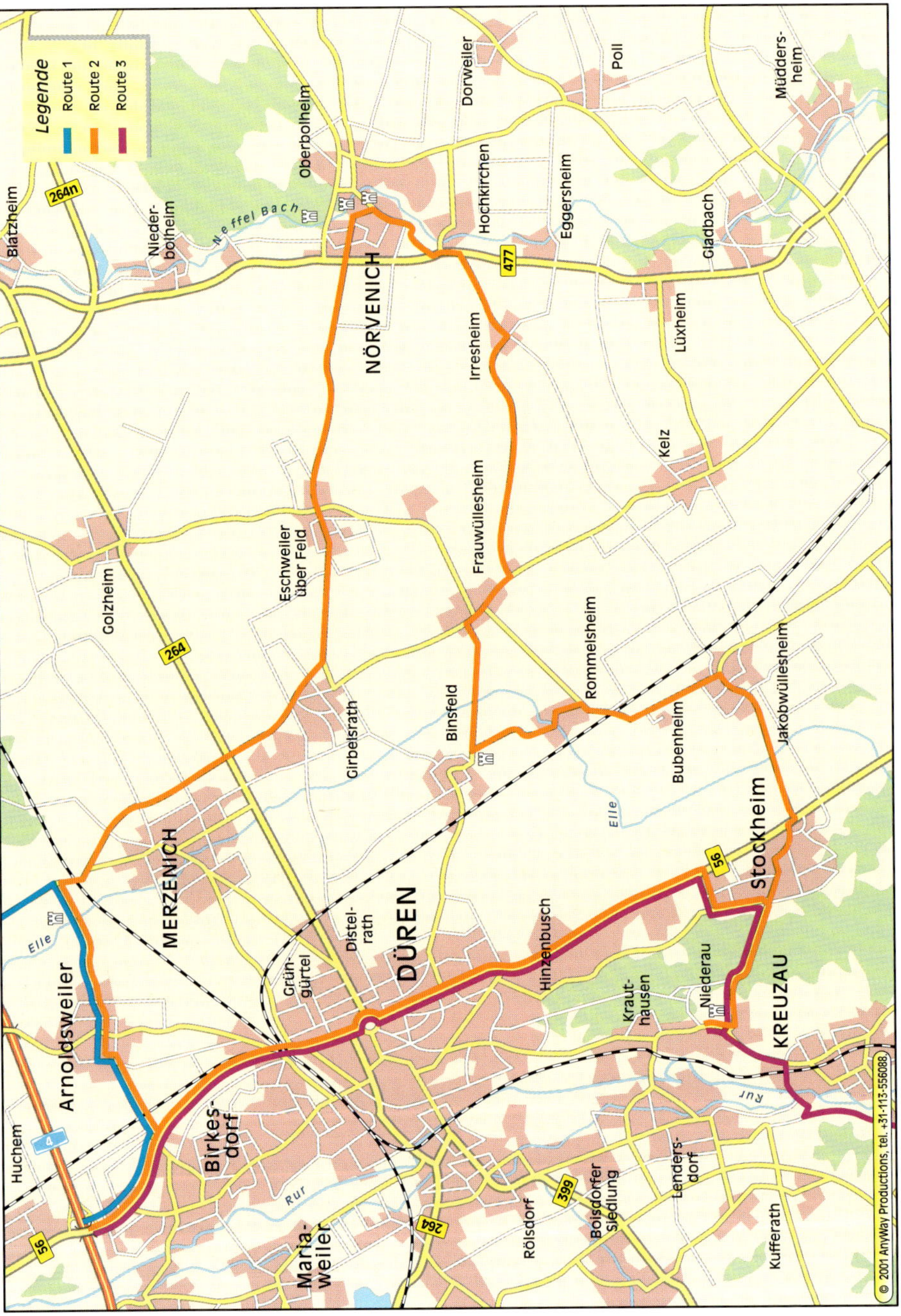
Legende
Route 1
Route 2
Route 3
Blatzheim
264n
Nieder-
bolheim
Neffel Bach
Oberbolheim
Dorweiler
Poll
Müdders-
heim
Hochkirchen
Eggersheim
Gladbach
477
NÖRVENICH
Irresheim
Lüxheim
Kelz
Frauwüllesheim
Golzheim
Eschweiler
über Feld
264
Rommelsheim
Jakobwüllesheim
Girbelsrath
Binsfeld
Bubenheim
MERZENICH
Elle
Stockheim
56
Distel-
rath
DÜREN
Hinzenbusch
Grün-
gürtel
Arnoldsweiler
Kraut-
hausen
Niederau
KREUZAU
Rur
Huchem
4
Birkes-
dorf
Lenders-
dorf
399
Boisdorfer
Siedlung
Rölsdorf
Kufferath
Maria-
weiler
© 2001 AnyWay Productions, tel. +31-113-556088.

2. Burgen und Festungen in der Börde, 50 km

In dieser Route ist ein kurzer Waldspaziergang vorgesehen. Bitte rüsten Sie sich mit entsprechendem Schuhwerk aus.

Die Runde beginnt an der Ausfahrt Düren der Autobahn A4. Dann fahren Sie auf der B 56 Richtung Düren, bis ein Schild nach Arnoldsweiler weist. Biegen Sie hier links ab und folgen Sie der Hauptstraße, bis Sie Arnoldsweiler durchquert haben (L 257). Nach Verlassen des Ortes kommt auf der linken Seite ein baumumstelltes Wasserburggelände, Haus Rath, in Sicht. In der Zufahrt können Sie Ihr Auto abstellen und zu Fuß die im Privatbesitz befindliche Burg besuchen. Da Schloss Rath ein landwirtschaftlicher Betrieb ist, bitten die Bewohner darum, die Wirtschaftsgebäude nicht zu betreten. Die Besichtigung des Innenhofs der Burg ist jedoch gestattet.

Das Haus Rath

Beschreibung siehe Route 1.

Nach dem Besuch fahren Sie auf der Landstraße weiter bis zur nächsten Kreuzung, wo Sie dem Schild Merzenich nach rechts folgen. Die L 264 (später 263) führt an Merzenich, Girbelsrath und Eschweiler über

Das Haus Rath

Die Burg Gymnich

NÖRVENICH

Nörvenich war der Sitz des alten Edelherrengeschlechts der Grafen von Nörvenich-Maubach, die urkundlich erstmals 1028 erwähnt sind. Nach dem Aussterben der männlichen Linie des Hauses gelangten die Besitzungen über die Erbtochter Alveradis von Maubach an die Grafen von Jülich.

Im Laufe der Zeit entwickelte sich aus den Gütern der Verwaltungsbezirk Nörvenich. Mehrere Jülicher Ministerialen, der Dienstadel, empfingen bei dem Dorf Land zu Lehen, auf denen sie ihre Burgen, z. B. die Gymnicher Burg und die Harffsche Burg, bauen konnten.

Feld vorbei nach Nörvenich. In Nörvenich angekommen folgen Sie der Hauptstraße, bis auf der linken Seite Schloss Nörvenich erscheint. Etwa 50 Meter weiter gibt es auf dem Marktplatz einen kleinen Parkplatz. Hier können Sie Ihren Wagen abstellen und einen Besuch im Museum für europäische Kunst im Schloss Nörvenich antreten.

DIE BURG GYMNICH

Die Gymnicher Burg, auch Schloss Nörvenich genannt, wurde von den Herren von Nörvenich gegründet. Erster bekannter Vertreter der Jülicher Ministerialen-Familie war ein Dietrich von Nörvenich, der urkundlich um 1300 erschien. Seine Familie wurde in den folgenden Jahrzehnten häufiger in der Gefolgschaft des Jülicher Dienstadels genannt. Ende des 14. Jahrhunderts scheint sich ein großer Teil der Besitzungen der Herren von

Nörvenich in der Hand derer von Vlatten-Merode befunden zu haben. Unter Werner von Vlatten-Merode stellten sie den ersten Amtmann des Verwaltungsbezirkes Nörvenich. Kaspar Wilhelm von Gymnich, Domherr zu Mainz und Trier, ließ die jetzige umfangreiche Schlossanlage des 18. Jahrhunderts bauen. Das dreiflügelige Herrenhaus wird von einem Zwinger umgeben.

i *Das Museum für europäische Kunst ist vom 1. Mai bis 30. September samstags, sonntags und an Feiertagen von 14.00 bis 18.00 Uhr und dienstags und donnerstags von 13.00 bis 17.00 Uhr geöffnet.*

Vom Parkplatz aus fahren Sie in die Burgstraße bis zur Oberbolheimer Straße, in die Sie, die Vorfahrtsstraße verlassend, nach links einbiegen. Folgen Sie der Straße, bis sie in die Straße „Auf dem kleinen Berge“ übergeht. Unterqueren Sie die Brücke, halten Sie sich an der Gabelung links und fahren Sie bis zum Waldrand weiter. Hier können Sie den Wagen abstellen und einen kurzen Spaziergang zu der im Wald gelegenen Motte machen. Nach ca. 300 Metern biegt auf der linken Seite ein Pfad ab, der seitlich an die Motte heranführt.

Die Alte Burg bei Nörvenich

Die Alte Burg ist wahrscheinlich die Stammburg des Grafenhauses Nörvenich-Maubach. Sie wurde nördlich des Dorfes im jetzigen Nörvenicher Wald am Abhang des Neffelbaches errichtet. Da urkundliche Zeugnisse über die Burg fehlen, liegt ihre Entstehung leider völlig im Dunkeln. Man vermutet, dass die Anlage im 14. Jahrhundert aufgegeben wurde.

Die Reste der Fundamente, die man heute noch im Gelände erkennen kann, lassen erahnen, dass es sich bei der Burg um eine länglich rechteckige Anlage gehandelt hat. Sie wird durch mehrere Gräben gesichert und grenzt mit der Westseite an den Steilabhang des Baches. Die einstige schwere Umfassungsmauer besteht aus Bruchstein, das stellenweise mit Ziegelstein verblendet war. Da im Gelände eine Rampe fehlte, erfolgte der Zugang zum Burggelände einst durch eine Holzbrücke. Auch wenn bei der Alten Burg kein künstlicher Erdhügel aufgeschüttet wurde, kann man die Befestigung dem Typ Motte zuordnen. Der sonst nur in Niederungen anzutreffende Burgtyp wurde bei Nörvenich auf einer Höhenlage errichtet und dementsprechend abgewandelt: Den Burghügel erzeugte man einfach durch Abgrabung der Terrassenkante rund um die Anlage. Auch die Verteidigungsgräben, die heute noch gut im Wald zu erkennen sind, wurden extra ausgehoben.

Nach dem Spaziergang fahren Sie zurück zum Marktplatz. Dort biegen Sie links in die Hirtstraße ein. Das Haus Nr. 13 auf der linken Seite ist ein Bauernhof, auf dessen Gelände die Ruine der Harffschen Burg liegt. Auf Anfrage gestatten die freundlichen Besitzer meist eine nähere Besichtigung. Da die Ruine ungesichert und einsturzgefährdet ist, muss von einem Betreten leider abgeraten werden.

Die Harffsche Burg

Johann von Harff zu Geilenkirchen ließ die Burg im 16. Jahrhundert errichten. 1840 kauften die Grafen von Gymnich das Anwesen auf und schlugen das dazugehörige Ackerland der Gymnicher Burg zu. Da der Harffschen Burg nun keine Bedeutung mehr beigemessen wurde, war sie dem langsamen Verfall preisgegeben.

Heute ist die Harffsche Burg eine Ruine. Aber trotz des schlechten Erhaltungszustandes zählt sie zu den interessantesten Burganlagen des Kreises Düren. Sie steht in einer Reihe mit der Nothberger Burg und der Binsfelder Burg und bildet den Abschluss des Burgenbaues in der

Region des Niederrheins um die Mitte des 16. Jahrhunderts. Insofern symbolisiert Nörvenich mit seiner Motte und der Harffschen Burg Beginn und Abschluss einer glanzvollen Epoche und dokumentiert über sechs Jahrhunderte Festungsbaugeschichte.

Die Harffsche Burg ist ein Ziegelbau von 1566 mit hohem Kellergeschoss und schwerem Rundturm an der Nordostecke. An der Südseite befindet sich ein kleiner Treppenturm. Der Rundturm ist mit Schießkammern ausgestattet. Die nach Süden gelegene Front des Hauses zeigt an den beiden Enden der Schmalseiten Verzahnungen in der Höhe des ganzen Mauerwerkes. Anscheinend war eine Ummauerung des Burghofes geplant, jedoch wurde dieser Plan nie ausgeführt. Bemerkenswert,

Die Harffsche Burg

wenn auch nicht gut erhalten, ist der Renaissance-Erker, der sich am Westgiebel der Burg befindet. In der Brüstung sind die Wappen der Harff-Plettenbergs und in den seitlichen Kartuschen die Büsten des Erbauerehepaars zu erkennen.

Folgen Sie weiter der Hirtstraße, bis Sie auf die Zülpicher Straße gelangen. Dieser folgen Sie nach links bis zur Hauptstraße B 477, in die Sie ebenfalls nach links einbiegen. Fahren Sie an dem Ort Hochkirchen vorbei und folgen Sie sofort danach rechts dem Schild Düren/Kreuzau. Über die Orte Irresheim und Frauwüllesheim gelangen Sie nach Binsfeld. Kurz hinter dem Ortseingangsschild führt linker Hand ein Weg zur Burg Binsfeld, einer Seniorenresidenz. Auf dem Gelände gibt es einen Parkplatz. An dem Herrenhaus der ehemaligen Burganlage befindet sich eine sehenswerte Loggia.

Die Burg Binsfeld

Um die Mitte des 12. Jahrhunderts erscheinen zum ersten Mal die Herren von Binsfeld in den überlieferten Quellen. Unter Werner von Binsfeld wurde das prächtige Herrenhaus errichtet. Die Binsfelder Burg ist eine unregelmäßige, wasserumwehrte Anlage, die sich in eine Vor- und eine Hauptburg gliederte.

Im Laufe der Jahrhunderte sind die Vor- und die Hauptburg zusammengewachsen. Das Herrenhaus der zweiflügeligen Hauptburg ist aus Backstein errichtet. Es stammt aus dem 16. Jahrhundert. Die Giebelfronten werden von Staffelgiebeln bekrönt. An der Südostseite ist dem Bau ein schlanker Rundturm mit kegelförmiger Haube angefügt. Die Hoffront des Herrenhauses ist repräsentativ mit einer zweigeschossigen Loggia und einem dreigeschossigen Treppenturm gestaltet. Burg Binsfeld besitzt die älteste erhaltene Loggia des Rheinlandes.

Die Burg Binsfeld

Nach der Besichtigung biegen Sie rechts in die Hauptstraße ein. So verlassen Sie den Ort. Bereits nach wenigen Metern geht eine Straße rechts nach Rommelsheim ab. Dieser folgen Sie, bis Sie in Rommelsheim an eine T-Kreuzung gelangen. Fahren Sie nun nach rechts, Richtung Jakobwüllesheim. In Jakobwüllesheim biegen Sie am Schild Düren rechts ab. Auf der L 327 fährt man nach Stockheim hinein, überquert die B 56 und fährt dann über die Andreasstraße durch den Ort. Am Ortsausgang halten Sie sich links Richtung Kreuzau. Nachdem Sie in den Ort Niederau hineingefahren sind, passieren Sie auf der rechten Straßenseite ein kleines weißes Hinweisschild nach Schloss Burgau. Folgen Sie der Beschilderung bis vor die Burg, wo es auch Parkmöglichkeiten gibt.

Die Burg/das Schloss Burgau

Beschreibung siehe Route 3.

An dieser Stelle der Route besteht die Möglichkeit, zur Route „Burgen und Festungen in der Rur-Eifel“, Seite 107 weiterzufahren. Hierzu biegen Sie von der Zufahrt zur Burg nach links auf die Kreuzauer Straße ein. Der weitere Verlauf der Strecke steht auf Seite 107 (Route 3, Rur-Eifel) im Anschluss an die Beschreibung von Schloss Burgau. Um zurück zur Autobahn zu gelangen, fahren Sie wieder Richtung Stockheim zurück. Sie biegen jedoch nicht rechts in den Ort ein, sondern folgen weiter der Straße, bis die A 4 Köln/Aachen ausgeschildert ist.

ESCHWEILER
Langerwehe
Weisweiler
Arnoldsweiler
Merzenich
Birkesdorf
Mariaweiler
DÜREN
Bergrath
Merode
Gürzenich
Krautausen
STOLBERG
Gressenich
Birgel
Mausbach
Duitsland/Deutschland/Allemagne
Lendersdorf
Büsbach
Gey
Kufferath
Kreuzau
Wehebachtalsperre
Vicht
Stockheim
Kornelimünster
Breinig
Großhau
Straß
Winden
Kleinhau
Untermaubach
Drove
Zweifall
Obermaubach
Walheim
Venwegen
Hürtgen
Boich
Thum
zur Route 4
Bergstein
Brandenberg
bezoekerscentrum/Besuchszentrum/Centre touristique
Burg/Château de Nideggen
Zerkall
Nideggen
Rott
Vossenack
Berg
Simonskall
Schmidt
Vlatten
Roetgen
Blens
Rurtalsperre
Lammersdorf
Rollesbroich
Steckenborn
Heimbach
Woffelsbach
Strauch
Simmerath
Hergarten
Rurberg
Kesternich
Huppenbroich
Urftstausee
Konzen
Eicherscheid
Truppen-
Malsbenden
Imgenbroich
Gemünd
Mützenich
Monschau
Erkensruhr
Morsbach
Hammer
übungsplatz
Nierfeld
Widdau
Dreiborn
Rohren
Olef
Kall
Rur
Urft
Beresscheid
Scheuren
Schleiden
Ettelscheid
Kalterherberg
Schönseiffen
Harperscheid
Bronsfeld
Eichen
Olefstausee
België/Belgien/Belgique
Hellenthal
Wollenberg
zur Route 6
Kirschseiffen
© 2001 AnyWay Productions, tel. +31-113-556088.
Legende
Route 2
Route 3
Route 5
verbindingsweg tussen de routes/Verbindungsstraße zw. den Routen/Liaison vers les autres routes

3. Burgen und Festungen der Rur-Eifel, 100 km

Die Runde beginnt bei der Ausfahrt Düren der Autobahn A 4. Fahren Sie auf der B 56 nach Düren. Nach einiger Zeit erreichen Sie einen Kreisverkehr, den Sie in Richtung Bonn/Monschau verlassen. Nach 4,6 Kilometern ist unterhalb der gelben Verkehrsbeschilderung ein kleines weißes Hinweisschild nach Schloss Burgau angebracht. Folgen Sie der Beschilderung bis vor die Burg. Dort gibt es Parkmöglichkeiten.

Die Burg/das Schloss Burgau

Der Gründer der Burg Burgau war wahrscheinlich Dietrich Schinnemann von Aldenhoven, genannt Aue. Zu seinen umfangreichen Besitzungen gehörten ferner die Burgen Veynau und Kreuzau.

Burg Burgau ist eine umfangreiche Schlossanlage des 14.-18. Jahrhunderts. Das herrschaftliche Anwesen besteht aus einer dreiflügeligen Hochburg sowie einer dreiflügeligen Vorburg.

Umgeben ist die zweiteilige Anlage von breiten Wassergräben. Auf einer angeschütteten Insel liegt die Hochburg, deren Kern der aus rotem Sandstein gemauerte Wohnturm des 14.-15. Jahrhunderts ist. Da die Hochburg auf einem künstlichen Hügel liegt, kann man die Ursprünge von Burg Burgau in einer älteren Mottenanlage vermuten.

Nach der Besichtigung biegen Sie von der Schlosszufahrt nach links auf die Kreuzauer Straße ein, der Sie bis nach Kreuzau folgen. Unmittelbar nach dem Ortseingangsschild von Kreuzau rechts abbiegen und dem Schild Langerwehe folgen. Nach Überqueren der Rur folgen Sie weiter der Vorfahrtsstraße. Achtung: Nicht geradeaus zum Gut Pimmnich durchfahren!

Biegen Sie an der nächsten Kreuzung links in Richtung Untermaubach ab. Von nun an ist Untermaubach ausgeschildert. Im Ort selbst folgt man der Hauptstraße, bis die dritte Straße rechts, die Brigidasstraße, über die Straße Burgplatz direkt zur Burg Untermaubach führt. Dort gibt es einen Parkplatz.

Das Schloss Burgau

Die Burg Untermaubach

DIE BURG UNTERMAUBACH

Um 1350 erhielten die Vasallen des Jülicher Herrscherhauses, die Herren von Engelsdorf, Maubach als Lehen zu gewiesen. Unter ihrer Herrschaft entstanden die wesentlichen Teile der jetzigen Höhenburg, die an der Stelle einer älteren Burg aus dem 12. Jahrhundert steht.

Burg Untermaubach ist eine polygonale Anlage mir schwerer Ringmauer. Kern der Burganlage und ältester Baukörper ist der gotische Wohnturm, der sich im westlichen Teil des Herrenhauses

DAS JÜLICHER GRAFENHAUS

Von großer Bedeutung für die Territorialbildung im Eifel- und Voreifelraum waren die Herren von Jülich. Die Ursprünge des Jülicher Grafenhauses liegen in 11. Jahrhundert. Erster bekannter Vertreter der Herren von Jülich ist Graf Gerhard. Namengebend für das Adelsgeschlecht wurde das Dorf Jülich, wo die Grafen im Auftrag des Kölner Bischofes die Vogteirechte ausübten. Unter Wilhelm II. (1207) setzte der Aufstieg des Hauses ein. Dank der Heirat mit Alveradis, der Erbtochter des Grafen Adalbert von Nörvenich-Maubach, konnte er seinen Einfluss bis zur Eifel ausdehnen. Wilhelm II. starb ohne Nachkommen. Unter seiner Schwester Jutta fielen die Besitzungen an das Haus Heimbach, das die 2. Jülicher Dynastie gründete.

In eine Existenz gefährdende Krise geriet das Jülicher Grafenhaus 1278, als Wilhelm IV. zusammen mit seinen Söhnen und einem kleinen Gefolge versuchte, die Freie Reichsstadt Aachen zu erobern. Der handstreichartige Überfall endete in einem Desaster. Wilhelm IV. geriet in einen Hinterhalt und fiel, der Sage nach, durch die Hand eines Schmiedes. Im Frieden von Pingsheim wurde die Witwe des Grafen, Richarda, zu Gebietsabtretungen gezwungen.

Der erneute Aufstieg des Hauses Jülich setzte unter Graf Gerhard V. (1328) ein. Ihm gelang es, die verschiedenen Jülicher Nebenlinien wieder zu vereinen. Gestützt auf die politischen Erfolge seines Vaters stieg unter Wilhelm V. die Grafschaft zur Vormacht am Niederrhein auf. Wilhelm V. spielte in der europäischen Politik eine überragende Rolle. Für seine treuen Dienste ernannte Kaiser Karl IV. den Grafen 1356 zum Herzog. Wilhelm kümmerte sich auch um den Aufbau im Inneren seines Landes. Er schaffte ein Territorium mit einem einheitlichen Verwaltungsapparat und versuchte die Herrschaftsansprüche fremder Mächte im Jülicher Land zu beseitigen. Das Land wurde in Verwaltungseinheiten untergliedert, Ämter genannt, an deren Spitze fortan bezahlte Beamte standen.

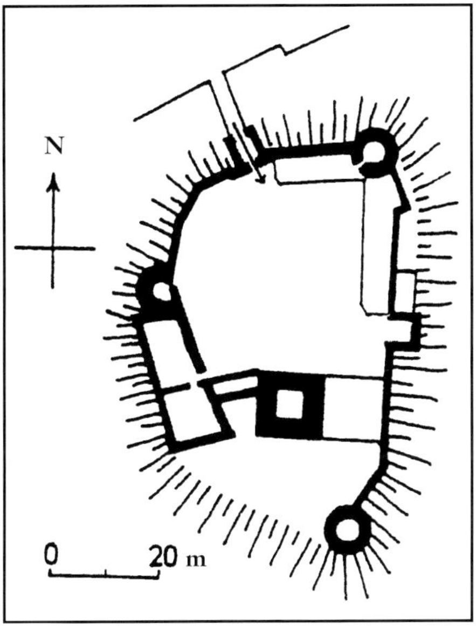

Der Grundriss der Burg Untermaubach

aus dem 17. Jahrhundert erhalten hat. Während verschiedener Umbauphasen wurden Fenster und eine Tür in das Mauerwerk gebrochen. Die Ringmauer der Burg gehört größtenteils dem 15. Jahrhundert an. An der nördlichen Seite befindet sich der Torturm mit spitzbogiger Durchfahrt, die in einer rechtwinkligen Zugbrückenblende liegt. An der Westseite der Anlage springt ein zweigeschossiger Dreiviertel-Rundturm aus der bogenförmigen Wehrmauer heraus. Im Gegensatz zur Wehrmauer weist der Verteidigungsturm mehrere Schießscharten auf. An der Südseite des Berings erhebt sich der runde Gefängnisturm; nördlich davon, mit rechteckigem Grundriss, der Küchenturm, der über einen schmalen Flügel an das Herrenhaus angebunden ist.

Nach dem Besuch von Burg Maubach fahren Sie, der Straße Burgplatz weiter folgend, den Hang hinunter. Unten biegen Sie nach links in die Rurstraße ein. Dieser folgen Sie durch ein Industriegebiet (Papierfabrik Strepp), vorbei an den Buntsandsteinfelsen. Biegen Sie an der nächsten Kreuzung nach rechts in Richtung Üdingen/Nideggen ab. Sie überqueren abermals die Rur. Folgen Sie von nun an den Schildern nach Nideggen. Über die Dörfer Leversbach und Rath, ein Stadtteil von Nideggen, gelangen Sie schließlich in den historischen Ort. An der T-Kreuzung mit Tankstelle biegen Sie nach links in die Abender Straße Richtung Düren-Heimbach ein. Auf der linken Straßenseite erscheint nach kurzer Zeit eine kleine Kirche; hier biegen Sie nach rechts in die Zülpicher Straße ab, die bis vor das Zülpicher Tor führt. Von hier aus können Sie zu Fuß die malerische Altstadt entdecken. Die Burg Nideggen ist ausgeschildert.

Burg Nideggen

Unter Wilhelm II. wuchs, wie wir bereits erfahren haben, die Macht des Hauses Jülich. Maubach und Nideggen kamen 1177 als Erbgüter seines Schwiegervaters in seinen Besitz. Weiter erhielt er auch die Herrschaft über die Grafschaften bei Aachen und Düren, die ihm durch ihren Holzreichtum ein festes Einkommen bescherten.

Durch diese Erbgüter war die Familie des Grafen von Jülich zum wichtigsten Adelsgeschlecht am Niederrhein geworden. Wilhelm II. war sich der Tatsache bewusst, dass er die Macht seiner Dynastie langfristig nur durch eine starke, uneinnehmbare Höhenburg absichern konnte. So errichtete er auf einem Felssporn des ehemaligen Besitzes seines Schwiergervaters eine Burg. Voller Stolz nannte Wilhelm II. die Festung Nideggen, was mit „Neidecke" übersetzt werden kann.

Die Gefolgstreue der Grafen von Jülich gegenüber ihrem Lehnsherrn, dem Erzbischof von Köln, hielt sich jedoch in Grenzen. So kam es zu einer Auseinandersetzung um die Stadt Zülpich, auf die beide

Die Burg Nideggen

Parteien Anspruch erhoben. Schließlich brach ein militärischer Konflikt aus, in dessen Verlauf es dem Jülicher Graf gelang, den Kirchenfürsten gefangen zu nehmen. Konrad von Hochstaden wurde auf der Burg Nideggen eingekerkert und nur seinem Verhandlungsgeschick ist es zu verdanken, dass er nach neun Monaten aus der Haft entlassen wurde. So versprach der Kirchenfürst, an der Grenze zum Land von Jülich keine Burgen mehr zu bauen.

Aber auch nach dem Tod Konrads von Hofstaden kam es unter seinem Nachfolger Engelbert von Valkenburg zu keiner dauerhaften Gebietsvereinbarung. Der Graf von Jülich schloss sich deshalb mit der Stadt Köln zusammen, die in einen Konflikt mit ihrem erzbischöflichen Herrn verwickelt war. Wilhelm IV. hoffte, dadurch die Macht des Erzbischofs brechen und seinen Einfluss auf Kosten der Kirche erweitern zu können. Diese Konfrontation entlud sich am 18. Oktober 1267 in der Schlacht von Marienholz. Der Kampf verlief für Engelbert von Valkenburg ungünstig und er geriet in die Hände seiner Feinde. Dreieinhalb Jahre saß der Erzbischof auf Burg Nideggen in Haft, bis es auf Vermittlung des Kirchengelehrten Albertus Magnus zu einem Friedensschluss kam.

Die Blütezeit von Burg und Stadt Nideggen brach unter Graf Gerhard IV. an. Er verlieh dem der Burg vorgelagerten Burgflecken 1313 die Stadtrechte und ließ die noch heute teilweise erhaltene Stadtbefestigung errichten. Unter seinem Nachfolger Wilhelm V. setzte sich der Aufstieg des Hauses Jülich fort. Dem Machtzuwachs entsprechend, ernannte Kaiser Karl V. den Grafen 1356 zum Herzog. Um dem gesteigerten Repäsentationsbedürfnis seines Ranges nachzukommen, ließ der Herzog einen Palas erbauen, dessen Dimensionen von keiner Burg in ganz Deutschland übertroffen wurden.

Mit dem Tod des letzten Jülicher Herrschers auf Burg Nideggen (1423) setzte der Verfall des Bauwerkes ein. Zwar blieb die Anlage weiterhin herzogliche Residenz des neuen Hauses Jülich-Berg, aber mit dem Ausbruch des Geldrischen Erbfolge-

kriege, 1542, wurde das Schloss von brabantisch-kaiserlichen Truppen eingeäschert. Die einst als uneinnehmbar geltende Festung konnte der fortgeschrittenen Artillerietechnik nicht mehr standhalten.

Entstanden ist die mehrteilige Spornburg mit ihrem großen Burghof hoch oberhalb des Rurtales Ende des 12. Jahrhunderts. Sie wurde ganz aus rotem Sandstein errichtet. Der große Wohnturm, der im Volksmund auch Jenseitsturm genannt wird, stammt aus der Erbauungszeit. Er liegt auf der Ostseite des Felssporns und ist von dem anschließenden Plateau sowie dem vorgelagerten Burgflecken durch einen Halsgraben getrennt.

Der Wohnturm erhebt sich über fünf Geschosse. Erhellt wird der mächtige Wohnbau auf der Feldseite nur durch schmale Lichtschlitze. Die Mauerfront, die dem Innenhof zugewandt ist, wird ab dem zweiten Obergeschoss von kleinen Rechteckfenstern durchbrochen. In der Zeit der Gotik fügte man dem Bau einen Treppenturm an. Der Abschluss des Mauerwerkes zum Dachansatz hin und das Walmdach sind eine Rekonstruktion der Neuzeit.

Eine kleine Tür führt zum Wohnturm. Gleichzeitig ist sie der Eingang zum Museum. Die Geschosse sind im Inneren zweigeteilt. Besonders interessant vor dem Hintergrund der Geschichte der Burg ist das Erdgeschoss mit Kapelle und Gefängnis. Die Apsis der Kapelle befindet sich an der Ostseite; in der Ostecke blieb auch ein kleiner steinerner Altar erhalten. Der Raum wird von einem Kreuzgratgewölbe überspannt. In der südöstlichen Ecke befindet sich eine Wendeltreppe, die zum ersten Stock führt. Neben der Kapelle befindet sich der Kerker, der einst nur über eine kleine Einstiegsluke im Scheitelpunkt des Deckengewölbes betreten werden konnte. Da hier prominente Gefangene einsaßen, die dem geist-

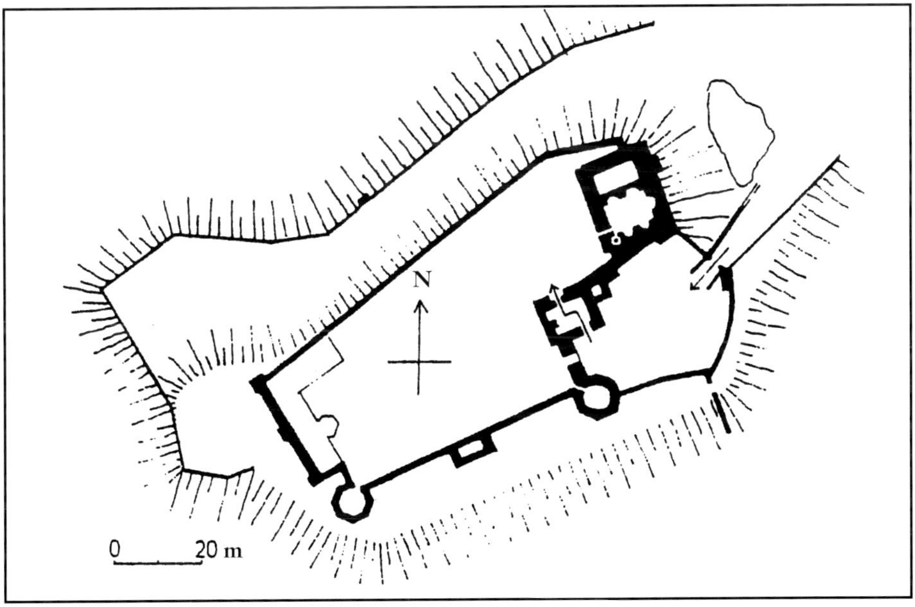

Der Grundriss der Burg Nideggen

Die Palasruine der Burg Nideggen

lichen Stand angehörten, wurde für sie ein kleines Fenster im Mauerwerk geschaffen, damit sie den Messen in der Kapelle nebenan beiwohnen konnten. Dieser Durchbruch ist heute leider wieder vermauert, ist aber im Mauerwerk noch erkennbar. Ansonsten muss der Aufenthalt in dem unbeleuchteten, feuchten Gefängnis sehr unbehaglich gewesen sein.

Eine schwere Wehrmauer verbindet den Wohnturm mit dem inneren Torbau, der einst Feinden den Zutritt zum großen Burghof verwehrte. Die ganze Südfront der Anlage wird von dem großen Palas aus dem 14. Jahrhundert eingenommen. Wie bereits erwähnt, ist das Gebäude seit den Verwüstungen durch Karl V. eine Ruine. Der ursprünglich zweistöckige Bau, von dem nur ein Teil der Fensterfront erhalten ist, wird von zwei achteckigen Türmen begrenzt. Aufgrund der Raumaufteilung wird der südliche Flankierungsturm als Küchengebäude gedeutet, der entsprechende Turm auf der gegenüberliegenden Saalseite diente mit seinem großen Kamin wohl als Damenerker. Zum Tal hin öffnet sich der Palas mit seinen großen Kreuzstockfenstern, die die Herrschaftsansprüche seines Auftraggebers, des neuen Herzogs Wilhelm von Jülich, symbolisieren sollten. An der östlichen Giebelwand prangt das Wappen des Erbauers, der Jülicher Löwe.

Die Geschosse des Palas waren flach gedeckt und ruhten auf steinernen Achteckpfeilern, von denen noch die Basen von zwei Pfeilern den Steinraub der Vergangenheit überdauert haben. Um sich gegen Eindringlinge zu schützen, war die untere Fensterreihe im Mittelalter vergittert. Aufgrund des steil abfallenden Geländes konnte auf eine weitergehende Sicherung dieses Burgabschnittes verzichtet werden.

Mitten im Burghof steht der Brunnen, der bis zu 100 Meter tief gewesen sein soll. Zur Versorgung der Bewohner der Festung mit Wasser, besonders zu Zeiten der Belagerung, war er unverzichtbar. Die Kosten seiner Grabung müssen enorm gewesen sein, war doch der Schacht per Hand herauszumeißeln. Das Abteufen bis zum Grundwasserspiegel wird sicherlich mehrere Jahre gedauert haben.

Umzogen wird die Burganlage von einem ganzen Zwingersystem, das in verhältnismäßig geringem Abstand den Umfassungsmauern folgt. Nur nach Westen springt die Zwingermauer weiter vor und fasst die Westspitze des Felssporns ein. Die planierte Westspitze der Felszunge, die auf der feindabgewandten Seite der Burganlage liegt, wurde als Burggarten genutzt. Westlich an die Festung schließt sich der Burgflecken mit der Pfarrkirche an, der ebenfalls umwehrt war. Der Zugang zum Burgflecken erfolgte über das Nycktor an der Nordostecke. Der Torbau vom Anfang des 13. Jahrhunderts ist nur im Unterbau erhalten.

Zu Füßen von Burg und Burgflecken liegt das Städtchen Nideggen. Die Stadt ist jüngeren Ursprungs als der Burgflecken und geht auf die Stadterhebung von Nideggen durch Graf Gerhard zurück. Aus dieser Epoche, Anfang des 14. Jahrhunderts, stammt die Stadtmauer, die mit der östlichen Seite an den Burgflecken mit dem Nyckstor angrenzt. Die Stadtumwehrung umfasst annähernd ein Rechteck von 375 mal 200 Meter und besaß sechs Wachttürme und vier Tore. Von den Toranlagen sind noch das Dürener Tor und das Zülpicher Tor erhalten. Interessant ist das Zülpicher Tor, ein rechteckiger Torturm mit drei Geschossen und einem Walmdach. Im Mauerwerk des spitzbogigen Portals sind die Aussparungen für das Fallgitter noch gut zu erkennen.

Burg Hengebach-Heimbach

Beachtenswert ist ferner das Marktkreuz, das auf keinem mittelalterlichen Markt fehlen durfte.

Das Burgmuseum ist vom April bis Oktober dienstags bis sonntags von 10.00 bis 17.00 Uhr und von November bis März nur samstags, sonntags und feiertags von 10.00 bis 17.00 Uhr geöffnet.
Burgführungen können unter Tel. 00 49 (0)24 27 63 40 vereinbart werden.

Weiter geht´s auf der Abender Straße (L 249) über die Dörfer Abenden und Hausen nach Heimbach. Hier angelangt, fahren Sie bis zu einem Kreisverkehr, den man Richtung Köln/Zülpich verläßt. Fahren Sie durch den Ort, bis die Mariawalder Straße Richtung Gemünd/Mariawald nach rechts abgeht. Wenn Sie diese Straße nehmen, entdecken Sie kurz darauf auf der rechten Seite die Burg Hengebach.

DIE BURG HENGEBACH

Die Familiengeschichte der Grafen von Heimbach beginnt mit Hermann I. (1122-1130). Sein Enkel Eberhard II. heiratete Jutta, die Schwester des Grafen Wilhelm I. von Jülich.

Mit dem Aussterben des Jülicher Grafenhauses im Mannesstamm unter Wilhelm II. trat Juttas Sohn Wilhelm von Heimbach, auch Hengebach genannt, die Nachfolge an. Wilhelm von Heimbach begründete die zweite Linie des Jülicher Grafenhauses, das in verschiedenen Familienzweigen in Jülich und Berg bis 1511 herrschte.

Gegründet wurde die mehrteilige Höhenburg um 1200 von den Grafen von Heimbach auf einem Felsrücken über dem Rurtal. Als Baumaterial verwendete man Grauwackeschiefer. Der Grundriss der Anlage ist länglich oval, die Burg bedeckt ein Terrain von 107 mal 40 Metern. Eine lange Rampe eröffnet von Osten den einzigen Zugang zu der Festung.

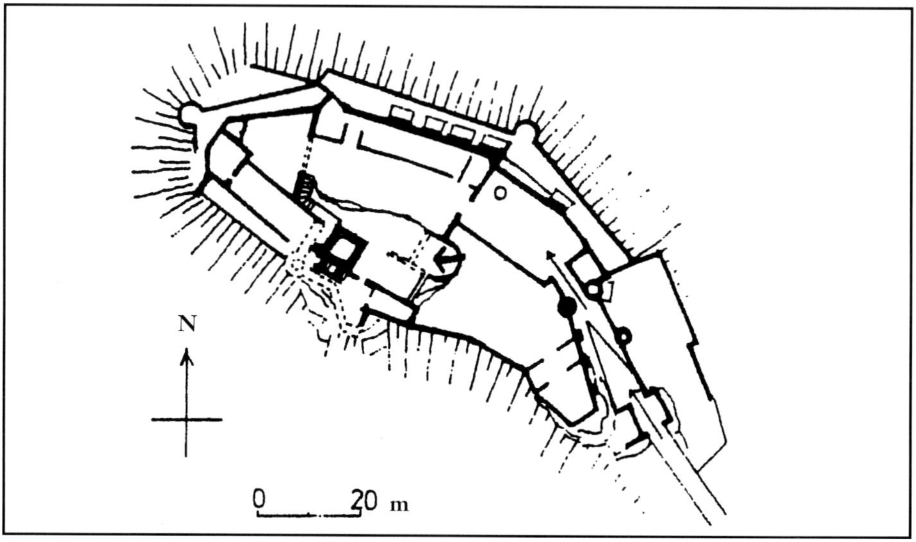

Der Grundriss der Burg Hengebach

Einst diente hier ein Halsgraben als Annäherungshindernis. Der Graben wurde im vorigen Jahrhundert aufgefüllt.

Eine Barbarkane, ein rechteckiger Torbau, der der eigentlichen Toranlage vorgelagert ist, verwehrt den Zugang zum Doppelturmtor. Vom Doppelturmtor gelangt man zu einem rechteckigen Vorhof. Hier befindet sich ein in der Neuzeit angelegter Ziehbrunnen. Eine Pforte führt vom Burghof zu dem nördlich gelegenen Zwinger.

Dem Zwinger vorgelagert ist eine Felsterrasse, die heute noch „Koppel" heißt und als Auslauf für die auf der Burg gehaltenen Tiere diente. Barbarkane, Zwingeranlage und die planierte Felsterrasse stammen aus der Erweiterungsphase der Burg im 14. Jahrhundert.

Den Kern der Burganlage bilden die um den oberen Burghof gruppierten Bauten des Palas, der Burgkapelle und des Bergfrieds. Der Palas mit seinem Satteldach ist mit der Giebelfront am Bergfried angebaut.

Der Hauptturm der Burg erhebt sich über quadratischem Grundriss. Nach der Zerstörung der Burg im Geldrischen Erbfolgekrieg 1542 baute man den Turm wieder dreigeschossig auf. Die beiden Obergeschosse führte man in der Form eines Rundturmes aus.

Um zum nächsten Besichtigungspunkt in Simonskall zu gelangen, fahren Sie bis zum Kreisverkehr zurück und folgen von nun an der Beschilderung nach Schmidt. In Schmidt selbst folgen Sie an der Kirche der Nideggener Straße nach Düren/Köln. Nach ca. 150 Metern erreichen Sie eine Kreuzung. Fahren Sie nach links in Richtung Vossenack. Achtung, der Wegweiser selbst steht auf der rechten Straßenseite. In Vossenack folgen Sie der Vorfahrtsstraße. Hinter dem Ort treffen Sie schließlich auf eine größere Straße (B 399), auf der Sie sich links in Richtung Monschau/Simmerath halten. Nach 250 Metern verlassen Sie die B 399, um nach Simonskall abzubiegen. Im Ort folgen Sie der Vorfahrtsstraße. Biegen Sie am „Haus des Gastes" links ab. Vor Ihnen liegt ein befestigtes Gehöft, die Burg Simonskall.

Die Burg Simonskall

Ilm Jahr 1643 erbaute Simon Kremer einen befestigten Gutshof, in dem er ein Eisenhüttenwerk betrieb. Die Voraussetzungen dazu waren günstig, denn es stand die Wasserkraft der vielen Flüsse zur Verfügung, Köhler lieferten die notwendige Holzkohle und Eisenerz konnte der Betrieb vom nahe gelegenen Vossenack beziehen. Simon führte den Beinamen „op der Kallen", was für die kleine Siedlung, die sich bald um das florierende Unternehmen bildete, namensgebend wurde.

Das Burghaus ist ein unverputzter Bruchsteinbau, der mit einer Seite an die vorbeifließende Kall angrenzt. Aufgrund der einsamen Lage inmitten der Eifel wurde er mit Verteidigungsanlagen ausgestattet. An der Hausfront, die dem Bach zugewandt ist, ragen zwei auf mächtigen Steinkonsolen ruhende Schießerker hervor. Der Zugang zu dem Gehöft wird durch ein mit starken Eisennägeln beschlagenes zweiflügeliges Tor versperrt.

Kehren Sie zur Vorfahrtsstraße zurück und verlassen Sie den Ort in der bisherigen Fahrtrichtung. An der nächsten Kreuzung fahren Sie nach rechts in Richtung Düren und an der darauf folgenden Kreuzung in Richtung Lammersdorf und Zweifall. Nun folgen Sie den Schildern Stolberg-Zentrum und passieren Zweifall und Vicht, bis Sie gerade außerhalb von Vicht rechts einen Wegweiser Richtung Mausbach entdecken. Hinter Mausbach folgen Sie den Schildern Langerwehe und passieren Gressenich und Schevenhütte. Hinter Schevenhütte und noch vor Langer-

Die „Burg" Simonskall

wehe kündigt ein Schild an der rechten Straßenseite das Restaurant Laufenburg an. Folgen Sie diesen Schildern über das nicht befestigte Sträßchen bis auf den Parkplatz vor der Burg Laufenburg.

LAUFENBURG

Als früheste Besitzer der Laufenburg erscheinen im 13. Jahrhundert die Herren von Alsdorf. Der Name der Festung leitet sich wahrscheinlich von dem Wappen der Herren von Alsdorf ab, die einen Löwen im Schild führten. Die jetzige Anlage, ein rechteckiger Bruchsteinbau mit Rundtürmen an den Ecken und einem Mauerschalenturm an der Südseite, stammt aus dem ausgehenden 14. Jahrhundert. Dieser regelmäßige Befestigungstyp wird Kastellburg genannt. Im 17. Jahrhundert, als die Anlage den Artilleriewaffen nicht mehr gewachsen war, richtete man in den Mauern ein Forsthaus ein. Dem eigentlichen Bestimmungszweck entfremdet, verfiel die Burg und verkam zur Ruine, bis im 19. Jahrhundert die Restaurierung in Angriff genommen wurde.

Die interessante Bruchsteinanlage liegt, wie zur Zeit ihrer Erbauung, inmitten eines hügeligen Waldgebietes auf dem Ausläufer einer schmalen Spornspitze. Der einzige Zugang erfolgt von Osten über eine lange Zufahrt. Nur das unmittelbare Umfeld der Burg wurde aus Gründen der Verteidigung gerodet und wird bis heute als Weideflächen für Vieh genutzt.

Der Bergfried liegt an der Südostseite der Anlage. Über eine Tür in Wehrganghöhe erfolgt der Zugang zu dem fünfgeschossigen Rundturm. Der Eingang im Erdgeschoss wurde erst in jüngerer Zeit geschaffen. In den oberen Geschossen befinden sich Schießscharten. Der

Verteidigungsturm an der Nordwestecke ist nur bis zur Höhe des Wehrganggeschosses erhalten. Während der Rekonstruktion der Laufenburg vor hundert Jahren wurde er um mehrere Geschosse erhöht und mit einem Dach versehen.

Auch das Tor und der Zinnenkranz sind moderne Zutaten. Flankiert wird das Tor von einem Halbturm mit zwei Schießkammern im Inneren.

Von der Laufenburg kommend, fahren Sie rechts auf die Landstraße zurück und bis nach Langerwehe hinein. Kurz nach einer Eisenbahnunterführung biegen Sie an einem kleinen Kreisverkehr links ab. Am nächsten Kreisverkehr folgen Sie dem Schild zur B 264. Dort treffen Sie auf einen weiteren Kreisverkehr, den Sie in Richtung Eschweiler/ Weißweiler verlassen. Von nun an ist die Autobahn A 4, Auffahrt Eschweiler, ausgeschildert.

Die Burg Laufenburg

Legende
Route 4
verbindingen naar andere routes/Verbindungsstraße zw. den Routen/Liaison vers les autres routes
Naar bezoekerscentrum/zum Besucherzentrum/vers centre touristique
Burg/château de Nideggen route 3
ZÜLPICH
EUSKIRCHEN
MECHERNICH
BAD MÜNSTER-EIFEL
Schwerfen
Kommern
Satzvey
Ober-gartzem
Füssenicher See
Zülpicher See
Steinbach-talsperre
Erft
Groß-bülles-heim
Klein-bülles-heim
Kuchen-heim
Stotzheim
Nieder-kasten-holz
Kirchheim
Wüschheim
Bodenheim
Kessenich
Roitzheim
Billig-
Rheder
Kreuzwein-garten
Krispenich
Arloff
Iversheim
Kalkar
Euenheim
Elsig
Wißkirchen
Antweiler
Wachendorf
Eschweiler
Lessenich
Oberelvenich
Frauen-berg
Dürscheven
Enzen
Nemmenich
Ülpenich
Linzenich
Weiler
Holzheim
Breiten-benden
Neuhütte
Vussem
Sinzenich
Merzenich
Langenberg
Floisdorf
Eicks
Roggen-dorf
Strempt
Bergheim
Lorbach
Embken
Eppenich
Bürvenich
Berg
Hostel
Denrath
Kalenberg
Scheven
Wollers-heim
Glehn
Lückerath
Vlatten
Hergarten
Bergbuir
Bleibuir
Wallenthal
Düttling
Voißel
1
56
56n
51
477
266
265
© 2001 AnyWay Productions, tel. +31-113-556088

4. Burgen und Festungen im Euskirchener Land, 50 km

Bitte packen Sie festes Schuhwerk für die beiden vorgesehenen Waldspaziergänge ein. Obwohl die Route mit 40 Kilometern relativ kurz ist, braucht man für die Besichtigungen und die Spaziergänge Zeit. Planen Sie daher einen ganzen Tag ein.

Die Route beginnt an der Ausfahrt Wisskirchen der Autobahn A 1. Unten an der Ausfahrt halten Sie sich weiter in Richtung Wisskirchen. Nach Durchqueren des Ortes geht rechts eine Straße nach Billig ab, der Sie über Euskirchener Heide nach Billig folgen.

Im Ort auf der Hauptstraße in Richtung Bad Münstereifel fast durch Billig durchfahren, bis auf der rechten Seite auf der Höhe der Kirche die Römerkastellstraße abgeht. Biegen Sie hier ein. Nach ca. 50 Metern liegt die Motte Knöpp ein wenig von der Straße zurückgesetzt auf der linken Seite.

Die Motte Knöpp

Der wasserumwehrte Erdhügel, Knöpp genannt, stellt den Rest einer Motte dar. Die Erbauer, die Herren von Smeye, Gefolgsleute der Jülicher Grafen, errichteten den Burghügel, auf den sie einen hölzernen Turm setzten. Umgeben ist die ca. fünf Meter hohe und fast quadratische Aufschüttung von einem Wassergraben, der von unterirdischen Quellen gespeist wird. Als das Adelsgeschlecht 1440 ausstarb, wurde auch die Burg aufgegeben.

Der Mottenhügel in Billig

Die Hardtburg

Wenn man aus der Römerkastellstraße zurück auf die Billiger Straße fährt, sieht man schräg links gegenüber eine Straße mit dem Schild Flamersheim/Stotzheim. Folgen Sie dieser Straße bis zum Stoppschild und biegen Sie dort auf die B 51 in Richtung Köln ab. An der nächsten Kreuzung ist bereits die Hardtburg ausgeschildert. Der Beschilderung nun in den Ort Stotzheim folgen, bis zur Hardtburg selbst. Achtung: die Schilder sind nicht immer gut sichtbar platziert! Besonders nach dem Kreisverkehr muss man Acht geben, damit man das Schild zum Abbiegen nach links in die Von-Heimbach-Straße rechtzeitig sieht. An der Hardtburg angelangt, kann man neben der Burg auch noch ein Ringwallsystem besichtigen. Ein ausgeschilderter Fußmarsch durch den Wald führt an diese historische Stätte.

DIE HARDTBURG

Die Hardtburg ist eine der bedeutendsten erhaltenen Niederungsburgen des Niederrheins. Von ihr aus konnten die Erbauer der Burg, die derer von Hardt, leicht die wichtige alte Handelsstraße kontrollieren, die von der Eifel kommend bei Kreuzweingarten in die Ebene führt. Der Name Hardt leitet sich von dem althochdeutschen Wort für Wald ab. Um 1200 gelangte die Hardtburg in den Besitz der Grafen von Are. Als diese kurze Zeit später in Konflikt mit dem Kölner Erzbischof Bruno von

Sayn gerieten, belagerte der Erzbischof die Burg und nahm sie ein. Wie im Mittelalter üblich, wurde die Burg nach der Eroberung gründlich verwüstet. Mit dem Tod des berühmten Kölner Erzbischofes Konrad von Are-Hochstaden, in dessen Besitz sich die Hardtburg befand, fiel die Burg an das Kölner Erzstift. Die Kölner Erzbischöfe verstärkten in der Folgezeit die Befestigung ihrer Neuerwerbung und erhoben die Burg zum Verwaltungsmittelpunkt ihrer Besitzungen im Euskirchener Raum. Mit Beginn der Neuzeit verlor die Hardtburg jegliche strategische Bedeutung.

Die Burg bestand bei ihrer Gründung im 12. Jahrhundert aus einem steinernen viereckigen Turm, der im leicht hügeligen Gelände auf einer seichten Bodenerhebung errichtet wurde. Archäologische Untersuchungen stellten 1967 zwei Bauphasen am Turm fest. Nach den Grabungsergebnissen wurde im Zuge der Aufstockung des Turmes das Gelände

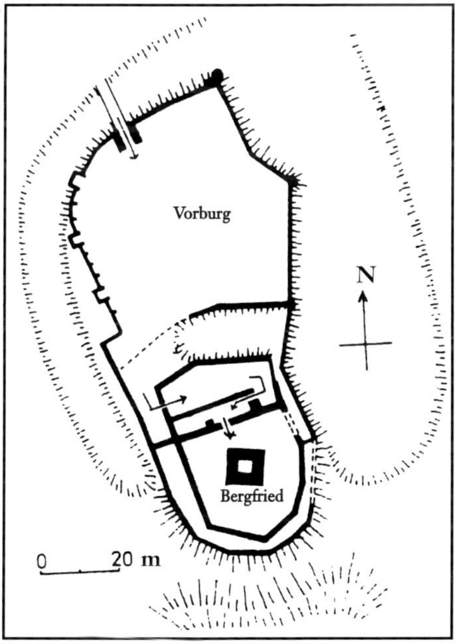

Der Grundriss der Hardtburg

um den Turmfuß herum so weit mit Erdreich angeschüttet, dass die unteren Geschosse im Erdboden verschwanden. Dieser Vorgang wird „einmotten" genannt. Somit handelt es sich bei der Hardtburg um den Burgtyp einer Motte. Gleichzeitig mit der Aufschüttung des Geländes wurde auf dem Hügelplateau, in nur geringer Entfernung von dem Turm, eine schützende Ringmauer errichtet.

Nach der Zerstörung der Hardtburg durch Erzbischof Bruno von Sayn, 1205, und ihrem Wiederaufbau wurde die ungewöhnlich große Vorburg angelegt. Die Vorburg übernahm die Funktion eines Burgfleckens, da die Hardtburg fernab der nächsten Siedlung lag. Neben den Wirtschaftsgebäuden befanden sich nun auch die Wohnhäuser der Burgmannen in der Vorburg, da das eng bebaute Hügelplateau keinen Platz dazu bot. Der ehemals zu Wohnzwecken genutzten Mottenturm diente fortan nur noch Verteidigungszwecken.

Der alte Burgberg bei Kreuzweingarten

Beim heute sichtbaren Wallsystem handelt es sich um die Reste einer Befestigung aus der Eisenzeit. Die Anlage wurde wahrscheinlich in der ersten Hälfte des 1. Jahrhunderts v. Chr. aufgegeben, als Gallien von den Römern erobert wurde. Das Wallsystem verläuft auf einer Höhe zwischen 250 und 260 Metern über dem Meeresspiegel und folgt dem Geländerelief. Die Anlage ist oval und erstreckt sich in westöstlicher Richtung über 350 Meter und in nordsüdlicher Richtung über 180 Meter. Die imposante Ausdehnung des Ringwalls ist keine Ausnahme, sondern typisch für frühe Befestigungsanlagen.

Der Wall ist an der Ostseite zweifach gestaffelt. Hier befindet sich ein Tor, eine einfache Aussparung im Wallsystem. Eine Erdrampe ermöglicht den Zugang. Dem Wall vorgelagert war ein Graben, der, wie bei allen eisenzeitlichen Befestigungen, nicht mit Wasser gefüllt war.

Vom Parkplatz aus geht es über die Zufahrt zurück auf die Georg-Mendel-Straße, in die Sie nach rechts einbiegen. Nach kurzer Zeit erreichen Sie den Ort Kirchheim, wo Sie nach dem Ortseingangsschild sofort rechts abbiegen müssen. An der nächsten Kreuzung biegen Sie noch einmal nach rechts in die Arloffer Straße ab. Fahren Sie bis nach Kirspenich, biegen Sie links in die Bonner Straße ab und folgen Sie ihr bis zur Kirche. Dort angelangt müssen Sie sich halb links halten und in der Bachstraße weiterfahren. Die Bachstraße gabelt sich. Biegen Sie nun nach links in die Straße Im Baist ein. Burg Kirspenich rückt nun schon ins Blickfeld. Kurz vor der Zufahrt befindet sich auf der linken Seite eine Parkmöglichkeit. Leider ist der Zutritt zur Burg selbst untersagt, da hier ein Unternehmen angesiedelt ist, aber man hat von außen trotzdem einen guten Blick auf die Anlage.

DIE BURG KIRSPENICH

Von 1278 an befand sich die Burg Kirspenich im Besitz des reichen Edelherrn Gerlach II. von Dollendorff. Da die Burg nie Stammsitz einer adeligen Familie war, wurde die kleine Anlage auch nicht zu einer richtigen Residenz ausgebaut. Ursprünglich handelte es sich bei der Burg um eine einteilige Wasserburg. Ältester Bauteil ist de r wohl von Gerlach I. erbaute Turm aus dem 13. Jahrhundert. Reste von zwei runden Türmen sind in einer Bruchsteinterrasse an der Süd- und Ostseite der Insel erhalten. Die beiden Turmstümpfe werden als Ecktürme einer ehemaligen Zwingeranlage

Die Burg Kirspenich

gedeutet. Der Hof, der der Burg vorgelagert ist, stammt in seinem Kern noch aus dem Spätmittelalter, ist aber in seinem Erscheinungsbild stark verändert. So war er früher von einem Graben umgeben.

Vom Parkplatz aus fahren Sie die Straße Im Baist weiter durch, bis sie auf die Talstraße trifft. Biegen Sie nun nach rechts ab und bleiben Sie auf der Talstraße bis zur nächsten Kreuzung. Hier macht die Talstraße einen Linksknick, um unmittelbar darauf auf die Holzgasse zu treffen, in die Sie nach rechts einbiegen. So überqueren Sie die Erft. Hinter der Brücke geht links die Münstereifler Straße ab. Dieser folgen Sie, bis auf der linken Seite der Straße ein weißer Wohnturm, die Burg Arloff, sichtbar wird. Leider ist der Wohnturm Privatbesitz und deshalb nicht zugänglich.

Die Burg Arloff

Die Burg Arloff

Burg Arloff wurde wie Burg Kirspenich von Gerlach II. von Dollendorff erbaut. Da die beiden Burgen ungefähr zur gleichen Zeit errichtet wurden, weisen sie große Ähnlichkeiten auf. Nahe der kleinen Burg Arloff verlief eine stark umstrittene Grenze zwischen dem Erzstift Köln und der Herrschaft der Grafen von Jülich. Daher war die Befestigung wohl nie für dauerhafte Wohnnutzung vorgesehen, sondern diente der demonstrativen Sicherung des herrschaftlichen Grundbesitzes.

Aufgrund des guten Erhaltungszustandes des Wohnturmes konnte das Holz eines verbauten Eichenbalkens untersucht werden. Als Erbauungsdatum wurde das Frühjahr 1270 ermittelt. Die Burg ist ein schönes Beispiel für die kleinste Form einer frühen Niederungsburg.

Der gute Zustand der Bausubstanz ist darauf zurückzuführen, daß die Burg nie Stammsitz einer adeligen Familie war. Kern der Anlage ist ein dreigeschossiger Wohnturm aus Bruchstein. Die meisten Bauteile des Turmes wie Fenster, Kamine, Abortanlage und Wandschränke sind noch aus der Erbauungszeit im 13. Jahrhundert erhalten. Die übrigen Gebäudeteile, die den Wohnturm umgeben, wurden in der frühen Neuzeit angefügt.

Auf der Ernst-Diedrichs-Straße geht's dann weiter bis zur Hauptstraße B 51, Richtung Iversheim. Dem Schild Bad Münstereifel nach rechts folgend verlassen Sie die B 51, indem Sie in die Kölner Straße einbiegen. Nach kurzer Zeit sieht man linker Hand eine Autobrücke. Unter der Brücke können Sie Ihren Wagen abstellen. Nun besteht die Möglichkeit, die Reste der sogenannten Alten Burg durch einen Spaziergang zu erforschen oder direkt in das reizvolle mittelalterliche Bad Münstereifel hineinzugehen.

Achtung: Der Wanderweg zur „Alten Burg" steigt relativ steil an, am Wall selbst muss man sogar ein wenig klettern. Unterqueren Sie die Autobrücke und folgen Sie der Schleidtalstraße bis zu einem Schild, auf dem die Burg ausgeschildert ist. Folgen Sie der kleinen Straße in den Wald, passieren Sie den Schlagbaum und gehen Sie den geschotterten Weg hinauf. An der ersten Kreuzung muss man sich nach links, Richtung Damwildgarten, halten. Nach kurzer Zeit erscheint ein weiteres Schild, das Aufschluss über das Wallsystem gibt.

Die Alte Burg bei Bad Münstereifel

Mit dem Entstehen der Siedlung beim Benediktinerkloster Neu-Münster wurde die „Alte Burg" als Fliehburg angelegt. Sie erhebt sich auf einem Felssporn über der Stadt und wird von dieser heute durch die Bundesstraße 51 getrennt. Die Anlage bedeckt eine Fläche von 300 mal 80 Metern. Mit der Befestigung der Stadt Münstereifel durch die Bergheimer Vögte verlor die Alte Burg wohl ihre Funktion und verfiel. Da das Gelände bis heute nicht in großem Umfang archäologisch untersucht wurde, ist die Deutung der Befunde äußerst schwierig. Deutlich kann man im Gelände zwei Bauabschnitte erkennen, die durch einen Graben voneinander getrennt sind. Der nördliche Abschnitt wird durch einen ringförmigen Wall mit vorgesetzter Mauer geschützt. Ein Graben, der eine Erhebung umwehrt, lässt eine ehemalige Bebauung vermuten. Der etwas besser erhaltene, südliche Teil wird von einer noch sichtbaren, 1,5 Meter starken Schildmauer und einem Turmstumpf aus Bruchsteinmauerwerk eingenommen. Der Zugang zur Burg erfolgte einst über eine Toranlage an der Nordseite.

Um nach Bad Münstereifel zu gelangen, folgen Sie einfach weiter der Kölner Straße. Sie betreten den Ort durch ein Stadttor. Neben den Resten der Stadtbefestigung kann man hier auch Teile der alten Landesburg – leider nur von außen – besichtigen.

Bad Münstereifel

Die Keimzelle von Münstereifel bildete ein Kloster, das im 9. Jahrhundert von Benediktiner-Mönchen aus Prüm gegründet wurde. Seit 1312 herrschten

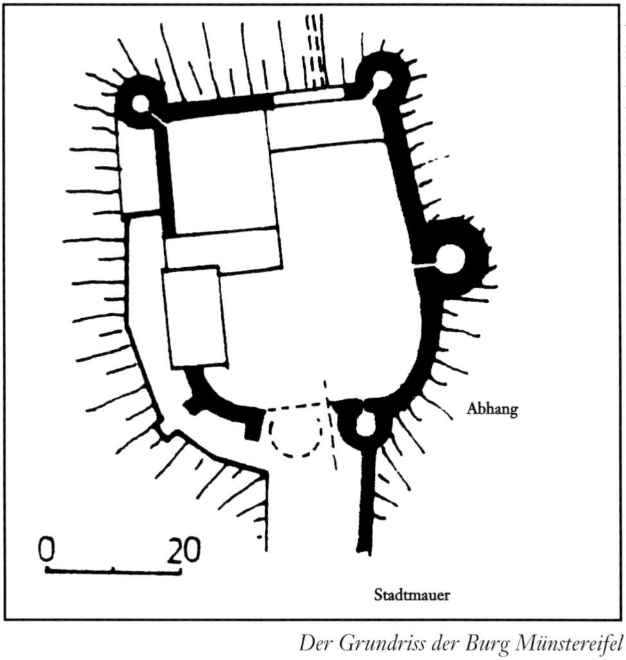

Der Grundriss der Burg Münstereifel

Das Werther Tor in Bad Münstereifel

die Grafen von Jülich in Münstereifel und bauten ihre Herrschaft über die Stadt auf Kosten der Abtei aus.

Landesburg Münstereifel

Unter der Herrschaft der *Jülich*er Grafen und später der Herzöge verwaltete von hier aus ein Amtmann die Stadt und das Umland. Die Burg war ein selbstständiges Verteidigungswerk innerhalb der Stadtbefestigung, jedoch konnte von hier aus auch das Tal kontrolliert und beherrscht werden. Um Angriffe von der gefährdeten östlichen Hangseite her zu erschweren, wurde hier ein großer und breiter Graben ausgehoben und der eigentlichen Burg ein Zwinger vorgelagert. Eine zwei Meter starke Schildmauer und drei Flankierungstürme mit bis zu vier Metern Wandstärke am Mauerfuß sollten die Eroberung von der Bergseite her unmöglich machen.

Unglücklicherweise musste der Burggraben einer heutigen Bundesstraße weichen, was das einstige Erscheinungsbild verfälscht. Der

Die Sperrvorrichtung an der Erft

Grundriss mit den beiden Ecktürmen an der Nordseite ist beinahe quadratisch. An der Nordmauer befanden sich einst die Wohngebäude der Anlage, von denen nur ein westlicher Treppengiebel erhalten blieb. Von dem ehemaligen Doppelturmtor an der Südseite ist nur der Ostturm erhalten.

Die Stadtmauern

Die Stadtmauer von Münstereifel mit ihren vier Toren (Werthertor, Johannistor, Orchheimertor, Heisterbachertor) und den 18 Türmen gehört zu den am besten erhaltenen des Rheinlandes. Urkundliche Zeugnisse über den Baubeginn der Stadtbefestigung fehlen. Aufgrund von stilistischen Merkmalen kann man die Wehrmauer in das 14. Jahrhundert einordnen, damit wäre sie etwas jünger als die Burg.

Der Grundriss ist unregelmäßig und folgt den topografischen Geländegegebenheiten des Tales. Einzigartig sind die beiden Sperrvorrichtungen durch jeweils zwei parallele Bögen an der Erft, die die Stadt von Süd nach Nord durchfließt. In regelmäßigen Abständen war die Stadtmauer mit Türmen bewehrt. Auf der Innenseiten trug die Mauer einst einen hölzernen Wehrgang auf steinernen Substruktionsbögen, die an einigen Stellen erhalten sind.

Das größte und prächtigste Bauwerk ist das Werthertor auf der Nordseite. Der viereckige eigentliche Torturm wird von zwei starken Rundtürmen flankiert. Über drei Geschosse erhebt sich das schlanke gotische Gebäude mit spitzbogigem Portal. In der Durchfahrt sind die Schlitze für das nicht mehr vorhandene Fallgitter erhalten.

Das nächste Etappenziel ist das Schloss Wachendorf. Um dorthin zu gelangen, fahren Sie vom Parkplatz aus über die Kölner Straße zurück zur B 51 in Richtung Köln/ Euskirchen. Auf der Höhe von Iversheim geht links eine Straße Richtung Wachendorf ab. Folgen Sie dieser Straße bis nach Wachendorf selbst. Im Ort folgt man dann rechts der Beschilderung nach Antweiler (Petrusstraße). Schloss Wachendorf befindet sich unmittelbar nach dem Abbiegen auf der rechten Seite. An der zweiten Einfahrt bietet sich die Möglichkeit, anzuhalten. Von hier aus sind die vorgelagerten Bastionen gut zu sehen. Das Schloss selbst ist in Privatbesitz.

DAS SCHLOSS WACHENDORF

Schloss Wachendorf liegt am Rand des gleichnamigen Ortes und ist heute ein spätbarockes Schloss, das um 1780 erbaut wurde. Auffallend sind die Geschützbastionen und der im Gelände noch sichtbare Graben. Graben und Bastionen sind Relikte eines viel älteren Vorgängerbaues und verweisen auf eine Zeit, in der es nötig war, seine Wohnstätte zu befestigen. Die Ursprünge des Wachendorfer Herrenhauses reichen bis in das Hochmittelalter zurück. An der Stelle des heutigen Schlosses stand ein Rittersitz mit bergfriedartigem Turm, der von einem spitzgotischen Turmhelm bekrönt war. Erhalten hat sich der Bergfried als Mittelrisalit im Schlossbau, nun mit Mansarddach versehen.

Weiter geht´s auf der Petrusstraße aus dem Ort hinaus, bis an der nächsten Kreuzung ein Schild nach Mechernich/Satzvey weist. Folgen Sie diesem Schild. An der linken Straßenseite tauchen nach kurzer Zeit die Reste der aus dem Anfang des 16. Jahrhundert stammenden Oberburg Antweiler auf. Sie wurde bis auf einige Mauerreste und einen Eckturm zugunsten des Neubaus einer Raiffeisenbank abgerissen. Bei der Weiterfahrt taucht am Horizont der weiß gestrichene Wohnturm der Burg Zievel auf. Wer mag, kann rechts den Schildern zum Golfclub Burg Zievel nachfahren und den Wohnturm von Nahem betrachten.

Die Burg Zievel

Gegen Ende des 14. Jahrhundert gelangte Burg Zievel in den Besitz des Ritters Johann Schmeich von Lissingen, der sie zu ihrem heutigen Umfang ausbaute.

Burg Zievel ist dem heutigen Erscheinungsbild nach eine schlossähnliche Anlage im Landhausstil. Der jetzige Baubestand bildet eine annähernd quadratische Viereckanlage von ca. 65 mal 65 Metern. Ältester erhaltener Baukörper ist der Bergfried aus dem 14. Jahrhundert. Der ehemals freistehende Bau wird heute durch zwei Herrenhäuser aus dem 17. bzw. 19. Jahrhundert flankiert.

Nach Norden ist ihm eine dreiflügelige Vorburg vorgelagert. An die Wehrmauer der Vorburg angelehnt, stehen – um einen Innenhof gruppiert – moderne Gebäude. Wie die ursprüngliche Bebauung ausgesehen hat, ist unbekannt.

Der Bergfried von Burg Zievel ist ein runder, sich verjüngender Turm. Das Wehrgangsgeschoss und die Dachhaube des Zieveler Hauptturmes sind eine frei erfundene Rekonstruktion aus den 50er Jahren. Runde Bergfriede findet man bei rheinischen Wasserburgen äußerst selten. Da man den Türmen einer Burg einen hohen symbolischen Wert zusprach, blieb sein Erbauer bei der Höhe des Baues unter den Abmessungen der Jülicher und Kurkölner Bergfriede. Bei der kleinen Herrschaft des Lissinger Ritters wäre ein größerer Bergfried provokant gewesen und hätte den Unmut seiner ungleich mächtigeren Nachbarn hervorgerufen.

Die Wehrmauer der Vorburg ist im Wesentlichen noch intakt, sieht man von dem fehlenden Wehrgangsgeschoss und einem Durchbruch für ein Tor an der Ostseite ab. Erwähnenswert ist ferner das Doppelturmtor an der Westecke der Wehrmauer.

Folgen Sie weiter der Landstraße, bis Sie unter einer Autobahnbrücke durchgefahren sind. Unmittelbar danach führt eine Straße rechts in den Ort Satzvey. Schon nach wenigen Metern entdecken Sie auf der linken Seite die Burg Satzvey.

Die Burg Satzvey

Die Ursprünge der Burg gehen auf ein Bonner Benediktinerinnenstift zurück, das bei Satzvey einen Fronhof besaß. Da das Stift die Blutgerichtsbarkeit nicht ausüben durfte, wurde ein weltlicher Vogt berufen. Als erster Vogt über die geistlichen Besitzungen bei Satzey wird Otto von Vey 1368 genannt.

Ziel der Herren von Satzvey in den folgenden Jahrhunderten war es, die geistlichen Güter bei Satzvey vollständig in ihren Besitz zu bringen und auf diese Art eine eigene, selbstständige Herrschaft aufzubauen. Dies gelang ihnen schließlich im 16. Jahrhundert. Da sich die Satzveyer Burg an einer umstrittenen Grenze zwischen dem Herzogtum Jülich und dem Erzstift Köln befand, drangen im Jahr 1578 Jülicher Truppen in Satzvey ein und besetzten die Burg. Der Herzog von Jülich hatte allerdings nicht mit dem starken Widerstand der Bevölkerung gerechnet. Schmachvoll mußte der Herzog drei Jahre später seine Truppen zurückrufen und einen Kompromiss schließen. Satzvey wurde Jülicher Unterherrschaft und die Herren von Satzvey wurden sowohl zu den Landtagen Kurkölns wie auch zu den Jülicher Landtagen berufen.

Ältester Bauteil ist das noch erhaltene zweigeschossige, spätgotische Burghaus über hohem Kellergeschoss aus Bruchstein, das ursprünglich unmittelbar in einem breiten Wassergraben stand.

Die Innenaufteilung des festen Hauses mit zwei Räumen je Geschoss ist original. Das Walmdach ist noch weitgehend im ursprünglichen Zustand erhalten. Um 1880 wurde an der süd-

Die Burg Satzvey

lichen und westlichen Seite des Burghauses jeweils ein Baukörper angesetzt, um den gesteigerten Ansprüchen an komfortableres Wohnen zu entsprechen. Das Bauvolumen wurde annähernd verdoppelt. An der Südseite wurde ein Treppenturm angelegt. Im 15. Jahrhundert wurde auch die Vorburg befestigt. Von dieser Baumaßnahme zeugt heute noch das eindrucksvolle Doppelturmtor. Die Herren von Satzvey entschieden sich wohl aus repräsentativen Gründen für die Errichtung eines solchen Tores, das eher für Stadtmauern typisch war.

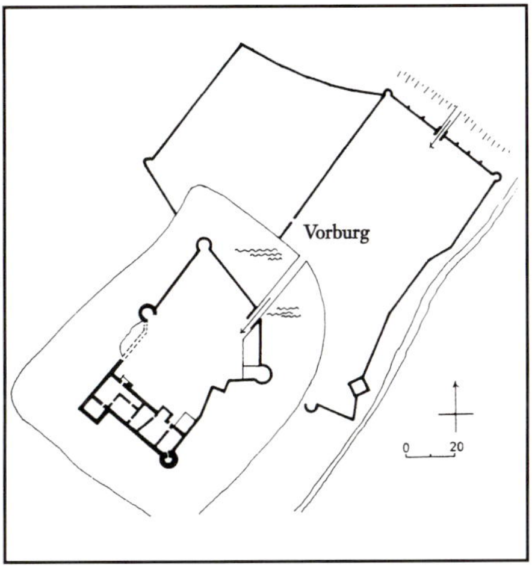

Der Grundriss der Burg Veynau

Nach dem Besuch der Burg fahren Sie auf der Gartzemer Straße, dem Schild Düsseldorf/Köln folgend, weiter durch den Ort. Ein Stück hinter Satzvey erreichen Sie eine Kreuzung, an der Sie rechts Richtung Wisskirchen/Autobahn abbiegen. Unmittelbar hinter dem Ende eines größeren Waldstücks geht nach rechts ein geteerter Weg von der Straße ab. Folgt man ihm, gelangt man zur Burg Veynau. (Achtung: Wenn Sie auf die B 266 treffen, sind Sie bereits zu weit gefahren!) Nach ca. 500 Metern biegen Sie nach rechts ab. So erreichen Sie die Wirtschaftsgebäude der ehemaligen Burg. Wenn Sie dem Verlauf des Weges weiter um die Wirtschaftsgebäude herum folgen, wird die im Privatbesitz befindliche Burg Veynau sichtbar.

Die Burg Veynau

DIE BURG VEYNAU

Gegründet wurde die typische Ritterburg, die häufig Schauplatz kriegerischer Ereignisse war, von den Jülicher Markgrafen in der ersten Hälfte des 14. Jahrhunderts. Namensgebend für die Burg war der in der Nähe vorbeifließende Veybach. Von Burg Veynau aus ließ sich das Veybachtal und eine wichtige Handelsstraße, die von der Eifel kommend in die Ebene führte, kontrollieren. Die Burg hatte aber nicht nur die Funktion einer Sperrburg am Rande des Herrschaftsbereichs der Jülicher Markgrafen. Sie war ein wichtiger Stützpunkt in einer ganzen Burgenkette, die die Markgrafen um die Stadt Euskirchen angelegt hatten.

Die Stadt Euskirchen befand sich damals in der Hand der größten Gegenspieler derer von Jülich, den Kölner Erzbischöfen. Da das Jülicher Herrscherhaus nicht alle seine Burgen selbst verwalten konnte, belehnten sie einen ihrer mächtigsten Vasallen, Dietrich Schinnemann von Aldenhoven, mit Burg Veynau. In die Zeit Dietrichs von Aldenhoven fällt die Vollendung der Burg und der Vorburg 1355. Kaum war die Burg fertig gestellt, trat er in Fehde mit seinem Lehnsherren. In der Folgezeit kam es öfters zu kriegerischen Auseinandersetzungen, bei denen die Jülicher ihre eigene Burg zurückerobern mussten.

Burg Veynau wurde an der schmalsten Stelle des Veytales errichtet. Der unmittelbar an der Burg vorbeifließende Veybach speist die breiten Wassergräben der Burg. Zwei Vorburgen sind der eigentlichen Kernburg vorgelagert. Die Hauptburg stammt aus dem 14. Jahrhundert und stand einst auf einer eigenen wasserumgebenen Insel. Flankiert wird das Herrenhaus der Hauptburg von einem fünfgeschossigen Viereckturm und einem sechsgeschossigen Rundturm. Beide Türme enden in einem Wehrgangsgeschoss. Am Viereckturm kann man vermauerte Schießscharten erkennen. Geschützt wird die Kernburg durch eine innere Vorburg, deren Umfassungsmauer mit ihren Mauerschalentürmen noch relativ gut erhalten ist. Die Schalentürme zeigen die für das 14. Jahrhundert typischen Zinnen und Schartenöffnungen. Zur Grabenseite hin ist der östliche Eckturm mit einem Aborterker ausgestattet. Von dem rundbogigen Torturm steht heute nur noch der äußere Bogen mit der Zugbrückenblende. Die äußere Vorburg ist weniger gut erhalten und wird heute als Wirtschaftshof genutzt. Er weist die stolze Abmessung von 75 mal 130 Metern auf, da einst der Versuch unternommen wurde, hier eine befestigte Siedlung zu gründen, ähnlich wie bei Burg Reifferscheid oder der Kronenburg.

Danach geht´s zurück zur Straße und in der selben Richtung weiter bis zur Kreuzung mit der B 266, von der aus die Autobahn A 1, Auffahrt Wisskirchen, bereits ausgeschildert ist. Wer mag, kann von hier aus einen Abstecher nach Zülpich machen, oder über Zülpich zur Burg Nideggen weiterfahren. Hierzu bleibt man auf der B 266 Richtung Euskirchen und fährt dann nach links auf die B 56 Richtung Zülpich auf. Über die B 56 gelangt man auch von Zülpich nach Nideggen. Dazu muß man die Straße in Richtung Düren verlassen. Über Froitzheim erreicht man das sehenswerte Nideggen. Die Beschreibung der Burg findet man in der Route 3 „Burgen und Festungen in der Rur-Eifel" auf Seite 109.

DIE STADT ZÜLPICH

Die Geschichte des Ortes Zülpich lässt sich bis in römische Zeit zurückverfolgen. Das römische Zülpich, als Tolbiacum überliefert, lag verkehrsgünstig an einer bedeutenden Straßenkreuzung. Im 11. Jahrhundert konnte das Kölner Erzstift Zülpich erwerben, musste sich aber die Hoheitsrechte mit den Grafen und Herzögen von Jülich teilen. Da die Stadt praktisch inmitten des Jülicher Territoriums lag, trachteten die Herren von Jülich danach, „den Stachel in ihrem Fleisch" gewaltsam an sich zu bringen. Mehrere Male wechselte die Stadt ihren

Besitzer, bis Ende des 14. Jahrhunderts die Kölner Erzbischöfe das Ringen um Zülpich endlich für sich entscheiden konnten. Der Erzbischof von Saarwerden ließ die Reste der jetzigen Burg und der Stadtbefestigung errichten. Die Stadtbefestigung bildet ein unregelmäßiges Viereck; sie wurde durchgehend aus dem im 14. Jahrhundert aufkommenden Backstein errichtet. Von den vier Stadttoren ist das Weihertor, eine Torburg an der Westseite der Wehrmauer, noch am besten erhalten. Das Weihertor ist ein quadratischer Torturm, der mit dem Außentor durch zinnenbekrönte Mauern verbunden ist.

Die Stadtburg vom Kastelltyp, mit vier flankierenden Ecktürmen, wurde in einem Zug mit der Erbauung der Stadtmauer errichtet. Sie war Sitz des kurfürstlichen Stadthalters und ist ein rein funktionaler Bau. Die vier Flügel der Anlage umschließen einen Innenhof, die Ecken werden von Rundtürmen flankiert. An Süd- und Westturm schließt sich die Stadtmauer unmittelbar an.

i *Stadtgeschichtliches Probsteimuseum mit Römertherme, Mühlenberg 7, D-53909 Zülpich.*
Geöffnet dienstags bis freitags von 9.00 bis 12.00 Uhr und von 14.00 bis 16.00 Uhr, samstags von 13.00 bis 17.00 Uhr, sonntags von 11.00 bis 17.00 Uhr.
Montags geschlossen.
Führungen nach Vereinbarung unter Tel. 00 49 (0)22 52 27 70.

Dürboslar
Baesweiler
Merkstein
Siersdorf
Eijgelshoven
N221
N299
Busch
ALSDORF
Schleiden
Aldenhoven
Chevremont
HERZOGENRATH
KERKRADE
Hoengen
Kellersberg
Niederbardenberg
Mariadorf
Warden
Blausteinsee
Ofden
Broich
Wurm
Begau
Bardenberg
Euchen
Kohlscheid
B57
Linden
Hehlrath
St. Jöris
WÜRSELEN
Röhe
Dürwiß
264
Kämpchen
ESCHWEILER
Richterich
Haal-Oppen
Weiden
Laurensberg
4
Bergrath
Haaren
544
Verlautenheide
Atsch
STOLBERG
1
Eilendorf
Münsterbusch
Burtscheid
Oberstolberg
Mausbach
258
AACHEN
Brand
264
Steinebrück
Inde
Büsbach
Niederforstbach
44
57
Hitfeld
Vicht
Kornelimünster
Legende
Route 1
Route 3
Route 5
verbinding naar de andere routes/Verbindungsstraße zw. den Routen/Liaison vers les autres routes
Oberforstbach
Breinig
Schleckheim
Zweifall
Venwegen
43
Lichtenbusch
Walheim
Hahn
Berlotte
Friesenrath
Eynatten
Schmithof
Monschau
© 2001 AnyWay Productions, tel. +31-113-556088

5. Burgen und Festungen im Grenzland, 60 km

Für diese Tour sollten Sie sich einen Tag Zeit nehmen. Falls Sie den vorgeschlagenen Abstecher nach Monschau machen, empfiehlt es sich, eine Übernachtung einzuplanen, z.B. in Monschau selbst.

Die Runde beginnt bei der Ausfahrt Aldenhoven der Autobahn A 44. Von der Ausfahrt geht es in Richtung Geilenkirchen. Nach ca. 1 Kilometer erreichen Sie den Ort Dürboslar. Biegen Sie in die erste Straße links ein (Heerstraße), von der aus Sie sofort wieder nach rechts in die Geilenkirchener Straße, eine nur teilweise befestigte Straße, abbiegen. Diese führt direkt auf die Burg Dürboslar zu.

Die Deutschordenskommende Siersdorf

Die Burg Dürboslar

Beschreibung siehe Route 1.

Nach der Besichtigung geht´s zurück auf die Heerstraße, auf der man den Ort durchquert. In der darauf folgenden Ortschaft Siersdorf halten Sie sich am Kreisverkehr in Richtung Bettendorf. Biegen Sie dann in die erste Straße rechts, die Marktstraße, ein. Danach wiederum rechts in die Kirchstraße einbiegen, der man auch an der Gabelung weiter folgt. Kurz vor Ende der Straße gelangen Sie durch zwei Tore auf der linken Seite auf einen Gutshof, auf dessen Gelände die Ruine der Deutschordenskommende steht. Sollte das Tor einmal geschlossen sein, kann man klingeln. Leider ist es gefährlich, die Ruine selbst zu betreten, aber auch der Anblick als solcher ist schon reizvoll.

Die Deutschordenskommende Siersdorf

Graf Wilhelm III. von Jülich schenkte dem Deutschen Ritterorden kurz vor seinem Tod im fernen Ägypten während eines Kreuzzuges im Jahr 1219 die Kirchen von Nideggen und Siersdorf. Aus der Stiftung entstand die Kommende in Siersdorf, mit deren erstem Bau wenig später begonnen wurde. Zu der Niederlassung der Ordensritter in Siersdorf gehörten umfangreiche Besitzungen. I

m ganzen 16. Jahrhundert regierten, mit nur einer Ausnahme, die Herren von Reuschenberg in Siersdorf. In ihre Epoche fällt die Blütezeit der Kommende. Die Herren von Reuschenberg ließen 1578 ihren durch den Geldrischen Erbfolgekrieg verwüsteten Sitz im Stil der Renaissance neu aufbauen. Durch die Aufhebung des Deutschen Ordens unter Napoleon endete die Herrschaft der Ritter mit dem schwarzen Kreuz auf dem weißen Mantel. Die Siersdorfer Kommende ist eine grabenumwehrte Anlage aus dem Jahre 1578 mit doppeltem Wirtschaftshof, Herrenhaus aus Backstein und ummauertem Garten. Besondere Beachtung verdient das Herrenhaus, ein länglich rechteckiger Bau mit je einem Flankierungsturm an den Ecken. Es wird von einem 13 Meter breiten und sechs Meter tiefen Graben umgeben, der von einer Bogenbrücke überspannt wird. Die Bogenbrücke endet direkt bei dem Mittelrisaliten, einem turmartigen Mittelbau an der Längsseite des Gebäudes. Über dem Eingangsportal ist ein schöner Wappenstein eingelassen. Das Relief zeigt die Wappen des Deutschen Ordens, des Herzogs von Jülich-Kleve-Berg und des Bauherrn, des Komturs von Reuschenberg. Im Zweiten Weltkrieg wurden die Bauten schwer beschädigt. Begonnene Restaurierungsmaßnahmen wurden leider nicht zu Ende geführt.

Über die Kirch- und Marktstraße geht´s zurück zur Pützgracht, in die Sie nach rechts einbiegen. Auf dieser Straße durchqueren Sie Siersdorf und Bettendorf. Halten Sie sich am Kreisverkehr Richtung Alsdorf Zentrum.

An der nächsten Kreuzung, nach etwas mehr als 2 Kilometern, folgen Sie der Beschilderung nach Aachen/Würselen/Zentrum. Nach abermals knapp 2 Kilometern gelangen Sie an eine Kreuzung, an der es nach rechts in Richtung Herzogenrath geht. Hier abbiegen und nach 500 Metern wieder links in die Prämienstraße Richtung Herzogenrath einbiegen. Nachdem Sie den Ort Alsdorf-Zopp passiert haben, gelangen Sie schließlich nach Herzogenrath. Folgen Sie nun dem Schild Aachen/Kerkrade. Bleiben Sie auf der Geilenkirchener Straße, bis rechts die Schütz-von-Rhode-Straße abgeht. Hier steht ebenfalls ein Schild Aachen/Kerkrade/Zentrum/Burg Rode.

Leider wird die Beschilderung zur Burg nicht weitergeführt, sodass man nun selber auf die nach rechts abgehende Kleikstraße achten muss. Hier einbiegen und kurz danach in die zweite Straße links, die Burgstraße, abbiegen. Der Eingang zum Burggelände – ein schmiedeeisernes Tor – liegt auf der rechten Seite. Wenn man die Straße bis zum Ende durchfährt, kann man in der Sackgasse seinen Wagen abstellen.

DIE BURG RODE

Burg Rode wird erstmals 1104 urkundlich erwähnt. Besitzer waren die Grafen von Saffenberg. Als Grenzfestung war Burg Rode in den kommenden Jahrhunderten heftig umkämpft. Bereits im Jahr 1205 fielen der Kölner Erzbischof und die Grafen von Jülich und Hochstaden in das Limburger Gebiet ein und brannten die Burg nieder. 1472 gelangte Burg Rode über eine Erbschaft der Herren von Heinsberg an das Jülicher Grafenhaus.

Die Burg Rode

Bei ihnen verblieben die Herzogenrather Besitzungen bis zum glücklosen Ausgang des Geldrischen Erbfolgekrieges im Jahr 1542. Zu diesem Zeitpunkt hatte die Burg ihre strategische Bedeutung bereits weitgehend eingebüßt. Trotzdem hatte der Grenzort Herzogenrath auch in der folgenden Zeit schwer zu leiden. Im Spanisch-Niederländischen und dem Dreißigjährigen Krieg wurden Burg und Stadt von Söldnertruppen heimgesucht. Durch den Haager Frieden (1648) gelangte der Ort an Spanien. Als die Franzosen den Ort 1684 plünderten, wurden die Gebäude der Burg eingeäschert. Mit dem Spanischen Erbfolgekrieg und dem Frieden von Rastatt kam Herzogenrath 1714 an Österreich. Genau hundert Jahre später teilte der Wiener Kongress das Roder Land. Die Burg wurde Preußen zugesprochen, die übrigen Besitzungen kamen an die Niederlande.

Aufgrund der vielen Zerstörungen steht von der einst stolzen Burg nur noch ein Rundturm aus dem 13. Jahrhundert. Im 19. Jahrhundert und zu Beginn des 20. Jahrhunderts wurde die Burg im historisierenden Stil wieder aufgebaut. Die modernen Baukörper entsprechen nicht dem urprünglichen Aussehen. Der runde Turm wurde mit einem Zinnenkranz bekrönt, der dem Geschmack der Zeit entsprach.

Auf dem Rückweg zur Schütz-von-Rode-Straße müssen Sie wegen der Einbahnstraße einen kleinen Umweg machen. Dazu fahren Sie von der Sackgasse aus den Stutz rechts hinunter und unten auf der Hahnstraße nach links. An der nächsten Kreuzung (Klosterrather Straße) halten Sie sich links. Fahren Sie über die Kleikstraße zur Schütz-von-Rode-Straße, in die Sie nach links einbiegen.

Folgen Sie an der nächsten größeren Kreuzung dem Schild Würselen und biegen Sie nach ca. 1,9 Kilometern nach rechts in die Kamper Gracht ab, indem Sie den Schildern Würselen/Bardenberg/Kohlscheid folgen. Ab dem Kreisverkehr ist die Freilichtbühne (Burg Wilhelmstein), Richtung Knappschaftskrankenhaus, ausgeschildert. Folgen Sie der Beschilderung. Nur bei starkem Besucherandrang, z. B. bei einer Veranstaltung, sollte man die ausgewiesenen Parkplätze anfahren. Ansonsten kann man bis zur Burg vorfahren.

Die Burg Wilhelmstein

Die Burg Wilhelmstein

Der Kölner Erzbischof ließ an der Stelle der jetzigen Burg Wilhelmstein eine erste Festung anlegen, die Valentia genannt wurde. Sie diente dem Kölner Erzstift als Bollwerk gegen das Limburger Herzogtum. Aber schon kurze Zeit nach der Erbauung vernichteten im Jahr 1225 limburgische Truppen die Anlage. Auf den Ruinen der zerstörten Burg errichtete um 1270 Graf Wilhelm IV. von Jülich eine neue Burg, die noch immer seinen Namen trägt. Von hier aus nahm Graf Wilhelm IV. seine Vogteirechte in Aachen war, die er 1240 vom deutschen

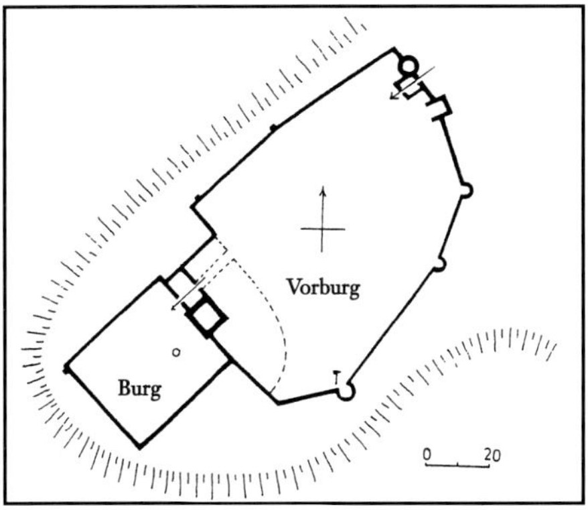

Der Grundriss der Burg Wilhelmstein

Kaiser Friedrich II. verliehen bekommen hatte. Als er bei einem Versuch, Aachen gewaltsam einzunehmen, umkam, verlor die Burg erheblich an Bedeutung und wurde in der Folgezeit mehrfach verpfändet. Der letzte Pfandinhaber, Rheinhard von Schönforst, erkühnte sich schließlich, den Herren von Jülich, die 1356 zur Herzogswürde erhoben wurden, die Fehde anzusagen. So musste der Herzog von Jülich seine eigene Burg belagern. Nach 14 Tagen nahm er sie ein.

Burg Wilhelmstein wurde auf einem Bergsporn als zweiteilige Anlage gegründet. Durch wiederholte Zerstörungen, u.a. im Geldrischen Erbfolgekrieg, ist der Bau in stark verfallenem Zustand. Von der schlichten Anlage – die ein reiner Zweckbau war, da hier nie ein Landesherr residierte – sind im Wesentlichen die Umfassungsmauern der Vorburg und die Turmruine des Bergfriedes erhalten.

Man betritt die Burg durch einen kleinen Torbau. Die spitzbogige Durchfahrt liegt in einer rechteckigen Zugbrückenblende. Deutlich erkennt man auch die Öffnungen für die Rollen der ehemaligen Zugbrücke. Dem Torbau ist nach Süden unmittelbar ein runder Flankierungsturm, der in seinen beiden Geschossen als Gefängnis diente, vorgelagert.

Die nördliche Umfassungsmauer verläuft bogenförmig und schließt den Halsgraben zwischen Kernburg und Vorburg ein. Flankiert wird die Mauer von mehreren Mauerschalentürmen mit Schießscharten, von denen man die Kurtinen, die Mauer zwischen zwei Türmen, verteidigen konnte. Der Bergfried der Hauptburg ist fünfgeschossig und wird von großen Eckquadern gerahmt. Im Inneren des Turmes sind noch teilweise die Konsolen der Tragbalken der Geschossdecken erhalten. Nach Süden schloss an den Bergfried unmittelbar der Palas an, von dem ein Teil der östlichen Außenmauern überdauert hat. Der Brunnen im Innenhof der Hauptburg ist erhalten.

Fahren Sie zurück zum Kreisverkehr und von dort in Richtung Herzogenrath/Kohlscheid. Die Straße führt durch das Wurmtal nach Kohlscheid. Im Ort selbst treffen Sie am Markt auf eine T-Kreuzung, an der Sie sich rechts halten. Bleiben Sie auf der Vorfahrtstraße, bis hinter dem Ort an einer Kreuzung Aachen/Autobahn ausgeschildert ist. Hier biegen Sie ab. Folgen Sie nach ca. 2 Kilometern dem Schild Richterich/Laurensberg (Roermonder Straße). Nachdem Sie unter der Autobahn durchgefahren sind und die Bahnlinie überquert haben, weist das Schild Sandhäuschen nach rechts. Biegen Sie hier ein und halten Sie bei der nächsten Gelegenheit an, denn das Haus rechts an der Ecke ist das so genannte Türmchen.

DAS HAUS TÜRMCHEN

Zwischen dem 12. und dem 18. Jahrhundert gehörten zum Aachener Reich rund dreißig Dörfer und Weiler. Sie wurden von den benachbarten Territorialherren bedroht, vor allem von den Grafen und Herzögen von Jülich, die die Burg Wilhelmstein nördlich von Aachen erworben hatten und von dort aus versuchten, ihren Einfluss auf die Stadt zu vergrößern. Aachen war deshalb gezwungen, seine

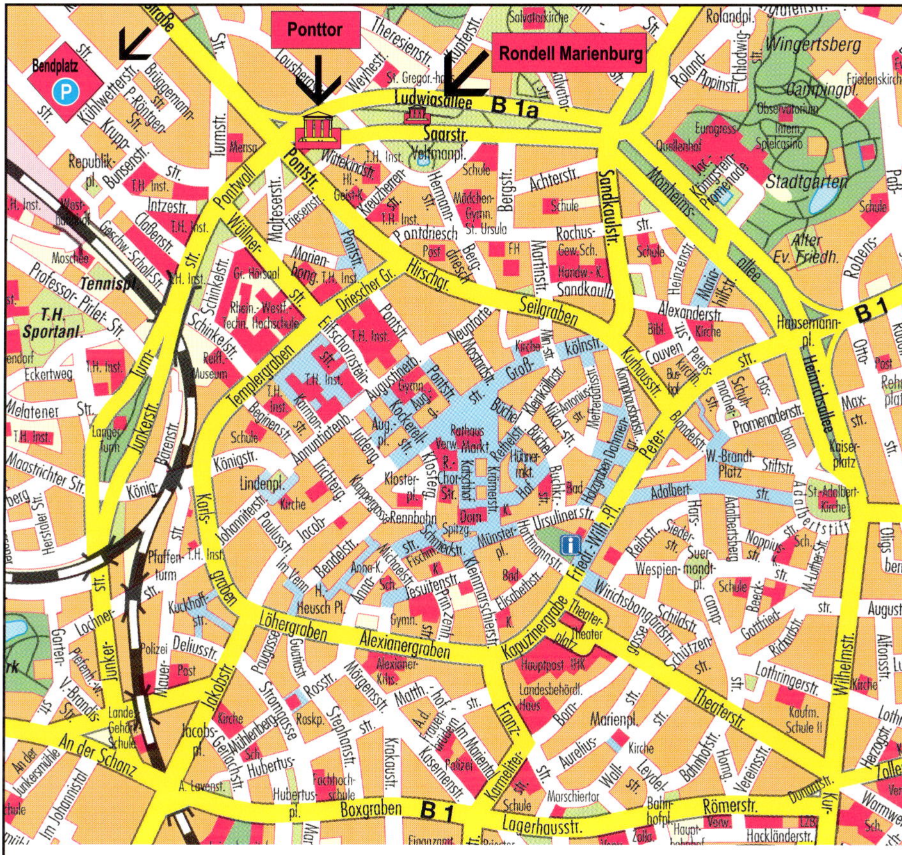

Stadtplan der Aachener Innenstadt

Grenzen zu verteidigen. Mauern waren teuer, weshalb die Bürger eine Wallhecke aus gekappten Buchen und Dornensträuchern anlegten. Die Durchfahrten sicherte man mit einem Verschlag aus Baumstämmen. Wachttürme ermöglichten die Beobachtung des Vorgeländes. Von den acht Landwehrtürmen steht heute noch einer, Haus Hirsch, auch Türmchen genannt.

Fahren Sie auf der Roermonder Straße in der bisherigen Fahrtrichtung weiter und folgen Sie der nach einiger Zeit erscheinenden Beschilderung Aachen Zentrum. Auf dieser Strecke fahren Sie direkt auf das historische Ponttor zu. Leider ist das Parken in Aachen selbst schwierig. Biegen Sie deshalb schon vorher, dem Schild Arbeitsamt/Industriegebiet Süsterfeld folgend, von der Roermonder Straße nach rechts in die Kühlwetterstraße ab. Zur Orientierung: An der Ecke befindet sich eine BP-Tankstelle. Hinter der nächsten Querstraße liegt rechts ein großer Platz, der Bendplatz, auf dem man das Auto abstellen kann. Von hier aus geht's zu Fuß nach

Aachen. Über die Kruppstraße, Wüllner Straße, Eilfschornsteinstraße und Kockerellstraße gelangen Sie in die historische Altstadt mit Rathaus und Dom (ca. 1 Kilometer Fußmarsch). Wer vorher eine Kleinigkeit essen möchte, wählt statt der Wüllnerstraße die Pontstraße. Im unteren Bereich ist sie zur Fußgängerzone mit vielen preisgünstigen Restaurants ausgebaut.

Das Ponttor in Aachen

DIE AACHENER STADTBEFESTIGUNG

Kaiser Friedrich Barbarossa stattete die Stadt Aachen reich mit Privilegien aus und erhob sie zur freien Reichsstadt im späteren Aachener Reich. Um den Pfalzbezirk zu schützen, verpflichtete er die Bürger, eine Stadtmauer zu errichten, was auch geschah. Schon hundert Jahre später war die Stadt über ihre Ringmauer hinausgewachsen und man begann mit der Erbauung der äußeren Wehrmauer, die zu Beginn des 14. Jahrhunderts vollendet wurde. Von der äußeren Ringmauer mit ihren Türmen und elf Torbogen haben sich einige Baukörper erhalten, so das Marschiertor im Süden und das Ponttor im Norden.

Das Ponttor ist eine im 13. Jahrhundert errichtete Doppeltoranlage mit spitzbogiger Durchfahrt. Eine steinerne Brückenkonstruktion überspannt die Reste des vorgelagerten Stadtgrabens. Gesichert wird das eigentliche Torgebäude durch einen vorgeschalteten zweigeschossigen Bau mit rundbogigem Portal und zwei flankierenden Rundtürmen. Das Stadttor stellt eine eigenständige, verteidigungsfähige Einheit innerhalb der Stadtbefestigung dar. Der heutige Alleenring entspricht in etwa der Führung der äußeren Stadtmauer.

In der Neuzeit wurde der Versuch unternommen, *Aachen* nach den Grundsätzen der Artillerieverteidigung neu zu befestigen. Zu diesem Zweck errichtete man ein Artilleriewerk im äußeren Bering der mittelalterlichen Stadtmauer, um den gefährdeten Bereich am Lousberg zu schützen. Das Rondell *Marienburg* blieb das einzige Werk seiner Art, da man erkannte, dass es auf Grund der topografischen Lage der Stadt in einem Talkessel unmöglich war, Aachen zu umwehren.

Die Grundsteinlegung des Rondells erfolgte einer Inschrift nach am 14. August 1512. Geschütze konnten sowohl von den Kasematten als auch über eine Bank von der Plattform das Vorgelände beherrschen. In unterirdischen Kammern waren die Pulver- und Kugelvorräte eingelagert. Auf der Feldseite sind mehrere Geschosskugeln ins Außenmauerwerk eingelassen; sie sind Teil der psychologischen Kriegsführung, mit der man Angreifer entmutigen wollte. Einem Beschuss hätte das frühneuzeitliche Befestigungswerk allerdings kaum standhalten können.

Nach dem Besuch der Karlsstadt fahren Sie zurück auf die Roermonder Straße Richtung Ponttor. Angesichts des historischen Bauwerks biegen Sie an der großen Kreuzung nach links Richtung Zentrum/Monschau auf den Alleenring ein. Über den Hansemannplatz gelangen Sie zum Kaiserplatz (Reiterstatue). Folgen Sie der Richtung Monschau/Brand. Von nun an halten Sie sich Richtung Trier/Koblenz/Monschau. An dieser Stelle haben Sie die Möglichkeit, einen Abstecher nach Monschau zu machen. Dazu fahren Sie einfach weiter auf der Straße in Richtung Monschau. Über den sehenswerten Ort Kornelimünster (mit historischem Ortskern und Gallorömischem Tempelbezirk am Ortsausgang) sowie Walheim und Roetgen gelangen Sie nach Monschau selbst. Hinter dem Ort Friesenrath kann man in den Wiesen rechts neben der Straße die Reste der Panzersperre des Westwalls sehen. Hinter Imgenbroich, kurz vor Monschau, erblicken wir sie noch einmal.

Die Burg Monschau

Burg Monschau wurde im 12. Jahrhundert im oberen Rurtal von Herzog Walram III. (1167-1221) von Limburg gegründet. Von Monschau aus konnte er leicht seiner herzoglichen Funktion als Schutzmacht über den königlichen Besitzkomplex bei und um Aachen nachkommen. Die limburgischen Herzöge waren im Gebiet Aachen-Maastrich-Lüttich reich begütert.

Im weiteren Verlauf der Geschichte gelangte die Burg u.a. an die Falkenburger Dynastie, die beinahe hundert Jahre über Monschau regierte, bis schließlich im 15. Jahrhundert die Jülicher die Burg an sich brachten.

Die hoch über dem Rurtal gegründete Hangburg gliedert sich in eine Unter- und eine Oberburg. Während seiner langen Regentschaft ließ Reinald I. aus dem Haus Valkenburg die obere Vorburg anlegen. In einer weiteren Ausbauphase im 16. und 17. Jahrhundert wurde

Der Name der Burg – ursprünglich Mons Gaudii, woraus Mons Joci, dann Montjoie und schließlich mundartlich Monschau wurde – hängt mit der abenteuerlichen Lebensgeschichte Herzog Walrams III. zusammen. Walram hatte am dritten Kreuzzug Barbarossas teilgenommen und zusammen mit dem englischen König Richard Löwenherz die Hafenstadt Akkon im Heiligen Land erobert. In Erinnerung an seine Kreuzfahrt und glückliche Wiederkehr nannte er seine neue Burg nach einem Berg, dem Mons Gaudii, der westlich von Jerusalem liegt.

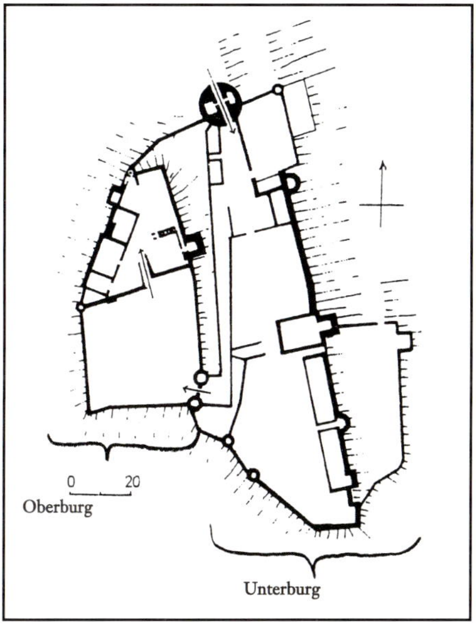

Der Grundriss der Burg Monschau

die Unterburg mit Kapelle hinzugefügt. Die der Stadt zugewandte östliche Flanke wurde mit Bastionen, Toren, Türmen und Zwingern bewehrt. Die stadtabgewandte Hangseite bot ausreichenden natürlichen Schutz.

Um den Innenhof der Hauptburg gruppieren sich mehrere Gebäude. An der östlichen Seite der Ringmauer der Hauptburg erhebt sich der viereckige Bergfried. Er springt aus der Mauerflucht hervor, sodass man von ihm aus die Ringmauer verteidigen und gleichzeitig das Tal beobachten kann. Im Schutze des Bergfriedes schlossen sich einst die Wohngebäude an, von denen nur noch die mächtigen Kellergewölbe bestehen. Auf der gegenüberliegenden Seite steht der Palas mit seinem Rittersaal. Zur unteren Vorburg hin wird die Oberburg durch einen lang gestreckten Zwinger gesichert, der aufgrund des steilen Baugeländes durch Strebepfeiler verstärkt wird. Eine schmale Rampe von 50 Metern Länge führt von Nord nach Süd zum Doppelturmtor der unteren Vorburg. Da die Rampe parallel zum Bering der Hauptburg angelegt wurde, konnten eventuelle Angreifer leicht von der höher gelegenen Wehrmauer unter Feuer genommen werden, bevor sie das Tor bestürmen konnten.

Der imposanteste Teil der Ruine ist sicherlich der so genannte Eselsturm auf der Nordseite, ein mächtiger Rundturm, der den Zugang zur äußeren Vorburg sichert. Rechteckige Aussparungen im bis zu 4,5 Meter starken Mauerwerk führen zu den Schießnischen, die für Feuerwaffen ausgelegt sind. Von der Feldseite erkennt man die sorgfältig mit Hausteinen eingefassten Schlüsselschießscharten

Von Monschau geht's auf dem selben Weg zurück Richtung Aachen, bis am Stadtrand von Aachen-Brand die Straße nach Stolberg rechts abgeht.

Wenn Sie nicht nach Monschau gefahren sind, erreichen sie hinter der Autobahnbrücke eine Kreuzung, an der es links nach Stolberg abgeht. Dieser Straße folgt man ca. 5 Kilometer, bis Innenstadt/Zentrum ausgeschildert ist. Von dort aus brauchen Sie nur dem Schild P Altstadt zu folgen, wo es verschiedene Parkmöglichkeiten gibt.

DIE BURG STOLBERG

Burg Stolberg geht auf eine Gründung der Herren von Stolberg im 12. Jahrhundert zurück. In der Mitte des 15. Jahrhundert erwarb der Herzog von Jülich die Anlage. Als Erbmannlehen vergab er die Stolberger Burg an Wilhelm von Nesselrode. Wilhelm von Nesselrode errichtete wenig später eine mächtige Festung, deren Reste im Kern der heutigen Anlage überdauert haben. Seit Mitte des 19. Jahrhundert befand sich die Burg in bürgerlicher Hand und ging ihrem raschen Verfall entgegen. Am Ende erwarb Moritz Kraus aus Köln die Ruine für 5000 Goldmark und ließ sie durch den Architekten Müller-Grah im romantischen Stil wieder aufbauen. Die Räumlichkeiten der Burg werden heute für museale Zwecke genutzt.

Die Burg ist eine Gipfelburg aus dem 15. bis 16. Jahrhundert, die von einer Ringmauer umgeben ist. Von der Festung, die Wilhelm von Nesselrode erbauen ließ, sind im Wesentlichen noch der große Hauptbau mit niedrigem, sich nach Westen anschließendem Anbau, und der westliche Mauerturm erhalten. Der jetzige Hauptturm, der die Silhouette der Burg beherrscht, steht an der Stelle des ehemaligen Bergfriedes, der einer Pulverexplosion zum Opfer gefallen ist. Ursprünglich waren alle Fenster der Anlage mit Kreuz- oder Quersprossen gestaltet. Im Zuge des romantisierenden Ausbaues der Burg Ende des 19. Jahrhunderts wurden die Gebäude mit Zinnen und Pechnasen und die bis zur halben Höhe erhaltene Ringmauer mit Wehrerkern versehen.

Beim Verlassen des Altstadtbereiches werden schon nach kurzer Zeit die Autobahnanschlüsse angezeigt. Sie haben nun die Wahl zwischen der A 4 (Heerlen/Aachen/Köln) oder der A 44 (Lüttich/Neuss/Düsseldorf), über die Sie zum Startpunkt der Route zurückkehren können.

Die Burg Stolberg

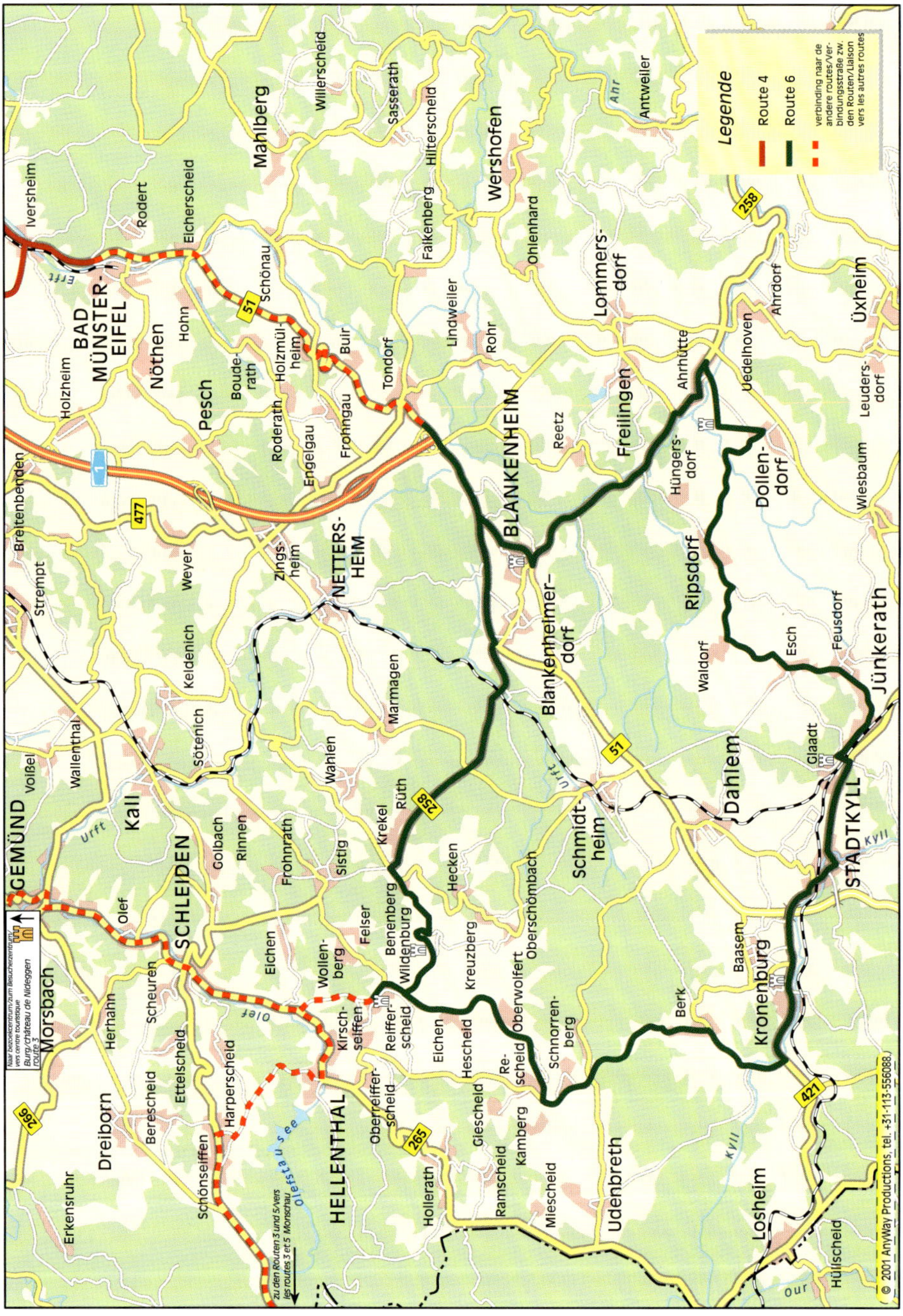
Legende
Route 4
Route 6
verbinding naar de andere routes/Verbindungsstraße zw. den Routen/Liaison vers les autres routes
Naar bezoekerscentrum/zum Besucherzentrum/vers centre touristique Burg/château de Nideggen route 3
zu den Routen 3 und 5/vers les routes 3 et 5 Monschau
© 2001 AnyWay Productions, tel. +31-113-556088.
GEMÜND
SCHLEIDEN
Kall
Morsbach
Dreiborn
HELLENTHAL
Hollerath
Udenbreth
Losheim
Kronenburg
Baasem
STADTKYLL
Dahlem
Jünkerath
Schmidtheim
Blankenheimerdorf
BLANKENHEIM
NETTERSHEIM
Marmagen
Wildenburg
Reifferscheid
Ripsdorf
Dollendorf
Freilingen
Lommersdorf
Wershofen
Mahlberg
BAD MÜNSTEREIFEL
Nöthen
Pesch
Tondorf
Üxheim
Ahrhütte
Ahrdorf
Hüngersdorf
Waldorf
Esch
Feusdorf
Glaadt
Olef
Urft
Kyll
Ahr
Erft
Our
Olefstausee
Antweiler
Iversheim
Eicherscheid
Schönau
Holzmülheim
Buir
Rohr
Lindweiler
Ohlenhard
Reetz
Uedelhoven
Leudersdorf
Wiesbaum
Berk
Schnorrenberg
Oberwolfert
Kreuzberg
Hecken
Krekel
Rüth
Wahlen
Sistig
Frohnrath
Golbach
Rinnen
Sötenich
Keldenich
Weyer
Zingsheim
Engelgau
Frohngau
Roderath
Bouderath
Holzheim
Breitenbenden
Strempt
Voißel
Wallenthal
Herhahn
Scheuren
Ettelscheid
Berescheid
Harperscheid
Schönseiffen
Erkensruhr
Kirschseiffen
Wollenberg
Felser
Benenberg
Eichen
Hescheid
Rescheid
Oberreifferscheid
Giescheid
Kamberg
Ramscheid
Miescheid
Hüllscheid
Rodert
Hohn
Willerscheid
Sasserath
Hilterscheid
Falkenberg
Oberschömbach
51
258
265
266
421
477
1

6. Burgen und Festungen in der Hocheifel, 90 km

Die Route beginnt bei der Ausfahrt Blankenheim-Trier der Autobahn A 1. Biegen Sie nach rechts auf die B 51 in Richtung Blankenheim ein und folgen Sie der Beschilderung bis Blankenheim Ortsmitte (B 258). Bereits ab dem Ortseingang sind Parkplätze ausgewiesen. Vom Parkplatz aus kann man Blankenheim zu Fuß erkunden. Die Burg Blankenheim ist ausgeschildert.

Die Burg Blankenheim

Das Schloss und die Ortschaft Blankenheim gehen auf eine Gründung der Herren von Blankenheim zurück, einem der ältesten und reichsten Edelgeschlechter des Eifelraumes. Sie gründeten im 12./13. Jahrhundert oberhalb der Ahrquelle auf einem steilen, unangreifbaren Felsen ihre Stammburg, die die Machtgrundlage ihrer Herrschaft bildete. Auch wirtschaftlich gesehen lag Burg Blankenheim äußerst günstig in der ansonsten eher ärmlichen Eifelregion. Dank der von Köln nach Trier an Blankenheim vorbeiführenden Fernhandelsstraße, der in etwa die heutige B 51 entspricht, florierte der Handel in der Stadt. Für zusätzlichen Wohlstand sorgten die in der Nähe liegenden Eisenerzlagerstätten. Nach der Herrschaftsübernahme durch die Franzosen 1794 verfiel die Burg und wurde als Steinbruch genutzt, bis 1894 vom preußischen Staat erste Sicherungsmaßnahmen durchgeführt wurden.

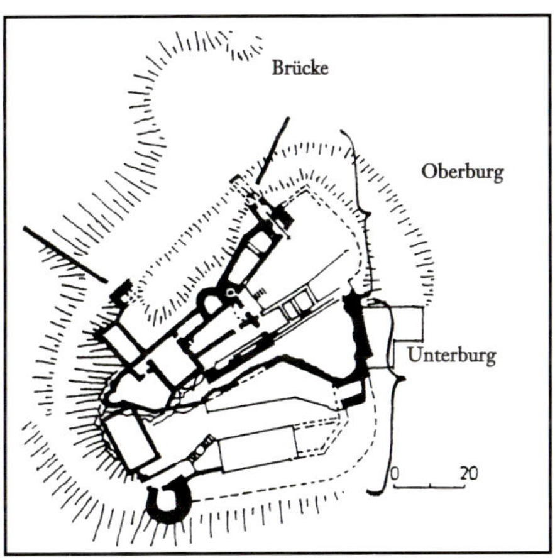

Der Grundriss der Burg Blankenheim

Bei Schloss Blankenheim handelt es sich um eine Abschnittsburg, die im Nordwesten und Nordosten durch einen künstlichen Graben vom Berg getrennt ist. Die Anlage gliedert sich in eine Unter- und Oberburg. Der zentrale und älteste Bauteil ist der dominierende dreigeschossige turmartige Palas im Südwesten der Hauptburg. Um die Burg im 17. Jahrhundert besser gegen die aufkommenden Feuerwaffen verteidigen zu können, errichteten die Herren von Blankenheim auf der Unterburg einen mächtigen runden Batterieturm, von dem aus man das Tal beherrschen konnte. Von der ehemaligen Wehrhaftigkeit der doppelten Stadtbefestigung zeugen heute noch zwei Tore: das Hirtentor, das der inneren Ringmauer angehörte, und das St. Georgstor, das Bestandteil der später errichteten, wesentlich größeren äußeren Mauer war. Beide Beringe schlossen an die Umfassungsmauern der Burg an.

Die Fahrt geht weiter auf der B 258 in Richtung Koblenz/Nürburgring. Biegen Sie kurz vor Erreichen des Ortsschildes Ahrhütte nach rechts in Richtung Dollendorf ab. Wiederum ca. 1 Kilometer weiter führt eine kleine Straße nach rechts in Richtung Schlossthal. In Schlossthal fahren Sie an der Kreuzung schräg geradeaus, bis die Straße sich gabelt. Links führt ein Feldweg zur Burg Dollendorf, geradeaus kann man seinen Wagen abstellen.

Die Burg Dollendorf

Burg Dollendorf und der gleichnamige Ort bilden eine Burg mit zugehöriger Talsiedlung, auch wenn die Höhenburg und die ehemals befestigte Ortschaft rund zwei Kilometer voneinander entfernt liegen. Die Entstehung der Ortschaft geht auf die Franken zurück, die vorzugsweise in gewässerreichen Niederungen siedelten.

Im 11. Jahrhundert jedoch, als sich die Herren von Dollendorf entschlossen, zum Schutz ihrer Herrschaft eine Burg zu errichten, legten sie Wert auf eine verteidigungsfähige Lage und wählten einen nicht weit vom Dorf entfernt liegenden Felssporn als Bauplatz aus.

Die wirtschaftliche Basis der kleinen Dollendorfer Herrschaft bildete das fruchtbare Umland, die „Dollendorfer Kalkmulde". Der Niedergang der Herrschaft setzte ein, als nach Erbstreitigkeiten Burg Dollendorf an die Grafen von Jülich verpfändet werden musste.

Bei der Burg Dollendorf handelt es sich um eine Abschnittsburg mit vorgelagertem Halsgraben. Der Grundriss der Anlage ist annähernd rechteckig. Die Hauptburg war, wie man an den Mauerresten erkennen kann, von einer Ringmauer mit Halbschalentürmen eingefasst. An der Nordostecke der Anlage springt ein großer rechteckiger Turmstumpf aus der Mauerflucht hervor, der als Wohnturm gedeutet wird. Die Mauerreste an der Nordwestecke werden als ehemalige Wirtschaftsgebäude interpretiert. Da die Burg nach ihrer Auflassung als Baustoffquelle ausgebeutet wurde, ist sie heute stark verfallen.

Das nächste Ziel ist die Burg Jünkerath. Fahren Sie zurück zur Kreuzung und dort nach rechts, an der Bushaltestelle vorbei, in Richtung Dollendorf. Nach kurzer Zeit stoßen Sie auf die Lindenstraße, hier rechts einbiegen. Von der Lindenstraße wiederum in die erste Straße rechts Richtung Ripsdorf abbiegen (K 69). In Ripsdorf fährt man bis

Die Ringmauer mit Flankentürmen der Burg Dollendorf

Die Burg Jünkerath

zur Hauptstraße durch und biegt dort links nach Jünkerath ab. Folgen Sie der Straße über Alendorf und Feusdorf, bis hinter Jünkerath eine Abzweigung nach Esch führt. Achtung: Diese Abzweigung kommt vor der Brücke über die Kyll und dem Kreisverkehr! Kurz nach dem Abbiegen in Richtung Esch geht nach links die Burgstraße ab. Nehmen Sie diese Straße und folgen Sie ihrem Verlauf, bis die Burgruine in Sicht kommt.

Die Burg Jünkerath

Im frühen Mittelalter entstand in der Nähe einer ehemaligen römischen Ortschaft die Siedlung Jünkerath. Die Ruinen der Römerzeit wurden als willkommene Baustoffquelle für die Errichtung der Häuser genutzt. In Berichten dieser Zeit wurde erstmals auch eine Burg in Siedlungsnähe genannt. Ende des 13. Jahrhunderts befand sich diese Befestigung in der Hand der Herren von Schleiden, die nicht sehr den ritterlichen Tugenden verhaftet waren. Die drei Brüder Friedrich, Johann und Walram trieben als Raubritter ihr Unwesen, bis schließlich der Trierer Bischof Cuno sich mit dem Luxemburger Grafen verbündete. Sie schickten ein Heer aus, um dem Treiben der Gebrüder ein Ende zu setzen. Die Burg wurde belagert und eingenommen.

Burg Jünkerath ist, so wie sie sich heute präsentiert, eine grabenumwehrte Schlossanlage des 17. Jahrhundert, in der sich im Kern die Bausubstanz der alten Burg bewahrt hat. In französischer Zeit wurden das adelige Anwesen und das Schloss als Steinbruch genutzt. An der westlichen Seite befand sich der Eingang zu der annähernd quadratischen Anlage. Die vier Flügel umschlossen einen Innenhof. An der Feldseite befinden sich einige turmähnliche Vorsprünge, von denen einer vermutlich als Treppenturm diente.

Fahren Sie zur Kreuzung zurück und über die Brücke und den Kreisverkehr in Richtung Stadtkyll weiter. Auf der B 421 durchqueren Sie Stadtkyll in Richtung Aachen-Köln. Über Wenzelbach und Hammerhütte gelangen Sie schließlich nach Kronenburg. Hier biegen Sie gleich in die erste Straße rechts, die Burgstraße, ein. Folgen Sie ihr, bis Sie linker Hand auf den Parkplatz vor dem Stadttor treffen. Von hier können Sie zu Fuß den Innenstadtbereich und die Burgruine erkunden.

Die Burg Kronenburg

Die Burg Kronenburg wurde erstmals 1277 erwähnt. Ihr Besitzer war Ritter Gerlach von Dollendorf. Zur Zerstörung der Burg kam es 1307 durch die Grafen von Luxemburg und den Kölner Erzbischof. Ritter Gerlach war auf dem Schlachtfeld stets auf der Seite derjenigen Partei zu finden, von der er sich den meisten Gewinn versprach. Dadurch hatte er seine Verbündeten schwer enttäuscht, weshalb sie die Mauern der Burg schleifen ließen.

Burg Kronenburg ist eine idealtypische hochmittelalterliche Burganlage, die in Talsiedlung, Vorburg und eigentliche Kernburg gegliedert ist. Die Bauherren derer von Dollendorf errichteten die Burganlage auf einem Felssporn, der sich 100 Meter über das Tal der Kyll erhebt und mit dem übrigen Berg nur über einen schmalen Rücken verbunden ist. Die Vorburg und die städtische Siedlung umfassen die Kernburg. Ihre Umwehrung ist im Wesentlichen in ihrem ursprünglichen Zustand erhalten. Die Hauptburg ist von unregelmäßigem fünfeckigen Grundriss. Dort findet man den Bergfried, ein Doppelturmtor und einen ursprünglich viergeschossigen Palas, dessen Reste den Eindruck der heutigen Ruine prägen.

Fahren Sie über die Burgstraße zurück zur Hauptstraße B 421, in die Sie nach rechts einbiegen. Die Straße führt am

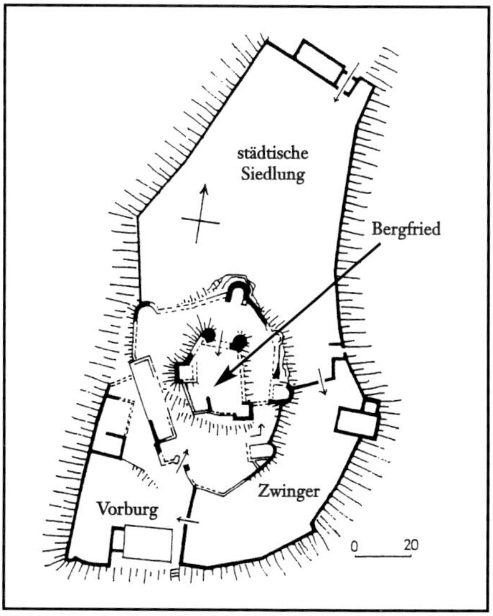

Der Grundriss der Burg Kronenburg

Kronenburger See vorbei. Wer mag, macht einen Abstecher an den See. Der Weg ist ausgeschildert. Nach kurzer Zeit biegt eine Straße nach rechts in Richtung Berk/Schleiden ab. Folgen Sie ihr und halten Sie sich am Kreisverkehr weiter in Richtung Schleiden. Hinter Rehscheid passieren Sie die Grube Wohlfahrt. Schließlich erreichen Sie Reifferscheid, wo Sie in die erste Straße links (Im Tal) einbiegen. Burg und Ortsmitte sind von nun an ausgeschildert. Hier besteht bereits die Möglichkeit, den Wagen abzustellen. Alternativ kann man auf der Straße „Im Tal" weiterfahren, bis links eine steile Straße, die Burgstraße, zur Burg hinauf führt. Dort gibt es ebenfalls Parkmöglichkeiten.

i *Das erwähnte Bergwerk Grube Wohlfahrt in Hellentahl-Rehscheid kann besichtigt werden. Führungen täglich um 11 Uhr, 14 Uhr und 15.30 Uhr. Kräftiges Schuhwerk und warme Kleidung sind notwendig.*

Burg Reifferscheid

Die Burg Reifferscheid wurde urkundlich zum ersten Mal 1106 in Verbindung mit dem deutschen Thronstreit zwischen Kaiser Heinrich IV. und seinem Sohn König Heinrich V. erwähnt. Im Zuge der erbittert geführten Auseinandersetzung soll der Herzog von Lothringen und treuer Gefolgsmann des Kaisers seine Burgen Reifferscheid und Limburg in einer dramatischen Aktion selbst in Brand gesetzt haben. Er befürchtete, dass die Parteigänger König Heinrichs V. von den beiden Burgen Besitz ergreifen könnten.

Spätestens ab Ende des 12. Jahrhunderts war die Burg Reifferscheid Eigentum der gleichnamigen Herrschaftsfamilie. Dank der günstigen strategischen Lage ihrer Burg konnten die von Reifferscheids ihren Herrschafts- und Machtbereich stetig ausbauen. Der bekannteste Herrscher des Geschlechts war Johann V. (1358 - 1418), der als Raubritter Berühmtheit erlangte. Um seinem Unwesen Einhalt zu gebieten, verbündeten sich die Städte Köln und Aachen, der Erzbischof von Köln, der Bischof von Lüttich, der Herzog von Jülich und die Herzogin von Brabant gegen ihn. Drei Monate lang belagerten sie vergeblich die Burg Reifferscheid, auf der sich Johann V. verschanzt hatte. Sogar der Einsatz von Wurfmaschinen und Kanonen konnte ihn nicht zur Aufgabe zwingen. Erst nachdem ein Kompromiss gefunden wurde, in dem der Herrscher von Reifferscheid den Eid leistete, acht Jahre lang seinen Nachbarn nicht zu schaden, zogen die Verbündeten ab.

Die Burg wurde auf einem steilen Hügel errichtet, der das Tal beherrscht und nach drei Seiten hin steil abfällt. Der Hügel ist lediglich über einen schmalen Rücken nach Norden mit dem übrigen Höhenzug verbunden. Der eigentlichen Hauptburg ist eine Vorburg sowie eine kleine städtische Siedlung vorgelagert, die gleichsam als zweite Vorburg fungiert. Nach Norden schützte ein breiter Halsgraben die städtische Siedlung, die über zwei Tore betreten werden kann. Der Bergfried ist aus Bruchstein errichtet und war ursprünglich verputzt. Er steht an der nördlichen Seite der Kernburg, der einzigen Seite, von der sich Feinde der Burg nähern konnten. Nach Westen und Osten schließt sich eine Schildmauer an. Im Schutz der Schildmauer und des Bergfriedes lagen im südlichen Bereich der Kernburg die Wohngebäude.

Bei der Burg Reifferscheid handelt es sich somit um den Typus einer Frontturmburg. Mit den im Mittelalter üblichen Wurfmaschinen waren die Gebäude, die im Schutz des Bergfriedes und der Schildmauer lagen, praktisch nicht angreifbar. Wie erfolgreich dieser Burgtyp war zeigt die oben beschriebene gescheiterte Belagerung der Burg im 14. Jahrhundert. Der fortschreitenden Belagerungstechnik im Spätmittelalter durch das Aufkommen der

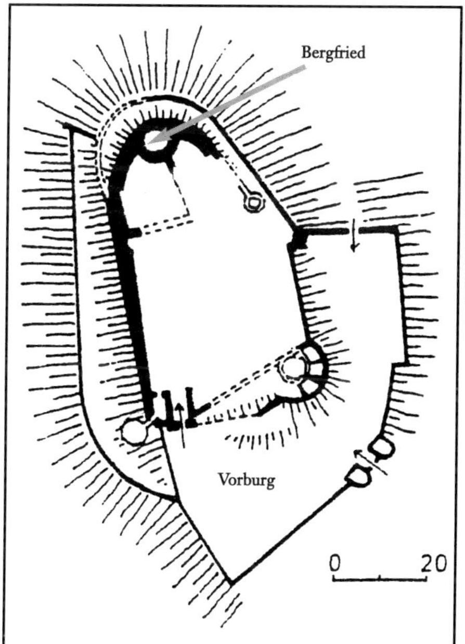

Der Grundriss der Burg Reifferscheid

Der Bergried der Burg Reifferscheid

Geschützwaffen wurde insofern Rechnung getragen, als an der Südostecke der Kernburg ein bastionsartiges Artilleriewerk angefügt wurde.

An dieser Stelle der Route haben Sie die Möglichkeit, einen Abstecher zur Burg Monschau zu machen *(Route 5, „Burgen und Festungen im Grenzland", S. 131)* oder zur Burg Nideggen *(Route 3, „Burgen und Festungen in der Rur-Eifel", S. 105)* weiterzufahren. Hierzu folgen Sie der Hauptstraße, auf der Sie nach Reifferscheid hineingefahren sind, weiter bis Blumenthal. Spätestens hier müssen Sie sich entscheiden, ob Sie über Hellenthal Richtung Aachen/Monschau fahren (L 159 / B 258) oder die Tour über Schleiden, Heimbach (B 265) nach Nideggen fortsetzen möchten.

Nach der Besichtigung der Burg Reifferscheid fahren Sie zurück auf die Hauptstraße in Richtung Hallschlag, bis es links in Richtung Urft/Wiesen/Blankenheim abgeht (L 22). An der Gabelung der Straße folgen Sie der Richtung Urft/Wildenburg. In Wildenburg parkt man am besten auf dem Schotterparkplatz an der Bushaltestelle und geht hinter dem Bushäuschen rechts in den Ort hinein.

Die Burg Wildenburg

Die Herrschaft Wildenburg ging aus der Teilung der Herrschaft Reifferscheid zwischen den Brüdern Gerhard und Philipp hervor. Der Wildenburg, die sich nie aus der Lehnsabhängigkeit anderer Territorien lösen konnte, fehlte die wirtschaftliche Grundlage, um Bedeutung zu erlangen. Dies führte dazu, daß die Burg eine der wenigen Anlagen am Niederrhein ist, die nie zerstört wurde. Die Wildenburg bietet somit ein unverfälschtes Bild einer mittelalterlichen Burg.

Die Wildenburg wurde auf einem schmalen Felssporn errichtet und fällt damit in die Kategorie der Spornburgen. Schon aufgrund der beengten topografischen Gegebenheiten konnte das Geschlecht derer von Wildenburg nur eine kleine Burganlage errichten.

Die Hauptburg ist bis heute in gutem Zustand erhalten. Sie schützte einst ein quer zur Vorburg stehender Palas mit zwei runden Ecktürmen, der die Funktion einer Schildmauer hatte. Im 17. Jahrhundert wurde in dem Gebäude eine Kirche eingerichtet. Diese Tatsache bewahrte es vor dem Verfall. Um den Palas seiner neuen Bestimmung anzupassen, wurden drei große Rundbogenfenster und ein Pilasterportal in das Mauerwerk gebrochen.

Wenn sich die Möglichkeit bietet, sollte man auf jeden Fall den Hexenturm an der Südwest-Seite der Anlage besichtigen. Im Hexenturm mit seinen vier Geschossen aus dem 16. Jahrhundert haben sich viele architektonische Details aus der Zeit seiner Erbauung erhalten.

Wie der Name des Turmes vermuten lässt, wurde das Kellergeschoss als Verlies genutzt. Konzipiert wurde der Turm, um Geschützfeuer standzuhalten. Er war allerdings nicht mit schweren Artilleriewaffen armiert, sondern wurde zu Wohnzwecken genutzt.

Damit ist die letzte Burg besichtigt und es geht zurück zur Autobahn. Verlassen Sie Wildenburg auf der Hauptstraße in Richtung Urft/Benenberg. An der Kreuzung hinter Benenberg fahren Sie rechts Richtung Koblenz/Blankenheim. Bleiben Sie auf dieser Straße, bis die Autobahn A1 Richtung Köln/Euskirchen ausgeschildert ist.

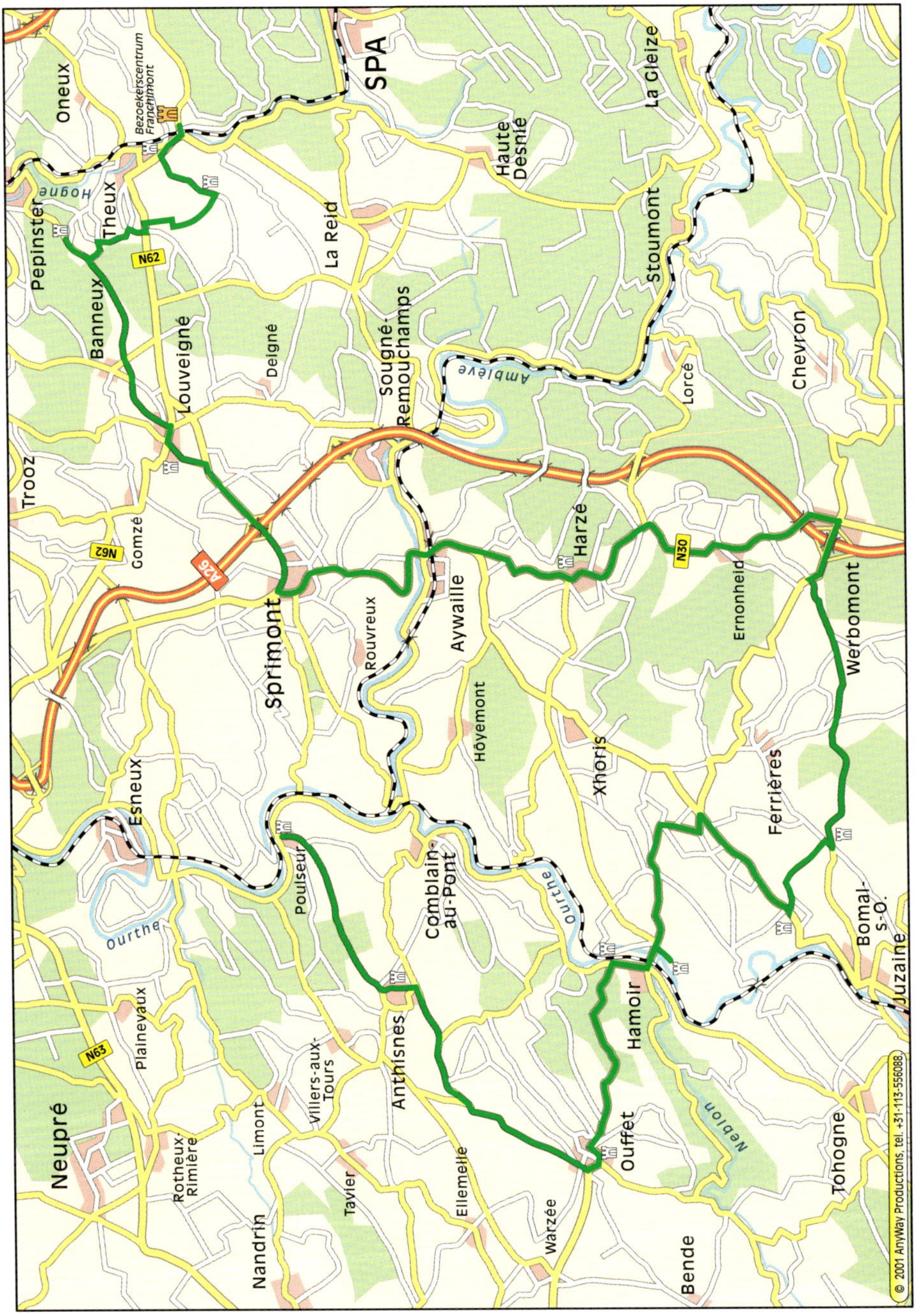
Oneux
Bezoekerscentrum Franchimont
SPA
La Gleize
Haute Desnié
Pepinster
Hogne
Theux
La Reid
Stoumont
N62
Banneux
Louveigné
Deigné
Sougné-Remouchamps
Amblève
Lorcé
Chevron
Trooz
Gomzé
A26
Harzé
N30
Ernonheid
Sprimont
Rouvreux
Aywaille
Werbomont
Höyemont
Xhoris
Esneux
Ferrières
Poulseur
Comblain-au-Pont
Ourthe
Bomal-s-O.
Juzaine
Plainevaux
N63
Hamoir
Anthisnes
Villers-aux-Tours
Neupré
Limont
Ouffet
Nebion
Tohogne
Rotheux-Rimière
Tavier
Ellemelle
Warzée
Nandrin
Bende
© 2001 AnyWay Productions, tel. +31-113-556088

7. Von Franchimont nach Poulseur, 70 km

Auf der Autobahn E 42 (Verviers/Sankt-Vith) nehmen Sie die Abfahrt Nr. 7 und fahren dann in Richtung Theux. Nach einigen Kilometern sehen Sie links das Schild „Château Franchimont".

Das Schloss Franchimont (Theux)

Franchimont war eine der zwölf Residenzen und Festungen des Fürstbistums Lüttich. Der Ort war bereits im 11. Jahrhundert bewohnt, mit Sicherheit aber im Jahr 1155, als der Ortsname zum ersten Mal in schriftlichen Quellen auftaucht. Die Burg lag an der Ostgrenze des Lütticher Gebietes und diente dem Schutz einer Enklave, einer so genannten „Marche", gegen die Herzogtümer von Limburg (heute: Limbourg) und Luxemburg, aber auch gegen die fürstbischöfliche Klosterabtei von Stavelot. Die Burg vertrat die fürstbischöfliche Macht und war sowohl für die Verwaltung wie auch die Rechtsprechung in der Region zuständig. Ab Ende des 12. Jahrhunderts entstanden Konflikte zwischen dem Herzogtum Limburg und dem Bischof von Lüttich. Anfang des 14. Jahrhunderts suchte Fürstbischof Adolf van der Marck während des Krieges zwischen Awans und Waroux Zuflucht in Franchimont. 1348 vertrieb sein Nachfolger Engelbert von der Marck die Aufständischen, die die Burg belagerten. 1387 ging sie in Flammen auf, wurde aber sofort wieder aufgebaut und von Arnold van Horne weiter befestigt. Im 15. Jahrhundert gab es zahlreiche Konflikte, die vor allem darauf beruhten, dass die Burgunder immer wieder versuchten, das Gebiet ihrem Reich einzuverleiben.

Franchimont (gewachste Bleistiftzeichnung, Mathieu Xhrouet dem Jüngeren zugeschrieben, 1647-1731)

Der Donjon und der heutige Eingang der Burg Franchimont

1468 führte das zu der von romantischen Geschichtsschreibern verherrlichten Episode der sechshundert Verteidiger von Franchimont. Dem Chronisten Philips van Comines zufolge sollen diese 600 mutigen Kämpfer alle bei einem Versuch gefallen sein, Karl den Kühnen zu ermorden, nachdem sich dieser in sein Lager in den Anhöhen bei Lüttich zurückgezogen hatte. Auch wenig später, in den Jahren 1477 bis 1505, der schwierigsten Periode von Franchimont, wurde die Familie Van der Marck wieder in das Schicksal des Schlosses einbezogen. Bischof Ludwig van Bourbon hatte dem ehrgeizigen Willem van der Marck, der auch mit dem viel sagenden Namen „Wildschwein der Ardennen" bezeichnet wurde, Franchimont aus Geldmangel in Erbpacht gegeben. Nachdem Willem 1485 ermordet worden war, bedrängten seine Erben den Bischof auch weiterhin. Der ständigen Belästigungen müde geworden, versuchte Jan van Horne 1487 den bischöflichen Besitz mit Gewalt zurück zu erobern. Einen Monat lang belagerte er die Burg, die von dem ständigen Beschuss der Bombarden aus den Bergen schwer beschädigt wurde. Aber der Versuch misslang und beim Erscheinen der Verbündeten der Familie van der Marck aus Sedan wurde die Belagerung abgebrochen.

Das Ende dieser Erbpacht konnte erst auf diplomatischem Wege geregelt werden, als 1505 der ebenso berühmte, vom Kapitel gewählte Everard van der Marck den Bischofsthron bestieg. In der Regierungsperiode dieses großen Prälaten, der 1538 starb, wurden alle Lütticher Befestigungsanlagen einschließlich Franchimont, das vergrößert und an die aufkommende Artillerie angepasst wurde, wiederhergestellt. In den darauf folgenden Jahrhunderten wurden kaum nennenswerte Verbesserungen an den Befestigungsanlagen vorgenommen. Das Gegenteil war der Fall, denn 1676 wurde infolge der französischen Belagerung von Limburg der Befehl zum Abbruch der Befestigungsanlagen gegeben. Die Hälfte der Geschütztürme am Eingang wurde bei dieser Gelegenheit zerstört. Franchimont diente im 18. Jahrhundert nur noch als Gefängnis und wurde nach dem Ende des Ancien Régime definitiv dem Verfall überlassen.

Franchimont im 15. Jahrhundert, Rekonstruktionszeichnung von Jérome Nagelmackers

Trotzdem bieten die heutigen Überreste noch zahlreiche Hinweise, die es ermöglichen, die Entwicklung der Befestigungsanlagen vom 12. bis 16. Jahrhundert nachzuvollziehen. Die Burg liegt auf einem Bergsporn und beherrscht das Tal. Vor dem Hintergrund der mittelalterlichen Bewaffnung war diese Lage ideal. Aber nach der Belagerung von 1487 wurde der geringe Abstand zu anderen Bergen, die kaum 250 bis 500 Meter entfernt lagen, aufgrund der Entwicklung neuer Feuerwaffen zu einer ernsten Bedrohung.

Am Fuß des Berges war inzwischen eine kleine Siedlung, das Dorf Marché, entstanden. Dort beginnt auch der ursprüngliche Pfad in Richtung Festung. Die heutigen Ruinen lassen sich in drei konzentrische Umwehrungen einteilen, die in gewisser Weise mit der Entwicklung der Festung Franchimont übereinstimmen. Die innere Umwehrung ist die eigentliche Burg, die um einen Innenhof, den so genannten „Château-Cour", herum gebaut wurde. Dort finden wir auch heute noch die Überreste des ersten mittelalterlichen steinernen Schlosses. Der Innenraum dieses Komplexes, der im Osten von einem mächtigen Donjon flankiert wird, wurde im 16. Jahrhundert durch Umbauten stark verändert, aber die Außenseite blieb fast unverändert erhalten. Die zweite Umwehrung stimmt mit den im 14. und 15. Jahrhundert in östlicher und nördlicher Richtung durchgeführten Ausbauten überein. Hauptziel dieser Erweiterung war eine bessere Verteidigung des westlichen Eingangs. Die dritte, fünfeckige Umwehrung hat ungefähr die Form eines Schiffes, dessen Bug nach Westen weist. Dieses „Schild" des Donjons, der Ende des 14. Jahrhunderts verstärkt wurde, ist zweifellos der imposanteste Teil von Franchimont.
Franchimont ist eine massive Verteidigungsanlage, wie sie im 16. Jahrhundert typisch war. Beim Bau ließ sich Everard van der Marck sicher von den Konzepten italienischer Militäringenieure inspirieren. Der neue Eingang lag von nun an im Osten und war Teil eines mächtigen Geschützturms mit einem Durchmesser von sage und schreibe 26 Metern. Diese Maße glichen denen eines Stadttors aus jener Zeit. Die vier anderen Ecken der Festung wurden vom Fuß aus mit kleineren Kanonen, den so genannten „Couleuvrines" oder Feldschlangen, verteidigt, die in Kasematten, den Vorläufern der späteren Bastionen, aufgestellt wurden. Ein Besuch dieser Anlagen entlang der unterirdischen Treppen oder über die in die dicken Wehrmauern eingelassenen Stufen ist immer ein ganz besonderes Erlebnis.

Franchimont (Kasematte aus dem 16. Jh)

i *Das Schloss ist vom 1. April bis 30. September täglich von 10.00 bis 19.00 Uhr geöffnet, vom 1. Oktober bis 31. März nur am Wochenende. Gruppen müssen sich an-*

melden, Tel. 00 32 (0)87 54 16 23. Informationen: „Les Compagnons de Franchimont", Chaussée de Verviers 147, B - 4910 Theux.

Fahren Sie von der Burg aus auf der großen Straße ins Zentrum von Theux. Nicht weit von der Straße nach Spa entfernt erhebt sich die befestigte Kirche von Theux.

Die Wehrkirche von Theux

In Theux lassen sich auch heute noch Spuren einer gallorömischen Niederlassung feststellen, aber die ersten schriftlichen Quellen über den Ort stammen erst aus der karolingischen Zeit. Damals war das Gebiet um Theux von Aachen abhängig. Im Zentrum seines „Forestis" oder Waldes befand sich das „Palatium" bzw. der Palas des Distriktes, der nach Vorbildern bedeutender Residenzen der Zeit erbaut wurde. Es wird angenommen, dass sich die Kirche von Theux genau an der Stelle befindet, an der früher der Palas gestanden haben soll, da sich die Fundamente der Schlosskapelle heute unter dem Schiff der romanischen Kirche befinden.

Diese Kirche wurde bereits im Mittelalter befestigt. In der Mitte des 13. Jahrhunderts wurde am nördlichen Seiteneingang ein mächtiger Turm mit Schießscharten errichtet. Zwischen 1345 und 1370 wurde auch das Dach befestigt und der Turm erhielt einen Zinnenkranz mit Wehrgang. Auf die Dachecken des Schiffs wurden kleine Wachtürme gesetzt. Außer dem Ende des 14. Jahrhunderts erbauten Turm der Sankt-Peterskirche in Bastogne handelt es sich hier um das einzige Exemplar eines auf diese Weise befestigten Kirchturms in Belgien. Auch die Mauer des Kirchhofs wurde mit zwei kleineren Flankierungstürmen wehrhaft gemacht. Erst nach dem Ende der Glaubenskriege und dem Abschluss der Friedensverträge Anfang des 18. Jahrhunderts verschwand ein Teil dieser Befestigungen. Trotzdem kann der Besucher auch heute noch im Portal aus dem Jahr 1626 die Bedrohung fühlen, die von einer noch erhaltenen doppelten Schießscharte auf der linken Seite ausging.

Die befestigte Kirche von Theux

i *Die Kirche ist von Juni bis September täglich von 10.00 bis 18.00 Uhr und von Oktober bis Mai täglich von 10.00 bis 17.00 Uhr geöffnet.*

Fahren Sie auf der N 62 in Richtung Spa, biegen Sie an der Kreuzung hinter der Kirche nach links und dann sofort nach rechts Richtung Jevoumont ab. Fahren Sie auf dieser Straße weiter bis ins Dorf. Haus Nr. 6 an der Hauptstraße ist ein befestigtes Gehöft.

Der befestigte Hof von Jevoumont

Älteste Hinweise auf dieses Gehöft stammen aus dem Jahr 1603. Er wird auch „Ferme de la dîme" (Zehnthof) genannt. Die Klosterabtei von Stavelot und danach die Fürstbischöfe von Lüttich waren Eigentümer der dazugehörigen Scheunen zur Aufbewahrung des Zehnten. Den wehrhaften Charakter verdeutlichen auch die zahlreichen Schießscharten in den Außenmauern. Wie das Gebäude seine heutige, sehr eindrucksvolle, viereckige Ge-

Die seitliche Fassade des befestigten Gehöfts Jevoumont

samtform erhielt, liegt noch im Dunkeln. Nur präzise Studien können über die an den Außenmauern abzulesenden zahlreichen Umbauten Aufschluss verleihen.

Es bieten sich zwei Möglichkeiten, um das Fort Tancrémont von hier aus zu erreichen. Entweder Sie nehmen die Straße nach Jevoumont und biegen in die erste Straße rechts ein. Im Örtchen Les Minières fahren Sie geradeaus bis nach Hodbomont. Nach Durchfahren dieses Dorfes kommen Sie auf die große Straße von Theux nach Louveigné. Etwas weiter können Sie dann links abbiegen und auf der kleinen Straße in Richtung Wislez weiterfahren. Über Wislez geht es dann weiter Richtung N 666 (Pepinster-Banneux). Wenn Sie in Banneux angekommen sind, biegen Sie nach rechts ab. Das Fort Tancrémont liegt einige Kilometer weiter an dieser Straße. Wer sich von diesen kleinen Straßen abschrecken lässt, kann Tancrémont auch über Theux und Pepinster erreichen.

Das Fort Tancrémont

Es handelt sich hier um eines der vier Forts, die aufgrund der Bedrohung durch den Zweiten Weltkrieg rund um Lüttich erbaut wurden. Eine genauere Beschreibung der Umstände, die zu der Erbauung des Forts geführt haben, finden Sie im Kapitel über „Moderne Forts“, Route 10, Vorschläge zu Lüttich und Umgebung.

Während die meisten Forts schnell in deutsche Hände fielen, leistete das Fort von Tancrémont auf einzigartige Weise Widerstand und ergab sich erst am 29. Mai 1940 um 11.00 Uhr, eineinhalb Tage nach der Kapitulation der belgischen Armee!

i *Von Mai bis Oktober an jedem ersten Sonntag im Monat von 13.00 bis 17.00 und nach vorheriger Absprache auch donnerstags geöffnet.*
Informationen: H. Fraiture,
Tel. 00 32 (0)87 33 54 28.

Fahren Sie weiter auf der N 666 in Richtung Banneux. In Louveigné biegen Sie rechts in Richtung Lüttich und danach links in Richtung Sprimont ab. Auf der rechten Seite sehen Sie hinter den roten Häusern den Turm von Louveigné. Da er zu einem Wohngebäude gehört, kann man ihn nur von der Straße aus betrachten.

Der Turm von Louveigné

Der Turm von Louveigné wurde wahrscheinlich Ende des 16. Jahrhunderts errichtet und danach mehrmals umgebaut, wodurch sich sein außergewöhnliches ursprüngliches Erscheinungsbild maßgeblich verändert hat.

Der Turm war ursprünglich von einem Graben umgeben, der mittels einer zum Turm gehörenden Zugbrücke überquert werden konnte. Der Turm wurde im Herrschaftsbereich der Klosterabtei von Stavelot errichtet und diente anfangs als Zufluchtsort für die Benediktinermönche. Später wurden die Wohnräume des anliegenden Gehöfts darin untergebracht.

Der Turm von Louveigné

Fahren Sie die Straße weiter bis zur N 678 und dann in Richtung Sprimont. Im Zentrum von Sprimont biegen Sie nach links in Richtung Aywaille-Arlon (N 30) ab. Die Straße führt an Rouvreux und Floze vorbei, bevor Sie den Ort Aywaille erreichen. Fahren Sie weiter auf der Hauptstraße N 30 durch das Zentrum von Aywaille in Richtung Bastogne. Fahren Sie ohne abzubiegen weiter nach Durbuy, so kommen Sie nach Harzé. Die „Domäne van Harzé" liegt an der linken Straßenseite.

Das Schloss Harzé

Bereits im 16. Jahrhundert wird von einem älteren befestigten Gebäudes berichtet, das sich an der Stelle des heutigen Schlosses befunden haben soll.

Der Donjon ist leider verschwunden und die jetzt sichtbaren Gebäude stammen zum größten Teil aus dem 16. Jahrhundert. Die baulichen Veränderungen wurden hauptsächlich von der Familie de Suys veranlasst.

i *In den Nebengebäuden wurde ein Müller- und Bäckermuseum (Musée de la Meunerie et de la Boulangerie) eingerichtet. Das Museum ist vom 1. Mai bis 30. Oktober von 13.00 bis 18.00 und in den Monaten Juli und August täglich von 11.00 bis 19.00 Uhr geöffnet. Info: Tel. 00 32 (0)86 21 20 33.*

Fahren Sie weiter auf der N 30 an Ernonheid vorbei nach Werbomont. Dort biegen Sie nach rechts in Richtung Hamoir und dann kurz darauf nach links in Richtung Burnontige ab. Bleiben Sie auf dieser Straße und folgen Sie an den Kreuzungen den Schildern in Richtung *Izier*.

Dort angekommen lässt sich unschwer ein viereckiger Turm in der Nähe der Kirche erkennen. *Izier* liegt eigentlich schon in der Provinz Luxemburg, aber wir möchten Sie doch gerne auf dieses interessante historische Monument hinweisen, das am Weg nach Logne liegt.

Der Turm von Izier

Obwohl Izier bereits im 12. Jahrhundert als Herrschaftssitz diente, stammt der Turm, der sich jetzt über das Dorf erhebt, erst aus dem 14. Jahrhundert. Nach einem Umbau im nächsten Jahrhundert wurde er später auch mit einem Treppenturm versehen. Noch später wurden rund um den Turm mehrere Wirtschaftsgebäude errichtet, zu denen auch ein imposanter Wohnbau oder Corps de logis gehörte, der von Ecktürmen flankiert wird.

Fahren Sie auf der Straße weiter, die an der Kirche vorbeiführt. Im Dorf fahren sie dann zuerst in Richtung Bomal und dann nach Ferrières und Vieuxville. In Vieuxville angekommen folgen Sie den zahlreichen Schildern Richtung „Château de Longe" oder „Ferme de Palogne".

Der Turm von Izier „Corps de logis"

Die Burg Longe

In einer Urkunde aus dem 9. Jahrhundert wird Longe als Eigentum der Klosterabtei von Stavelot angegeben. Das „castrum" diente damals den Mönchen als Zufluchtsort. Ab dem 12. Jahrhundert wurde es zu einer richtigen Burg umgebaut. Im 15. Jahrhundert wurden dann die Ländereien und Befestigungsanlagen der Familie Van der Marck übertragen. Die Festung wurde im Jahr 1521 von den Truppen Karls V. zerstört und danach nicht wieder aufgebaut.

Die Ruinen der Burg liegen an den Ausläufern eines Berges am Zusammenfluss der Ourthe und der Lembrée. Man kann auch heute noch die drei Bauphasen erkennen. Die älteste datiert aus dem 12. Jahrhundert und besteht aus einem Obergeschoss und einer vieleckigen Umwehrung. Im 13. und 14. Jahrhundert wurde im Südwesten ein imposanter Wohnflügel angebaut. Die gesamte Anlage wurde Ende des 15. Jahrhunderts aufgrund des Aufkommens der Feuergeschütze völlig neu strukturiert. Ein System von niedrigeren Befestigungsanlagen und einer Barbakane wurde außerhalb der Umwehrung angelegt. Die Barbakane, von dem arabischen Wort „barbakkaneh" (Galerie einer Festung) abgeleitet, diente als vorgeschobenes Bollwerk oder vorgeschobene Bastion einer Festung. Sie konnte frei stehen oder durch Mauern mit der Hauptfestung oder deren befestigtem Eingang verbunden sein.

i *Im Juli und August täglich von 10.30 bis 17.30 Uhr und von Mai bis Oktober am Wochenende von 13.00 bis 18.00 Uhr geöffnet. Von 13.00 bis 18.00 Uhr finden stündlich Führungen statt.*
Tel. 00 32 (0)86 21 20 33 –
Fax 00 32 (0)86 21 45 59.
Auch ein Besuch des Burgmuseums ist zu empfehlen.

Fahren Sie von Longe aus links auf der N 86 in Richtung Xhoris und Aywaille. Nachdem Sie das Dorf My hinter sich gelassen haben, biegen Sie links nach Hamoir-Huy ab. Fahren Sie durch das Dorf Filot und bleiben Sie auf der Hauptstraße. Vor dem Zen-

Die Ruine der Burg Longe

trum von *Hamoir* biegen Sie kurz links in Richtung Lassus ab. Rechts der Straße erkennen Sie das Schloss. Es befindet sich in Privatbesitz und kann deshalb nicht besichtigt werden. Aber es ist von der Straße aus gut zu sehen und deshalb einen kleinen Umweg wert.

Das Schloss Lassus

Aus den Schlossanlagen ragt ein viereckiger Donjon aus dem 14. Jahrhundert empor. Die auf den Innenhof führenden Fensteröffnungen stammen bis auf ein kleines rechteckiges Fenster alle aus einer späteren Zeit. Der angrenzende Wohnbau oder Corps de logis wurde im 17. und 18. Jahrhundert erbaut und im Laufe des 19. Jahrhunderts noch erweitert.

Kehren Sie um und fahren Sie in Richtung des Zentrums von Hamoir. Auf der Straße, die kurz vor dem Bahnübergang nach rechts abbiegt, kommen Sie direkt zum Weiler von Rennes.

Das Schloss Rennes

Auch in diesem Komplex befindet sich ein Donjon (14. Jahrhundert). Rund um diesen Wehrturm wurden im 17., 18. und 19. Jahrhundert einige Gebäude errichtet, was dazu geführt hat, dass der Donjon hier kaum noch zu erkennen ist.

Der Turm von Ouffet

Nehmen Sie gegenüber dem Schloss wieder die Straße rechts und biegen Sie dann sofort wieder links Richtung *Ouffet* ab. Der Turm neben der Kirche im Zentrum von Ouffet ist nicht zu übersehen.

Der Turm von Ouffet

Der Turm wurde von dem Lütticher Fürstbischof Henri van Leez (1145-1164) errichtet. Im 13. und 14. Jahrhundert wurde er zwei Mal zerstört und jedes Mal wieder aufgebaut. Zahlreiche Baunähte in den heutigen Mauern zeugen von einer teilweisen Rekonstruktion im 17. Jahrhundert.

Fahren Sie von der Hauptstraße in die Rue Sauvenière gegenüber dem Grand Place und dann weiter in Richtung Anthisnes.

Die Avouerie von Anthisnes

Ein „Avoué" war eine Art Verwalter, ein Vogt. Anthisnes war nämlich im Jahr 946 in den Besitz des Klosters von Waulsort gelangt und wurde daraufhin sogleich der Verwaltung der Herzöge von Limburg anvertraut. Die adelige Familie d'Anthisne trat 1292 deren Nachfolge an und bewohnte das Gebäude bis ins Jahr 1671. Der viereckige Donjon wurde im 13. Jahrhundert als viergeschossiger Turm errichtet. Im 15. und 16. Jahrhundert wurde ein fünftes Geschoss hinzugefügt. Das Mansarddach stammt aus dem Jahr 1757. Der Wohnkomplex wurde 1648 links vom Donjon erbaut und war ursprünglich von vier Türmen flankiert, von denen zwei im Jahr 1897 durch einen Brand zerstört wurden.

i *Im Juli und August täglich außer montags von 11.00 bis 18.00 Uhr zu besichtigen. Vom 1. April bis 30. Juni und vom 31. August bis Ende Oktober nur nach vorheriger Anmeldung.*
Info: Tel. 00 32 (0)4 38 36 390.

Die Avouerie von Anthisnes

Der Turm von Poulseur

Die Festung wird auch „Château von Renastienne“ oder „Renarstein“ genannt, da der Herrschaftsbereich Ende des Mittelalters in den Besitz derer von Weismes oder Waimes, Herren von Renardstein, überging. Die Burg besteht aus dem Turm, einigen neueren Anbauten an dessen Fuß und einem von einer Umwehrung umgebenen Hof. Der Donjon hat heute sechs Geschosse, aber das oberste hat nicht mehr seine ursprüngliche Höhe. Der Eingang befand sich – wie allgemein üblich – auf Höhe des ersten Stockwerks. Man erreichte ihn über eine Holztreppe, die gegebenenfalls eingezogen werden konnte. Geht man um das Gebäude herum, dann sieht man die zahlreichen Öffnungen, in denen die für den Bau notwendigen Gerüste befestigt wurden. Außerdem kann man im Südwesten die Überreste eines vorkragendes Abtritts erkennen.

Nehmen Sie vor der Avouerie die Straße in Richtung Poulseur. Die Ruinen des Schlosses befinden sich auf dem Rücken einer Anhöhe rechts von der Straße. Fahren Sie um die Anhöhe herum und dann auf der Rue du Vieux Château nach oben. Nach weniger als hundert Metern weist Ihnen rechts ein Schild mit der Aufschrift „Renarstein“ den Pfad zur Ruine.

Der Turm von Poulseur

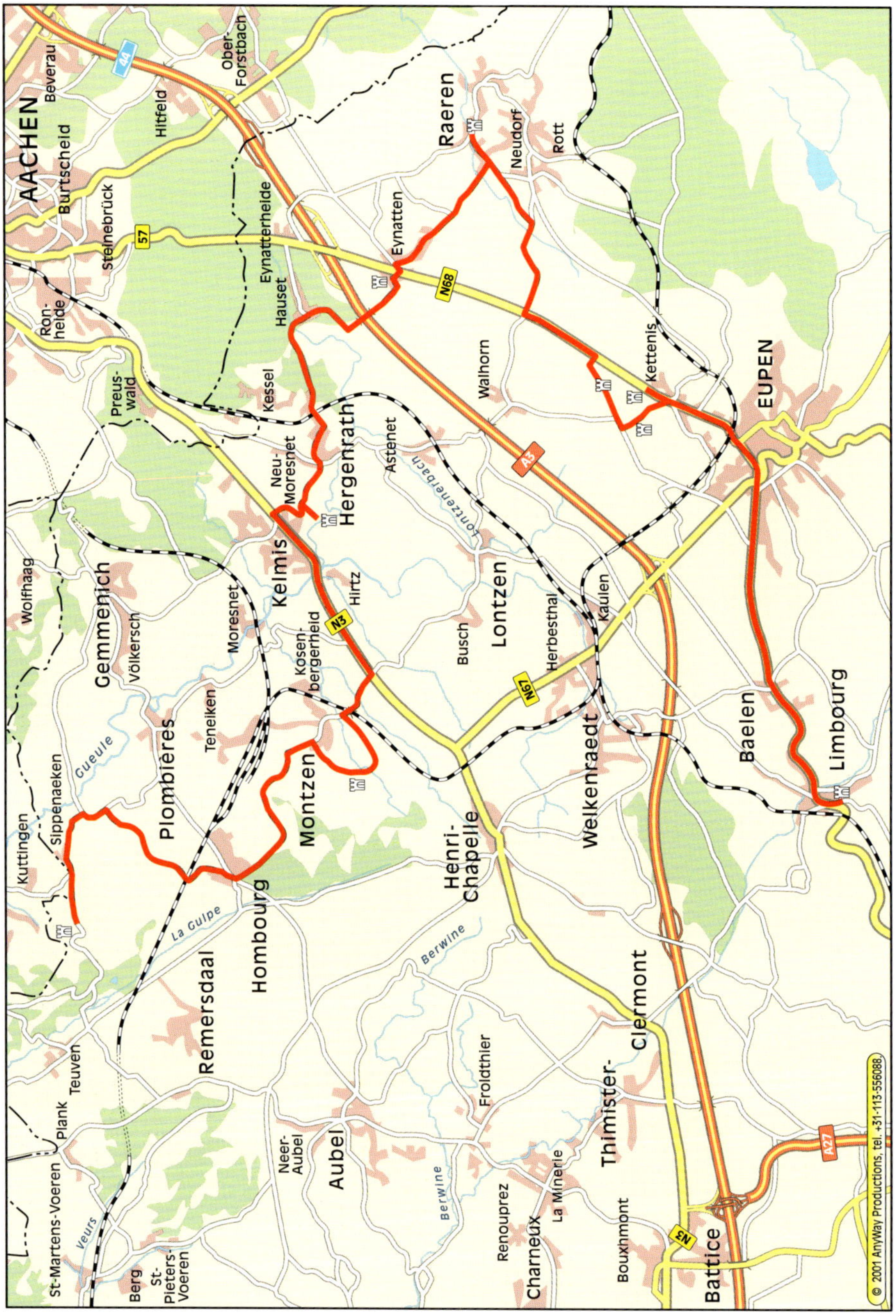
AACHEN
Beverau
Burtscheid
Steinebrück
Hitfeld
Ober-Forstbach
Eynatterheide
Hauset
Ron-heide
Preus-wald
Kessel
Neu-Moresnet
Hergenrath
Kelmis
Hirtz
Kosen-bergerheid
Moresnet
Gemmenich
Völkersch
Wolfhaag
Teneiken
Plombières
Gueule
Sippenaeken
Kuttingen
Montzen
Homburg
La Gulpe
Remersdaal
Teuven
Plank
St-Martens-Voeren
Berg
St-Pieters-Voeren
Veurs
Neer-Aubel
Aubel
Henri-Chapelle
Berwine
Froidthier
Renouprez
Charneux
La Minerie
Thimister-Clermont
Bouxhmont
Battice
Welkenraedt
Herbesthal
Kaulen
Busch
Lontzen
Lontzenerbach
Astenet
Walhorn
Eynatten
Raeren
Neudorf
Rott
Kettenis
EUPEN
Baelen
Limbourg
44
57
N68
A3
N3
N67
A27
© 2001 AnyWay Productions, tel. +31-113-556088.

8. Von Limbourg nach Sippenaeken, 50 km

Der beste Weg in die Oberstadt von Limbourg (Limburg) führt über Dolhain, ein Dorf zwischen Eupen und Verviers. Im Zentrum von Dolhain folgen Sie den Wegweisern mit der Aufschrift „Limbourg, ville historique".

Limburg, Oberstadt

Die kleine Stadt, früher der bedeutendste Ort des gleichnamigen Herzogtums, liegt auf dem felsigen Rücken einer Hügelkette in einer Schleife der Weser. Aufgrund dieser vor allem in militärischer Hinsicht sehr günstigen Lage hat die Stadt im Laufe der Geschichte eine wichtige Rolle gespielt. Seit ihrer Erbauung im 11. Jahrhundert hat die Festung sowohl im Mittelalter wie auch in der Neuzeit eine bemerkenswert große Zahl von Belagerungen überstanden. Obwohl die Burg verwüstet wurde, ist es nicht schwer, sich vorzustellen, wie sie in den ersten Jahrhunderten ihres Bestehens ausgesehen hat. In den Archiven sind vom 14. Jahrhundert an detaillierte Informationen über die Entwicklung der Burg und der Befestigungsanlagen zu finden. Die Stadtmauern folgten den Konturen der Felsen und umgaben früher ein großes Viereck, das von Ecktürmen flankiert wurde. Die Burg lag im Norden auf der Seite von Dolhain und umfasste alle Gebäude, die zum Überstehen einer Belagerung notwendig waren. Gegenüber der Burg, am an-

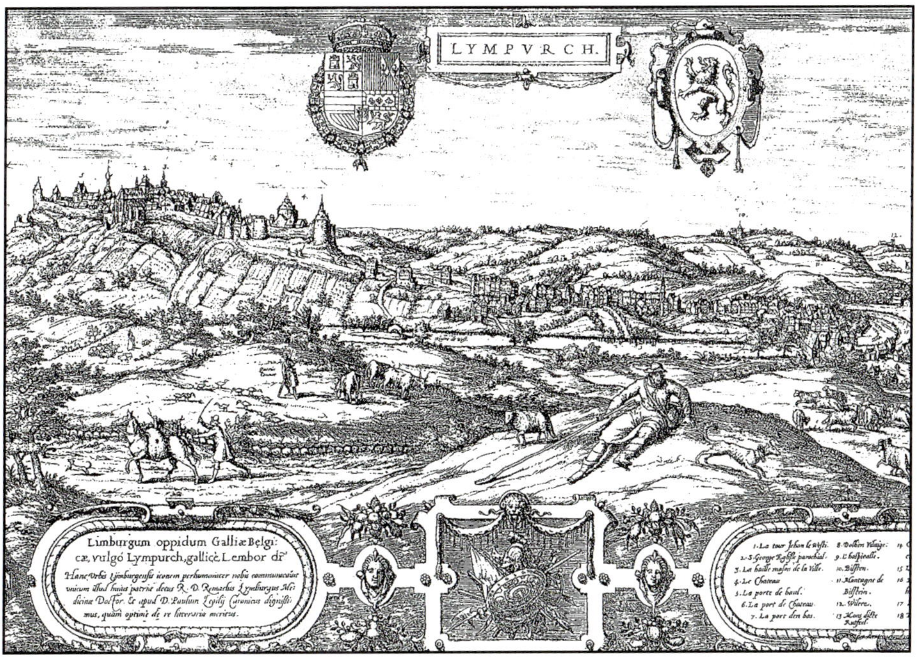

Limbourg, Kupferstich aus "Civitatis orbis terrarum", 1775

deren Ende der Stadt, wurde das Ardennentor errichtet, das Anfang des 20. Jahrhunderts dem Schloss Poswick am Ende der Place Saint-George weichen musste. Die Aufbau- und Reparaturarbeiten, die nach den aufeinander folgenden Zerstörungen der Stadt stattfanden, können in zwei Kategorien eingeteilt werden. Bis ins 16. Jahrhundert hinein wurden vor allem Arbeiten an der Burg vorgenommen, da sie das wichtigste Element des Verteidigungssystems darstellte. Ab dem 17. Jahrhundert und nach Aufkommen der Feuerwaffen gewannen die städtischen Befestigungsanlagen an Bedeutung, weshalb Limbourg mit Bastionen, Erdwällen und Kasematten versehen wurde. Diese Neuerungen konnten jedoch nicht verhindern, dass die Truppen Ludwigs XIV. die Stadt im Jahr 1675 einnahmen und der Sonnenkönig die Burg daraufhin vollständig zerstören ließ.

Trotz seiner bewegten Geschichte hat Limbourg den Charakter einer mittelalterlichen Stadt bewahrt. Das gesamte um die Place Saint-George herum gebaute städtische Ensemble steht heute unter Denkmalschutz. Im Zentrum befand sich eine Halle, die ebenfalls von den Franzosen zerstört wurde. Die Wohngebäude am Marktplatz stammen größtenteils aus dem 17. und 18. Jahrhundert. Dazwischen befinden sich kleine Gassen, die zur Stadtmauer führen.

Fahren Sie hinunter nach Dolhain und dann Richtung Eupen (N 61). Bei der Fahrt durch Baelen können Sie die gedrehte Spitze des Kirchturms sehen. Im Zentrum von Eupen fahren Sie in Richtung Aachen Die Aachener Straße führt durch Kettenis. Das Schloss von Libermé hat die Hausnummer 302.

Das Schloss Libermé

Im 14. und 15. Jahrhundert befand sich das Schloss im Besitz der Familie de Libermé. Seine heutige Form, die auf einem L-förmigen Grundriss beruht, erhielt es durch einen im Jahr 1531 von Herman

Das Schloss Libermé

van Battenburg veranlassten Umbau. Im 18. Jahrhundert hatte die Anlage einer kleinen Steinbrücke bauliche Veränderungen zur Folge, die aber in der ersten Hälfte des 20. Jahrhunderts weit umfangreichere Formen annahmen. Der damalige Eigentümer, Edwin Swermondt, ließ den südwestlichen Flügel erhöhen, entfernte einen Teil des Fachwerks und baute einige Fenster um.

Fahren Sie vom Schloss aus in Richtung Zentrum und dann in die erste Straße rechts in Richtung Walhorn (Weimserstraße). Auf der linken Straßenseite liegt das Schloss von Weims (Haus Nr. 52). Es besteht aus einem imposanten Turm und zwei davor liegenden lang gestreckten Wirtschaftsgebäuden. Fahren Sie etwas weiter und biegen Sie dann rechts in die Hochstraße ab. Dort befindet sich auf der rechten Seite das Schloss von Waldenburg, das hier im 16. Jahrhundert an der Stelle einer alten Wasserburg errichtet wurde, die bereits im 14. Jahrhundert erwähnt wird.

Fahren Sie weiter auf der Hochstraße, dann in die erste Straße rechts und gleich weiter links auf die große Straße. An der Kreuzung fahren Sie dann in Richtung Raeren. In Raeren angekommen, folgen Sie den Schildern „Museum". Das Töpfereimuseum ist in der ehemaligen Burg untergebracht.

Die Burg Raeren

Der ursprüngliche, Ende des 14. Jahrhunderts erbaute Donjon gelangte im Jahr 1583 in den Besitz von Philipps van Lomont, der den Wohnflügel vergrößern und weitere Türme hinzubauen ließ. Er baute auch die Wehrmauern und zwei Wirtschaftsflügel. Eine zweite Reihe von Umbauten erfolgte im 18. Jahrhundert und betraf vor allem die Fenster und Türöffnungen. Der Großteil der Fenster im Wohnflügel stammt aus dieser Zeit und sorgt für eine gewisse Homogenität in der Fassadenstruktur. Die beiden Wirtschaftsflügel wurden nach Bränden in den Jahren 1865 und 1982 gründlich restauriert.

Heute sieht die Burg aus wie ein breites Rechteck.

Von der Straße aus sieht man zuerst den imposanten Corp de logis, den Wohnflügel mit kleinen Türmchen, der teilweise noch von Gräben umgeben ist. Über eine steinerne Brücke gelangt man durch ein Portal in den Innenhof.

Die beiden Wirtschaftsflügel liegen an der gegenüberliegenden Seite des Wohngebäudes.

i *In der Burg befindet sich das berühmte Töpfereimuseum von Raeren.*
Es ist täglich von 10.00 bis 17.00 Uhr geöffnet.
Montags geschlossen.
Info: Tel. 00 32 (0) 87 85 09 03.

Die Burg Raeren

Das Haus Raeren

DAS HAUS RAEREN

Wenige Meter von der Burg von Raeren entfernt liegt noch ein weiteres interessantes Schloss, das Haus Raeren. Der Donjon war zweifellos der ursprüngliche Sitz der Herrschaft von Raeren. Er gelangte Mitte des 15. Jahrhunderts in den Besitz der Familie Van Bastogne. Ein Mitglied dieser Familie ließ das heutige Schloss errichten.

Da der Donjon von Gräben umgeben ist, hat die Außenseite ihre ursprüngliche Form größtenteils behalten. Nur das Dach und einige Fenster wurden im 18. Jahrhundert verändert. An drei Seiten kann man auch noch ehemalige Zinnen sehen, die bis zur Höhe des Dachrandes zugemauert wurden.

Fahren Sie rechts zurück bis zur Kreuzung und biegen Sie dort links ab in die Eynattenstraße. Im Zentrum von Eynatten fahren Sie geradeaus in die Aachener Straße. Haus Nr. 27 ist Haus Amstenrath.

DAS HAUS AMSTENRATH

Dieses von Gräben umgebene Schloss wird auch Herrenhaus oder Kleines Haus genannt. Es wurde von Jan van Eynatten in der zweiten Hälfte des 15. Jahrhunderts erbaut und bestand ursprünglich aus zwei Türmen, die durch eine einfache Fassadenmauer miteinander verbunden waren. Im 17. Jahrhundert wechselte es häufig den Eigentümer und es fanden dementsprechend zahlreiche Umbauten statt. Die wichtigste Veränderung in dieser Zeit ist die Errichtung eines Vorbaus zwischen den beiden Türmen. Davor hatte sich früher sicher eine Zugbrücke befunden, die inzwischen durch eine steinerne Brücke ersetzt wurde.

Das Haus Amstenrath in Eynatten

Die Eyneburg bei Hergenrath

Fahren Sie denselben Weg zurück, dann im Zentrum von Eynatten in Richtung Hauset und dort in Richtung Kelmis. Fahren Sie bis an die Kirche von *Hergenrath* und dann wieder weiter in Richtung Kelmis (frz. La Calamine). Biegen Sie in die erste Straße links ab (Chemin d'Emmaburg). Am Ende dieser Straße lassen Sie den Wagen auf dem Parkplatz im Wald stehen und gehen zu Fuß weiter zur Burg Eyneburg, die auf einem Bergrücken erbaut wurde und das Göhltal beherrscht. Die Burg befindet sich in Privatbesitz und kann leider nicht besichtigt werden.

Die Eyneburg oder Emmaburg

Der Name „Eyneburg" verweist auf die Eigentümer im 13. Jahrhundert, der Name „Emmaburg" beruht auf einer Legende, derzufolge Emma, die Tochter von Eginhard, des Chronisten Karls des Großen, in dieser Burg gewohnt haben soll. Interessant an diesem Gebäude ist die Tatsache, dass es im Vorgebirge liegt. Damit ist es eine große Ausnahme im Gebiet des alten Herzogtums Limbourg, wo die meisten Burgen in der Ebene gebaut und von Wassergräben umgeben waren. Der ursprüngliche Kern der Eyneburg entstand im 13. Jahrhundert und wurde danach vergrößert und mehrmals modernisiert, zuletzt im 20. Jahrhundert.

Das heutige Gebäude ist das Ergebnis dieser Umbauarbeiten, die gesonderte Elemente und Flügel auf asymmetrische Weise einander gegenüber stellten, was zu einer komplizierten, fast verspielt erscheinenden Dachkonstruktion führte.

Kehren Sie zur Hauptstraße zurück und fahren Sie in Richtung Kelmis. Dort fahren Sie auf der N 3 nach rechts in Richtung Lüttich. Nach einigen Kilometern biegen Sie rechts ab nach *Montzen*, dort fahren Sie unter der Eisenbahnunterführung hindurch und dann nach links in den Kinkenweg. Nach zwei Kilometern biegen Sie rechts in die Straße nach Chatêau de Graaf ab. Das Schloss mit vorgelagerten Wirtschaftsgebäuden befindet sich etwas weiter links am Weg.

Schloss Streversdorp

Der Komplex besteht aus einer Reihe von Gebäuden und ist von Gräben umgeben. Der ursprüngliche Kern bestand aus einem Donjon aus dem 13. Jahrhundert, der sich in der Mitte der östlichen Fassade an der Seite der Fischteiche befindet. Er erhebt sich über die beiden Teile eines Wohnbaus, dessen rechte Seite im 15. Jahrhundert und dessen linke Seite im 16. Jahrhundert angebaut wurden. Das Erdgeschoss des Donjons hatte ursprünglich keine Fenster. Sie wurden erst zwischen dem 15. und dem 18. Jahrhundert bei Umbauarbeiten angebracht. Im 18. Jahrhundert erfolgte ein weiterer Umbau. In der Hinterfront kann man noch einige alte Elemente wie Schießscharten, vorkragende Abtritte und unter dem Dachrand zu Fenstern umgebaute Zinnen erkennen. Der von zwei Türmen flankierte westliche Flügel wurde wahrscheinlich im 16. Jahrhundert erbaut.

Folgen Sie der Straße bis ins Zentrum von Montzen. Dort biegen Sie rechts ab in Richtung Hombourg. In Hombourg fahren Sie weiter in Richtung *Sippenaeken*. Dort fahren Sie an der Kirche vorbei und bleiben noch ungefähr einen Kilometer auf derselben Straße. So erreichen Sie das Schloss von Beusdael.

Das Schloss Beusdael

Der Donjon dieses Schlosses ist bis zum Dachrand 28 Meter hoch und somit das beeindruckendste Gebäude auf unserer Fahrt. Er wurde aller Wahrscheinlichkeit nach im 13. Jahrhundert errichtet. Die zwischen 1,5 und 2,5 Meter dicken Mauern waren ursprünglich nur von kleinen Fenstern durchbrochen. Diese Öffnungen mussten bei späteren Umbauarbeiten größeren, geteilten Fenstern weichen. Im 16. Jahrhundert wurde ein Wohnflügel mit einem L-förmigen Grundriss an die westliche Fassade angebaut, was dem Bau ein völlig anderes Aussehen verlieh. Im 17. Jahrhundert ließen Gérard Colyn und Alexander van Efferen, die damaligen Herren von Beusdael, eine kuppelförmige Turmkrone auf den Donjon setzen und den Turm zum Wohnbau umbauen.

Die letzten Arbeiten am Schloss begannen im Jahr 1882. Der Graf d'Oultremont ließ nach Plänen des Brüsseler Architekten Janlet an den Westflügel eine neogotische Kapelle anbauen. Er konstruierte auch eine neue Brücke und ein Portal.

Die Wirtschaftsgebäude, die den großen Innenhof abschlossen, wurden abgebrochen und an der anderen Seite des Schlossgrabens wurde Anfang des 20. Jahrhunderts ein neues Gehöft errichtet.

Hier endet die Route, aber Sie können auch noch über Teuven und De Planck bis Sint-Pieters-Voeren weiterfahren und dort die Deutschordenskommende bewundern. Ferner möchten wir Sie darauf hinweisen, dass ganz in der Nähe von Voeren im Dörfchen Aubin-Neufchâteau ein interessantes Fort aus dem Zweiten Weltkrieg liegt. Informationen hierzu erhalten Sie unter der Nummer: Tel. 00 32 (0)4 86 26 62 40 oder 00 32 (0)3 313 96 10.

Das Schloss Beusdael bei Sippenaeken

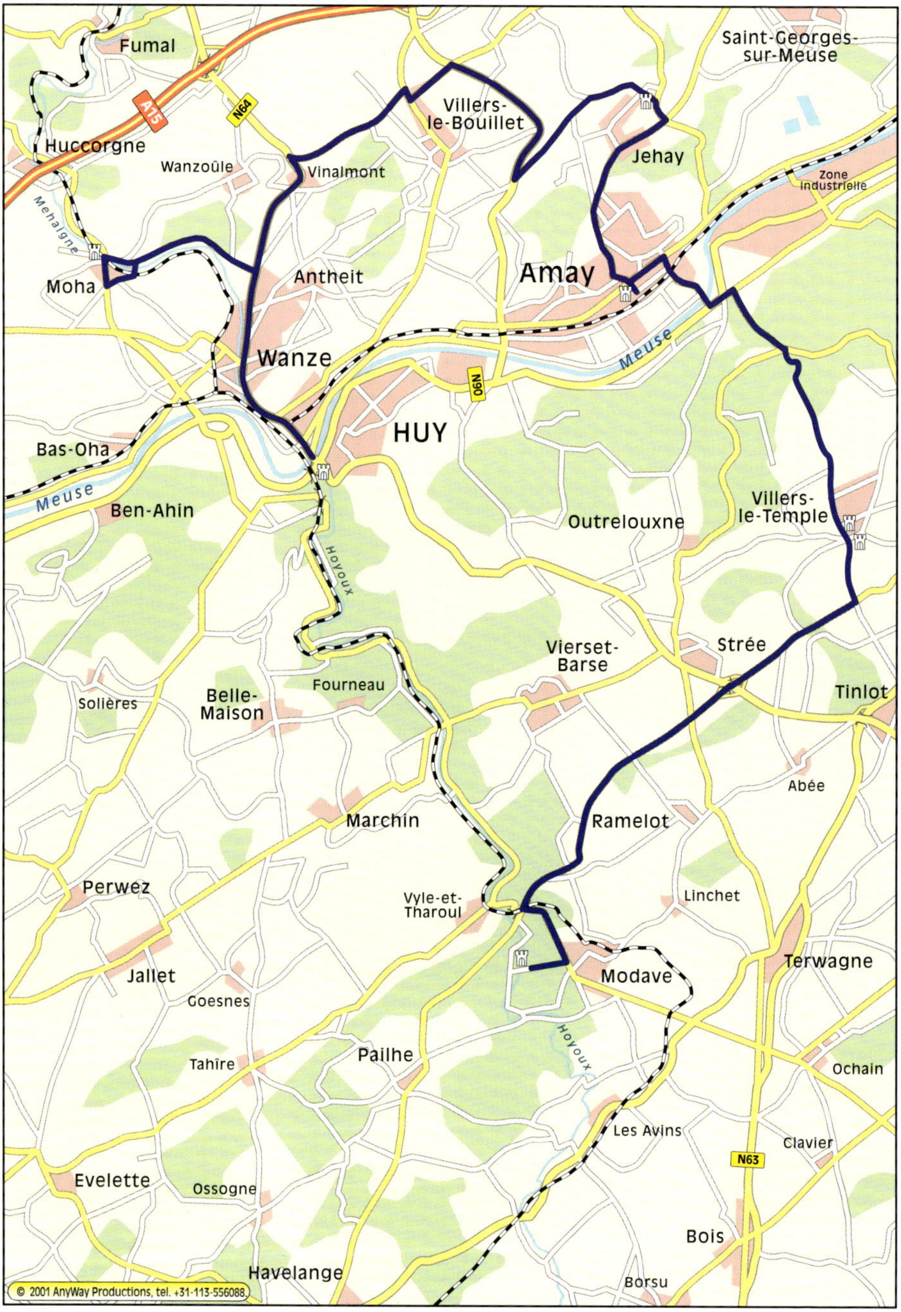
Fumal
A15
N64
Huccorgne
Wanzoûle
Mehaigne
Moha
Villers-le-Bouillet
Vinalmont
Antheit
Wanze
Saint-Georges-sur-Meuse
Jehay
Zone industrielle
Amay
Meuse
N90
HUY
Bas-Oha
Meuse
Ben-Ahin
Hoyoux
Outrelouxne
Villers-le-Temple
Vierset-Barse
Strée
Tinlot
Solières
Belle-Maison
Fourneau
Abée
Marchin
Ramelot
Perwez
Vyle-et-Tharoul
Linchet
Jallet
Goesnes
Modave
Terwagne
Hoyoux
Tahîre
Pailhe
Ochain
Les Avins
Clavier
N63
Evelette
Ossogne
Bois
Havelange
Borsu
© 2001 AnyWay Productions, tel. +31-113-556088

9. Von Huy nach Modave, 100 km

In der Stadt Huy befinden sich auf dem rechten Maasufer auch heute noch Überreste mittelalterlicher Befestigungswälle. Sie sind hauptsächlich an der Rue du Marché und der Rue des Remparts im östlichen Teil des Stadtzentrums zu erkennen. Um zur Zitadelle zu gelangen, fahren Sie am besten über den Quai de Namur und dann über den Chemin du Comté Basin.

Die Zitadelle von Huy

Die strategische Bedeutung des Felssporns, auf dem die Zitadelle erbaut wurde, ist unschwer zu erkennen. Von hier aus konnte sowohl das Maastal wie auch das Tal der Hoyoux leicht kontrolliert werden, weshalb sich bereits im 11. Jahrhundert an dieser Stelle ein Donjon befand. Im darauf folgenden Jahrhundert wurde dieser einfache Turm vergrößert und damit die strategische Bedeutung der Anhöhe hervorgehoben. Die Fürstbischöfe von Lüttich suchten dort des Öfteren Zuflucht, was auch die architektonische Entwicklung beeinflusste. So ließ Everard van der Marck im 16. Jahrhundert einen 90 Meter tiefen Brunnen ausheben, der heute als einziger Überrest noch auf die ehemalige Burg hinweist. Nach verschiedenen Angriffen Ende des 17. und Anfang des 18. Jahrhunderts wurde die Burg völlig zerstört und in Übereinstimmung mit dem Barrieretraktat von 1715 abgebrochen.

Ein Jahrhundert später musste das noch junge Königreich der Vereinigten Niederlande im Auftrag seiner Verbündeten eine Festung gegen eventuelle neue Angriffe aus Frankreich bauen. Im Maastal wurden daraufhin zahlreiche Verteidigungsanlagen errichtet. Am 1. April 1818 wurde auch der Grundstein für die Zitadelle von Huy gelegt. 1831 wurde die Festung aufgegeben und ab 1849 nur noch als Gefängnis für politische Gefangene benutzt. 1880 beschloss General Brialmont, die Zitadelle in das Verteidigungssystem aufzunehmen, das er entlang der Maas aufzubauen gedachte. Das Fort wurde dennoch nicht modernisiert und brachte deshalb im Kampf gegen die deutsche Invasion im Jahr 1914 keinen großen Nutzen. Ende des Ersten Weltkriegs wurde es zu einer Kaserne für russische Soldaten umgebaut und behielt diese Funktion bis zu Beginn des Zweiten Weltkriegs. Danach wurde es von den Deutschen wieder als Gefängnis benutzt.

Die Zitadelle von Huy

i *Das Fort beherbergt ein Museum des Widerstands und der Konzentrationslager. Es ist vom 1. April bis 30. September täglich von 10.00 bis 18.00 Uhr geöffnet. Info: Tel. 00 32 (0)85 21 53 34 – 00 32 (0)85 21 29 15.*

Kehren Sie ins Zentrum zurück und überqueren Sie die Maas, indem Sie in Richtung E 42 Namur oder Hannut fahren. So gelangen Sie auf die N 64. Einige Kilometer weiter fahren Sie nach links in Richtung Moha. Im Zentrum von Moha weisen Ihnen Schilder mit der Aufschrift „Château Féodal" den Weg zu den Ruinen.

DIE BURG MOHA

Die Ruinen der Burg von Moha liegen auf einem Felsen, der das Tal der Mehaigne beherrscht. Der Graf von Moha wurde erstmals im Jahr 1022 erwähnt, obwohl die Grafschaft wesentlich älter ist. Bis Anfang des 13. Jahrhunderts gehörte sie den Grafen von Dasbourg, Metz und Moha. Danach ging sie in den Besitz des Fürstbischofs von Lüttich über, der gleich darauf die Wehrmauern verstärken ließ. Aber bereits im Jahr 1376 überfielen die Einwohner von Huy die Festung. Vom 16. Jahrhundert an wurde die Burgruine ihrem Schicksal überlassen.

i *Von Ostern bis zum 30. September samstags und an Sonn- und Feiertagen von 14.00 bis 18.00 Uhr geöffnet, vom 1. Oktober bis Ostern nach vorheriger Anmeldung.*
Info: Tel. 00 32 (0)85 25 16 13.

Verlassen Sie Moha entlang der Mehaigne und biegen Sie gleich nach der Uferstraße rechts ab. Fahren Sie dann weiter bis zur N 64. Dort biegen sie rechts in Richtung Vinalmont ab. In Vinalmont fahren Sie nach rechts in Richtung Villers-Le-Bouillet. Wenn Sie das Dorf durchquert haben, gelangen Sie auf die N 684. Dann biegen sie rechts ab. Nach einigen Kilometern biegt links eine Straße nach Jehay-Bodegnée ab, die auch zum Schloss führt.

Die Ruinen des Schlosses Moha

DAS SCHLOSS JEHAY

Das Schloss von Jehay verdankt sein heutiges Erscheinungsbild Umbauarbeiten aus dem 16. und 17. Jahrhundert sowie Anpassungen an den neogotischen Stil, die im 19. Jahrhundert durchgeführt wurden. Der Ort war bereits lange vor dem Mittelalter bewohnt, wie aus von den Eigentümern veranlassten Ausgrabungen hervorgeht. In den Archiven wird bereits im Jahr 1130 ein gewisser Jehan als Eigentümer dieser Herrschaft angegeben.

Drei Jahrhunderte später richteten die kriegerischen Auseinandersetzungen zwischen den Hornes und derer van der Marcks großen Schaden an der Burg an. Sie gehörte zum damaligen Zeitpunkt Jehanne de Sarte und Arnould de Merode, deren Nachkommen umfangreiche Restaurierungsarbeiten an dem Gebäude durchführen ließen. Im Jahr 1680 wurde der Besitz von der Familie van den Steen erworben, die auch heute noch Eigentümer des Schlosses ist. Die breiten Gräben umgeben drei Gruppen von Gebäuden: Wohngebäude, Wirtschaftshof und Kirche.

Das Wohngebäude wurde an der Stelle der mittelalterlichen Befestigung errichtet und hat einen L-förmigen Grundriss mit zwei Türmen. Zwei Kellergewölbe des ursprünglichen Gebäudes sind unter einem der Flügel des heutigen Schlosses erhalten geblieben. Das schachbrettförmig ausgearbeitete Mauerwerk der Außenfassaden gehört zu den bemerkenswertesten Kennzeichen des Schlosses. Einige Fenster wurden wahrscheinlich bei späteren Umbauarbeiten vergrößert.

Das Schloss Jehay

Die Innenmauern bestehen aus Kalkstein und weisen typische spätgotische Stilmerkmale auf.

Der Wirtschaftshof wurde größtenteils im 16. und 17. Jahrhundert errichtet und mehrmals verändert. Eine inzwischen verschwundene Scheune schloss ursprünglich die südliche Hofseite ab. Aus derselben Zeit stammt auch die nördlich des Schlosses gelegene Kirche, die Ende des 18. Jahrhunderts und Anfang des 19. Jahrhunderts mit einem Turm, Seitenschiffen und einer Sakristei erweitert wurde.

i *Vom 1. Juni bis 30. September am Wochenende von 11.00 bis 18.00 Uhr und mittwochs von 14.00 bis 17.00 Uhr geöffnet. Info: Tel. 00 32 (0)85 31 17 16.*

Fahren Sie auf der Straße vor dem Schloss weiter und nehmen Sie dann die N 614 in Richtung Amay. Im Zentrum des Städtchens erreichen Sie einen Kreisverkehr. Dort fahren Sie nach rechts in Richtung Bahnhof. Am Ende der Straße weisen Ihnen Schilder mit der Aufschrift „Tour romane" den Weg.

Der romanische Turm von Amay

Bei diesem Turm handelt es sich zweifelsohne um einen der zahlreichen Wohntürme, die ab Ende des 12. Jahrhunderts in dieser Region errichtet wurden. Wahrscheinlich wurde er schon damals von einem Vogt bewohnt. Der ältesten erwähnte Name ist Arnould. Von dessen Nachfolgern sind uns der Ritter Rasse de Waroux-Warfusée (14. Jahrhundert) und die Familie Périlheux de Rochelée (15. bis 18. Jahrhundert) bekannt. Bis Anfang des 20. Jahrhunderts war der Turm von Gräben umgeben. Er hat vier Geschosse und somit die typische Struktur der Donjons jener Zeit. Im untersten Geschoss befindet sich der Vorratskeller, darüber die Wirtschaftsräume mit Eingangstor und darüber noch zwei Wohngeschosse.

i *Info: Tel.: 0032 (0)85 31 11 44.*

Der Turm von Amay

Fahren Sie auf der Straße rechts ins Zentrum und dann weiter in Richtung Ombret. Am anderen Ufer der Maas fahren Sie in Richtung Nandrin (N 696). Nach einigen Kilometern komen Sie an eine Gabelung. Dort fahren Sie nach links in Richtung Villers-le-Temple. Im Zentrum des Dorfs fahren Sie Richtung Kirche. Dort können Sie die Überreste einer alten Templerkommende entdecken.

VILLERS-LE-TEMPLE

Leider blieben nur wenige Gebäud der alten Kommende des Templerordens erhalten. Bei einem Spaziergang durch das Dorf können Sie Reste der Ringmauer erkennen, die noch von ihren Ecktürmen flankiert wird. Aus Dokumenten vom Anfang des 18. Jahrhunderts geht hervor, dass diese Umwehrung ein Schloss und einen Hof umgab. Zur Kommende gehörten natürlich eine Kapelle und Wirtschaftsgebäude, von denen noch einige erhalten geblieben sind. Das Schloss und der dazugehörige Grundbesitz wurden nach der Französischen Revolution zum Staatseigentum erklärt. Daraufhin wurden die Befestigungsanlagen zwischen 1798 und 1808 systematisch abgebrochen.

Der „Manoir de la tour" oder Landsitz mit Turm befindet sich in der unmittelbaren Umgebung der Kommende. Der mittelalterliche Donjon war früher einmal von einem Graben umgeben, später wurde ein Wohnflügel angebaut. Er stammt möglicherweise bereits aus dem 13. Jahrhundert, obwohl er erst im Jahr 1453 zum ersten Mal in schriftlichen Quellen erwähnt wird. Genau wie der Turm von Amay hat auch dieser Donjon die vier charakteristischen Geschosse. Die von der Straße aus sichtbare südliche Fassade zeigt Spuren mehrerer Umbauten. Wir erkennen jedoch auch noch Reste des ursprünglichen Gebäudes, wie beispielsweise die zugemauerten kleinen Fenster im obersten Geschoss mit den typischen Fensterstürzen sowie die Überreste vorkragender Abtritte. Als im 16. Jahrhundert das Wohngebäude errichte wurde, erhielt der Turm Kreuzfenster. Genau wie die des Corps de logis wurden auch diese Fenster im 18. Jahrhundert verändert: Im ersten Geschoss wurden die Fensterkreuze abgesägt und die Sohlbänke tiefer gelegt, während im zweiten Geschoss die Oberlichter zugemauert wurden. Das Untergeschoss wurde im 19. Jahrhundert umgebaut.

Nehmen Sie die Rue Magnesse genau gegenüber des „Manoir". Nach ungefähr einem Kilometer kommen Sie auf die N 636. Biegen Sie rechts ab nach Pont-de-Bonne, von dort aus ist der Weg zum Schloss von Modave ausgeschildert.

DAS SCHLOSS MODAVE

Die Familie De Modave lebte hier vom 13. bis zum 16. Jahrhundert. Damals war das Schloss nur ein einfacher Donjon, der von einem ungefähr 60 Meter hohen Felsen aus das Tal der Hoyoux beherrschte. Auch dieser Turm wurde im Laufe der Jahrhunderte um neue Gebäudeteile erweitert. Die Ringmauer von Modave war ungefähr U-förmig und wurde von zwei weiteren Türmen flankiert. In der Baugeschichte der Burg stellt erst das 17. Jahrhundert einen Wendepunkt dar. Das Landgut gelangte im Jahr 1642 in den Besitz der Familie de Marchin, die die Festung zu einem Residenzschloss umbaute. Nachdem das Schloss im Jahr 1652 von den Truppen Lothringens gestürmt und angezündet worden war, wurde es im Jahr 1658 in abgeänderter Form wieder aufgebaut.

Zuerst wurde der Marchinflügel im Südosten restauriert. Im rechten Winkel wurde dann ein Flügel in Richtung des Ehrenhofes angebaut, daran wurde eine neue Vorderfront angesetzt, in die die beiden noch bestehenden seitlichen Türme mit einbezogen wurden. Schließlich wurde an den runden Turm noch eine Kapelle angebaut, wodurch das Schloss seine heutige Form erhielt. Die Baumeister orientierten sich am klassischen Stil nach französischem Vorbild, eine Premiere in dieser Gegend. Erwähnt werden sollte auch der Schreiner Rennekin Sualem, der berühmt wurde, weil er im Jahr 1667 ein Pumpensystem erfand, das es ermöglichte, Wasser aus der Hoyoux bis ganz nach oben in die Schlossteiche zu befördern.

Ungefähr 15 Jahre später war Sualem auch am Bau der technischen Anlagen beteiligt, mittels derer Wasser aus der Seine bis zum Schloss von Versailles gepumpt wurde. Guillaume-Egon von Fürstenberg wurde 1694 Eigentümer des Schlosses und beschloss, einen großen Gebäudekomplex, das heutige Gehöft des Besitzes, anzubauen. Er verschuldete sich dadurch jedoch dermaßen, dass das Schloss im Jahr 1706 beschlagnahmt wurde.

i *Vom 1. April bis 15. November täglich von 9.00 bis 18.00 Uhr zu besichtigen.*
Info: Tel. 00 32 (0)85 41 13 69

Das Schloss Modave

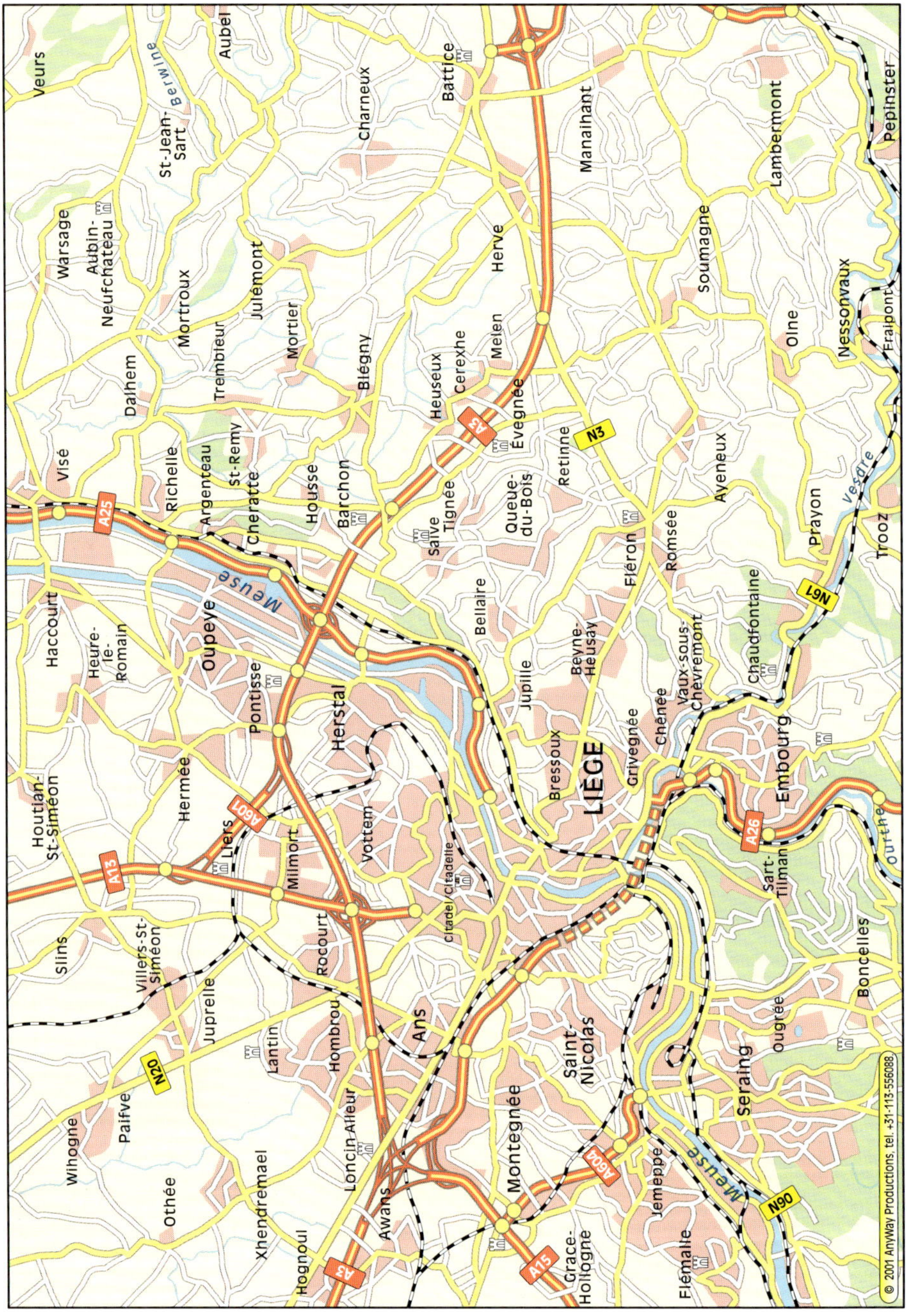
Veurs
Aubel
Berwine
Battice
St-Jean-Sart
Charneux
Manaihant
Pepinster
Lambermont
Warsage
Aubin-Neufchateau
Julémont
Herve
Soumagne
Mortroux
Mortier
Dalhem
Trembleur
Blégny
Heuseux
Cerexhe
Melen
Olne
Nessonvaux
Fraipont
Visé
Richelle
Argenteau
St-Remy
Cheratte
Housse
Barchon
Saive
Tignée
Évegnée
Queue-du-Bois
Retinne
Ayeneux
Romsée
Fléron
Prayon
Vesdre
Trooz
Haccourt
Heure-le-Romain
Oupeye
Meuse
Pontisse
Herstal
Bellaire
Jupille
Beyne-Heusay
Vaux-sous-Chèvremont
Chênée
Chaudfontaine
Houtain-St-Siméon
Hermée
Liers
Milmort
Vottem
Bressoux
LIÈGE
Grivegnée
Embourg
Sart-Tilman
Ourthe
Slins
Villers-St-Siméon
Rocourt
Citadel/Citadelle
Juprelle
Lantin
Hombrou
Ans
Saint-Nicolas
Seraing
Ougrée
Boncelles
Wihogne
Paifve
Othée
Xhendremael
Loncin-Alleur
Montegnée
Jemeppe
Awans
Hognoul
Grace-Hollogne
Flémalle
A25
A3
N3
N61
A601
A13
A26
N20
A604
A15
N90
© 2001 AnyWay Productions, tel. +31-113-556088

10. Vorschläge zu Lüttich und Umgebung

Auch in Lüttich und seiner unmittelbaren Umgebung kann man einige Wehrbauten besichtigen. Wir möchten Sie dabei gleich auf das „Musée d'Armes", das Lütticher Waffenmuseum, hinweisen. Zur Zeit wird das Museum restauriert.

i *Le Musée d'Armes, Quai de Maestricht, 8 Tel. 00 32 (0)4 221 94 00.*

Die Zitadelle von Lüttich

Im 13. Jahrhundert war Lüttich von einer Stadtbefestigung umgeben, deren nördliche Grenze auf dem Walburgishügel lag. Der Fürstbischof Hendrik van Gelder beschloss 1255, das Sankt-Walburgistor zu einem befestigten Bollwerk umzubauen, das die erste Zitadelle von Lüttich wurde. Die Zitadelle hatte eine Doppelfunktion: Einerseits sollte sie die Stadt gegen Angriffe von außen verteidigen, andererseits den Einwohnern selbst, in diesem Fall den Lüttichern, Respekt einflößen. 1271 erhielten sie jedoch die Erlaubnis, die Befestigungsanlagen wieder abzubrechen.

1486 ließ Ghijs van Kanne, der im Fürstbistum an die Macht gekommen war und wie ein Diktator herrschte, einen Turm an das Sankt-Walburgistor anbauen. Die Schießscharten waren nicht nur nach außen gerichtet, sondern auch gegen die Stadt, was die Lütticher wieder einmal ganz besonders irritierte. Die Reaktion ließ nicht lange auf sich warten: Die Bürger verwüsteten den Turm und töteten Ghijs van Kanne.

Erst Mitte des 16. Jahrhunderts beschlossen Ferdinand und Maximilian-Heinrich von Bayern, eine neue Zitadelle zu bauen. Sie benötigten wieder eine

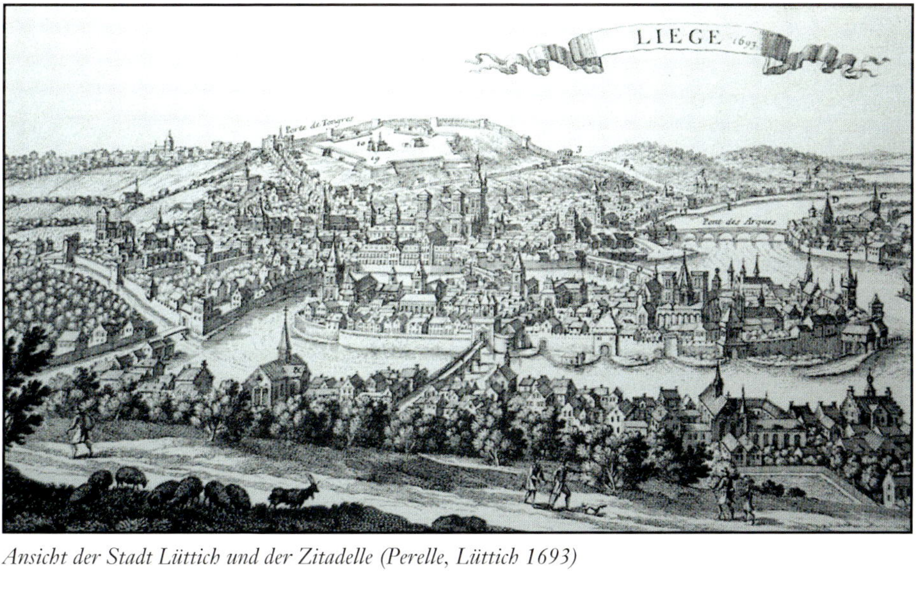

Ansicht der Stadt Lüttich und der Zitadelle (Perelle, Lüttich 1693)

Festung, die der Lütticher Bevölkerung Respekt einflößen und ihre Unterwürfigkeit fördern sollte. Die neue Festung hatte fünf Bastionen, von denen drei auf die Stadt gerichtet waren. 1669 wurde der Wehrbau weiter befestigt und erhielt daraufhin zum ersten Mal den Namen Zitadelle. Trotzdem wurde er im Jahr 1675 von französischen Truppen verwüstet. Nachdem die Zitadelle in den folgenden Jahren mehrfach ausgebaut und erweitert worden war, fiel sie von 1702 bis 1718 in die Hände der Holländer. Den größten Teil des 18. Jahrhunderts war die Zitadelle verlassen.

Der Hügel von Chèvremont

Sie wurde erst nach der Französischen Revolution von den Franzosen wieder in Betrieb genommen und dann weiter von den Holländern genutzt. Diese integrierten die Zitadelle von Lüttich in einen Verteidigungsgürtel gegen die Franzosen. Im Oktober 1830 zwangen belgische Revolutionäre die Holländer zum Verlassen der Zitadelle. 1891 verlor sie endgültig ihre militärische Bedeutung. In den beiden Weltkriegen nutzten die Deutschen die Gebäude als Kaserne oder Gefängnis. Eine der Bastionen diente im Zweiten Weltkrieg auch als Exekutionsplatz.

An der Stelle der Zitadelle befindet sich seit 1978 ein Krankenhaus. Von hier aus haben Sie eine schöne Aussicht auf die Stadt und Sie bekommen einen Eindruck von der strategischen Bedeutung dieser Anhöhe.

Die karolingische Wehrmauer von Chèvremont

Gegenüber dem Fort von Chaudfontaine erhebt sich der Hügel von Chèvremont. Er fällt vor allem durch die Basilika auf, die im 19. Jahrhundert auf dieser Anhöhe errichtet wurde. Von der mittelalterlichen Umwehrung blieben nur noch wenige Reste erhalten. Dennoch ist es interessant, den Ort zu erkunden. Sowohl historische Quellen wie auch einige Ausgrabungen ermöglichen es uns, die erhaltenen Überreste der Umwehrung zu interpretieren. Aus Dokumenten geht hervor, dass es ab dem 8. Jahrhundert auf dem Berg ein Kloster gegeben hat. In derselben Zeit muss innerhalb der Wehrmauer auch ein zu verteidigender Wohnbau gelegen haben. Religiöse und militärische Zwecke wurden hier also vereint. Die Bedeutung der militärischen Funktion wird im 10. Jahrhundert bestätigt: Die Festung musste nacheinander vier Belagerungen standhalten. Der strategisch günstig gelegene Hügel bedeutete eine konstante Bedrohung für Lüttich. Aus diesem Grund verwüsteten der Fürstbischof Notger und die kaiserlichen Truppen die Festung im Jahr 987. Daraufhin blieb der Ort bis zur Erbauung einer Kapelle im Jahr 1688 verlassen.

Das Schloss Saive

Das kleine Dorf Saive liegt nordöstlich von Lüttich und besitzt mehrere interessante Gebäude, darunter auch ein altes Schloss. Es befindet sich mittlerweile in Privatbesitz, aber der viereckige Turm ist von der Straße aus sehr gut erkennbar. Obwohl der Turm bereits im 12. Jahrhundert bestanden haben muss, wurde die Burg erst ein Jahrhundert später errichtet. Danach wurde der Turm von einer doppelten Wehrmauer mit Türmen und einem Graben geschützt. In den folgenden Jahrhunderten wurde die Burg als Folge teilweiser Zerstörung und

Der Turm von Schloss Saive

zugunsten eines verbesserten Wohnkomforts des Schlossherrn mehrmals umgebaut. Das Obergeschoss wurde sogar erst im 17. Jahrhundert erneuert. Ende des 18. Jahrhunderts wurde das Schloss aufgegeben.

DIE MODERNEN FORTS

Ende des 19. Jahrhunderts beschloss General Brialmont den Bau eines Verteidigungssystems an der Maas, das von den Städten Lüttich und Namur unterstützt werden sollte. Deshalb ließ der General zwischen 1887 und 1892 zahlreiche Forts errichten. Rund um Lüttich wurden zwölf Forts gebaut, die man in zwei Kategorien einteilen kann: einerseits die großen Forts mit einer Oberfläche von 12 ha (Barchon, Fléron, Boncelles, Flémalle, Loncin, Pontisse) und andererseits die kleineren Forts mit einer Oberfläche von 6 ha (Evegnée, Chaudfontaine, Embourg, Hollogne, Lantin, Liers). Die Gebäude eines Forts, die aus Beton bestanden und mit Erde bedeckt wurden, hatten meistens die Form eines Dreiecks, was bezwecken sollte, die Anzahl der Seiten des Komplexes und gleichzeitig auch die Anzahl der den Wall flankierenden Elemente auf ein Minimum zu reduzieren. Das auf diese Weise so beschränkt wie möglich gehaltene massive Zentrum beherbergt die Kuppeln der verschiedenen Kanonen, Haubitzen und Granatwerfer, aber auch den größten Teil der Diensträume (Kommandoposten, Aufenthaltsraum für die Truppen, Pulverlager, Munitionsdepot). Nur die Küchen, Waschräume und Latrinen wurden auf der anderen Seite des Grabens untergebracht.

Eine der bedeutendsten Ursachen für den schnellen Fall der Forts im Jahr 1914 war die mangelnde Aufmerksamkeit, die den für das tägliche Leben notwendigen Elementen einer belagerten Garnison geschenkt wurde. Es wurden essentielle Mängel im Beleuchtungssystem, im Heizungssystem und vor

Das Fort Barchon

Die Kuppel des Forts von Tancrémont

allem im Belüftungssystem festgestellt. Die Bombardierungen beschädigten schnell die Schornsteine und das Belüftungssystem, wodurch das Absaugen von Rauch und Staub immer schwieriger wurde. Außerdem war es bei einem feindlichen Angriff unmöglich, den Graben zu überqueren und die Latrinen zu erreichen, und es gab keinen einzigen Raum für die Versorgung der Opfer der Bombardierungen. Als Notlösung wurden alle diese Funktionen im Fuß des Walls untergebracht, das heißt in den massiven Teilen. Aber durch den dort herrschenden Gestank war der Aufenthalt in diesen an sich schon dunklen und feuchten Räumen fast unerträglich.

Zwischen 1926 und 1929 untersuchten zwei Kommissionen den Zustand der Forts und der Anlagen zur Landesverteidigung. Das führte unter anderem zu dem Beschluss, in Eben-Emael ein neues Fort zu errichten. General Brialmont hatte bereits einige Jahrzehnte früher vorgeschlagen, alles daran zu setzen, möglichen Feinden die Überquerung der Maas in Richtung Niederlande so schwer wie möglich zu machen. Seine Worte „Sie alle werden Tränen und Blut weinen, weil Sie dieses Fort nicht gebaut haben" gelangten zu trauriger Berühmtheit, als die Deutschen am 4. August 1914 die Maas in Lixhe ohne jede Behinderung von Kanonenfeuern aus den Forts von Pontisse und Barchon überqueren konnten.

Die Arbeit der beiden Kommissionen hatte zur Folge, dass der Hohe Rat für nationale Verteidigung 1931 mehrere Anträge genehmigte, die sich auf die Provinz Lüttich bezogen. Daraufhin wurde der Verlauf der „Position Fortifiée de Liège" (PFI) im Osten der Stadt konzipiert. Die äußerste Linie bestand aus befestigten Stellungen in sechs wiederher-

gestellten Forts (Barchon, Evegnée, Fléron, Chaudfontaine, Embourg, Boncelles). Andere Vorkehrungen bezogen sich auf die Verteidigung der Maas, wobei die Forts Flémalle und Pontisse als befestigte Stellungen dienen sollten. Schließlich erhoben sich Stimmen, die eine Gefährdung der Grenzgebiete befürchteten. Daraufhin wurden zwischen Stavelot und Beusdael 66 befestigte Stellungen errichtet, die den Verteidigungsanlagen von Lüttich als eine Art vorgeschobene Linie dienen sollten. Die Forts von General Brialmont bildeten einen Gürtel um die Stadt und die PFI ähnelte einer Reihe von Schilden, die sich gegen Deutschland richteten. Aber trotz der Lehren, die man aus den Erfahrungen des ersten Weltkrieges gezogen hatte, konnten sich die Forts bei einem erneuten Angriff der Deutschen im Mai 1940 nicht lange halten.

MEHRERE FORTS KÖNNEN IN BEGLEITUNG EINES FÜHRERS BESUCHT WERDEN

Das Fort von *Aubin-Neufchâteau* kann von April bis November an jedem dritten Sonntag des Monats um 14.00 Uhr besichtigt werden. Info: Tel. 00 32 (0)4 86 26 62 40 oder 00 32 (0)3 31 39 610.

Das Fort von *Barchon* kann von April bis November an jedem zweiten Sonntag des Monats um 14.00 Uhr und in der Woche nach vorheriger Anmeldung besichtigt werden. Info: Tel. 00 32 (0)4 387 43 64.

Das Fort von *Battice* kann vom 1. März bis 30. November an jedem letzten Samstag des Monats um 13.30 Uhr besichtigt werden. Info: Tel. 00 32 (0)87 67 94 70.

Das Fort von *Chaudfontaine* kann nach vorheriger Anmeldung sonntags von 14.00 bis 16.00 Uhr besichtigt werden. Info: Tel. 00 32 (0)4 361 08 20.

Das Fort von *Eben-Emael* ist von März bis November an einem Wochenende im Monat oder für Gruppen nach vorheriger Vereinbarung zu besichtigen. Info: Tel. 00 32 (0)4 286 28 61.

Das Fort von *Embourg* ist an jedem vierten Sonntag des Monats zu besichtigen. Info: Tel. 00 32 (0)4 253 35 64.

Das Fort *Flémalle* ist an jedem ersten Samstag des Monats von 14.00 bis 18.00 Uhr zu besichtigen. Info: Tel. 00 32 (0)4 233 57 49.

Das Fort von *Lantin* kann von Mai bis Oktober an jedem ersten Samstag des Monats von 14.00 bis 16.00 Uhr besichtigt werden. Info: Tel. 00 32 (0)4 263 34 48.

Das Fort von *Loncin*. Das Museum des Forts ist von April bis September sonntags von 14.00 bis 16.00 Uhr geöffnet. Führungen finden an jedem ersten und dritten Sonntag des Monats um 14.00 Uhr oder nach vorheriger Anmeldung statt. Info: Tel. 00 32 (0)4 246 44 35.

Das Fort von Tancrémont kann von Mai bis Oktober an jedem ersten Sonntag des Monats von 13.00 bis 17.00 Uhr oder donnerstags nach vorheriger Anmeldung besichtigt werden. Info: Tel. 00 32 (0)87 33 54 28.

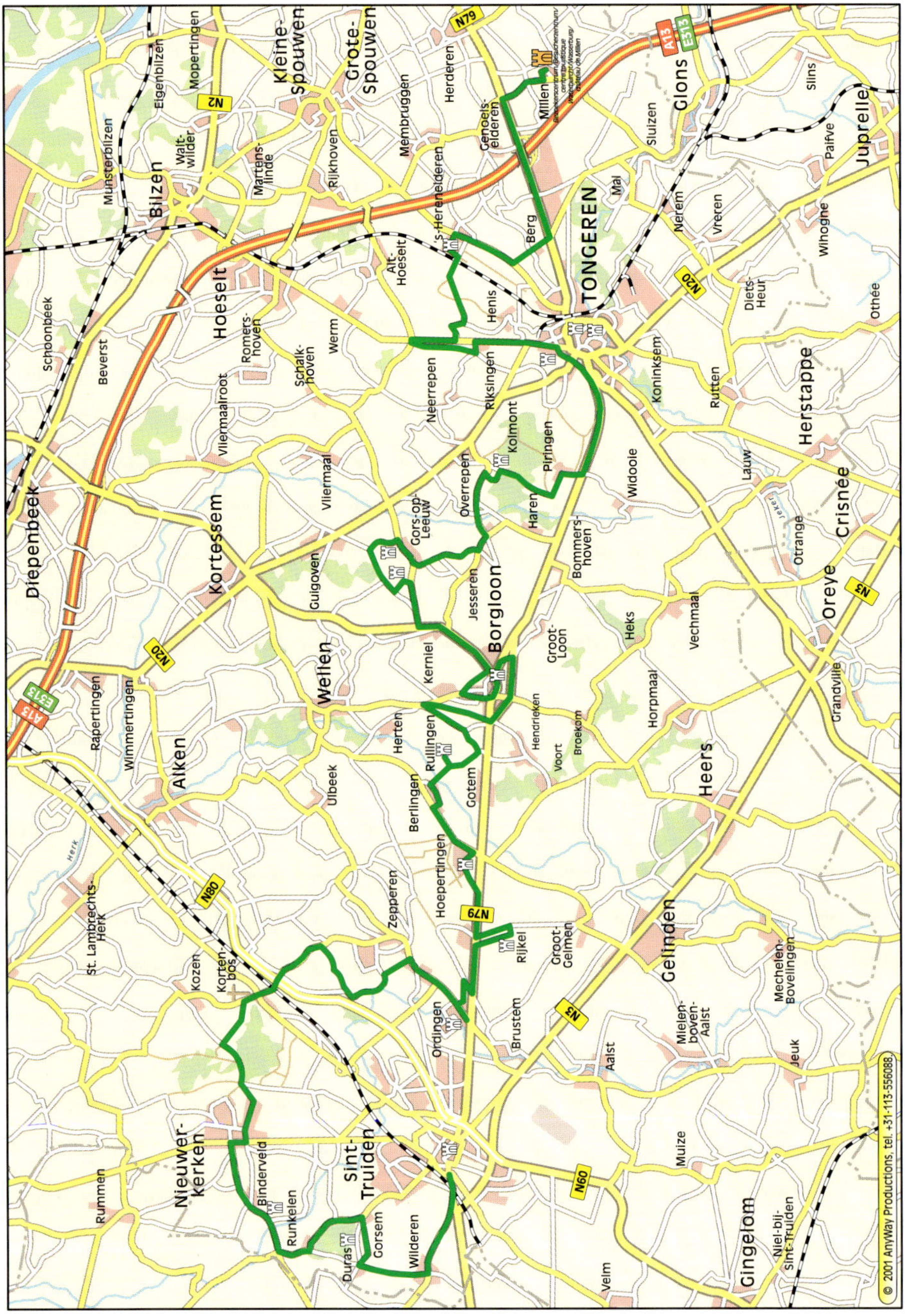

Diepenbeek
Schoonbeek
Beverst
Munsterbilzen
Eigenbilzen
Mopertingen
Bilzen
Walt-wilder
Hoeselt
Romers-hoven
Schalk-hoven
Werm
Kleine-Spouwen
Grote-Spouwen
Martens-linde
Rijkhoven
Membruggen
Herderen
Genoels-elderen
Millen
's-Herenelderen
Alt-Hoeselt
Berg
Henis
TONGEREN
Mal
Sluizen
Glons
Slins
Juprelle
Paifve
Wihogne
Vreren
Nerem
Diets-Heur
Othée
Koninksem
Rutten
Herstappe
Lauw
Widooie
Piringen
Kolmont
Riksingen
Neerrepen
Overrepen
Haren
Bommers-hoven
Otrange
Crisnée
Oreye
Vechmaal
Heks
Groot-Loon
Borgloon
Jesseren
Gors-op-Leeuw
Vliermaal
Vliermaalroot
Kortessem
Guigoven
Wellen
Kerniel
Herten
Rullingen
Gotem
Hendrieken
Voort
Broekom
Horpmaal
Grandville
Heers
Berlingen
Ulbeek
Alken
Wimmertingen
Rapertingen
St. Lambrechts-Herk
Herk
Hoepertingen
Zepperen
Rijkel
Groot-Gelmen
Gelinden
Mechelen-Bovelingen
Mielen-boven-Aalst
Aalst
Brustem
Ordingen
Kozen
Korten-bos
Nieuwer-kerken
Rummen
Binderveld
Runkelen
Sint-Truiden
Gorsem
Duras
Wilderen
Muize
Jeuk
Velm
Gingelom
Niel-bij-Sint-Truiden
N2
N20
N79
N80
N3
N60
A13
E313
© 2001 AnyWay Productions, tel. +31-113-556088

11. Die Looner-Route, 86 km

Diese Route folgt größtenteils den Schleifen 2 und 1 der Haspengau-Autoroute und ist deshalb auch fast vollständig mit achteckigen weißblauen Wegweisern ausgeschildert. Dort, wo kurz von der Route abgewichen wird, beschreiben wir Ihnen den Weg im nachfolgenden Text. Nachdem Sie die Wasserburg Millen-Riemst verlassen haben, fahren Sie kurz geradeaus und biegen dann rechts ab. So kommen Sie an die Kreuzung mit der Straße nach Tongern-Maastricht. Sie biegen links nach Tongern ab und erreichen nach ungefähr 2 Kilometern die Kreuzung mit der Straße nach Sluizen-Berg. Biegen Sie dort rechts ab in Richtung Berg. Jetzt befinden Sie sich auf der zweiten Schleife der Haspengau-Route, der Sie bis kurz hinter dem Schloss von Rullingen folgen können.

Burg und Schloss Millen

Die ersten Herren auf Millen waren im 12. Jahrhundert treue Lehnsleute des Grafen von Loon. Im Jahr 1366 erhielt Agnes van Millen das Castrum, einen befestigten Hof mit Turm, als Lehnsgut. Der ursprünglich frei stehende viereckige Donjon wurde im 14. Jahrhundert zu einer viereckigen Wasserburg ausgebaut, die an den Ecken von zwei runden Türmen und einem Turmtor flankiert wurde, die genau wie der Donjon aus den Wehrmauern vorsprangen. An der Südseite lag zwischen den beiden Flankentürmen der geräumige Saal. Auch heute noch sind in den beiden Schlossflügeln die Überreste von zwei Kaminen aus dem 16. Jahrhundert erkennbar. Inzwischen gelangte die Burg durch die Heirat van Juette von Millen mit Willem I. van Proest in den Besitz eines Geschlechtes von Kammerherren und Seneschalls der Fürstbischöfe von Lüttich. Ein Kammerherr, der Verantwortliche (Meister) der Wohnräume, war ein persönlicher Berater, eine Art Innenminister.

Der Seneschall war Herr des Saals und deshalb eher eine Art Außen- und Justizminister. Als Willem III. van Proest 1369 die Burg von Millen als Lehen erhielt, gehörte auch die nahe gelegene Motte, der

Die Wasserburg Millen nach der Restaurierung

Hausberg, zu dem Besitz. Dieser Hof hatte vorher Aleidis de Frépont de Fexhe gehört. Die Motte, die an ihrer Basis einen Durchmesser von 36 Metern hatte und 7 Meter hoch war, war mit dem an Leibeigene verpachteten Hof Cauwenberg verbunden, der ebenfalls in den Landbesitz der Burg überging.

Unter Arnold von Borlo, der auch Kammerherr des Fürstbischofs und im Jahr 1487 Bürgermeister von Lüttich war, wurde die Burg 1489 während der Querelen in der Regierungszeit des Fürstbischofs Jan van Horne im Sturm erobert und schwer beschädigt. Als der Besitz im Jahr 1591 durch eine Heirat in die Hände des Geschlechts derer de Fléron gelangte, die ebenfalls Kammerherren des Fürstbischofs waren und Bürgermeister und Ratsherren von Lüttich stellten, wurde die heruntergekommene Burg sogleich zu einem Residenzschloss im maasländischen Renaissancestil umgebaut.

1611 schloss Arnold de Fléron den ersten Pachtvertrag über den erneuerten, quadratisch angelegten befestigten Wirtschaftshof ab.

Unter der Familie d'Hemricourt de Seron verfiel der Wirtschaftshof nach endlosen Erbschaftsprozessen. Auch das Schloss war dem Verfall ausgesetzt. Im April 1774 stürzte sogar ein Teil des Wohnflügels ein. Im Jahr 1811 wurde der gesamte Besitz von Maria Elisabeth van der Heyden de Blisia auf ihrem Schloss von Loye in Lummen öffentlich versteigert und von Joseph Moreau, dem Pächter des Wirtschaftshofs, erworben.

Nach der Restauration gehört die Wasserburg von *Millen* zu den vier Besucherzentren, die die Pfeiler des Rad- und Autoroutennetzes zum Thema „*Burgen und Festungen in der Euregio*" bilden. Von dort aus können Sie zu drei Radrouten und zwei Autorouten starten, die an zahlreichen südlimburgischen Burgen und Befestigungsanlagen vorbeiführen. In der Burg und im Informationscafé für Touristen erhalten Sie zahlreiche Informationen über alles, was es unterwegs zu erleben gibt. Mit ihren Museumsräumen und dem Park ist die Wasserburg ein kulturtouristisches Erlebnis. In der Küche gewinnt man einen Einblick in das tägliche Leben des Landadels im späten 16. und Anfang des 17. Jahrhunderts und kann eine festlich gedeckte Tafel bewundern. Der Spieldachboden und der Schlossgarten laden zu verschiedenen Formen adeligen Zeitvertreibs ein.

Ein anderer Looner herrschaftlicher Besitz, der auf dem heutigen Grundgebiet von Millen liegt, war der Hof van Eggertingen, der heute als „Spanischer Hof" bezeichnet wird. 1367 befand er sich im Besitz der Familie van Gelinden.

i *Kattestraat 22, B-3770 Millen-Riemst.*
Museum:
vom 1. März bis 31. Oktober täglich außer montags von 9.30 bis 18.00 Uhr, vom 1. November bis 28. Februar täglich außer montags von 14.00 bis 18.00 Uhr geöffnet.

Informationscafé:
vom 1. März bis 31. Oktober täglich außer montags von 9.30 bis 1.00 Uhr (nachts), vom 1. November bis 28. Februar täglich außer montags von 14.00 bis 18.00 Uhr geöffnet.
Info: Tel. 00 32 (0)12 45 86 42.

Schloss 's Hereneleideren

Siehe Fahrradroute 13.

Tongern

Wenn Sie der Autoroute folgen, die an Tongern vorbeiführt, dann fahren Sie ein ganzes Stück an der römischen Mauer entlang.

Ein Besuch von Tongern gehört eigentlich zum Programm der Route 12 und wird ab Seite 207 beschrieben.

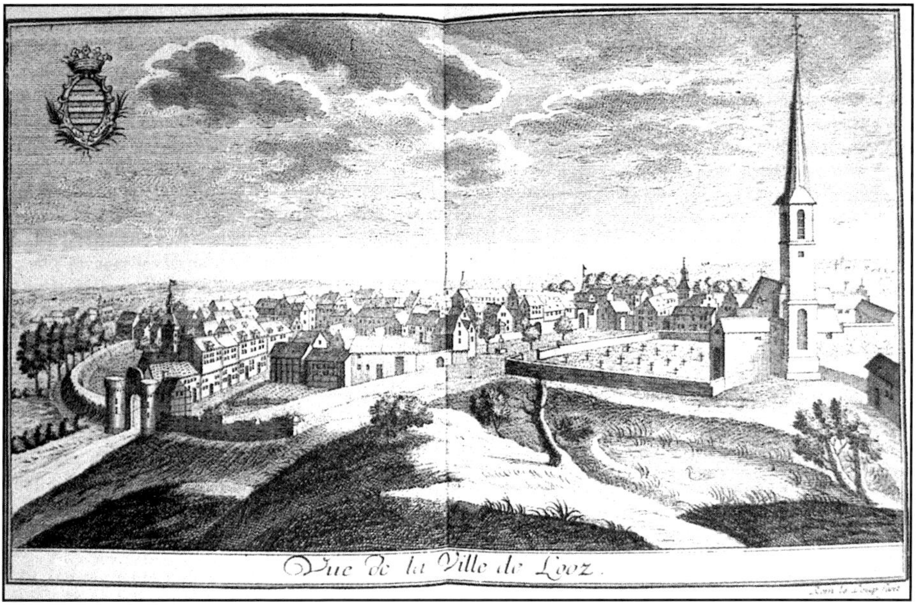

Ansicht der Stadt Borgloon (Remacle le Loup)

Die Burgruine von Colmont

Siehe Fahrradroute 15.

Gors-Opleeuw

Siehe Fahrradroute 15.

Borgloon, eine gräfliche Stadt

Burg Loon

Die Hauptburg der Grafen von Loon bildete die Keimzelle, um die herum sich die Stadt Borgloon entwickelte. Außerdem lag der Ort an der Kreuzung zweier antiker Heerstraßen, der Straße von Tienen nach Tongern und der Straße von Trier nach Nimwegen. Die strategische Lage bezüglich der Straßen von Deutschland ins Herzogtum Brabant war bei der Wahl dieses gräflichen Herrschaftssitzes sicherlich Ausschlag gebend. Borgloon wird 1078 zum ersten Mal als Lon erwähnt, das auf die germanische Bezeichnung lauhum, bewaldeter Hügel, zurückzuführen ist. Die Festung befand sich gegenüber der St.-Odulphuskirche. Am südlichen Ende befindet sich noch immer eine kreisförmige Anhöhe, die einen herrlichen Blick auf die Landschaft des Haspengau bietet. Der 30 Meter hohe, künstlich angelegte Hügel kann als mittelalterliche Motte angesehen werden.

Auf diesem Hügel hatten die Grafen von Loon bereits 1032 einen befestigten Turm errichtet. Beim Bau einer neuen Gemeindeschule im 19. Jahrhundert legte man vor der Motte bis zu vier Meter hohe Mauerreste frei, von denen zwei mit Schießscharten versehen waren. Es handelte sich dabei um die Überreste eines rechteckigen wehrhaften Wohnturms. Der Kanoniker Daris, der in der näheren Umgebung der Fundstätte wohnte, setzte sich mit aller Macht für den Erhalt der baulichen Überreste ein. Leider vergeblich, denn man glaubte nicht,

Blick auf Borgloon

dass es sich hier wirklich um die Ruinen der alten Looner Burg handelte. Dafür war, so das heute verblüffend wirkende Argument, zu viel römisches Material verwendet worden. Bis 1877 wurden alle Landstraßen in Loon und Umgebung damit befestigt.

Als die Schule im Jahr 1970 ihrerseits einem neuen Kulturzentrum Platz machen musste, wurden neue Ausgrabungen vorgenommen. Mit Ausnahme der nördlichen Grundmauer waren anscheinend alle Mauern der Festung bis zu den Fundamenten abgebrochen worden.

Der Bau hatte die Form eines Rechtecks, dessen Innenabmessungen 33 mal 10 Meter betrugen. Die Grundmauern waren zwischen 2 und 2,5 Metern dick. Sie bestanden aus Silexsteinen, zwischen die ab und zu ein harter Sandstein oder das Stück eines römischen Dachziegels eingefügt waren. Die Wehrhaftigkeit der Burg wurde an der Süd- und Westseite durch einen steilen Abhang verstärkt, auf dem sich, nach den gefundenen Pfahlspuren zu urteilen, eine Palisade befunden haben muss. An der Nord- und Ostseite, wo das Gelände flacher war, wurde ein breiter, tiefer Graben ausgehoben. Aus dem gefundenen Scherbenmaterial lässt sich ableiten, dass die Burg Ende des 11. Jahrhunderts erbaut worden sein muss. Die Burg wurde erstmals im Jahr 1171 von Gillis von Duras und den Einwohnern von Sint-Truiden belagert. 1179 wurde sie im Krieg des Grafen Gerard I. gegen den Fürstbischof Rudolf von Zähringen zum ersten Mal verwüstet. Nachdem sie von Gerard I. oder seinem Sohn Ludwig II. wieder aufgebaut worden war, wurde sie 1232 ein weiteres Mal verwüstet. Von diesem Augenblick an zogen die Looner Grafen die mehr landeinwärts gerichtete Festung in *Kuringen* ihrer Residenz in *Borgloon* vor. Dort brachten sie im 13. Jahrhundert auch ihren Lehnsaal unter, während die Münzpräge nach *Hasselt* umzog. Die Stadt wurde die neue Hauptstadt der Grafschaft.

Stadtwälle und Tore

Um 1200 erhielt Borgloon das Lütticher Stadtrecht und wurde mit einem Wall umwehrt. Die Stadt konnte durch vier Tore betreten werden: das Kölner Tor, das Gratemtor, das Wellertor und das Stein- oder Tongersche Tor. An den leicht zugänglichen Seiten wurde ein breiter Stadtgraben mit Wällen und Mauern angelegt. Daran schloss sich ein in konzentrischen Kreisen angelegtes Straßennetz an. Den Knotenpunkt der zu den Toren führenden Straßen bildete der Marktplatz mit dem Rathaus, das auch 's Grevenhuys genannt wurde. In den siebziger Jahren des 19. Jahrhunderts wurde ein Großteil des Borchgrabens zugeschüttet, um Platz für den Bau der ersten Gemeindeschule zu schaffen. Auch die Stadttore wurden im 19. Jahrhundert abgerissen.

Von Borgloon aus fahren Sie weiter auf der Haspengauw-Route, Schleife 2.

Das Schloss Rullingen

Die mittelalterlichen Herren von Rullingen lebten als treue Lehnsleute im Schatten der Burg von Loon. Eggebertus de Rolengen war der älteste uns bekannte Schlossherr. Mitte des 14. Jahrhunderts verschwanden ihre Namen plötzlich aus den Ritterlisten. Vermutlich standen sie in den Looner Erbfolgekriegen, in deren Verlauf die Grafschaft in die Hände des Fürstbischofs von Lüttich fiel, auf der Seite der Verlierer. Aus dem Looner Lehenregister von 1390-1413 geht nämlich hervor, dass der Lütticher Herr Warengüter aus dem ehemaligen Besitz von Arnold von Rullingen erhielt, bevor dieser gegen seinen Herrn und die Kirche zu Felde zog.

Das Lehen wird in den Registern von Kuringen immer wieder als „domus et curia", Haus und Hof, beschrieben. Dass es zu einer typisch mittelalterlichen Motte erweitert wurde, geht vor allem aus dem ziemlich späten Vermerk hervor, der besagt, dass Conrard van Voordt im Jahr 1623 „sur la motte de Rullingen" eine Kapelle stiftete. Hat sich also an der Stelle des heutigen Schlosses ein befestigter Herrensitz befunden? Die Archäologen konnten nur feststellen, dass die Fundamente in der näheren Umgebung des Schlossturms wie auch die des heutigen Schlossturms selber einen älteren Kern aus Silex und Mergel haben. Nachdem Richard van Voordt im Jahr 1618 den Besitz geerbt hatte, be-

Das Schloss Rullingen

gann er sofort mit der Erweiterung des gerade erhaltenen Lehnsgutes. Geschickt benutzte er die äußerst schwierige Zeit der Glaubenskriege dazu, seinen Besitz um etliche Hektare und Are Ackerland zu erweitern. Zwischen 1623 und 1638 krönte Richard van Voordt das Werk mit dem Bau eines großen schlossähnlichen Landsitzes im maasländischen Renaissancestil. Er bestand aus zwei von Gräben umgebenen U-förmigen Komplexen, der noch erhaltenen Residenz und dem inzwischen verschwundenen, auf das Herktal ausgerichteten Bauernhof.

1910 kaufte Ritter Pangaert d'Opdorp den Besitz. Zehn Jahre später wurde das Schloss durch einen Brand schwer getroffen. Der Schlossbauernhof und der östliche Schlossflügel wurden völlig zerstört. Der Bauernhof wurde daraufhin ganz abgerissen und das Schloss von dem Architekten Langerock, der auch das Rathaus von Borgloon renoviert hatte, im Brabanter Neorenaissancestil um- und neu aufgebaut.

i *Das Schloss ist heute ein Hotel und Restaurant und kann nur von Gästen besucht werden. Der Garten ist ganzjährig öffentlich zugänglich.*
Info: Tel. 00 32 (0)12 74 31 46
E-Mail: Rullingen@ping.be

Folgen Sie nach Verlassen des Schlosses Rullingen weiter der Haspengau-Route 2, bis Sie das Zentrum des Dorfes Berlingen passiert haben. Verlassen Sie an der nächsten Kreuzung die Route und biegen Sie links ab. Sie fahren jetzt in Richtung Hoepertingen. In Hoepertingen folgen Sie an

Das Schloss Hoepertingen

Ansicht des Schlosses Hopertingen (Remacle le Loup)

dem kleinen Kreisverkehr wieder der Haspengau-Route und den Wegweisern bis zum Schloss von Rijkel. Vorher kommen Sie allerdings noch an einem anderen Schloss vorbei.

Das Schloss Hoepertingen (Mariagaarde)

Die Geschichte des Looner Landsitzes lässt sich bis 1155 zurückverfolgen. Koenraad van Hoepertingen ist der älteste uns bekannte Schlossherr.

Nach 1617 errichtete Jan-Willem van Scharenberg ein neues Residenzschloss. Davon zeugen nur noch die seitlichen Treppenfassaden des heutigen Schlosses. Der Donjon in der nordwestlichen Ecke des Schlosses blieb erhalten, aber auch in der südöstlichen Ecke hat sich früher einmal ein Eckturm befunden. Von den ursprünglich in L-Form angelegten Wirtschaftsgebäuden mit Stallungen und Scheunen blieben nur der Seitenflügel und das Torhaus erhalten.

i *Schloss Mariagaarde: montags bis freitags von 9.00 bis 17.00 Uhr von außen zu besichtigen, von innen nur nach vorheriger Vereinbarung. An kirchlichen Feiertagen geschlossen.*
Info: Tel. 00 32 (0)12 74 11 31

Das Schloss Rijkel

Im Jahr 1139 gehört der Landsitz Rijkel noch zum allodialen Hof von Lüttich und dem feudalen Hof von Diepenbeek. Ritter Renerus van Rycle, der im Jahr 1253 erwähnt wird, ist der Bruder von Willem van Ryckel, dem Abt von Sint-Truiden.

Im 14. Jahrhundert war das jetzige Schloss lediglich ein von Wasser umgebener und mit einer Zugbrücke versehener ländlicher Herrensitz. Das Wohnhaus des Anwesens ist auch jetzt noch im östlichen Flügel des heutigen Schlosses erkennbar, das Anfang des

Das Schloss Rijkel

17. Jahrhunderts von der Familie van Hinnisdael gebaut wurde. Auch der ursprüngliche, zentral gelegene viereckige Westturm wurde vollständig in den im 17. Jahrhundert stattfindenden Ausbau mit einbezogen.

Der nördliche und der östliche Schlossflügel stammen bereits aus dem dritten Viertel des 17. Jahrhunderts, der Zeit des Adrien-François van Hinnisdael, in der das Schloss sein heutiges Aussehen und seinen U-förmigen Grundriss erhielt. Als das Schloss im Laufe des 18. Jahrhunderts in den Besitz von Pierre-Antoine de Thiribu gelangte, befand es sich in einem sehr schlechten Zustand. Deshalb wurden sofort eingreifende Umbauarbeiten durchgeführt. Der Hauptbau hat noch die alte Aufteilung mit Chambre (Säulensaal), Antichambre und einem ovalen Boudoir. Der Westflügel war ein Wirtschaftsgebäude mit Kutschenhaus und Pferdeställen. Im Jahr 1965 wurde der Besitz von der Vereinigung „Les demeures historiques de Belgique" der Provinz Limburg überschrieben und gründlich restauriert. Das eindrucksvolle Schloss wird von hohen viereckigen Ecktürmen flankiert und ist an drei Seiten von Gräben umgeben. Den ältesten Teil bildet das noch an den Baunähten erkennbare Wohnhaus des ursprünglichen Herrensitzes an der Südseite des Ostflügels. Die ursprüngliche Westfront liegt versteckt hinter dem Gebäude, das Ende des 18. Jahrhunderts an den alten Komplex angebaut wurde. Dieser Anbau wurde übrigens mit einem eigenen Walmdach versehen.

i *Von außen immer zu besichtigen. Zu Zeit beherbergt das Schloss das Verkehrsamt Haspengau (Toerisme Haspengouw).*
Info: Tel. 00 32(0)11 69 11 88
E-Mail: toerismehaspengouw@toerisme-limburg.be

Von Schloss Rijsel aus folgen Sie weiter der Schleife 1 der Haspengau-Route. Das bedeutet, dass Sie kurz umkehren müssen. Schleife 1 ist mit den selben achteckigen Wegweisern ausgeschildert. Wenn Sie in Ordingen angekommen sind, verlassen Sie kurz die Haspengau-Route und biegen links ab. Nach rund hundert Metern sehen Sie auf der linken Seite die Deutschordenskommende Ordingen.

DIE DEUTSCHORDENSKOMMENDE ORDINGEN

Dieser freie herrschaftliche Besitz lag lange Zeit wie eine Insel zwischen den kirchlichen Enklaven und zahlreichen Lehnsgütern des Grafen von Loon. Der älteste bekannte Herr ist Ritter Adam de Harduemont oder Ordingen (1260). Ritter Arnoldus I. van Ardinghen trat im ersten Jahrzehnt des 14. Jahrhunderts regelmäßig als Seneschall von Loon auf. In dieser Funktion war er verantwortlich für die Verwaltung des Besitzes und der gräflichen Residenz und er vertrat den Grafen bei der Rechtsprechung in der Kurie. Zwischen 1370 und 1380 gelangte Ordingen kurz in den Besitz des Ritters Willem van Duras van Ordingen. Als dessen ältester Sohn Willem als neuer Abt von Sint-Truiden in eine blutige Auseinandersetzung mit den Zünften von Sint-Truiden verwickelt wurde, ging das Schloss von Ordingen 1391 in Flammen auf. Ein weiteres Mal wurde es während der Schlacht von Brustem im Jahr 1467 verwüstet. Erbstreitereien und die hoffnungslose finanzielle Lage führten schließlich im Jahr 1611 zum Verkauf des Schlosses von Ordingen an die Landkommende Alden Biesen.

Die ehemalige Deutschordenskommende Ordingen

Das Schloss von *Ordingen* liegt am nördlichen Ufer des Melsterbeek. Aus alten Zeichnungen aus dem 16. und 18. Jahrhundert geht hervor, dass es sich bei dem Schloss ursprünglich um eine Wasserburg mit drei Türmen gehandelt hat. Der Grundriss ist rechteckig und zu einer Seite hin offen. Der höchste Turm diente als Torbau, während die anderen Türme die Seitenflügel flankierten. In der Vorburg lag ein ebenfalls von Gräben umgebenes Gehöft.

Nach der Französischen Revolution wurde der Besitz öffentlich versteigert und von P. de Libotton erworben, der den befestigten Wohnbau der Ordensbrüder und die Kapelle Anfang des 19. Jahrhunderts durch ein Schloss im spätklassizistischen Stil ersetzte. Dieses Schloss wiederum wird in der zweiten Hälfte des Jahrhunderts im Auftrag von H. de Pitteurs Hiegaerfts wiederum durch das heutige Neorenaissanceschloss ersetzt, das nach einer Bombardierung im Jahr 1940 fast vollständig wieder aufgebaut werden konnte.

Von der Kommende aus dem 17. Jahrhundert sind das L-förmige Haus des Komturs, der jetzt frei stehende westliche Eckturm und der Torbau mit Schilderhaus erhalten geblieben, wie aus einem in die Fassade eingelassenen Stein mit der Jahreszahl 1633 und dem Wappen der Kommende Amstenraedt über dem Tor hervorgeht.

i *Die Kommende Ordingen wird restauriert, kann aber von außen besichtigt werden.*

Nachdem Sie die Kommende verlassen haben, fahren Sie zurück auf die Haspengau-Route und dort weiter bis einige Kilometer hinter das Örtchen Zepperen. Dort überqueren sie die vierspurige Straße Sint-Truiden-Hasselt und folgen weiter der Route bis zur nächsten Kreuzung an der

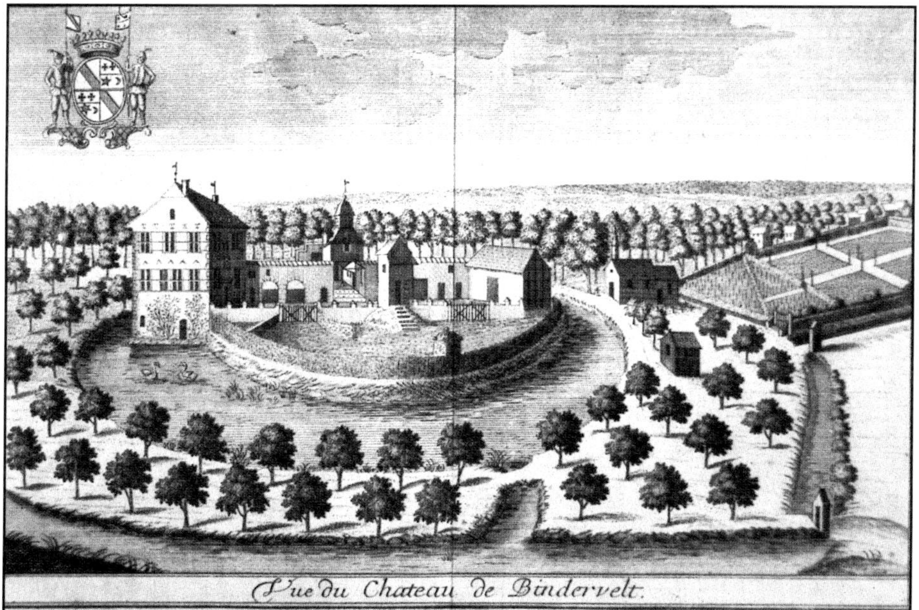

Ansicht des Schlosses Binderveld (Remacle le Loup)

Basilika von Kortenbos. Hier biegen Sie erst links und dann sofort wieder rechts ab, so dass Sie an der Vorderseite der Basilika vorbeifahren. Danach nehmen Sie die erste Straße links, die gegenüber einem großen Vierkanthof liegt. Am Ende der kleinen Straße fahren Sie wieder nach links und bleiben dann auf dieser Straße. Nach der nächsten Kreuzung kommen Sie nach Nieuwkerken. Fahren Sie dort weiter geradeaus und überqueren Sie eine weitere Kreuzung, dann befinden Sie sich wieder auf der Haspengau-Route 1.

Das Schloss Duras

Das Schloss Binderveld

Das Schloss *Binderveld* liegt, etwas im Grünen versteckt, kurz hinter dem Dorfzentrum auf der linken Seite.

Die Ritter von Binderveld gehören zu den ältesten Vasallen der Grafen von Loon und der Herzöge von Brabant. Das Schloss von Binderveld geht auf das 12. Jahrhundert zurück. Es war als Motte sicher befestigt und von Gräben umgeben. 1634 war das Gebäude so verfallen, dass es von Baron Hieronymus de Copis von Grund auf neu aufgebaut werden musste. Jedoch wurde es schon ein Jahr später von Jan van Weert und seinen kroatischen Legionären geplündert und angezündet. 1637 überfielen die Holländer das Schloss abermals und legten ebenfalls Feuer. Der Schlossherr wurde nach Maastricht gebracht und dort eingesperrt. 1654 wurde das Schloss von den Lothringern als Waffenarsenal benutzt. 1699 fiel es noch einmal plündernden Soldaten zum Opfer, und 1728 ging zu allem Unglück abermals ein Teil in Flammen auf. Jedoch wurde es von Baron le Roy auf den Grundmauern der älteren Gebäude sofort wieder aufgebaut.

Remacle Le Loup fertigte von Binderveld eine Zeichnung. An der Innenseite des Grabens erkennen wir eine Kapelle und Stallungen. Sie verbanden das Schloss mit dem noch erhaltenen Torgebäude. Auch das Wohnhaus, ein Herrenhaus vom Doppelhaustyp, blieb erhalten. Sein Kern geht möglicherweise auf die erste Hälfte des 17. Jahrhunderts zurück, jedoch wurde es ein Jahr nach dem Brand von 1728 umgebaut.

i *Das Schloss befindet sich in Privatbesitz, ist aber von der Straße aus gut zu sehen.*

Das Schloss Duras

Im 12. Jahrhundert war die Burg von Duras Sitz einer freien Grafschaft, deren Besitzer gleichzeitig auch Untervögte von Sint-Truiden waren. Dies und auch die Tatsache, dass Duras an der Grenze zwischen Brabant und Loon lag, führte immer wieder zu Auseinandersetzungen zwischen dem Herzogtum und der Grafschaft. Ende des 12. Jahrhunderts konnten sich die Grafen von Loon, die übrigens mit dem Hause Duras verwandt waren, der kleinen Grafschaft bemächtigen und sie ihrem gräflichen Territorium einverleiben.

Am 1. Oktober 1412 erhielt Willem von Duras eine weitere auf dem Grundgebiet von Duras gelegene Motte mit einem Teich und zwei Parzellen Weideland als Lehen. An der Stelle, wo sich früher einmal eine Turmburg erhob, steht jetzt ein klassizistisches Schloss. Der Graf van der Noot ließ kurz nach 1785 die Burg, die damals noch aus einer Vorburg mit Brauerei und einem Ehrenhof mit Herrenhaus und Donjon bestand, abreißen und ersetzte sie durch ein Landhaus nach Entwürfen des Architekten G.J. Henry im so genannten Palladio-Stil. Der Park wurde ab 1821 nach Entwürfen des Architekten F. Verly angelegt.

i *Das Schloss befindet sich in Privatbesitz, ist aber von der Straße aus gut zu sehen.*

Sint-Truiden

Um 655 gründete Trudo, der Sohn des Grafen von Haspengau auf seinem erbherrlichen Grundbesitz Sarchinium ein Kloster, das er der Kirche von Metz schenkte. Die Herren von Duras wurden gebeten, als Vögte den Schutz der Klosterstiftung zu übernehmen. Um sich gegen einen möglichen Amtsmissbrauch der Vögte zu schützen, setzte der Bischof von Metz um 1059 seinen Bruder, den Herzog von Niederlothringen, als Obervogt ein. Durch eine Heirat gelangte das Kloster 1155 unter die Schirmvogtei der Herzöge von Brabant. Diese Entwicklung kam der Grafschaft nur entgegen, die die Kontrolle der Handelswege zwischen Brügge und Köln anstrebte. Im Gegenzug schenkte der Untervogt Duras seine Grafschaft und Vogtei dem Fürstbischof Raoul von Zähringen, der aus Geldnot seine Rechte an den Grafen Gerard I. von Loon verkaufte.

Als jedoch der Bischof von Metz im Jahr 1203 dem Grafen Ludwig von Loon die Bodenzinsen für Sint-Truiden wegnahm, fühlte dieser sich bedroht und übertrug daraufhin sofort die südlichen, strategisch wichtigen Punkte seiner Grafschaft wie Montemaken, Brustem, Hasselt, Tessenderlo und Lummen dem Bischof von Lüttich. Mittlerweile war der Herzog von Brabant gegen Sint-Truiden ausgezogen. Der Bischof und der Graf von Loon rückten ihrerseits in Richtung Borgworm vor. Dem Grafen von Namur gelang es im Jahr 1206, einen Waffenstillstand auszuhandeln. Jedoch war die Solidaritätsachse Lüttich-Loon hiermit ein Faktum. Brabant strebte weiter danach, in den Besitz von Sint-Truiden zu gelangen. Schließlich kam es im Oktober 1213 in der Ebene von Steppes zu einer offenen Feldschlacht. Der Sieg der Bündnispartner Lüttich und Loon wurde in Sint-

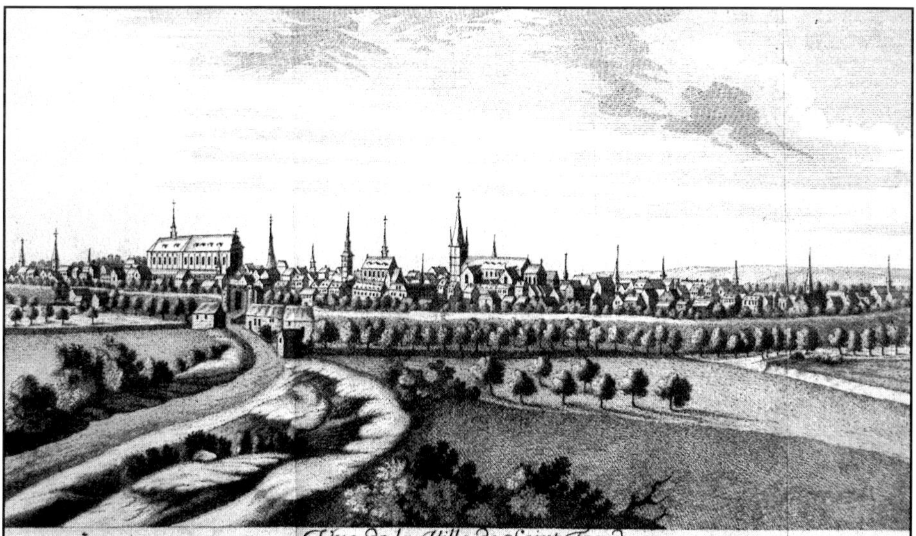

Ansicht der Stadt Sint-Truiden (Remacle le Loup)

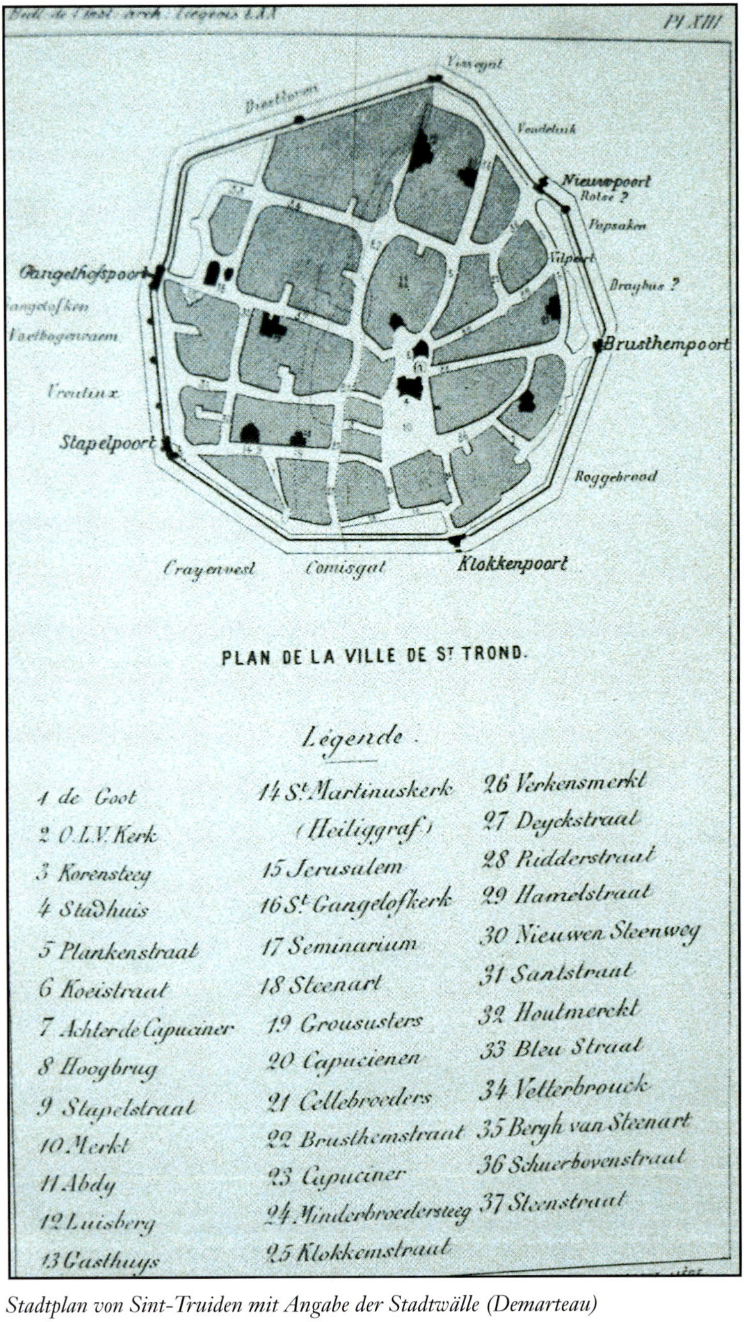

Stadtplan von Sint-Truiden mit Angabe der Stadtwälle (Demarteau)

Truiden mit Begeisterung aufgenommen. Heinrich I. von Brabant hatte den Kampf, der ihm dazu verhelfen sollte, die Stadt Sint-Truiden auf dem Wege der Vogtei als Vorposten gegen Lüttich und Loon zu gewinnen, definitiv verloren.

Bereits Mitte des 10. Jahrhunderts wurde beim Wiederaufbau der von den Normannen verwüsteten Klosterkirche ein Wall rings um das Kloster angelegt. Um diesen Wall entwickelte sich schnell eine kleine Siedlung und ein Handelsplatz. Mehrmals wird in den Chroniken erwähnt, dass sich die Verteidiger ins „Münster“ zurückzogen, nachdem die Wälle den Angriffen erlegen waren. In diesen Fällen diente der Turm des Klosters als Bollwerk, in dem Proviant und Waffen gelagert wurden.

Die Stadt wuchs, und in der zweiten Hälfte des 11. Jahrhunderts wurden außerhalb der Klostermauer zwei romanische Gotteshäuser errichtet: die Liebfrauenkirche und die Sankt-Gangulfuskirche. Die mittlerweile 51ha große Siedlung wurde zwischen 1055 und 1086 mit einem Wall umgeben.

Wahrscheinlich wurden die einst hölzernen Wehranlagen erst ab 1120, nach dem Angriff von Gottfried, Herzog von Löwen, durch Steinmauern und Flankierungstürme ersetzt. Bei diesen Türmen handelte es sich um den Sautthorn auf der Tiensevest, dem Diefstoren („toren“ = „Turm“) in der Nähe der Stapelpoort, den Vreulincktoren, so genannt wegen des vorgelagerten Moorgebiets, das Gangelhofke, später auch Poyerthorn genannt, und dem Ridderstanneel oder -torneel. Die Schleuse Vissengaet wurde mit dem Vilpeerttoren und dem Turm Negenmanneke befestigt, die einen Ausblick auf das von Gräben durchzogene Gelände boten. Das Nieuwpoort-Viertel wurde außerdem vom Vondelincktoren geschützt, der auf die zahlreichen schmalen losen Brückenstege hinwies, die in Friedenszeiten über den Stadtgraben gelegt wurden. Der Papsacktoren (Dickwansttor) verdankte seinen

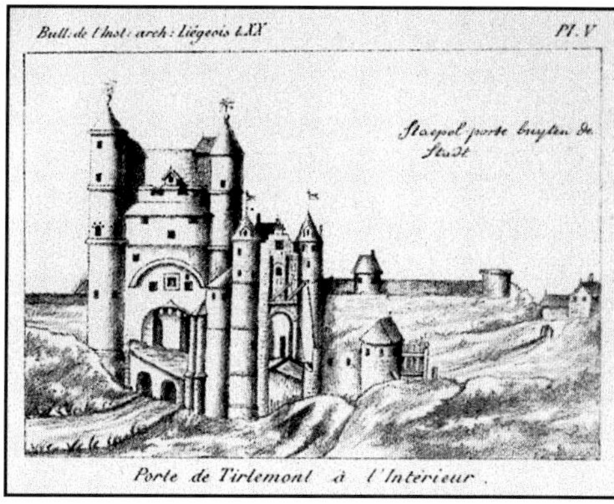

Stapeltor außerhalb um Sint-Truiden

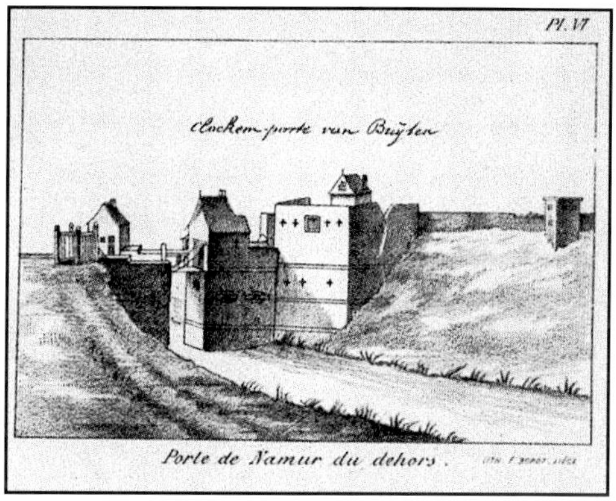

Glockentor von außen um Sint-Truiden

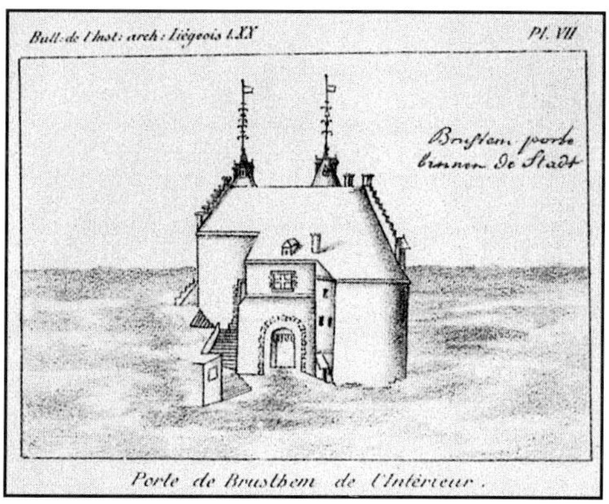

Brustemtor um Sint-Truiden

Brustemtor (Außenseite) um Sint-Truiden

Ganghelhofporte um Sint-Truiden

Der Felsen, von Vilpeert zwischen Brushem und Nieuwpoorte, aus gesehen

Namen seiner Form, ebenso wie der Rogbroettoren (Roggenbrottor), der zwischen der Clockenpoort und der Schleuse Comisgaet lag. Der Drayebustoren verwies auf eine drehbare Kanone. Außerdem gab es noch die Bastionen De Roetse an der Nieuwpoort, Leepoog an der Brustempoort und Crayennest zwischen dem Zouttoren und dem Comisgaet. Beim Comisgaet und Vissengaet handelte es sich um zwei mit eisernen Barrieren verstärkte Schleusensysteme, die den Zu- und Abfluss des zum Zwecke der Stadtbefestigung umgeleiteten Baches Cicindria regelten. Auch der Legebeek, der Hoochbeek und der Bronbeek führten über ein ebenso ausgeklügeltes Schleusensystem den Stadtgräben Wasser zu.

Sint-Truiden war durch fünf Tore zugänglich, die sich an den jeweiligen Ausfallstraßen befanden. Es handelte sich dabei um die Stadttore Clockenpoort bei Zerkingen an der Straße nach Namur,die Brustempoort in Richtung Tongern und Lüttich, die Stapelpoort in Richtung Tienen, die Sint-Gangelofspoort in Richtung Herk und Diest und die Nieuwpoort in Richtung Hasselt.

Die Stadttore entwickelten sich zu selbstständigen Befestigungsanlagen, doppelte mit Flankierungstürmen versehene Torburgen mit einem Außentor oder einer Vorburg und einem defensiven Innentor, vor dem ein ebenso befestigter Fanghof oder Tordurchgang lag. Auf diese Weise konnten sich die Verteidiger nach dem Fall der ersten Stellung in eine zweite zurückziehen. Auch die absichtlich gewunden angelegten Straßen dienten einer besseren Verteidigung.

Die unterirdischen Überreste des Brustemtors weisen noch immer ein ausgedehntes System von Verteidigungsanlagen wie Schießscharten und Schlitze, Feuerungsanlagen, Pulverdampfabzüge, Sprechöffnungen, verschlungene Gänge, Schießräume, Wächternischen und Schleusen für die Gräben auf. Viele dieser architektonischen Elemente stammen bereits aus dem 16. Jahrhundert, andere wiederum zeugen noch von der

Übergangsphase zwischen den rein mittelalterlichen Wehranlagen und der im 14. und 15. Jahrhundert notwendigen Anpassung an die Feuerwaffe. 1675 wurden die Stadtmauern auf Befehl Ludwigs XIV. geschleift. Im 19. Jahrhundert wurden schließlich auch die Gräben zugeschüttet und die Reste der Befestigungsanlagen eingeebnet.

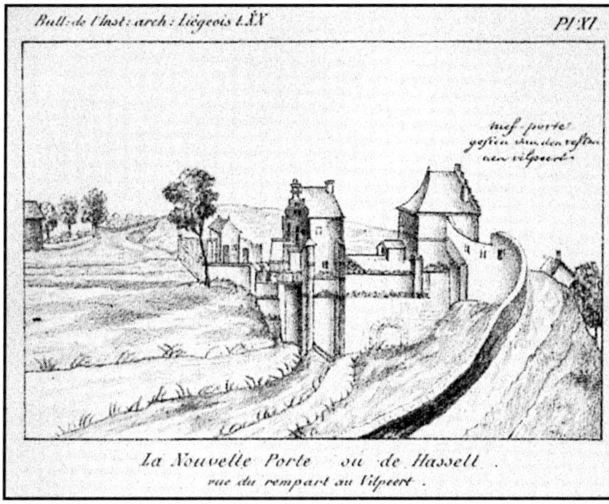

Das neue Tor, von der Festung Vilpeert aus gesehen

Der Verlauf der alten Umwehrung ist heute noch gut an den Grünanlagen der Stadt abzulesen. Man kann ihn auf einem Spaziergang erkunden. Im Osten liegt die Tichelrij, im Süden die Tiensevest, im Westen die Kazernevest und im Norden die Hoge Veser. Auch der Stadtpark im Norden und Westen der Stadt gehörte früher zu den Umwallungen. Ein kleiner Teil der Stadtmauer zwischen dem Vissengat und der Stapelpoort ist erhalten geblieben. Bei dem Stück Stadtmauer an der Naamsevest handelt es sich um eine Backsteinkonstruktion, die in regelmäßigen Abständen mit Mauerstreben und in die Vorderfront eingelassenen Rundbögen versehen ist. Das Haus „De Zoutkist“ an der Tiensevest, die der Trasse des ehemaligen Stadtwalls folgt, verdankt seinen Namen und seine komplexe Form der Tatsache, dass es auf der Ruine des früheren Salzturms erbaut wurde, der wiederum seinen Namen von der dahinter gelegenen Salzsiederei erhalten hatte. Weiter erhalten geblieben, der Öffentlichkeit aber nicht mehr zugänglich, ist die so genannte Brustempoort, ein zwei Geschoss tiefes Gewölbe des Stadtwalls.

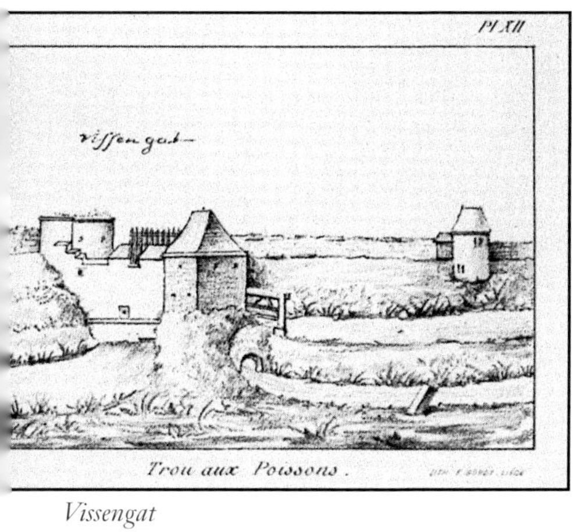

Vissengat

i *Das „Besucherzentrum Kloster, Stadt und Region“ im ehemaligen Benediktinerkloster führt die Besucher in die Vergangenheit der Stadt und ihrer Umgebung ein. Das Zentrum wurde an der Stelle der ehemaligen Klosterkirche in der Nähe des Marktplatzes und des Rathauses in der Diesterstraat 1 eingerichtet*

In der Saison ist der Eintritt an jedem Wochenende von 14.00 bis 17.00 frei.
Info und Führungen:
Tel. 00 32 (0)11 70 18 18
E-Mail: info.toerisme@sint-truiden.be

Munsterbilzen
Eigenbilzen
Mopertingen
Kleine-Spouwen
Grote-Spouwen
Bilzen
Walt-wilder
N2
Martens-linde
Rijkhoven
Membruggen
Herderen
N79
Genoelselderen
Millen
A13
E313
Glons
Sluizen
Mal
Slins
Paifve
Juprelle
Beverst
Hoeselt
Alt-Hoeselt
's-Herenelderen
Berg
TONGEREN
Nerem
Vreren
Wihogne
Romers-hoven
Schalk-hoven
Werm
Henis
N20
Diets-Heur
Othée
Xhendre-mael
Vliermaalroot
Neerrepen
Riksingen
Koninksem
Rutten
Herstappe
Piringen
Widooie
Lauw
Kemexhe
Kortessem
Vliermaal
Overrepen
Gors-op-Leeuw
Haren
Bommers-hoven
Jeker
Otrange
Crisnée
Guigoven
Jesseren
Borgloon
Groot-Loon
Heks
Vechmaal
N3
Oreye
Wellen
Kerniel
Rapertingen
Wimmertingen
Alken
Herten
Hendrieken
Voort
Broekom
Horpmaal
Heers
Grandville
E40
A3
Ulbeek
Berlingen
Gotem
Mettekoven
Gutschoven
Veulen
WAREMME
Hoepertingen
N80
St. Lambrechts-Herk
Rijkel
Groot-Gelmen
Gelinden
Kozen
Zepperen
Ordingen
Brustem
Mielen-boven-Aalst
Mechelen-Bovelingen
Kortenbos
Aalst
Jeuk
Berloz
Nieuwer-kerken
Binderveld
Sint-Truiden
Muizen
N60
Rummen
Runkelen
Gorsem
Duras
Wilderen
Velm
Gingelom
Niel-bij-Sint-Truiden
© 2001 AnyWay Productions, tel. +31-113-556088

12. Die Tongern-Route, 55 km

Die Route beginnt in Sint-Truiden und folgt größtenteils den Schleifen 1 und 2 der Haspengau-Autoroute. Sie ist fast vollständig mit achteckigen blauweißen Wegweisern ausgeschildert. Abweichungen von der Route werden im folgenden Text angegeben.

Sint-Truiden

Beschreibung siehe Route 11.

Verlassen Sie Sint-Truiden in Richtung Tongern, überqueren Sie den Ring von Sint-Truiden und fahren Sie dann weiter bis zur Kreuzung mit der Straße nach Brustem-Ordingen (Ampel). Dort biegen Sie rechts und nach ungefähr 2 Kilometern wieder links ab. So gelangen Sie ins Zentrum von Brustem. Am Ende des Dorfplatzes befindet sich die Burgruine. Sie können um den Burgturm herumgehen, dürfen ihn aber nicht betreten.

Brustem

Brustem war Eigentum des Grafen von Loon und lag wie eine Enklave in der Grafschaft Duras und dem Allod des Klosters von Sint-Truiden. Fest steht, dass die kriegerischen Auseinandersetzungen zwischen dem Grafen von Loon und dem Kloster von Sint-Truiden darauf zurückzuführen sind, dass der Graf von Loon einen Wall anlegen ließ. Er wollte aus Brustem eine Freiheit und durch die Umwallung sogar eine Stadt machen, die Sint-Truiden Konkurrenz bieten sollte.

1160 wurde Brustem vom Grafen Gottfried von Duras in Schutt und Asche gelegt. Ludwig I., Graf von Loon, reagierte erst 1170, nach dem Tode des Grafen von Duras, auf den Angriff und baute 1171

Das Donjon von Brustem

auf seinem Besitz Brustem einen befestigten Turm. Dort stationierte er eine Garnison und befestigte die Kirche und den Kirchhof mit einem großen Wall. Diese Arbeiten erstreckten sich teilweise auch auf das Gebiet des Grafen von Duras und das des Klosters von Sint-Truiden, das vom Grafen von Duras verwaltet wurde. Diese Herausforderung, aber auch die ständigen Raubüberfälle auf Kaufleute, die sich auf dem Weg nach Sint-Truiden befanden, hatten zur Folge, dass der junge Graf Ägidius von Duras und der Abt Wiric wie auch die ganze Stadt Sint-Truiden sich zusammentaten. Sie zündeten Brustem an und belagerten die Burg. Als aber Graf Ludwig von Loon am 11. August 1171 nach kurzer Krankheit starb, wurde auf Anraten des Herzogs Gottfried von Brabant die Belagerung der Burg beendet.

Hugo, der Bruder des Kreuzritters Graf Gerhard I. von Loon, ließ Brustem 1172 mit einem mächtigen Wall umwehren. Nach seiner Rückkehr aus dem heiligen Land wollte Gerhard die von seinem Bruder begonnenen Arbeiten so schnell wie möglich beenden, aber es gab erneut Widerstand aus Duras. Aus Angst vor einem Angriff übertrug Gerhard von Loon sein Allod und seine Burg in der Hoffnung auf Unterstützung dem Kaiser. Herzog Gottfried III. von Brabant vermittelte und überredete Gerhard, von weiteren Verteidigungsanlagen abzusehen. Trotzdem wurde Brustem im Jahr 1175 noch schnell ein Freibrief gewährt. Als sich Gerhard aber auch noch an Tongern vergriff und dort die Kirche und das Kloster, die sich im Besitz des Bischofs befanden, anzündete, war auch beim Fürstbischof Raoul von Zähringen das Maß voll. Zusammen mit dem Grafen von Duras und den Milizen von Sint-Truiden zerstörte er 1179/1180 nicht nur Brustem, sondern auch Burg und Stiftskirche von Borgloon sowie die Festung von Colmont.

Durch Vermittlung des Kaisers und des Bischofs kam es schließlich zu einem Vergleich mit Sint-Truiden und man verzichtete darauf, einen Graben um das Allod der Kirche auszuheben und Brustem mit einem Wall zu umgeben. 1190 wurde Duras der Grafschaft Loon einverleibt und der Graf von Loon wurde somit auch Graf von Duras und Vogt von Sint-Truiden. Das Interesse verlagerte sich daraufhin von Brustem als Grenzposten nach Sint-Truiden. Der Turm wurde wieder aufgebaut und spielte auch weiterhin eine strategisch bedeutende Rolle. 1346 wurde er von den Einwohnern im Kampf gegen Engelbert von der Marck angezündet. Nach dem Wiederaufbau diente er den Lütticher Zünften während der Schlacht von Brustem zwischen Karl dem Kühnen und den Lüttichern (1467) als Verschanzung. Die Familie von der Marck machte ihn für ihre Fehde mit Jan von Horne wieder wehrhaft. Dessen Verbündeter, der Herzog von Sachsen, nahm 1489 den Turm schließlich im Sturm ein. Von nun an war er dem langsamen Verfall ausgesetzt. Er wurde noch eine Zeit lang als Taubenturm und später als Steinbruch benutzt.

Bei archäologischen Untersuchungen fand man unter der heutigen, zwischen 1160 und 1171 errichteten Motte eine aus dem 11. Jahrhundert stammende Motte, die teilweise aus Holz und teilweise aus Stein errichtet worden war, sowie einen Brunnen. Der heutige Turm ist außermittig angelegt und wurde auf einem kreisförmigen Fundament errichtet. Er wurde mit großer Sorgfalt fertig gestellt, ganz im Gegensatz zu dem unordentlichen Mauerwerk der unteren Bauschichten des achteckigen Turms. Die Bauarbeiten wurden entweder unterbrochen, oder es handelte sich um zwei aufeinander folgende Bauphasen.

Die Wohnfunktion war der militärischen Funktion eindeutig untergeordnet. Nur im zweiten Geschoss verweisen noch die Spuren eines Aborts (Türgewände und Auslass) und ein Waschbecken auf die einfache Lebensweise. Aber die Schlitze im dritten Geschoss und das völlige Fehlen von Fenstern weisen deutlich auf eine rein militärische Ausrichtung hin. Ursprünglich gab es fünf Baulagen, wie sich aus den noch sichtbaren Balkenöffnungen in der erhaltenen Turmhälfte unschwer ableiten lässt.

DIE SCHLACHT VON BRUSTEM, 1467

Burgund einerseits, Flandern und Artois andererseits: Das waren die beiden geografisch voneinander getrennten Blöcke des Herzogtums Burgund, das Philipp der Gute durch Kauf, Eheschließungen und Kriege unter seiner Herrschaft zusammengebracht hatte. *Lüttich* war somit zum fehlenden Glied in der angestrebten territorialen Einheit geworden.

Die Ernennung seines Neffen Ludwig de Bourbon zum Fürstbischofen von Lüttich im Jahr 1456 jagte die französisch orientierten Lütticher sofort auf die Barrikaden. Sie verbündeten sich mit König Ludwig XI. von Frankreich. Unter der Führung von Raes von Heers verjagten sie den Bischof, setzten einen Vogt ein und erkannten Ludwig XI. als König an. Die Lütticher Milizen verwüsteten das Herzogtum *Limburg*, was eine regelrechte Kriegserklärung an die Adresse der Burgunder darstellte. Sie rechneten mit der Hilfe des französischen Königs, der inzwischen in den Hennegau eingefallen war und bereits gegen Brabant anstürmte.

Aber Ludwig XI. wurde in *Montberly* vernichtend geschlagen und überließ im darauf folgenden Frieden von *Conflans* die Lütticher ihrem Schicksal. Das nahm Karl der Kühne zum Anlass einer gewaltigen Strafexpedition. Raes von Heers wurde am 20. Oktober 1465 mit 4.000 Gefolgsleuten in der Schlacht bei *Montenaken* vernichtend geschlagen. Danach wurde Sint-Truiden angegriffen. Am 22. Oktober unterwarfen sich die Vertreter der drei Stände des Landes Lüttich den Bedingungen der Sieger, die im Vertrag von *Sint-Truiden* besiegelt wurden. Ludwig von Bourbon wurde in Ehren wieder eingesetzt.

Der Tod Philipps des Guten im Jahr 1467 war für die Lütticher eine willkommene Gelegenheit, sich abermals mit Ludwig XI. zu verbünden. Dieser hatte sich inzwischen jedoch als wenig vertrauenswürdig erwiesen. Karl der Kühne wollte mit den Rebellen endgültig abrechnen und zog mit einem Heer von 18.000 Mann, das im Dreieck Löwen, Tienen und Geldenaken auf 25.000 bis 35.000 Mann und einen Kern von 2.350 Reitern verstärkt wurde, in den Kampf. Er umzingelte *Sint-Truiden* und nahm die Stadt unter Beschuss. Es handelte sich hierbei um das Vorspiel zur letzten Schlacht, die zwischen einer städtischen Miliz und einem offiziellen Heer stattgefunden hat, der Schlacht von *Brustem* am 28. Oktober 1467. Die Belagerung von Sint-Truiden durch die Truppen Burgunds läutete die Aktion ein. 18.000 Lütticher kamen unter der Führung von Wilhelm von Berlo der 3.000 Mann starken Garnison von Sint-Truiden zur Hilfe.

Karl der Kühne gab selber das Zeichen zum Angriff. Am Nachmittag stellte er eine Vorhut aus abgesessenen bewaffneten Reitern und Bogenschützen vor dem Dorf auf. An jedem der Flügel wartete eine Abteilung bewaffneter Reiter der Nachhut, die einen Ausfall der Sint-Truidener oder einen unerwarteten Angriff der Lütticher überwachen sollten. Hinter der Vorhut folgte der Haupttrupp, zu dem auch der Herzog und 800 Ritter gehörten. Die belagerte Garnison in Sint-Truiden wurde inzwischen von 500 englischen Bogenschützen in Schach gehalten.

Die Schlacht begann um vier Uhr mit Kanonenbeschuss durch die noch nicht besonders treffsichere Artillerie. Die Bogenschützen griffen zuerst an, dann folgten die Piekeniere und die Pioniere, die mit Handfeuerwaffen bewaffnet waren. Sie versuchten Breschen in die Verteidigung zu schlagen. Die bewaffneten Reiter wurden von der Lütticher Artillerie aufgehalten. Als den aufrückenden Bogenschützen langsam die Pfeile ausgingen, attackierten die Lütticher und trieben die Bogenschützen auseinander. Sie wurden allerdings gleich darauf von neuen, mit Schwertern schwer bewaffneten Bogenschützen und abgesessenen Reitern eingeschlossen und das Kriegsglück wendete sich gegen die Lütticher. Zahlreiche Soldaten fielen, die meisten ergriffen die Flucht und wurden von der einbrechenden Nacht und den unwegsamen Moorgebieten vor der sie verfolgenden Kavallerie gerettet. Tongern und Sint-Truiden ergaben sich kurz darauf und in Lüttich herrschte völlige Verwirrung. Raes von Heers floh nach Frankreich.

Fahren Sie den Weg zurück bis an die Kreuzung mit der Straße nach Sint-Truiden/Tongern und biegen Sie rechts ab in Richtung Tongern. Nehmen Sie diese Straße bis zur Abfahrt Rijkel. Nach einigen hundert Metern sehen Sie auf der rechten Seite das Schloss Rijkel.

Das Schloss Rijkel

Beschreibung siehe Route 11.

Das Schloss Termotten in Groot Gelmen

Kaiser Otto I. nahm das Schloss Termotten, das ursprünglich ein kaiserliches Lehen war, im Jahr 966 dem Grafen Rodolphus von Loon weg und schenkte es der Kirche von Aachen, die es danach beim Grafen Immo von Loon gegen einige seiner Besitztümer im Herzogtum Limburg eintauschte.

In diesem damals Looner Eigentum gewordenen Territorium befand sich die Enklave Termotten, nach 1342 Eigentum von Heinrich von Broekom. Er baute den inzwischen verschwundenen Mottenturm. An dieser Stelle befindet sich nun ein eklektizistisches Schloss aus der zweiten Hälfte des 19. Jahrhunderts. Auch das zum Schloss gehörige Gehöft wurde 1835 der Zeit entsprechend im neogotischen Stil wieder aufgebaut. Der Keller des Turmtores mit Zugbrücke stammt noch aus den Jahren 1531-1589.

i *Château de la Motte, Schloss mit Restauration, Park, wildem Kräutergarten und homöopathischem Kräutergarten. Täglich außer montags und dienstags von 9.00 – 22.00 Uhr geöffnet.*
Info: Tel. 00 32 (0)11 48 68 85
E-Mail: vvm@tornado.be

Folgen Sie weiter der Route bis nach Veulen. Direkt vor der Kirche biegen Sie rechts ab und folgen dann den braunen Wegweisern mit der Aufschrift „Kasteel van Veulen“. Fahren Sie am Schloss vorbei und biegen Sie dann wieder rechts ab. So gelangen Sie zurück auf den Dorfplatz, wo sie dann wieder der Haspengau-Route folgen können.

Das Schloss Veulen

Für die Unterstützung im Kampf um die kaiserliche Macht gegen Philipp von Schwaben schenkte Kaiser Otto IV. im Jahr 1219 seinen Besitz Fologne und andere Ländereien dem Grafen Heinrich von Brabant. So erhielt Brabant wieder einmal einen herrschaftlichen Besitz mitten in der Grafschaft Loon und dem späteren Fürstbistum Lüttich. Der Brabanter Herzog vergab Veulen als Lehen, zuerst an Mitglieder der herzoglichen Familie und später an befreundete Rittergeschlechter.

Das Schloss Termotten in Groot Gelmen

Das heutige Schloss stammt aus dem 17. Jahrhundert. In die rechte Fassade ist ein Stein mit der Jahreszahl 1669 eingelassen. Die linke Fassade und der klassizistische Eingang stammen aus dem Jahr 1747. Das Ganze hat die Form eines großen Vierkanthofs. Der von

Das Schloss Heers

Türmen aus dem 17. Jahrhundert flankierte Flügel bildet das eigentliche Schloss. Auch das zum Schloss gehörige Gehöft stammt aus dem 18. Jahrhundert und wurde im klassizistischen Stil errichtet.

i *Schloss Veulen befindet sich in Privatbesitz und kann deshalb nicht besichtigt werden, ist aber von der Straße aus gut zu sehen.*

Folgen Sie weiter der Haspengau-Route. Kurz bevor Sie in den Ort Heers hineinfahren, sehen Sie auf der rechten Seite Schloss Heers.

Das Schloss Heers

Der einzigartige, aber langsam verfallende Schlosskomplex von Heers wird immer noch dem Publikum vorenthalten, obwohl es sich hier um eines der bedeutendsten feudalen Schlösser Limburgs handelt.

Die Herrschaft von Heers erstreckte sich über Heers, Middelheers, Horpmaal, Wimmertingen und Jesseren. Cuno von Haits wurde im Jahr 1034 erwähnt und suchte schon damals Schutz in einem befestigten Turm. Die Herren von Heers konnten ihre Unabhängigkeit von der Grafschaft von Loon lange Zeit bewahren, bis die Herrschaft im Jahr 1136 schließlich doch definitiv unter deren Vogtei gelangte. Die Familie gehörte aber auch weiterhin zu den Großen der Grafschaft. Als sich Jan von Heers in einem Konflikt zwischen den Zünften und dem Fürstbischof von Lüttich im Jahr 1328 auf dessen Seite schlug, wurden sein Schloss und das Dorf verwüstet. Als Folge der Schlacht von Brustem (siehe unter Brustem) im Jahr 1467 und der Niederlage von Raes von Heers zogen burgundische Truppen gegen Heers und zerstörten das Schloss wie auch das Dorf.

Die heutigen Gebäude stammen größtenteils aus dem 15. und 16. Jahrhundert und weisen eine originelle Mischung von spätgotischen und frührenaissancistischen Merkmalen auf. Sie bilden einen Komplex von vier miteinander verbundenen Flügeln die rund um einen viereckigen Innenhof errichtet wurden. Das L-förmige Gehöft im Südwesten des Schlosses stammt aus derselben Zeit. Ursprünglich waren Schloss und Wirtschaftsgebäude von einem doppelten Grabensystem umgeben. Vor dem Tor des Gehöfts lag ein Obstgarten, der von einer mit Zinnen verzierten Mauer umgeben war und ein eigens mit Türmen flankiertes Torhaus hatte. Der Ost- und der Nordflügel des Schlosses bildeten das Hauptgebäude, an dessen Ecke sich ein massiver rechteckiger Donjon befand, der mit einem Walmdach abgedeckt war, das mit Schmiedeeisen gekrönt war.

In dem kleinen Dorf Horpmaal kurz hinter der Abfahrt nach Tongern und Heks liegt in der Kurve auf der rechten Seite die Motte von Horpmaal.

DIE MOTTE HORPMAAL

Dieser gräfliche Besitz wurde im Jahr 1264 von dem Ritter Vrint von Horpmaal bewohnt. Die ritterlichen Rechte seiner Familie lassen sich bis ins 12. Jahrhundert zurückverfolgen. Ende des 14. Jahrhunderts wurde Horpmaal schließlich von der Herrschaft von Heers geschluckt. Der im Jahr 1424 noch als „turris" erwähnte befestigte Turm wurde bereits in der zweiten Hälfte des 18. Jahrhunderts abgebrochen.

Die Motte von Horpsmaal

An der Innenseite der Kurve befindet sich auf einer Wiese der recht gut erhaltene Hausberg, der einzige Überrest dieser Motte.

Folgen Sie weiter der Route. In Heks können Sie kurz an den Toren des Parks von Schloss *Hex* anhalten. Dort sehen Sie dann das herrliche Jagdschloss und den Landsitz, der 1770 als persönliches Eigentum des Grafen Franz Carl von Velbruck, bis 1784 auch Fürstbischof von Lüttich, errichtet wurde. Nach seinem Tod in Hex ging der Besitz in die Hände seiner Familie de Marchant d'Anembourg und später in die der gräflichen Familie d'Ursel über. Es handelt sich um eine monumentale Residenz im reinen Rokokostil mit einer bemerkenswerten Inneneinrichtung im Louis-XVI-Stil. Das Schloss besitzt einen herrlichen französischen Garten mit einer einzigartigen Rosenzucht und wird von einem rund 80 ha großen englischen Landschaftspark umgeben.

i *Der Schlossgarten ist der Öffentlichkeit am zweiten Juni- und am dritten Septemberwochenende zugänglich.*
Info: Tel. 00 32(0)12 74 73 41,
E-Mail: gardens@hex.be;
Website: www.hex.be

Die Straße führt nun in Richtung Vechmaal. Rechts der Straße entdecken Sie mitten in einem Feld einen dunklen, bewaldeten Hügel. Die bereits lange verlassenen Mergelbrüche sind jetzt ein Zufluchtsort für Fledermäuse.

Vechmaal

Nichts erinnert heute noch an das stolze Rittergut Hinnisdael, das über den Mergelgrotten von Vechmaal lag. Hinnisdael war ein kleines Lehen in der Grafschaft Loon. Bis Anfang des 19. Jahrhunderts standen hier noch gewaltige Burgruinen (Ridderstraat). Nur das Gehöft Devigne erinnert noch an diese Festung: in dessen Mauern sind einige behauene Steinen erhalten geblieben, in die das Wappen von Hinnisdael eingemeißelt wurde.

Über Lauw und den kleinen Ort Herstappe gelangen Sie nach Rutten.

Rutten

Rutten war eine Reichsfreiherrschaft im Fürstbistum Lüttich. Es kam 1018 als Lehen in den Besitz von Giselbert, dem Grafen von Haspengau, Herzog von Niederlothringen und Herrn von Maastricht.

Zusammen mit dem teilweise zu Brabant gehörigen Maastricht gelangte Rutten schließlich in die Hände des Brabanter Grafen Gottfried, der auch Herzog von Lothringen war. Ab dem 14. Jahrhundert fungierten die benachbarten Herren von Hamal als Vögte der freiherrlichen Brabanter Herrschaft, bis Rutten durch Vererbung kurz vor dem Ende des „Ancien Régime" mit der Herrschaft Hamal vereint wurde.

Auf der Wiese gegenüber der Kapelle Sint-Evermarus soll früher der Burgturm von Rutten gestanden haben, der immer noch „die Motte" genannt wird. In dieser hervorragend erhaltenen Agrarlandschaft steht jetzt ein imposantes geschlossenes Gehöft, das im 17. Jahrhundert vom Kloster Burtscheid gebaut wurde.

Nachdem Sie aus Rutten hinausgefahren sind, verlassen Sie an der Kreuzung von Othée die Haspengau-Route und biegen nach links ab. Auf der linken Seite sehen Sie den Turm von Aynechon, rechts liegt Schloss Hamal.

Das Schloss Hamal

Das kaiserliche Territorium von Rutten, Nederheim, Paifve, Hamal und Othée ging aus dem bescheidenen kaiserlichen Besitz von Herstal hervor und lag als Enklave mitten auf Lütticher Gebiet. Es grenzte an die Freiheit Tongern und an das Lütticher Grundgebiet von Vreren und Hamal. Am 21. April 1248 gab Arnold II. von Elsoo dem Ritter Wilhelm II. von Hamal („le Riche") die Villa von Hamal als Unterlehen. Zu dem sehr wohlhabenden Geschlecht derer von Hamal gehörte auch Jan, der Herr von Hamal, Grevenbroek und Vogelanck. Es handelte sich dabei um keinen Geringeren als den Vetter Engelberts von der Marck, des Fürstbischofs von Lüttich.

Die Burg wurde im Mai 1364, am Tag nach der Verwüstung von Rummen, in Schutt und Asche gelegt. Jan von Hamal hatte sich nämlich im zweiten Looner Erbfolgekrieg auf die Seite des Arnold von Rummen geschlagen. Hamal wurde wieder aufgebaut, verlor von diesem Augenblick an aber jegliche militärische Bedeutung und wurde zur reinen Residenz.

Im 16. Jahrhundert wurde an den mächtigen, Ende des 12. und in der ersten Hälfte des 13. Jahrhunderts entstandenen Donjon ein Haupthaus mit Flankierungstürmen angebaut. Die Burg war von Gräben umgeben; eine Zugbrücke verband die Burg mit dem Wirtschaftshof. Im heutigen aus Silex errichteten Donjon ist keine einzige mittelalterliche Öffnung mehr zu erkennen. Alle Fenster stammen aus neuerer Zeit. Gleichzeitig mit dem vom Fürstbischof veranlassten Bau eines luxuriösen Wohngebäudes in *Hex* restaurierte Baron de Haxhe um 1770 sein Schloss in Hamal. Es wurden feine hölzerne Vertäfelungen angebracht und Fresken des Malers Caldelli aus Bergamo

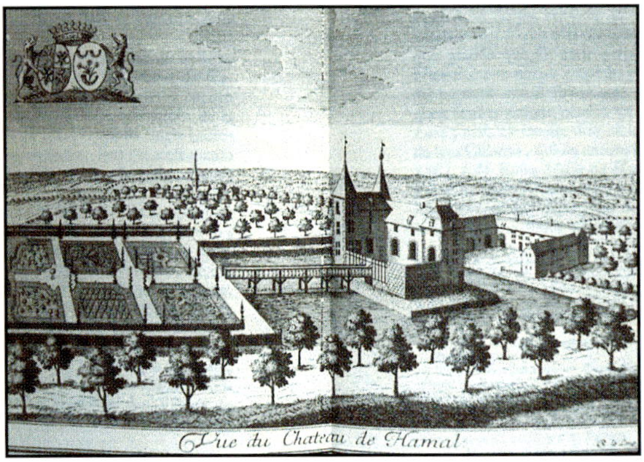

Die Ansicht des Schlosses von Hamal (Remacle le Loup)

zierten das Treppenhaus. An die Nordfassade wurde ein zweiter Turm angebaut und mit einem Kuppeldach bekrönt. An der Ostseite des Hofes entstand ein neuer Flügel und das Schloss wurde außerdem noch mit einem großen, mit Säulen abgesetzten Treppenpodest verschönert. In der Romantik um 1830 musste der französische Garten einem englischen Landschaftsgarten weichen, der von dem Ritter de Lance, einem Architekten aus Verviers, entworfen wurde. Von diesem Zeitpunkt an war und ist der Besitz Eigentum der Familie de Hemricourt de Grunne.

i *Schloss Hamal befindet sich in Privatbesitz und ist der Öffentlichkeit nicht zugänglich.*

Der Turm von Aynechon

Der Turm von Aynechon lag im Schatten des mächtigen Donjons der Herren von Hamal. Er gehörte zu einem Brabanter Lehen in Rutten, lag aber mitten im Machtbereich von Hamal.

Der auf einer Grundfläche von 7,50 mal 6,80 Metern errichtete Turm lag in einer Senke, die durch Stauung des Ezelsbeek, eines Nebenflusses der Jeker, unter Wasser gesetzt werden kann. Jacques de Hemricourt nannte ihn in

Die Lütticher Städte erheben sich gegen den Fürstbischof

Bei einem Aufstand gegen den Prinzen wurde die Burg von Hamal im Jahr 1346 von den Zünften von Huy, Dinant und Tongern belagert. Die gesamte Umgebung wurde zuerst geplündert und dann in Schutt und Asche gelegt. Die Städte stellten große Wurfmaschinen auf und es kam zu einer blutigen Auseinandersetzung, da die Garnison heftigen Widerstand leistete.

Der Herr von Hamal ließ seine Verteidiger nicht im Stich. Von Loon kommend stand er den Belagerern machtlos gegenüber, weshalb er sich gegen die Verbündeten der Lütticher richtete. Inzwischen wurde die Belagerung fortgesetzt. Die Lütticher bauten zwei rollende Belagerungstürme. Sie ließen die Gräben leer laufen und zuschütten, um so in die Nähe der Mauern gelangen zu können. Ein nächtlicher Ausbruchsversuch schlug fehl. Die Lage der Verteidiger wurde aussichtslos und die Bürgermeister boten ihnen an, zu verhandeln.

Da die Burghalter ihre Verteidigung sofort mit aller Macht wieder aufnahmen, vermuteten die Lütticher und ihre Verbündeten nahende Verstärkung von Seiten des Fürstbischofs. Der letzte Ansturm begann mit Hilfe der erwähnten Maschinen und mündete in erbitterte Zweikämpfe. Es gelang, im Zentrum der Festung Feuer zu legen, aber nachdem bei Einbruch der Nacht die Kämpfe ruhten, konnte der Brand gelöscht werden. Im Morgengrauen erkannten die Belagerten schließlich die Aussichtslosigkeit ihrer Lage und ergaben sich im Tausch gegen ihr Leben. Alles wurde geplündert, zerstört oder abgebrochen.

seinen „Miroir des Nobles“ „een plaate maison“ (ein flaches Haus) mit zwei übereinander liegenden Kellergeschossen. Die Decke dieser Geschosse ruhte auf Unterzügen, die mit Balken verbunden waren, die in die 1,20 Meter dicke Mauer eingelassen wurden. Ursprünglich war der unterste Keller völlig geschlossen, während in die oberen Keller durch einen nach außen dreieckig-spitz zulaufenden Spalt Licht einfiel. Der ursprüngliche Eingang befand sich im zweiten Geschoss an der Ostseite. An der Außenseite sind noch einige Spuren einer Treppe erhalten geblieben. Unter der Türöffnung sieht man die Öffnungen für die Balken einer Plattform, die durch eine bewegliche Treppe mit der steinernen Treppe weiter unten verbunden werden konnte. Die Tür mit dem dreieckig-spitz zulaufenden Türsturz wurde innen mit einem Klemmbalken verriegelt. Die Wohnräume wurden von einem großen Fenster mit zwei Sitzbänken und zwei

Der Turm von Aynechon

Der Turm von Aynechon (Innenansicht mit den Spuren des Kamins)

DIE VERWICKLUNG VON HAMAL UND AYNECHON IN DEN KRIEG ZWISCHEN AWANS UND WAROUX (1290 – 1335)

Auf dem Territorium des Herrn von Awans wohnte eine Jungfrau, der ein großes Erbe zufiel. Der Herr sah in ihr die ideale Partie für einen seiner Neffen. Denselben Plan verfolgte aber auch der Herr von Waroux. Um dem Awans zuvorzukommen, entführte er die Auserwählte und verschanzte sich auf seinem Schloss. Nach einer fehlgeschlagenen Belagerung okkupierten die Gefolgschaften des Herren von Awans mit Feuer und Schwert das umliegende Land von Waroux. Aus Rache rief der Herr von Waroux all seine Verwandten und Getreuen zur Hilfe, was einen 45 Jahre dauernden Rachefeldzug mit Mord und Plünderungen auf beiden Seiten zur Folge hatte.

Der Herr von Hamal versuchte, sich so lange wie möglich aus diesem Konflikt herauszuhalten, was ihm auch gelungen wäre, wenn nicht Aynechon, der uneheliche Sohn des Herrn von Hognoul, auf der Seite derer von Awans gestanden und ihn fortwährend provoziert hätte. Es wurde anfangs ein Waffenstillstand geschlossen, der bei Sonnenaufgang verstreichen sollte. Aber Aynechon und seine Bande griffen unter dem Vorwand, den Vollmond für die aufgehende Sonne gehalten zu haben, noch vor Tagesanbruch einen Bauern von Hamal an und töteten ihn und seinen gesamten Viehbestand. Da Rutten immerhin ein Lehen von Brabant war, richtete der Herr von Hamal einen Appell an den Hof von Lüttich, um weitere Komplikationen zu vermeiden. Der Hof beschloss ein schiedsgerichtliches Duell. Nach langem Bitten bot sich der kühne Faloz aus der Familie derer von Waroux als Duellant für die derer von Hamal an. Der Zweikampf sollte vor den Pforten der Lütticher Kathedrale stattfinden. Während Faloz mit seinem Gefolge zur verabredeten Zeit bereit stand, ließ Aynechon auf sich warten. Dieser folgte dabei einem hinterlistigen Rat seines Onkels, des Kanonikers: langes Warten in der Hitze würde den in voller Rüstung erschienen Gegner schließlich zermürben. In dem Augenblick, da jeder dachte, der Gegner würde das Duell versäumen, tauchte Aynechon plötzlich mit dem Gefolge des Sire von Jehay auf. Die Geduld des zahlreich erschienen Publikums war lange genug auf die Probe gestellt worden und der unfaire Kampf begann. Er dauerte lange und beide Gegner kassierten gefährliche Wunden. Aber Aynechon war frischer, siegte und tötete seinen Gegner.

Der Konflikt zwischen Awans und Waroux endete mit einem Friedensabkommen, das die Bezeichnung „des 12 Lignages" erhielt und 1334 unterzeichnet wurde.

kleineren Fenstern beleuchtet. Für die Beheizung sorgte ein großer Kamin. In einer spitz zulaufenden Nische befindet sich ein Waschbecken. Eine kleine Tür führt in den vorkragenden Abort. Über eine hölzerne Treppe gelangt man in das dritte Geschoss. Auch hier finden wir links über dem darunter liegenden Kamin die Überreste eines weiteren kleineren Kamins, der für Wärme in den Gemächern der Frauen und Kinder sorgte. Über diesem Geschoss lag die Wehrplatte, von wo aus die Verteidigung organisiert wurde.

i *Die Ruine des Turms von Aynechon liegt auf der linken Straßenseite mitten in den Feldern.*

Vor dem Schloss von Hamal biegen Sie links ab in Richtung Tongern. Sobald Sie in die Stadt hinein gefahren sind, biegen Sie links ab (Schild „alle Richtingen"). Dann fahren Sie am Kulturzentrum de Velinx und am Velinxturm, einem Überrest des mittelalterlichen Stadtwalls, vorbei. Sie können Ihren Wagen am Stadtrand oder in einem Parkhaus abstellen.

Tongern

Am Anfang der Geschichte des heutigen Tongern steht die Stadt Tungri in der Provincia Belgica, dem römischen Atuatuca Tungrorum. Die ältesten Spuren stammen vom Beginn der Kaiserzeit. Ein hölzerner Wall und ein Erdwall umgaben in dieser Zeit ein weites, mindestens 80 ha großes Gebiet, in dem die Straßen in Schachbrettform angelegt und von Holz- und Lehmhäusern gesäumt waren. Als Rastplatz auf dem Weg von Bavai nach Köln und Knotenpunkt mehrerer Heerstraßen, die von Süden nach Norden führten, entwickelte sich der Ort schnell zu einem der bedeutendsten städtischen Zentren Nordgalliens. Er wurde zum ersten Mal bei einem Aufstand von Julius Civilis (69-70) weitgehend verwüstet.

Die erste steinerne Umwehrung (98-117)

Die Stadt breitete sich langsam als Folge neuer Niederlassungen aus. Unter der Herrschaft des Trajan (98-117) wurde deshalb damit begonnen, eine erste steinerne Umwehrung anzulegen, von der ein Großteil des überirdischen Kerns bis heute erhalten blieb. Es handelt sich dabei um die Stellen an der Caesarlaan, der Legioenenlaan, der Cottalaan, der Sabinuslaan und am Leopoldwal, wobei es sich hier um den Unterbau des späteren, aus dem Mittelalter stammenden Walls handelt.

Die ungefähr 4,5 Kilometer lange Mauer war 2,10 Meter dick (das entspricht 7 römischen Fuß). Die Basis des Walls war etwas dicker, außerdem befanden sich ein bis drei V-förmige Gräben davor. Der Kern aus unbehauenen Silexsteinen, die mit hartem gelbweißen Mörtel verbunden wurden, war gleichmäßig mit Silex- und Sandsteinblöcken verkleidet. Der Wall war zwischen fünf und sechs Meter hoch. Von rechteckigen Türmen flankierte Tore mit doppelten Durchgängen verschafften Zugang zu den wichtigsten Ausfallstraßen. Der Wall war in regelmäßigen Abständen mit runden Flankierungstürmen versehen, die einen Durchmesser von neun Metern hatten.

Die zweite steinerne Umwehrung (308-337)

Unter Konstantin (308-337) wurde eine zweite, verkürzte Umwehrung errichtet, um das Verteidigungssystem der Stadt für Notsituationen zu optimieren. Von dieser Umwehrung sind nur einige unterirdische Überreste erhalten geblieben. Sie war 2.680 Meter lang, 3,20 Meter dick und im Abstand von 20 Metern mit einem runden Turm von neun Metern Durchmesser versehen. Die Mauer schloss im Westen an die bestehende Umwehrung an. Sie war mit viereckigen Blöcken verschiedener Steinsorten verkleidet, die mit dem für diese Zeit typischen rosa Mörtel verbunden waren.

Die Überfälle der Ripuarischen Franken im Jahr 385 und der Hunnen im Jahr 451 besiegelten jedoch das Schicksal des römischen Tongern. Die aus dem 2. und 4. Jahrhundert stammenden, von Spitzgräben umgebenen Stadtmauern läuteten die Geschichte des mittelalterlichen und des neuzeitlichen Tongern ein. Es gibt Hinweise auf eine bestehende Kontinuität zwischen der Antike und dem Mittelalter. So diente zum Beispiel in frühchristlicher Zeit (4. Jahrhundert) eine römische Marktbasilika als Bischofskirche und auch die römischen Stadttore wurden in der merowingischen Periode weiter benutzt. In der Lebensgeschichte des heiligen Bischofs Servatius war im 8. Jahrhundert von einem Stadttor die Rede, durch das man auf der Straße, die von Maastricht kam, die Stadt betreten konnte. Der Name des Hemelingentors an der Straße nach Hasselt soll auf den merowingischen Herrschaftsbereich des Herrn von Haimilo, der zwischen der römischen und der mittelalterlichen Umwehrung lag, zurückzuführen sein.

Befestigung der Klosterkirche (Ende des 9. Jahrhunderts und 10. Jahrhundert)

881 wurde Tongern wie auch die Burg Maastricht und die Stadt Lüttich von den Wikingern verwüstet. Da sich die aus dem 4. Jahrhundert stammende römische Mauer als unzureichend erwiesen hatte, baute man nach dieser Zerstörung eine eigene

Wehrmauer um die wiedererbaute Kirche und das Kloster und befestigte sie mit zwei Türmen. Ein Teil der Mauer aus dem 4. Jahrhundert wurde in die Umwehrung mit aufgenommen. So entstand der Kern des mittelalterlichen Tongern.

Die Befestigung des vorstädtischen Kerns (Anfang 12. Jahrhundert)

Anfang des 12. Jahrhunderts wurde das befestigte Kloster bedeutend vergrößert. An der Westseite des karolingisch-ottonischen Klosters entstand ein blühender Markt und in den angrenzenden Straßen ließen sich immer mehr Händler und Handwerker nieder. Die bestehende Westmauer und das Eingangstor wurden abgerissen. Im Süden wurde die vorstädtische Niederlassung von der noch bestehenden römischen Mauer geschützt, die bis an den Romboutsturm reichte, der früher Rumersturm genannt wurde und an der Wijngaardstraat lag. Von hier aus verlief die Mauer in nördlicher Richtung am Rathaus vorbei bis zur Ecke Maastrichter Straße, wo sie dann in die bestehende nördliche Wehrmauer überging. Mitte des 12. Jahrhunderts wurde ein neuer Bischofssitz errichtet, in den ein noch bestehender römischer Turm als Eckturm mit eingebaut wurde.

Städtische Befestigungsarbeiten (Mitte 13. Jahrhundert)

Mitte des 13. Jahrhunderts errichteten die Bürger von Tongern zwischen dem Maastrichter Tor und der Jeker auf den Resten der römischen Mauer aus dem 2. Jahrhundert neue städtische Verteidigungsanlagen. An der Jeker bauten sie einen runden Eckturm, an den sich im Winkel von 90 Grad eine Mauer anschloss, die entlang der Jeker verlief und am Velinsturm endete. Zwischen diesem Eckturm und dem Turm an der Jeker lagen noch zwei Flankierungstürme, zu denen auch der bekannte Lakenmakersturm gehört.

Die römische Mauer von Tongern

Der Velinxturm von Tongern (historische Aufnahme)

Das Moerentor (Lithographie von J. Hoolans)

Tongern hatte insgesamt sechs Stadttore: das Hemelingentor an der Straße nach Hasselt, das Kruistor in Richtung Sint-Truiden, das Steendertor in Richtung Koninksem, das Luiker-, Loere- oder Jekertor in Richtung Lüttich, das Moerentor in Richtung Visé und das Maastrichter Tor in Richtung Maastricht.

Tongern überstand zahlreiche Belagerungen. Im Jahr 1467 stand Karl der Kühne nach der Schlacht von Brustem mit seinen burgundischen Truppen vor den Toren der Stadt. Die Stadt konnte durch geschickte Verhandlungen Belagerung, Brand und Plünderung vermeiden, aber der Herzog befahl, die Mauern und Tore niederzureißen.

Wiederaufbau und Erweiterung der Stadtmauer (16. Jahrhundert)

Nach den Kriegen gegen die Burgunder wurden die zerstörten Teile der Stadtmauer wieder aufgebaut und durch die Integration des „Löwener Viertels" in die Stadt vergrößert. Im Jahr 1509 erhielten alle Zünfte den Auftrag, die Stadtmauer zu reparieren und dafür Materialien zu verwenden, die vom Abbruch der Burg Colmont stammten. Fürstbischof Ernst von Bayern gewährte der Stadt im Jahr 1581 für den Wiederaufbau der Mauern Subventionen in Höhe von 12.000 Gulden (Florinen). Im Jahr 1587 organisierte der Stadtmagistrat die Verteidigung der Stadt und wies die Plätze an, die die Bogenschützen und die Hakenbüchsenschützen einzunehmen hatten. Gleichzeitig wurde von der Stadt offiziell ein Meisterkanonier eingestellt, der auch für die Wartung der Hakenbüchsen verantwortlich war.

Der systematische Abbruch der Stadtumwehrungen (17. bis 19. Jahrhundert)

1673 zerstörten die Franzosen im Französisch-Holländischen Krieg das Maastrichtertor, die Goswinbastion und einen Teil der Stadtmauer hinter der Zehntscheune. Auch das Sint-Truider oder Kreuztor und das Hasseltertor wurden unter den amüsierten Blicken Ludwigs XIV. gesprengt. Unter den Fürstbischöfen Joseph Clément de Bavière und Louis Joseph de Berghes wurde 1722 und 1734 zum letzten Mal in Reparaturarbeiten an der alten Mauern investiert und auch die Stadttore wurden dieses Mal aus Backsteinen wieder aufgebaut. Durch das Aufkommen der Feuerwaffen hatten die Stadtmauern und Wälle ihre militärische Bedeutung jedoch schon seit Langem verloren. Trotzdem spielte Tongern im Kriegsplan der Franzosen im österreichischen Erbfolgekrieg (1744-1748) längere Zeit eine nicht unbedeutende Rolle, wie aus den zahlreichen Plänen hervorgeht, die von den Kriegsingenieuren des französischen Königs während aufeinander folgender Feldzüge erstellt wurden.

Die mittelalterliche Umwallung in Tongeren

Fast alle Looner Städte mussten im 19. Jahrhundert ihre mittelalterlichen Befestigungsanlagen einem neuen Zeitgeist und der Entwicklung einer „modernen" Stadtplanung opfern. In den meisten Städten führte dies zu nostalgisch gefärbtem Widerstand. Als in Tongern mit der systematischen Einebnung des mittelalterlichen Walls begonnen wurde, kam es zu einem Streit auf höchster Ebene, in dem sowohl der Stadtrat wie auch bedeutende Mitglieder der Königlichen Kommission für Denkmalschutz und die Provinzverwaltung Partei ergriffen. In Tongern kam hinzu, dass die mittelalterlichen Mauern in enger historischer Beziehung zu den gallorömischen Mauern standen, die bereits seit Jahrzehnten als nationales bzw. internationales kulturelles Erbe anerkannt waren.

Ein erster Anschlag auf die Stadtmauern geht auf das Jahr 1817 zurück, als das Maastrichtertor der 1804 angelegten Steinstraße von Tongern nach Maastricht zum Opfer fiel. An der Stelle des Tors sollte eine Schranke errichtet werden, die mit an beiden Seiten nach oben führenden Pfaden kombiniert werden sollte, die es ermöglichten, die Wälle zu erreichen. So blieb die von den Bewohnern so geschätzte Promenade auf den hohen Wällen erhalten.

Im Jahr 1825 wurde das Lüttichertor abgerissen und im Jahr 1839 führte der Bau einer neuen Steinstraße nach Bilzen zum Abbruch der Bastion „Goeswyns Toorn". 1841 wurden das Beginenhoftor wie auch die Mauer, die diese kleine „Stadt in der Stadt" umgab, abgerissen. Im Jahr 1846 war dann das Hasselter- oder Hemelingentor an der Reihe und 1870 folgten das Kreuztor und das Steendertor.

Lange Zeit bestand die Hoffnung, dass der Vleeshouwersturm und ein angrenzendes Rondell aus dem 16. Jahrhundert in einen öffentlichen Park integriert würden, der in der näheren Umgebung des Casinos angelegt werden sollte. 1880 wurde dennoch der Abbruch beschlossen und der Wall wurde auch an dieser Stelle eingeebnet. Schließlich blieben nur das Moerentor, der Velinxturm und der Leopoldwall unversehrt.

i *Gallorömisches Museum, Kielenstraat 15; vom 3. Januar bis 24. Dezember und vom 27. Dezember bis 31. Dezember montags von 12.00 bis 17.00 Uhr; dienstags bis freitags von 9.00 bis 17.00 Uhr; samstags und an Sonn- und Feiertagen von 10.00 bis 18.00 Uhr geöffnet.*
Info: Tel. 00 32 (0)12 23 39 14
E-Mail: grm@limburg.be

Das Moerenpoort-Museum am Leopoldwall ist vom 1. Mai bis 30. September samstags und sonntags von 11.00 bis 16.00 Uhr geöffnet. Außerdem verfügt die älteste Stadt Belgiens über ein umfangreiches touristisches Angebot, darunter Museen, Fahrrad- und Wanderrouten. Info: Toerisme Tongern, Stadhuisplein 9.
Tel. 00 32 (0)12 39 11 43.
E-Mail: toerisme.Tongern@skynet.be

Verlassen Sie Tongern in Richtung Maastricht und fahren Sie an der Autobahn Antwerpen-Lüttich vorbei bis zur Kreuzung Genoelselderen/Millen. Dort biegen Sie rechts ab. Die braunen Wegweiser führen Sie zurück zum Besucherzentrum Millen-Riemst.

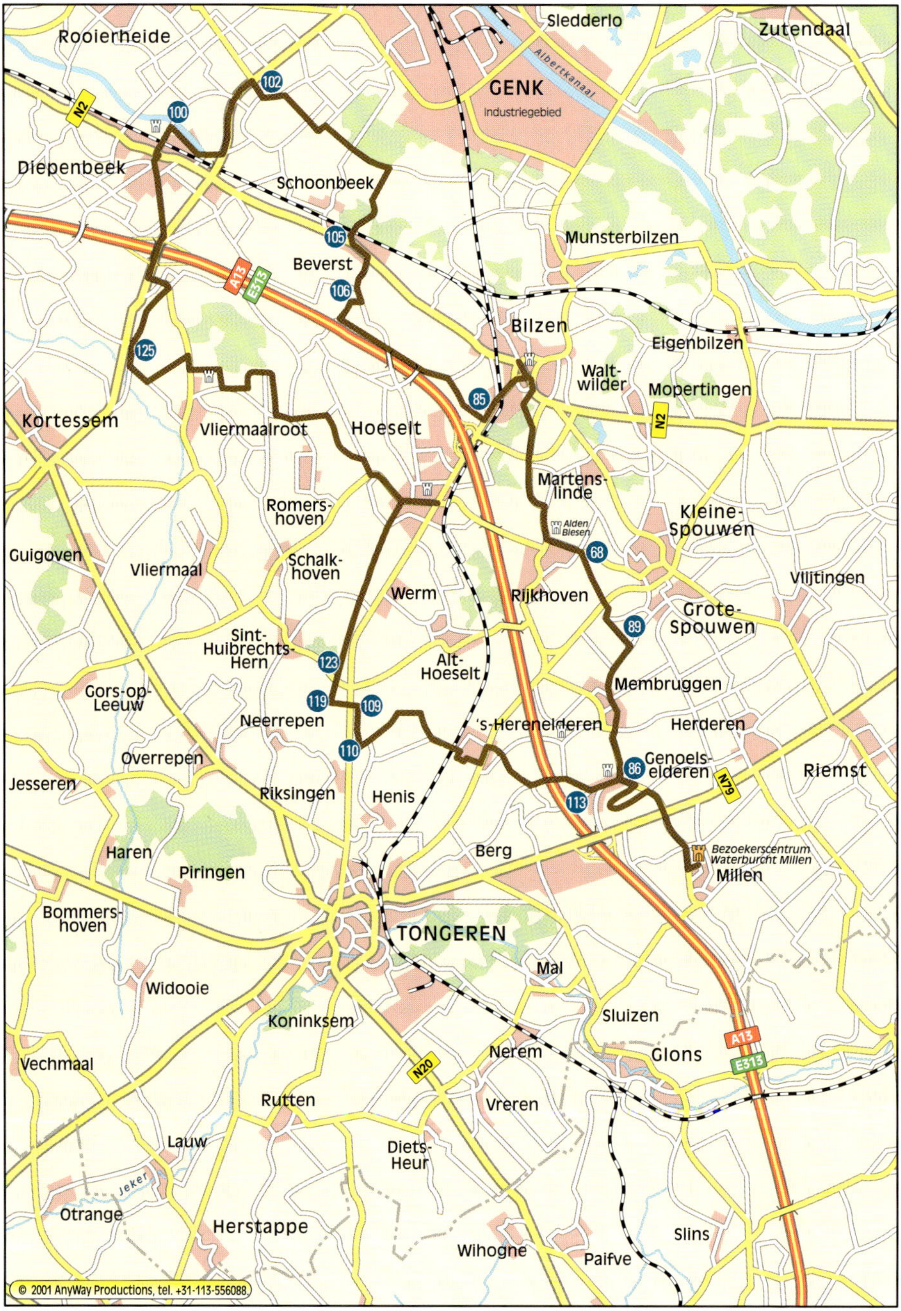
Sledderlo
Zutendaal
Rooierheide
GENK
Industriegebied
Albertkanaal
Diepenbeek
Schoonbeek
Munsterbilzen
Beverst
Bilzen
Eigenbilzen
Walt-
wilder
Mopertingen
Kortessem
Vliermaalroot
Hoeselt
Martens-
linde
Alden
Biesen
Kleine-
Spouwen
Romers-
hoven
Guigoven
Vliermaal
Schalk-
hoven
Werm
Rijkhoven
Vlijtingen
Grote-
Spouwen
Sint-
Huibrechts-
Hern
Alt-
Hoeselt
Membruggen
Gors-op-
Leeuw
Neerrepen
's-Herenelderen
Herderen
Riemst
Overrepen
Genoels-
elderen
Jesseren
Riksingen
Henis
Haren
Berg
Bezoekerscentrum
Waterburcht Millen
Millen
Piringen
Bommers-
hoven
TONGEREN
Mal
Widooie
Koninksem
Sluizen
Vechmaal
Nerem
Glons
Rutten
Vreren
Lauw
Diets-
Heur
Jeker
Otrange
Herstappe
Slins
Wihogne
Paifve
N2
A13
E313
N20
N79
100
102
105
106
125
85
68
89
123
119
109
110
86
113
© 2001 AnyWay Productions, tel. +31-113-556088

13. Die Bilzen-Route, 53 km

Die Wasserburg von Millen

Beschreibung siehe Route 11.

Von Millen aus folgen Sie den blauen Schildern der Fahrradroute in Richtung Knotenpunkt 86 und dann kurz weiter in Richtung Knotenpunkt 89. In Genoelselderen lädt an der linken Straßenseite eine weiße Residenz ihre Besucher zu einer edlen Weinprobe ein. Aber auch auf der gegenüberliegenden Seite wird in entsprechendem Rahmen für das leibliche Wohl gesorgt.

Das Schloss Genoelselderen

Der Ort hat seinen Namen dem Herrn Godenoel von Elderen zu verdanken, der im Jahr 1265 erwähnt wird. Davor bildete er zusammen mit 's-Herenelderen das so genannte Aldor. Die Bürger von Tongern legten 1407 in der befestigten mittelalterlichen Residenz Feuer. Das heutige Schloss wurde in der ersten Hälfte des 18. Jahrhunderts von der Familie d'Oyembrugge neu aufgebaut. Auf einer Zeichnung von Remacle le Loup kann man noch den hohen, einem Donjon sehr ähnlichen Turm hinter der breiten Schlossfront erkennen. Die Familie de Borchgrave verlieh dem Ensemble Ende des 18. Jahrhunderts und im Jahr 1859 seine definitive Form: ein symmetrisch in U-Form errichtetes Gebäude, das in einem Landschaftspark mit Teich liegt.

In der Verlängerung der beiden Schlossflügel liegen die Wirtschaftsgebäude, im Süden der Wohnbereich für die Bediensteten, im Norden die Stallungen und die Scheune. Nördlich des

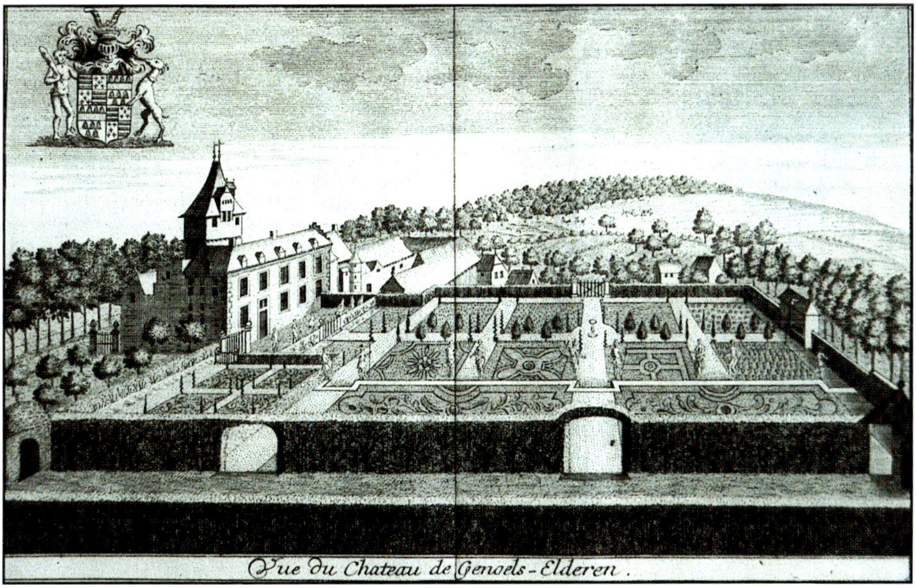

Ansicht des Schlosses Genoelselderen (Remacle le Loup)

Die ehemalige Landkommende Alden Biesen

Schlosses sieht man den um einen rechteckigen, gepflasterten Platz herum errichteten, geschlossenen Wirtschaftshof, der ebenfalls aus dem 18. Jahrhundert stammt. Das Torhaus diente gleichzeitig als Taubenturm. Heute befindet sich das Schloss im Besitz der Familie van Rennes aus den Niederlanden, die es als Weingut nutzt.

i *Kasteelstraat 9, Riemst-Genoelselderen. Das Schloss ist vom 1. Januar bis 30. September und vom 1. November bis 31. Dezember nur nach vorheriger Anmeldung teilweise, der Garten ganz zu besichtigen. Info: Tel. 00 32 (0)12 23 19 43 Fax: 00 32 (0)12 26 40 68.*

Folgen Sie der Runde entlang der Knotenpunkte 89 und 68, so kommen Sie nach Alden Biesen.

ALDEN BIESEN, EHEMALIGE LANDKOMMENDE DES DEUTSCHEN ORDENS

Rudenchoven, das heutige Rijkhoven, lässt sich bis ins Jahr 1096 zurückverfolgen. Im Jahr 1220 schenkten Graf Arnold III. von Loon und Mechtildis von Are, Äbtissin von Munsterbilzen, das Ackerland und die Kirche dem Deutschen Orden, der dort eine Kommende errichtete. Bereits 1227-1228 entwickelte sich Biesen zu einer Landkommende der Niederlande, von wo aus neue, untergeordnete Kommenden gegründet wurden. Außer den ausgegrabenen Spuren einer dreischiffigen Kapelle mit Westturm, die um 1235 erbaut wurde, ist wenig oder gar nichts von dem ursprünglichen Hospital bekannt.

Die heutige Kommende wurde erst unter dem Landkomtur Wijnandt von Brijel errichtet, der im Jahr 1543 mit dem Bau eines spätgotischen

Wasserschlosses begann. Die U-förmige, auf das Wasserschloss ausgerichtete Vorburg stammt aus der Zeit um 1571. In der selben Zeit wurden an der Westseite des Besitzes ein Gasthof, Pferdeställe und ein neues Torhaus errichtet. Sieben Alleen, das Symbol für die sieben Schmerzen und sieben Freuden der Muttergottes, kamen dort zusammen. Die neue Kapelle mit angrenzendem Hospital und der Hof mit Stallungen, Scheune und Pächterwohnung stammen aus der Zeit der Landkomture Edmond Huyn von Amstenrade (1605-1634) und Gottfried Huyn von Geleen (1634-1657). Auch das tiefer gelegene Haus des Gutsverwalters stammt aus dieser Periode. Hendrik von Wassenaer begann um 1706 mit den Renovierungsarbeiten und der Neueinrichtung des spätgotischen Wasserschlosses. Damian Hugo von Schönborn (1709-1717) ließ den Umbau, der von Gilis Doyen, einem Baumeister aus Maastricht, nach Plänen des Wiener Hofarchitekten Johann Lucas von Hildebrandt durchgeführt wurde, im Stil Ludwigs XIV. vollenden. Die alten spätgotischen Fenster wurden als Verzierung der Vorburg wieder verwendet. Gleichzeitig wurde auch ein französischer Garten mit einer dazu passenden Orangerie angelegt. Ein zweiter Vorhof wurde von einer großen Scheune für den Zehnten und einer Reitschule flankiert. Im Jahr 1780 konnten sich die Mitglieder des Ordens in einem englischen Landschaftsgarten mit Pavillons und Lauben erquicken. 1971 beschloss die belgische Regierung, den Komplex zu erwerben. Genau an dem Tag, an dem der Kaufvertrag unterzeichnet werden sollte, brach in dem Gebäude ein Großbrand aus. Jedoch entwickelte sich die Katastrophe zu einem Neuanfang: Der Komplex wurde vollständig renoviert, und heute befindet sich darin das Kulturzentrum der Flämischen Gemeinschaft.

i *Kasteelstraat 6, Bilzen-Rijkhoven.*
Der Park ist vom 1. Januar bis 31. Dezember täglich geöffnet; Dauerausstellung über den Deutschen Orden: von Ostern bis zum 31. Oktober täglich von 10.00 bis 18.00 Uhr, vom 31. Oktober bis Ostern täglich außer montags von 10.00 bis 18.00 Uhr.
Info: Tel.00 32 (0)89 51 93 93;
Fax: 00 32 (0)89 41 70 33;
E-Mail: alden.biesen@alden-biesen.be
Website: www.alden-biesen.be

Von Alden Biesen geht es weiter in Richtung Knotenpunkt 85. In Bilzen fahren Sie zum Marktplatz, lassen dort die Sint-Mauritiuskirche links liegen und biegen dann rechts ab. Kurz hinter dem ehemaligen Beginenhof liegt der „Borreberg“. Auf der Spitze dieses imposanten Mottenhügels hielt einmal einer der stärksten Türme der Grafschaft Loon Wache. Nach dem steilen Aufstieg lädt der gemütliche Marktplatz mit seinen Straßencafés und dem prächtigen Rathaus im maasländischen Stil zu einem kleinen Aufenthalt. Vergessen Sie auch nicht, einen Blick in das herrlich restaurierte neogotische Innere der Sint-Mauritiuskirche zu werfen. Sie können dort unter anderem den prächtigen Grabstein eines Landkomturs von Alden Biesen bewundern.

Bilzen

Das alte Bilisia (1050) entwickelte sich bereits sehr früh, da es an der Grenze zu den Kempen und in der Nähe der Kreuzung zweier antiker Straßen lag: der Heerstraße von Tongern nach Nimwegen und der Straße Diest-Hasselt-Maastricht. Um die Stadt von Ei(k)enbilsen und Munsterbilsen zu unterscheiden, wurde sie im 13. und 14. Jahrhundert auch Bucholt- oder Bokebilsen genannt.

Nach dem Frieden von Waroux im Jahr 1386 erhielt Bilzen genau wie andere Looner Städte das Lütticher Stadtrecht. Trotzdem werden in schriftlichen Quellen erst in den Jahren 1476-1483 Stadtmauern erwähnt. In dieser Periode diente die in der Nähe von Maastricht gelegene Stadt den von der Marcks im Krieg um das Fürstbistum Lüttich gegen das Haus von Horne als Ausfallbasis. Nach ihrer Niederlage in Hollogne-sur-Geer im Jahr 1483 machten sich die Verbündeten des Fürstbischofs Jan von Horne auf den Weg, die Stadt Bilzen zu belagern. Am 16. Februar wurde Bilzen nach achttägiger intensiver Belagerung im Sturm erobert, was zu zahlreichen Opfern auf beiden Seiten führte. Die Burg auf dem Borreberg, eine der stärksten in der Grafschaft Loon, wurde völlig verwüstet, weshalb von dieser „Borg" oder „Munitio" auch wenig bekannt ist. Die Mottenburg stammte sicher bereits aus dem 11. Jahrhundert.

Eberhard von der Marck baute die Stadt im Jahr 1506 wieder auf. Drei Tore verschafften Zutritt zur Stadt: das Genuts- oder Hasseltertor am Ende der Genutstraat, das Brücken- oder Maastrichtertor am Fuß des Borrebergs und das Pypen- oder Kempische Tor an der Straße nach Munsterbilzen. 1808 wurde der Graben am Kempischen Tor zugeschüttet. Die Stadt erhielt 1819 die Erlaubnis, die Wälle einzuebnen und dort Wiesen und Gärten anzulegen. Das Kempische Tor wurde 1820 abgerissen, das Hasseltertor und das Maastrichtertor zwei Jahre später.

Wenn Sie Bilzen verlassen, wenden Sie sich zuerst in Richtung Knotenpunkt 85 und dann weiter in Richtung der Knotenpunkte 106 und 105, die Sie nach Beverst und Schoonbeek führen. Im Grünen versteckt liegt hier eines der am besten erhaltenen Schlösser des Haspengau.

DAS SCHLOSS SCHOONBEEK

Die Bewohner von Beverst waren den Herren von Loon zu Frondiensten verpflichtet. Sie waren mitverantwortlich für die Beschaffung des Brennholzes für die Burg von Kuringen.

Im Jahr 1385 wurden sie für Arbeiten an den Stadtwällen von Hasselt eingesetzt. Schoonbeek war ursprünglich ein freier Adelssitz, der direkt dem deutschen Kaiser unterstand. Erst im Jahr 1361 wurde der Besitz zum Lehen des Grafen von Loon.

Der Grabstein (1516) der Schlossherrin Margaretha von Chiny und ihres Gemahls (1516) Steven Geloes, Kastellan von Kuringen, kann noch immer in der Sint-Quintinuskirche von Hasselt bewundert werden.

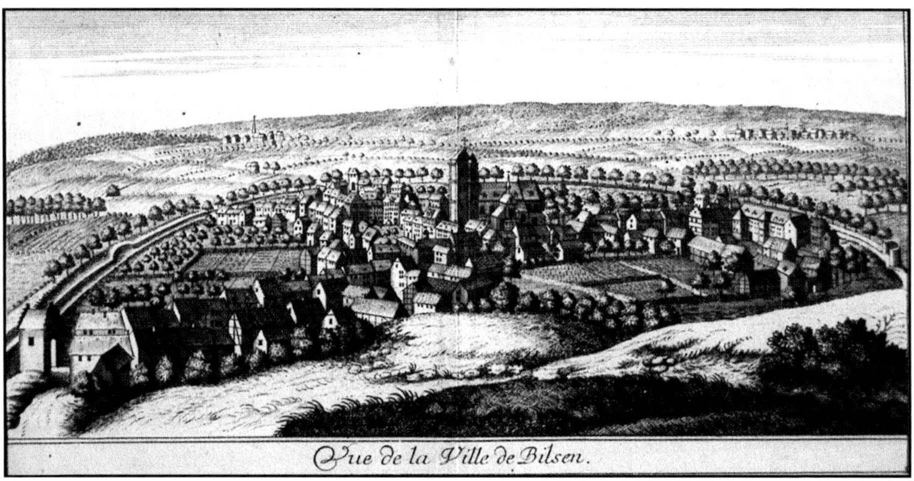

Ansicht der Stadt Bilzen, Remacle le Loup

Der Burgturm von Diepenbeek (kolorierte Lithographie von Vasseur)

Schloss Schoonbeek befindet sich in Privatbesitz und kann nicht besichtigt werden.

Die Runde führt uns zu den Knotenpunkten 102 und 100 und dann weiter nach Diepenbeek. Dort folgen Sie den blauen Schildern Richtung Zentrum. Kurz vor dem Bahnhof, einen Steinwurf von dem majestätischen gotischen Kirchturm entfernt, erinnert ein außerordentlich gut erhaltener runder Donjon an den mittelalterlichen Herrensitz Diepenbeek, der Jahrhunderte lang eine Enklave im Lütticher Gebiet war.

Das heutige, als Wohngebäude benutzte Schloss Schoonbeek ist vor allem das Werk des Grafen Jacques-Philippe von Preston, dem Burggrafen von Gormanston und irischen Lord, der den Besitz im Jahr 1780 erwarb. Eine Brücke verband das Schloss mit einer Platanenallee. Das Grabensystem wurde für die Anlage eines englischen Parks bedeutend erweitert. Schloss Schoonbeek wurde mehrmals umgebaut. Deshalb sollte man nicht den Fehler machen, in einem der älteren Ecktürme aus dem Ende des 16. Jahrhunderts die umgebauten Überreste eines mittelalterlichen Donjons erkennen zu wollen. Dafür kommt viel eher der Turm in Betracht, der auf einer im Schloss aufbewahrten Zeichnung aus dem Jahr 1780 auf einer Insel im Süden des heutigen Schlosses angegeben wird.

Als sich die Eheleute Rigault im Jahr 1778 im Lehnssaal von Kuringen von ihrem Schloss Schoonbeek trennen mussten, um ihre hohen Schulden zu begleichen, erklärten sie, dass dieser Turm nicht mehr repariert werden könne. Er soll daraufhin von der Familie Preston abgerissen worden sein.

Diepenbeek

Auch das Geschlecht derer von Diepenbeek besaß einen so genannten freien Herrensitz. Der älteste uns bekannte Herr auf Diepenbeek war Albertus von Thienbeche, der im Jahr 1063 erwähnt wird. Von Anfang an versuchten sowohl Lüttich wie auch Brabant sich des freien Herrensitzes zu bemächtigen, bis schließlich der dritte Freiherr Cono von Thiedenbeecke im Jahr 1155 seine Güter dem Fürstbischof übertrug und sie von diesem wiederum als Lehen empfing. Aber auch die Herzöge von Bra-

Der Burgturm von Diepenbeek

bant betrachteten den Besitz als strategischen Verbindungspunkt auf dem Weg nach Maastricht. Herzog Heinrich I. bot Ludwig I. von Diepenbeek im Jahr 1226 deshalb auch hundert Kölner Mark an, um dessen Lehnsmann werden zu können. Um sich erkenntlich zu zeigen, verlieh Herzog Jan III. den Herren von Diepenbeek den würdevollen Titel eines Senneschalls von Brabant. 1374 wurde Engelbert von der Marck zum Erbvogt des Fürstbistums ernannt.

Genau wie Bilzen wurde auch Schloss Diepenbeek vom Haus derer von der Marcks als Ausfallbasis im Krieg um das Fürstbistum gegen das Haus von Horne benutzt. Die Burg wurde 1490 vergeblich belagert, worauf Jan von Horne seine Wut an Dorf und Kirche ausließ. Das Schloss, die Oudenburg, lag in der Oudenhof- oder Nanofstraat und war kreisförmig von Gräben umgeben. Gegen Ende des 16. Jahrhunderts wurde das alte Schloss unbewohnbar, aber die Überreste des Turms waren noch bis zur Mitte des 19. Jahrhunderts zu sehen. Einige hundert Meter nördlich blieb ein weiterer Turm erhalten, der näher an der Demer liegt. Er ist das Produkt der im Jahr 1433 vollzogenen Zweiteilung des Besitzes zwischen den Geschlechtern derer von Schoonvorst und derer von Gavere einerseits und den Geschlechtern derer von Horne und von Merode andererseits. 1663 verkaufte die Baronin Isabella de Merode das Turmschloss Diepenbeek an den Baron Edmont Gottfried von Bocholtz, Landkomtur des Deutschen Ordens in Alden Biesen. 1678 machte Carlos von Gaver das Gleiche mit seiner Hälfte des Herrensitzes. So wurde schließlich der Deutsche Orden Herr auf Diepenbeek. Er stellte einen Gutsverwalter ein, für den im 18. Jahrhundert neben dem alten Turm ein neues Haus, das heutige Schloss, errichtet wurde.

Der aus dem 15. Jahrhundert stammende Burgturm besteht jetzt aus vier Geschossen. Das Erdgeschoss ist überwölbt und beherbergte die Vorräte. Das erste Geschoss wurde als Küche, Empfangsraum und Wohnraum genutzt. Über den Treppenturm erreicht man das zweite, ursprünglich von einem Wehrgang umgebene Geschoss, in dem die Schlafräume untergebracht waren. Das dritte Geschoss wurde später hinzugefügt, nachdem die Decke des darunter liegenden Geschosses tiefer gelegt worden war.

i *Das Baudenkmal befindet sich in Privatbesitz, ist aber von der Straße aus gut zu sehen.*

Fahren Sie weiter auf der Straße in Richtung Diepenbeek-Zentrum. Nach Überqueren des Varkensmarkts gelangen Sie in die Dooistraat, eine lange Straße, die auf die stark befahrene Verbindingslaan führt. Dort biegen Sie rechts ab, überqueren die E 313 und biegen dann an der nächsten Kreuzung links in Richtung Rommershoven ab. Sie befinden sich jetzt auf der Helstraat. An der zweiten Kreuzung biegen Sie wieder links ab und kommen so auf die Terherkenstraat, die zum Knotenpunkt 125 führt. Am Knotenpunkt 125 fahren Sie in Richtung 123. So gelangen Sie zuerst nach Vliermaalroot und danach nach Hoeselt.

Vliermaalroot

Hugo von Vliedermale erhielt 1365 zusammen mit seiner Schwester Oda vom Grafen von Loon das Grundstück bei der Curtis (dem Hof) Ten Bossche als Lehen. 1371 ist dieser auch als Wermerbossche erwähnt. Dort baute er einen einfachen Donjon aus Silex und Mergel.

Übrig blieb nur das Kellergeschoss. Ein vorkragendes Mergelband trug den Boden des darüber liegenden Geschosses. In drei Mauern wurden in der Mitte Lichtnischen ausgespart, die mit einem typischen eckigen Eselsrücken abgedeckt wurden. Der Eingang befand sich früher im ersten Geschoss, das über eine Holzleiter und eine kleine Plattform erreicht werden konnte. Hiervon zeugen noch einige erhalten gebliebene Kragsteine.

i *Der Donjon kann nicht besichtigt werden.*

Durch das ländliche Rommershoven geht es weiter in Richtung Hoeselt, einer alten Enklave im mittelalterlichen Loon, die weniger bekannt ist als das flämische Groeninge, aber Schauplatz einer „Lütticher Goldensporenschlacht" war.

Hoeselt

Lange hat Hoeselt den Charakter eines echten mittelalterlichen Herrensitzes bewahrt. So befindet sich in der Mitte des Dorfes rechts vom Platz der alte Burghof, der früher einmal ein befestigtes Gebäude gewesen sein muss, das von Gräben umgeben war und jetzt ein Nonnenkloster ist. Bei dem so genannte Bethaniaturm soll es sich noch um ein Überbleibsel dieses viereckigen Wasserschlosses handeln, das Ende des 18. und Anfang des 19. Jahrhunderts abgerissen wurde. Das noch erkennbare Rundbogentor im Erdgeschoss scheint zugemauert worden zu sein. Zwei schmale rundbogenförmige Öffnungen in der zweiten Baulage weisen auf eine frühere Zugbrücke hin.

Verlässt man den Bereich des Klosters, dann erblickt man parallel zu diesem Turm auf dessen Höhe in der ersten Straße rechts einen Hügel, der sich in einer Wiese hinter einem Privathaus erhebt. Diese Motte, ein künstlich angelegten Hügel, stammt anscheinend aus dem 14. Jahrhundert und muß früher einmal von einem Graben umgeben gewesen sein. Oben auf dem Hügel wurden die Grundmauern eines Fliehturms aufgefunden.

Der Bethaniaturm des Burghofes um Hoeselt

DIE SCHLACHT BEI HOESELT 1328

Die Schlacht bei Hoeselt wird auch als die „verlorene Goldsporenschlacht“ der Lütticher Städte bezeichnet. Es ging immerhin um die Demokratisierung des Landes Lüttich und die Milderung der fürstlichen Privilegien. Im Krieg zwischen den Awans und den Waroux (siehe Seite 206) stellten sich die Lütticher Städte auf die Seite der Awans und zettelten einen Aufstand gegen den Fürstbischof Adolf von der Marck (1313-1344) an.

Dieser suchte zunächst Zuflucht in dem ihm treu gebliebenen Huy und fand auch Unterstützung bei den Grafen von Geldern, Jülich und Berg. Er sammelte seine Truppen und zog in Richtung Haspengau bis Holse (Hoeselt), wo er sein Lager aufschlug. Die Grafen rückten von Aachen aus an. Zusammen bereiteten sie die Eroberung von Tongern vor, dessen Tore bereits zugemauert worden waren. Daraufhin wagten die Lütticher zusammen mit den Tongernern einen Angriff gegen den Bischof und erlitten eine schreckliche Niederlage. Am 25. September 1328 flüchteten sie bei Sonnenuntergang und hinterließen 500 Tote auf dem Schlachtfeld. Daraufhin wurde Tongern belagert, aber durch die Vermittlung eines Gesandten des Papstes Johannes XXII. wurde schließlich der Friede von Wihogne geschlossen. Der Ort, an dem die Schlacht geschlagen wurde, ist unter dem Namen ‘t Broek bekannt und liegt an der Hellestraat in der Nähe der Demer. Hier wurden zahlreiche Hufeisen und alte Waffen gefunden.

Über die Knotenpunkte 123, 119 und 109 fahren Sie bis nach Werm und folgen dort der 110 in Richtung Riksingen, um so über Knotenpunkt 113 nach ‘s Herenelderen zu gelangen. Genießen Sie die Atmosphäre dieser alten Schlosslandschaft! Über Genoelselderen und den Knotenpunkt 86 kehren Sie dann zurück zum Ausgangspunkt Millen.

SCHLOSS ’S HERENELDEREN

‘s Herenelderen bildete im Jahr 1233 noch ein einheitliches Gebiet mit Genoelselderen, dem Looner Aldor. Schloss und Wehranlagen wurden 1261 Wilhelm von Hamal, dem Sohn von Daniel und Johanna von Loon, zu Lehen gegeben. In der unmittelbaren Umgebung seines feudalen Donjons konnten sich einige Familien niederlassen, die im Dienst des Ritters standen. Das Anwesen erhielt den Namen seiner Vorfahren Aldor oder Odeur. Vom Kapitel in Tongern erhielt Wilhelm die Genehmigung, Elderen von der großen Gemeinde Berg zu trennen und eine eigene Gemeinde zu gründen. Gleichzeitig wurde eine neue Kapelle gebaut, die mit Burg und Schloss in enger Beziehung stand.

Aldor Domini unterschied sich so von Aldor Godenuli (Genoelselderen). Der Zweig Elderen des Geschlechts derer von Hamal stellte bis Ende des 15. Jahrhunderts weiterhin die Herren von Elderen, Hern und Schalkhoven. Durch Weitervererbung und Heirat ging das Schloss im 16. Jahrhundert in den Besitz der mit den Grafen von Holland verwandten Familie Renesse, dem heutigen Eigentümer, über. Beide adeligen Geschlechter schmückten die von ihnen gestiftete Kirche mit Ehrenmälern. Adolf von der Marck, der Burggraf von Arenberg (Aigremont), war mit der Herrin von Elderen verheiratet. Deshalb unterstützte er auch seine überaus ehrgeizigen Blutsverwandten Wilhelm und Eberhard, die im Kampf um den Besitz des Fürstbistums Lüttich in blutige Auseinandersetzungen mit dem Haus von Horne verwickelt waren. Adolf fiel vor 1484, vielleicht bereits bei der Belagerung und Verwüstung des ursprünglichen Schlosses von ‘s Herenelderen im Jahr 1482. Dieser Kampf kostete dreihundert Verteidigern das Leben.

Einige Jahrzehnte später wurde das Schloss im spätgotischen Stil wieder aufgebaut. Diese Bausubstanz bildet den heutigen ältesten Flügel aus Mergelgestein. Auch in der nordwestlichen Ecke des größtenteils im 17. und 18. Jahrhundert wieder aufgebauten Schlosses sind noch Spuren des älteren Kerns aus dem späten 15. Jahrhundert sichtbar, wie beispielsweise ein rechteckiger Gebäudeteil mit Treppengiebel, der mit einem steilen Satteldach gedeckt ist.

Vor dem Schloss liegt ein Wirtschaftshof im barocken Stil. Der älteste Teil ist der viereckige Eckturm am Tordurchgang. Aus den Fassadensteinen mit den Wappen der Familie Renesse-Bocholtz (1640-1681) über dem Eingangstor und der Familie Renesse-Stepraedt (1681-1716) über dem Scheunentor geht hervor, dass der Hof Ende des 17. Jahrhunderts errichtet worden sein muss. Die ursprünglich im französischen Stil angelegten Gärten wurden im 19. Jahrhundert durch einen großen Landschaftspark ersetzt.

i *In der Sint-Stevenskirche in 's Herenelderen gibt es fünf Grabstellen von Edelleuten aus dem 13. bis 16. Jahrhundert. Sie wurden teilweise in voller Rüstung zur letzten Ruhe gebettet. Das Schloss befindet sich in Privatbesitz, man kann aber am Fischteich entlang spazieren und es in aller Ruhe von außen betrachten.*

Das Schloss s'Herenelderen

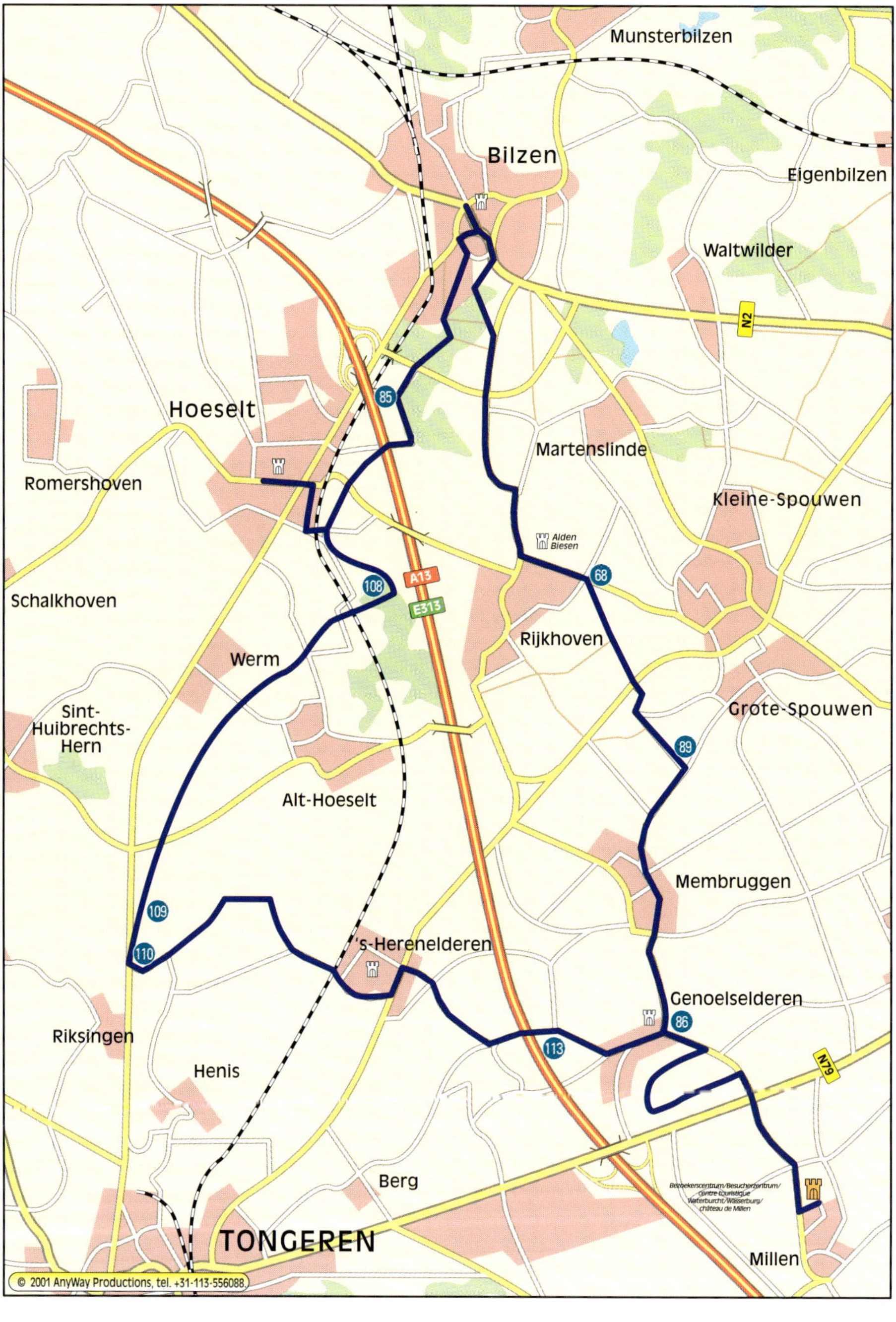
Munsterbilzen
Bilzen
Eigenbilzen
Waltwilder
N2
Hoeselt
85
Martenslinde
Romershoven
Kleine-Spouwen
Alden Biesen
68
A13
108
Schalkhoven
E313
Rijkhoven
Werm
Grote-Spouwen
Sint-Huibrechts-Hern
89
Alt-Hoeselt
Membruggen
109
's-Herenelderen
110
Genoelselderen
86
113
N79
Riksingen
Henis
Berg
Bezoekerscentrum/Besucherzentrum/centre touristique
Waterburcht/Wasserburg/château de Millen
TONGEREN
Millen
© 2001 AnyWay Productions, tel. +31-113-556088

14. Die Alden-Biesen-Route, 31 km

Eine kürzere Runde führt Sie von Millen über die Knotenpunkte 86 und 113 direkt von Genoelselderen nach 's Herenelderen. Wenn Sie die Looner Schlosslandschaft verlassen haben, fahren Sie über Riksingen, Werm und die Knotenpunkte 110, 109 und 108 nach Hoeselt. Nach dem Besuch von Hoeselt begeben Sie sich erneut auf die Fahrradroute und erreichen dann über den Knotenpunkt 85 die Stadt Bilzen. Nach der Besteigung des Burghügels können Sie sich auf dem schönen Marktplatz ein wenig erholen. Von hier aus geht es dann weiter in Richtung Knotenpunkt 68 bis nach Alden Biesen, dem Höhepunkt der Route. Von dort aus können Sie über die Knotenpunkte 68, 89 und 86 und Genoelselderen wieder nach Millen zurückkehren.

Für eine Beschreibung der erwähnten Orte verweisen wir auf Route 13.

Die Landkommende Alden Biesen (Romeyn de Hooghe, 18. Jh.)

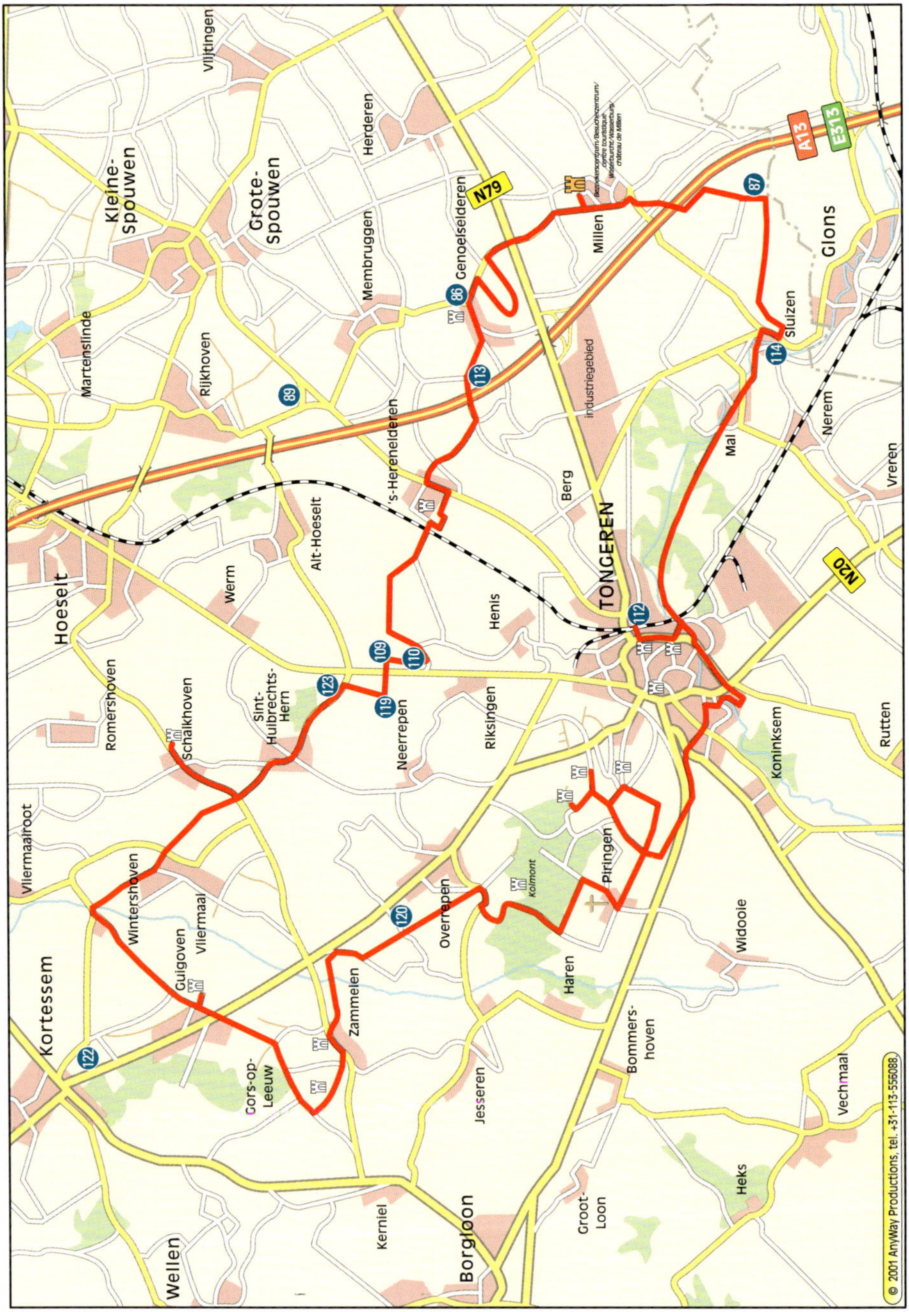
Vlijtingen
Herderen
Kleine-Spouwen
Grote-Spouwen
Membruggen
Genoelselderen
N79
Bezoekerscentrum/Besucherzentrum/
centre touristique
Waterburcht/Wasserburg/
château de Millen
Millen
A13
E313
87
Glons
Martenslinde
Rijkhoven
89
86
113
Sluizen
114
industriegebied
Nerem
's-Herenelderen
Berg
Mal
Vreren
Alt-Hoeselt
Werm
TONGEREN
N20
Henis
112
Hoeselt
Romershoven
Schalkhoven
Sint-Huibrechts-Hern
123
109
110
119
Neerrepen
Riksingen
Koninksem
Rutten
Vliermaalroot
Wintershoven
Piringen
Kolmont
Overrepen
120
Vliermaal
Guigoven
Kortessem
Zammelen
Haren
Widooie
Bommers-hoven
122
Gors-op-Leeuw
Jesseren
Vechmaal
Heks
Kerniel
Borgloon
Groot-Loon
Wellen
© 2001 AnyWay Productions, tel. +31-113-556088

15. Die Colmont-Route, 38 km

Verlassen Sie die Wasserburg Millen-Riemst in Richtung Knotenpunkt 86, fahren Sie dann kurz weiter in Richtung 89 bis zum Weingut von Genoelselderen (siehe Haspengau-Fahrradroute 13). Fahren Sie dann zurück bis zum Knotenpunkt 86 und folgen Sie der Route entlang der Knotenpunkte 113, 110, 109 und 119. So durchqueren Sie die Looner Schlosslandschaft von 's Herenelderen (siehe Haspengau-Fahrradroute 13). In Vrijhern fahren Sie in Richtung Knotenpunkt 123 und dann weiter in Richtung 122. Auf diesem Weg können Sie wenig später das wunderschöne Gutshaus von Schalkhoven entdecken, das sich etwa 200 Meter von der Strecke entfernt in der gleichnamigen Straße befindet.

Schalkhoven

Schalkhoven wurde erstmals im Jahr 1256 erwähnt. Es bildete einen zusammengehörigen Herrensitz mit dem benachbarten Hern (Sint-Huibrechts-Hern) und befand sich im 14. Jahrhundert im Besitz derer von Hamal von 's Herenelderen.

Das Schloss Schalkhoven

Schloss Schalkhoven wurde um 1600 von Richard von Elderen erbaut. Es bestand der Tradition zufolge aus zwei Teilen mit dem dazugehörigen Wirtschaftshof, der U-förmig in Richtung des Schlosses errichtet wurde. Ursprünglich war das Schloss nur von der nordwestlichen Seite her zugänglich, wo sich auch ein französischer Garten und ein Gemüsegarten befanden. Das Ganze wurde dann noch von zwei großen, mit Hecken eingezäunten Obstgärten umgeben. Diese Aufteilung musste im 19. Jahrhundert einem Landschaftspark mit Teich weichen, der im Norden des heutigen Schlosses angelegt wurde.

i *Schloss Schalkhoven befindet sich in Privatbesitz.*

Machen Sie eine Kehrtwendung und fahren Sie weiter in Richtung Knotenpunkt 122. Der Weg führt Sie an der schönen, romanischen Sint-Lambertuskirche in Wintershoven vorbei. Dort verlassen Sie die ausgeschilderte Radroute und biegen in die Straße Richtung Guigoven ein. Im Dorf angekommen, biegen Sie links ab und folgen den Schildern „Rood Kasteel".

Das „Rote Schloss" Guigoven

Bereits 980 wurde Guodenghoven erwähnt, das von seinen Herren drei Jahrhunderte lang als Lehen des Grafen von Loon gehalten wurde. Ab dem 13. Jahrhundert fungierten sie als Burggrafen auf der nahe gelegenen Burg Colmont.

Das „Rote Schloss" Guigoven

Das „Rote Schloss" stammt ursprünglich aus derselben Zeit und wurde von Jan von Opleeuw, dem Herrn von Guigoven, errichtet. Die Wasserburg mit Zugbrücke wurde in den Glaubenskriegen im 16. Jahrhundert schlimm zugerichtet. Ab dem 17. Jahrhundert wurde sie jedoch zu einem herrschaftlichen Landsitz umgebaut. Der im maasländischen Stil aus Kalkstein errichtete Teil der Tore stammt bereits aus der ersten Hälfte des 17. Jahrhunderts, genau wie das Wohnhaus, das den Mauerankern zufolge im Jahr 1619 errichtet wurde. Der backsteinerne Teil stammt bereits aus der zweiten Hälfte des 17. Jahrhunderts. Im Innenhof wurde 1878 eine Rundbogenarkade auf toskanischen Säulen geschlossen und in einer Ecke ein neuer Eingang angebaut.

i *Das Schloss ist der Öffentlichkeit nicht zugänglich.*

Kehren Sie auf die Hauptstraße zurück, fahren Sie durch das Dorf und überqueren Sie die stark befahrene Straße Hasselt-Tongern. Fahren Sie geradeaus weiter in Richtung Gors-Opleeuw. Hier können Sie im Vorbeifahren ein typisches Haspengauer Dorf und zwei Schlösser bewundern.

GORS-OPLEEUW

Bereits 980 tauchen in der „Vita Landoardi" von Heriger die Orte Lueva und Sublueva (Leeuw und Opleeuw) auf. Gorsleeuw erhielt seinen Namen im 13. Jahrhundert nach Gottfried von Leeuw. Er trat 1220 anlässlich der Gründungsakte von Alden Biesen als Zeuge für den Grafen von Loon auf. Jan von Opleeuw wiederum ist der älteste uns bekannte Sprössling der Herrschaft von Opleeuw. In der zweiten Hälfte des 13. Jahrhunderts diente er als Kastellan von Colmont und Seneschall der Grafschaft Loon.

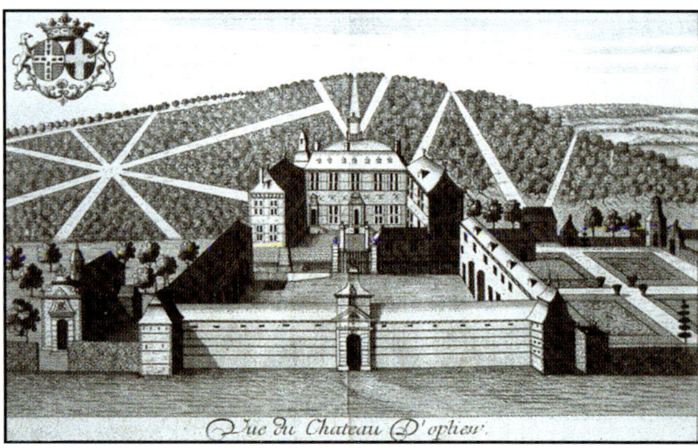

Ansicht von Schloss Opleeuw (Remacle le Loup)

Das Schloss Opleeuw

Beim heutigen Schloss *Gorsleeuw* handelt es sich um eine Residenz, die um 1820 im klassizistischen Stil von Baron de Copis nach einem Entwurf von M. Raskin wieder aufgebaut wurde. Auf einer Karte von Ferraris (1771-1777) hatte das Schloss aus dem 17. Jahrhundert noch einen U-förmigen Grundriss mit einem westlich gelegenen Wirtschaftshof, der aus zwei parallelen Flügeln bestand und von Gräben umgeben war. Allerdings stand hier im 13. Jahrhundert eine richtige Burg. Im Park steht zwar noch eine Turmruine, dabei handelt es sich aber um ein romantisches Bauwerk, das in der zweiten Hälfte des 19. Jahrhunderts errichtet wurde. Auch Schloss *Opleeuw* hatte im 17. Jahrhundert einen Vorgänger, der aus einem U-förmigen von Gräben umgebenen Gebäude bestand, das über eine Zugbrücke mit einem südlich gelegenen Wirtschaftshof verbunden war, dessen offene Seite dem Schloss zugewandt war und durch ein Torhaus betreten werden konnte. Es wurde im Jahr 1874 abgerissen, um Platz für das heutige neue Barockschloss zu schaffen, das etwas weiter östlich als das ursprüngliche Schloss errichtet wurde.

Die Schlösser Gorsleeuw und Opleeuw befinden sich in Privatbesitz und können deshalb nicht besichtigt werden. Sie sind aber von der Straße aus gut zu sehen.

Auf dem Dorfplatz vor Schloss Gorsleeuw begeben Sie sich wieder auf das Radroutennetz und durchqueren über Knotenpunkt 120 das ländliche Örtchen Zammelen. Danach fahren Sie weiter in Richtung Knotenpunkt 119, verlassen aber an der Kreuzung mit der Autostraße die Route und biegen rechts in Richtung Colmont ab. Sie befinden sich jetzt auf der Tongria-Fahrradrunde, der Sie nur kurz folgen.

Die Burgruine von Colmont

Die Burgruine von Colmont liegt versteckt in einem Naturreservat und steht als Dachsbau unter Naturschutz. Deshalb ist Ruhe geboten, da die seltenen Tiere in ihrem Lebensraum nicht gestört werden sollten.

Overrepen, zum ersten Mal als Repen im Jahr 1096 erwähnt, gehörte zusammen mit Colmont zum Besitz der Grafschaft Loon. Es befinden sich hier die Überreste der gräflichen Burg, die im Mittelalter zur Verteidigung der Südgrenze der Grafschaft errichtet wurde. In den Jahren 1031 und 1071 wird Lambert (Elbertus) de Calvo Monte (vom kahlen Berg) erwähnt.

Es bestand eine enge politische Beziehung zwischen Colmont und Bilzen und den beiden dazu gehörigen Burgen. Immerhin waren die beiden Orte der Anlass für einen kurzen, aber heftigen Erbfolgekrieg zwischen den Adelshäusern von Loon und Moha. Anlässlich der Hochzeit mit Albert II. von Moha schenkte Ludwig I. von Loon seiner Tochter Gertrudis seine gräflichen Güter Bilzen und die Hälfte von Colmont. Sein Nachfolger Gerhard von Loon weigerte sich, dieses Geschenk zu bestätigen.

Sofort wurden die Lehnsgüter rings um Colmont und Bilzen 1170 Gegenstand eines heftigen Streits. Direkter Auslöser war die Erbfolge im Haus Colmont, das zwischen 1155 und 1170 ausgestorben war. Um die Bewohner von Colmont für sich zu gewinnen, verlieh Ludwig I., Graf von Loon, ihnen im Jahr 1170 eine Freiheitscharter. Es handelte sich dabei um die erste Charter dieser Art in Loon.

Aus Artikel II dieser Charter geht hervor, dass die Bewohner von Colmont nicht dazu verpflichtet waren, dem Grafen von Loon zu folgen, wenn er mit seinen Truppen in den Kampf zog, dass sie aber für die Bewachung und Verteidigung der Burg verantwortlich waren.

Eine gleichartige Charter sollte fünf Jahre später auch für die Einwohner von Brustem in der Nähe von Sint-Truiden und Duras gelten. Das ist mit Sicherheit kein Zufall, denn Colmont lag in der unmittelbaren Umgebung des Fürstbistums Tongern.

Die Burgruine von Colmont gehört zu den malerischsten und historisch bedeutendsten Orten der ehemaligen Grafschaft Loon.

COLMONT

Nach seiner Rückkehr von den Kreuzzügen machte sich Gerhard I. von Loon vor allem durch das arrogante Eintreiben des Zehnten den Fürstbischof von *Lüttich*, Raoul von Zähringen, zum Feind. Außerdem hatte er den Abt von *Sint-Truiden* wegen der Errichtung bedrohlicher Verteidigungsanlagen im nahe gelegenen Brustem gegen sich aufgebracht. Die Truppen des Bischofs zogen im Jahr 1180 gegen Colmont, wohin Gerhard am 31. Juli geflohen war. Daraufhin verließ Gerhard Colmont, griff *Tongern* an, nahm es ein und legte die Kirche und den Bischofspalast in Schutt und Asche. Die bischöflichen Truppen begannen sogleich mit der Belagerung von Colmont und zerstörten auch die gräflichen Burgen von *Brustem*, *Loon* und *Montenaken*.

Während in Colmont die Ballisten in Gefechtsstellung gebracht wurden, konnte der Graf von Namur und Hennegau, Heinrich der Blinde, einen Friedensschluss zugunsten von Gerhard von Loon erreichen. Gerhard verzichtete auf jeglichen Schadensersatz für die erlittenen Verluste. Colmont blieb bis 1206 im Besitz der Grafen von Loon und wurde dann den Herzögen von Brabant zu Lehen gegeben, was auch so blieb, als der Fürstbischof Engelbert von der Marck die Grafschaft Loon im Jahr 1366 in Besitz nahm.

Aber Colmont wurde verlassen und dem langsamen Verfall preisgegeben. Am 15. März 1488 zog Eberhard von der Marck gegen Lüttich und nahm die Stadt ein, während sich der Fürstbischof Jan von Horne in Flandern befand. Er besetzte die wichtigsten Befestigungsanlagen des Lütticher Landes und richtete sie für den Kampf her. Colmont wurde sehr zum Ärger von Brabant wieder wehrhaft gemacht, aber das Kriegsglück wendete sich. Die Truppen von Eberhard von der Marck mussten ihre Belagerung von Sint-Truiden aufgeben und zusehen, wie die Städte Tienen, Hasselt, Tongern und Huy wieder unter die Herrschaft von Jan von Horne gelangten. Colmont blieb sein einziges Bollwerk, das daraufhin am 14. September 1489 belagert wurde. Nach einigen Tagen wurden die Mauern gestürmt und die Garnison kapitulierte. Im Jahr 1490 befahl der Fürstbischof den Abriss der Burg. Am 31. Mai 1499 befahl der Stadtrat von *Tongern* den Zünften, die Mauern von Colmont zu schleifen und mit dem Material die Stadtmauern von Tongern zu reparieren.

Die Burgruine von Colmont (A. Schaepkens)

Die Turmhügelburg krönt eine natürliche Anhöhe, die von Menschenhand zu einer monumentalen Motte aufgeschüttet wurde. Ein einziger Durchgang im Norden verlieh Zutritt zur Burg. Von dort aus bahnte sich ein Weg durch die Hügelflanken nach oben zum Zwinger, der von einem drei Meter hohen, kreisförmigen Erdwall umgeben war und in einen großen ovalen Innenhof, die Vorburg, mündete, die wiederum von einer Ringmauer umgeben war. Hier wohnten die Soldaten, außerdem befanden sich dort die Stallungen und andere Wirtschaftsgebäude. Schon aus einiger Entfernung kann man die massiven Mauern des Donjons erkennen, eines zehneckigen Turms mit einem Außenumfang von 47 Metern und einer ursprünglichen Höhe von 18 bis 24 Metern (heute 12,50 Meter). Der mächtige Turm thront 45 Meter über dem Tal.

Nach dem Besuch dieses bedeutenden Relikts des mittelalterlichen Loon folgen Sie an der ersten Kreuzung links wieder der Haspengau-Route 13, der Sie bis nach Tongern folgen können. An der Dorfkirche von Piringen geht es dann links ab in Richtung Tongern. Jetzt folgt ein kleiner Umweg: Nehmen Sie die dritte Straße rechts, bis Sie auf der rechten Seite Schloss Betho erblicken.

Das Schloss Betho

Auch Betho war ein Lütticher Lehen. Der älteste uns bekannte Herr starb im Jahr 1282.

Der Donjon wurde erst 1478 aus Backstein errichtet. Der einzige aus dieser Zeit erhaltene Überrest des ehemaligen Wasserschlosses dient

Das Schloss Betho

heute als südlicher Eckturm des jetzigen Schlosses, das in mehreren Bauphasen im 17. und 18. Jahrhundert zusammen mit einem Wirtschaftshof errichtet wurde. Das aus Backstein bestehende Posament des älteren Donjons liegt versteckt hinter dem aus dem 17. Jahrhundert stammenden neuen Mergelposament mit Fenstern aus derselben Periode. Der Kellerraum hatte ursprünglich eine Holzdecke und konnte nur von innen über eine Stiege erreicht werden. Der Eingang lag damals bekanntlich im ersten Geschoss und konnte mit einem Klemmbalken verriegelt werden. Von dort aus führte eine in die Mauer eingelassene, mit Backstein überwölbte Stiege in das Empfangsgeschoss, von wo aus eine Wendeltreppe ins zweite Geschoss führte. Das dritte Geschoss, das die Schlafräume beherbergte, konnte ursprünglich über eine Holztreppe erreicht werden.

i *Schloss Betho befindet sich in Privatbesitz.*

Biegen Sie danach links und dann gleich wieder in die erste Straße rechts ab. Am Ende dieser Straße geht es rechts zum Donjon von Mulken und links zum schön gelegenen Schloss Rooi.

Der Donjon von Mulken

Mulken war eine Lütticher Herrlichkeit im freien Stadtgebiet von Tongern. Zu der Burg gehörten ein Turm mit Wohngebäude, ein Wirtschaftshof mit Nebengebäuden, Gärten, Teiche, Marschland, Ländereien und Weingärten.

Von der ursprünglichen Ritterburg mit befestigtem Turm und Wirtschaftshof blieb nur noch die Ruine eines achteckigen Donjons übrig, der Anfang des 14. Jahrhunderts errichtet worden war. Der ursprünglich unterirdische Fuß wurde in Übereinstimmung mit dem kreisförmigen Untergeschoss im Innenraum mit rohen Silexblöcken verkleidet. Früher konnte der Turm nur mit Hilfe einer entfernbaren hölzernen Außentreppe über das erste Geschoss (Eingangsgeschoss) betreten werden. Von dort führte eine in die dicken Mauern eingelassene Steintreppe in das vollständig geschlossene Kellergelass.

Im Eingangsgeschoss, das von Anfang an zehneckig war, lagen der Empfangsraum und die Küche. Von der Tür ist noch ein schräger Innenpfosten übrig geblieben. Der Treppenansatz zum zweiten Geschoss verrät, dass diese Treppe genau so angelegt gewesen sein muss wie die darunter liegende. Außerdem blieb die Rückwand eines Kamins erhalten, die im Fischgrätmuster aus Backsteinen gemauert war, ferner an der gegenüberliegenden Seite eine große Fensternische, zwei kleinere Nischen und ein Waschtisch mit einem Becken aus Kalkstein und einem Abfluss.

Kehren Sie um und begeben Sie sich wieder auf die Haspengau-Fahrradroute, die Sie nach Tongern führt.

Auf dem Territorium dieser Herrschaft lag das Lehnsgut Scherpenberg, das im 13. und 14. Jahrhundert als Scarpenbergh erwähnt wurde. Es handelte sich dabei ursprünglich um eine mittelalterliche befestigte Burg mit einem viereckigen Donjon, der aus Tuffstein und Silex gebaut war.

Nur der untere Teil dieses Donjons ist erhalten geblieben. Der Burgturm wurde nämlich im 14. Jahrhundert um ein Haus, eine Herberge und einen Wirtschaftshof mit Scheunen und Ställen erweitert. In den ursprünglichen Donjon wurde ein spitzbogenförmiges Tor eingebaut, das auf Anweisung von Herman Vaes wieder zugemauert wurde, als dieser 1579 – 1580 ein neues Torhaus, Scheunen, Stallungen, eine Brauerei und einen Taubenturm an den alten Turm anbauen ließ.

Das Hauptgebäude ging in der französischen Revolution in Flammen auf, aber um 1826 wurde ein neues Wohnhaus errichtet. Die Gräben mussten einem französischen Garten weichen und wurden deshalb zugeschüttet.

Tongern

Beschreibung siehe Route 12.

Verlassen Sie Tongern über den Knotenpunkt 112 in Richtung 114. Die Route führt in Richtung Nerem an den Überresten des Schlosses Scherpenberg vorbei. Nachdem Sie Elst und den Knotenpunkt 87 passiert haben, fahren Sie zurück in Richtung Millen.

Nerem

Nerem gehörte zusammen mit dem wallonischen Paifve zur Brabanter Herrschaft Rutten.

Der Donjon von Mulken

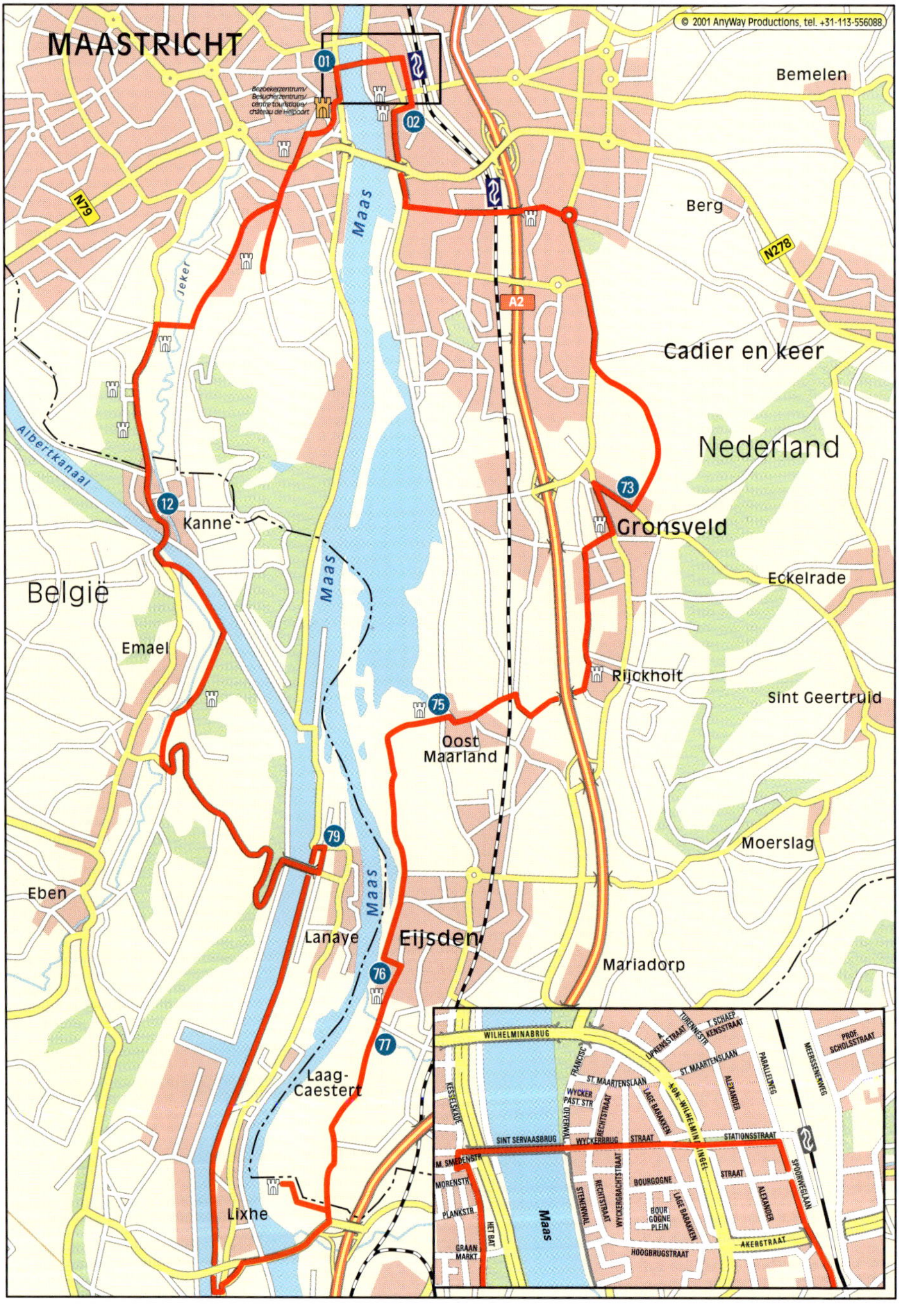
© 2001 AnyWay Productions, tel. +31-113-556088
MAASTRICHT
Bezoekerzentrum/ Besucherzentrum/ centre touristique/ château de Helpoort
Bemelen
Berg
N79
N278
A2
Jeker
Maas
Cadier en keer
Nederland
Albertkanaal
Kanne
Gronsveld
België
Eckelrade
Emael
Rijckholt
Sint Geertruid
Oost Maarland
Moerslag
Eben
Lanaye
Eijsden
Mariadorp
Laag-Caestert
Lixhe
01
02
12
73
75
76
77
79
WILHELMINABRUG
SINT SERVAASBRUG
STATIONSSTRAAT
AKERSTRAAT
HOOGBRUGSTRAAT
BOURGOGNE
ST. MAARTENSLAAN
SPOORWEGLAAN
PARALLELWEG
MEERSSENERWEG
PROF. SCHOLSSTRAAT
GRAAN MARKT
HET BAT
PLANKSTR.
MORENSTR.
M. SMEDENSTR.

16. Die Elven-Route, 30 KM

Folgen Sie vom Bahnhof in Maastricht aus den weißen Schildern mit grüner Aufschrift in Richtung Knotenpunkt 02.

Biegen Sie rechts ab und fahren Sie auf der Route weiter durch das neue Viertel Céramique.

Dort liegt das Centre Céramique, in dem sich die Stadtbibliothek und das Gemeindearchiv befinden. Hier können Sie sich in der ersten Etage ein Modell der Stadt Maastricht ansehen, das auf der Grundlage des Lageplans der befestigten Stadt Maastricht aus dem Jahr 1748 gebaut wurde.

Das Stadtmodell von Maastricht (1748)

Maastricht wurde am 10. Mai 1748 von den Franzosen nach einer ungefähr dreiwöchigen Belagerung eingenommen. Kurze Zeit später beendete der Frieden von Aachen den österreichischen Erbfolgekrieg (1740-1748). Die Festung wurde am 3. Februar 1749 der Republik der Vereinigten Niederlande übertragen. Während der kurzen militärischen Besetzung wurde die Stadt von den Franzosen vermessen. Auf Basis dieser Daten veranlasste der französische König Ludwig XV. die Anfertigung eines Modells der Stadt, das als militärisches Lehrmaterial sowie als Prestigeobjekt dienen sollte.

Modell der Stadt Maastricht

1977 wurde eine Kopie des französischen Originals angefertigt, deren zentralen Teil Sie hier bewundern können. Das Modell vermittelt einen guten Eindruck von der befestigten Stadt Maastricht des Jahres 1748. Außerdem können Sie mit Hilfe verschiedener Bildtafeln weitere Hintergrundinformationen zum Modell erhalten.

i *Das Centre Céramique ist dienstags von 13.00 bis 20.00 Uhr, mittwochs und freitags von 10.00 bis 17.00 Uhr, donnerstags von 10.00 bis 20.00 Uhr, samstags von 10.00 bis 15.00 Uhr und sonntags von 14.00 bis 17.00 Uhr geöffnet. Es ist montags geschlossen. Der Eintritt ist frei.*
Info: 00 31(0)43 35 05 600.

Hinter dem Centre Céramique liegen an der Maas die Überreste der Stadtumwehrung von Wyck.

Die Überreste der Festung Wyck

Die Verteidigung der Stadt Maastrich wurde seit jeher durch eine Doppelburg, d.h. durch zwei einander gegenüberliegende Burgen, gesichert. Am westlichen Maasufer lag die eigentliche Festung Maastricht und am östlichen die Festung Wyck. Der Stadtteil Wyck war genau wie Maastricht seit dem Mittelalter befestigt. Aus archäologischen Untersuchungen geht hervor, dass Wyck bereits um 1180 mit einem Erdwall umgeben war. 1248 ließ Herzog Heinrich von Brabant einen starken steinernen Turm errichten, um den Zugang zur östlichen Maasbrücke verteidigen zu können. Herzog Jan von Brabant ließ Wyck ab 1380 umwehren und Wyck blieb daraufhin bis 1867 ununterbrochen eine Festung.

An der Maas liegt der „Turm an der Maashöhe" (Toren aan de Hoge Maaspunt), dessen Unterbau noch aus dem Mittelalter stammt, während es sich bei dem oberen Teil um eine Rekonstruktion aus dem Jahr 1913 handelt. Von diesem Turm aus kann man den Verlauf der teilweise rekonstruierten Umwehrung aus dem 15. und 16. Jahrhundert gut erkennen. Man sieht den Unterbau des Recenturms und den Verlauf der Mauer bis unter das Centre Céramique. Auch durch die Anlage mehrerer Wasserpartien wurde versucht, einen Eindruck von den alten Gräben zu vermitteln. Nördlich des Turms befindet sich die mittelalterliche Mauer von *Wyck*, die entlang der Maas größtenteils erhalten geblieben ist, obwohl zahlreiche Reparaturen und Umbauten das Aussehen der Mauer stark verändert haben. Wer dem Maasufer in nördliche Richtung folgt, kann dort auch noch ein kleines Wassertor entdecken, eine aus dem 19. Jahrhundert stammende Rekonstruktion des mittelalterlichen Tors, das Zutritt zum vor der Mauer gelegenen Maasufer gewährte.

i *Die Umwehrung von Wyck ist frei zugänglich.*

Fahren Sie zurück, biegen Sie rechts ab und folgen Sie der Avenue Céramique. Am Bonnefantenmuseum und der Provinzverwaltung (Gouvernement) entlang führt der Weg über einen „normalen" Radweg in Richtung Knotenpunkt 4. Wenn Sie die Provinzverwaltung passiert haben, biegen Sie an der Ampel links in Richtung MECC ab. Fahren Sie dann über den Randwijcksingel rechts am MECC vorbei zum Bahnhof Randwijck. Dort überqueren Sie den Bahnübergang. Rechts der Straße sehen Sie das „Huize de Burght".

„De Burght"

„De Burght" (die Burg) in Heer-Maastricht stammt ursprünglich wahrscheinlich aus dem 13. Jahrhundert. Das Anwesen diente den umherreisenden Pröpsten des Kapitels von Sint-Servaas in Maastricht als Wohngebäude. Bereits 1439 wurde das Gebäude als „ein gute Feste und ein sicheres Gefängnis" (ene goede vaste en seker gevenckenisse)

bezeichnet. Das Kapitel von Sint-Servaas übte mit Hilfe dieser umherreisenden Pröpste bestimmte Formen der Rechtsprechung in den verschiedenen Dörfern aus. Die Missetäter aus diesen Dörfern wurden in das Gefängnis in Heer gebracht. Nach dem letzten Viertel des 16. Jahrhunderts vermietete das Kapitel „De Burght" einem seiner Kanoniker.

Bei „De Burght" handelte es sich um einen einfachen, von einem Graben umgebenen Turm. Der ursprüngliche Zustand ist noch im Kellergeschoss zu erkennen, wo die Außenmauern 2,30 Meter dick sind. Im 19. Jahrhundert wurden die Mauern in den oberen Geschossen den Bedürfnissen der damaligen Bewohner angeglichen. 1931 wurden weitere Restaurierungsarbeiten durchgeführt. Zurzeit befindet sich dort ein Restaurant mit Festsaal. Aber noch heute bekommt man einen guten Eindruck vom ursprünglichen Aussehen des mächtigen Turms.

i *De Burght kann nur von außen besichtigt werden.*

Fahren Sie zurück zur Joseph-Bechlaan. Über die Kruisstraat (rechts ab) gelangen Sie zu einem Kreisverkehr. Biegen Sie hier rechts ab und fahren Sie weiter über den Rijksweg. Links liegt das Haus Eyll.

Das Haus Eyll

Haus *Eyll* bildet zusammen mit einem Wirtschaftshof ein Landgut. Um 1570 hieß es noch Croonenhof. Ab Ende des 17. Jahrhunderts bis zum Jahr 1822 war es Eigentum der Familie Eyll.

Nach einigen hundert Metern sehen Sie auf der linken Seite des Weges die Torenmolen Gronsveld (Turmmühle Gronsveld). Hinter der Mühle biegen Sie sofort rechts in Richtung Knotenpunkt 73 ab. Am Knotenpunkt 73 geht es dann nach rechts über den Kampweg zum Knotenpunkt 05. An der T-Kreuzung biegen Sie links ab und gelangen so ins Dorf Gronsveld. Wenig später sehen Sie auf der rechten Seite im Dorfzentrum die Kirche. Vom Kirchplatz aus können Sie das Schloss Gronsveld sehen.

Das Schloss Gronsveld

Wahrscheinlich ab dem 13. Jahrhundert lag in dieser Gegend eine mittelalterliche Burg, von der aus die Herren der freien Reichsherrschaft Gronsveld ihr Territorium regierten. Ende des 16. Jahrhunderts wurde diese Burg auf den alten Fundamenten zu einer Residenz umgebaut, die dem Zeitgeist eher entsprach. Der wehrhafte Charakter der Burg verschwand dabei vollständig. Möglicherweise wurde das Schloss bereits im 17. Jahrhundert dem Verfall preisgegeben. Die heutigen Gebäude entstanden im 19. Jahrhundert.

Schloss *Gronsveld* ist heute ein schlossähnliches Landhaus, das im 19. Jahrhundert errichtet wurde. Jedoch gibt es auch noch Überreste des ursprünglichen Baus zu entdecken. Am Rijksweg liegt das schöne, aus dem 19. Jahrhundert stammende Torhaus. Das Landhaus selber kann man am besten von der Stationsstraat aus sehen.

i *Schloss Gronsveld und der dazugehörige Besitz sind der Öffentlichkeit nicht zugänglich.*

Fahren Sie zurück auf den Rijksweg und biegen Sie dann nach rechts in die Stationsstraat ab. Nehmen Sie nun die zweite Seitenstraße links, den Hogeweg, und fahren Sie dann weiter geradeaus bis zum Schloss Rijckholt.

Das Schloss Ryckholt

Ryckholt wurde 1145 als freie Reichsherrschaft erwähnt. Die Burg soll Ende des 15. Jahrhunderts in die Hände einer Räuberbande gefallen sein, die von dort aus die Umgebung unsicher machte. Infolgedessen wurde die Burg belagert und verwüstet, woraufhin eine neue Burg errichtet wurde. Im Achtzigjährigen Krieg beschlagnahmte der spanische König alle Güter des Schlossherrn, des Grafen von Vlodrop. Zu Beginn des 18. Jahrhunderts wurde der Hauptflügel des heutigen Gebäudes errichtet. Die Herrschaft wurde im Jahr 1806 aufgehoben.

Schloss *Ryckholt* liegt auf einem rechteckigen Grundstück, das ursprünglich von einem doppelten Graben umgeben war. Den ältesten Teil des Schlosses bildet das Untergeschoss des massiven Wohnturms, der möglicherweise bereits aus dem 14. Jahrhundert stammt.

Die übrigen Gebäude stammen aus dem 18. Jahrhundert. Neben dem Schloss befindet sich ein nicht mit diesem verbundenes Kutschenhaus, in dem heute ein Restaurant untergebracht ist. Das Schloss selber wird sowohl als Wohnhaus wie auch als Bürogebäude und Kongresszentrum genutzt.

i *Schloss Ryckholt kann nur von außen besichtigt werden.*

Folgen Sie der Route durch einen Tunnel unter der Autobahn hindurch bis zu einer Wegkapelle. Dort biegen Sie rechts ab und fahren dann links über die Überführung. Die Wegweiser der Maastal-Route führen Sie wieder zum Radroutennetz (Knotenpunkt 75). Überqueren Sie den Rijksweg, dann sehen Sie auf der rechten Seite gleich das Schloss Oost.

Das Schloss Oost

Schloss Oost liegt im Weiler Oost beim Dorf Oost-Maarland in der Gemeinde Eijsden und ist nur wenige hundert Meter von der Maas entfernt. Es handelte sich dabei wahrscheinlich ursprünglich um einen von Gräben umgebenen Wohnturm. Das Schloss diente als Adelssitz und gehörte zum Herzogtum Daelhem. Das ursprüngliche Gebäude wurde 1548, 1674, Mitte des 19. Jahrhunderts und auch 1958 gründlich umgebaut. Deshalb ist leider nur wenig von der ursprünglichen Struktur übrig geblieben.

Den Kern des heutigen Herrenhauses bildet ein rechteckiger Wohnturm, der möglicherweise aus dem 13. oder 14. Jahrhundert stammt. Bei den Umbauarbeiten im Jahr 1548 blieben nur ein achteckiges Treppentürmchen und der Eingang übrig. Der Graben ist inzwischen ausgetrocknet und der gesamte Komplex macht einen etwas ungepflegten Eindruck.

i *Schloss Oost und der dazugehörige Besitz sind der Öffentlichkeit nicht zugänglich.*

Fahren Sie weiter in Richtung Knotenpunkt 76. Sie passieren linker Hand den Jachthafen und den Eingang zum Naturreservat „De Eysderbeemden". So erreichen Sie den Knotenpunkt 76 in der historischen Diepstraat in Eijsden. Nach einem Besuch des Dorfzentrums biegen Sie auf der Diepstraat rechts in Richtung Knotenpunkt 77 ab. Nach einigen hundert Metern erblicken Sie rechts Schloss Eijsden.

Das Schloss Eijsden

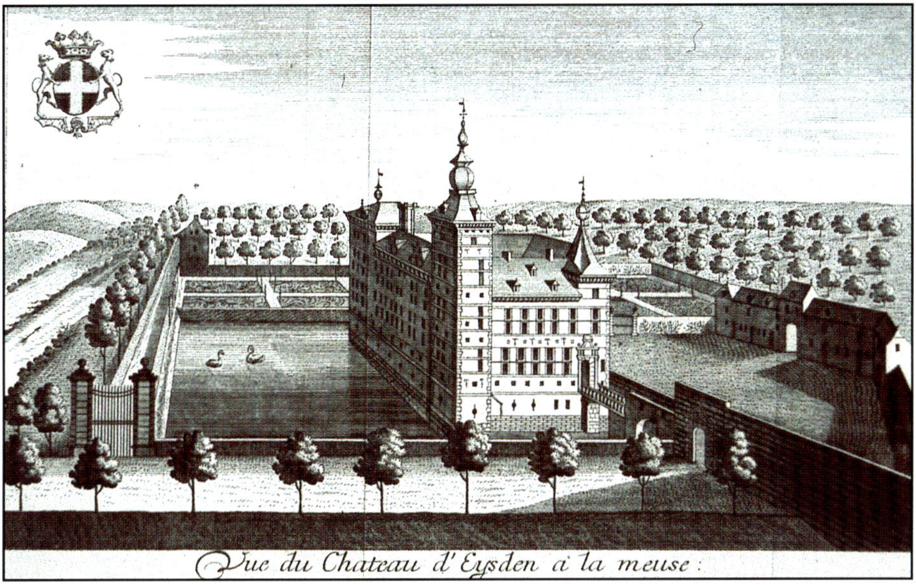

Das Schloss Eijsden (Remacle le Loup)

Schloss Eijsden

Das heutige Schloss Eijsden wurde im Jahr 1636 von Arnold à Margelle gebaut. Das Schloss, Sitz der Herrschaft von Eijsden, die ursprünglich zur Grafschaft Valkenburg gehörte, liegt nicht weit von dem Ort entfernt, an dem sich möglicherweise die Vorgängerburg, die Caesterburg, befunden hat. 1650 wurden die Wirtschaftsgebäude nach einem Brand wieder aufgebaut, wie aus einem Giebelstein hervorgeht. Zwischen 1881 und 1886 wurde das Schloss restauriert, aber 1952 stürzte plötzlich ein Eckturm ein. Danach wurde bis 1959 am Wiederaufbau gearbeitet, wobei auch andere Reparaturen durchgeführt wurden.

Der das Schloss umgebende Park wurde erst 1881 im geometrischen Stil angelegt. Das Schloss, ein aus rotem Backstein, Hartgestein und Mergelblöcken erbautes Lustschloss, ist ein herrliches Beispiel für den maasländischen Renaissancestil. Kennzeichnend für diesen Stil sind die Borten aus Hartgestein und die Kreuzfenster. Bei der Restaurierung Ende des 19. Jahrhunderts, die unter der Leitung des Lütticher Architekten E. M. Jamar durchgeführt wurden, erhielt der Eckturm seine Spitze mit birnenförmiger Bekrönung. Auch

Ansicht auf Fort Navagne

die Dachkapellen und die heutige Form des Dachs stammen aus dieser Zeit.

i *Der Schlossplatz und der Schlosspark sind frei zugänglich, aber das Schloss selbst kann nicht besichtigt werden.*

Fahren Sie weiter in Richtung Knotenpunkt 77, der im wunderschönen ländlichen Zentrum von Caestert liegt. Fahren Sie dort geradeaus weiter in Richtung Knotenpunkt 79. Sie erblicken ein Wehr und eine Brücke über die Maas. Rechts führt eine Einbahnstraße zu einem kleinen Hügel und einem Wirtschaftshof. Dort befand sich das ehemalige Fort Navagne.

Das Fort Navagne oder Elvenschans

Navagne ist die französische Bezeichnung für den Weiler Elven, der an der heutigen niederländisch-belgischen Grenze zwischen Moelingen und Eijsden liegt. In der Nähe des Weilers Elven befand sich bereits in der ersten Hälfte des 14. Jahrhunderts ein befestigtes Haus oder Schloss.

Drei Jahrhunderte später, im Jahr 1634, beschloss der spanische Heerführer d'Aytona, das Schloss zu umwehren. Prinz Friedrich Heinrich hatte Maastricht 1632 von den Spaniern erobert. Daraufhin schlossen die Spanier im Jahr 1634 Maastricht ein. Fort Navagne war dazu ausersehen, die über die Maas führende Verbindung zwischen Maastricht und Lüttich zu blockieren. Das Fort lag an der Maas zwischen den Mündungen der kleineren Flüsse Voer und Berwinne. Es hatte einen rechteckigen Grundriss und war mit vier Bastionen versehen und von einem Wassergraben umgeben. Vor den Kurtinen wurden Ravelinen angelegt, außerdem wurden in der näheren Umgebung auch einige weitere kleinere Außenwerke aufgeschüttet. Die Verteidigungsanlagen des Forts waren wahrscheinlich nicht mit Mauerwerk versehen. Nachdem die Franzosen im Jahr 1673 Maastricht erobert hatten, stand das von den Spaniern besetzte Navagne den französischen Truppenbewegungen in der Umgebung im Weg. Das führte zu einer kurzen Belagerung des Forts, das daraufhin erobert und weitgehend zerstört wurde. Nach dem Frieden von Nimwegen im Jahr 1678 erhielten die Spanier ihr Fort zurück und bauten es wieder auf. Zu Anfang des spanischen Erbfolgekriegs (1702-1713) besetzten die Franzosen Navagne. Noch im Jahr 1702 griffen staatliche Truppen von Maastricht aus die Verschanzung an. Sie eroberten Navagne und machten es endgültig dem Erdboden gleich.

1717 errichteten die Österreicher an dieser Stelle ein Zollhaus. 1914 wurde das Gebäude vo deutschen Truppen, die hier die Maas überquert hatten, zerstört.

1974 war der ehemalige Komplex Navagne größtenteils eingeebnet. Überreste der nördlichen und östlichen Umwehrung und eines ausgetrockneten Außengrabens sind noch als Erhöhungen und Vertiefungen im Gelände zu erkennen. Heute befindet sich dort ein Restaurationsbetrieb.

i *Das Gelände ist frei zugänglich.*

Fahren Sie zurück und biegen Sie rechts in Richtung Lixhe zum Wehr ab. Überqueren Sie die belgische Grenze. Von hier aus folgen Sie den blauen Schildern mit weißer Aufschrift. Hinter der parallel zum Wehr liegenden Brücke biegen Sie links auf die zweite Brücke ab, eine Hängebrücke über den Albertkanal. Unten angekommen biegen Sie wieder links und dann sofort wieder rechts ab. So gelangen Sie auf den am Albertkanal entlang führenden Treidelweg. Sie folgen ihm in Richtung Knotenpunkt 79 und unterqueren eine weitere Hängebrücke. So erreichen Sie Knotenpunkt 79. Dort fahren Sie rechts nach oben und dann über die Hängebrücke. Auf der rechten Seite sehen Sie eine Kasematte aus Beton, die der Verteidigung der Brücke diente. Fahren Sie die Anhöhe in Richtung Eben-

Das Fort Eben-Emael

Emael hinauf. Nach der Abfahrt biegen Sie vor dem Überqueren des Flüsschens Jeker (frz.: Geer) gleich rechts zum Besuchereingang des Forts Eben-Emael ab.

Das Fort Eben-Emael

Zwischen 1880 und 1890 wurden Antwerpen, Lüttich und Namur aus Gründen der Landesverteidigung mit zahlreichen Forts umgeben. Allein um Lüttich ließ General Brialmont zwölf Forts anlegen. Ein weiteres Fort wollte er bei Lixhe bauen, um das „Loch von Visé" zwischen dem Lütticher Fortgürtel und der niederländischen Grenze abzudichten. Jedoch wurde seine Warnung in den Wind geschlagen. Seine Worte „Sie alle werden Blut und Tränen weinen, weil Sie dieses Fort nicht gebaut haben", gelangten zu trauriger Berühmtheit, als die Deutschen am 4. August 1914 die Maas ungehindert überquerten.

Als in den dreißiger Jahren die Bedrohung aus Deutschland wieder zunahm, wurde auch die Verteidigungsproblematik wieder aktuell. Daraufhin wurden acht der alten Lütticher Forts modernisiert und wieder in Betrieb genommen. Außerdem wurden vier neue Forts gebaut. Der Standort des zwischen 1932 und 1935 erbauten Forts Eben-Emael war vom Albertkanal bestimmt, der 1929 fertig gestellt worden war und selber Teil der Verteidigungslinie war. Das Fort Eben-Emael war im Prinzip eine befestigte Artilleriestellung. In südliche Richtung sollten von dort aus das „Loch von Visé", in nördlicher der Maasübergang und die Brücken über den Albertkanal mit Artilleriefeuer flankiert werden können. Obwohl das Fort zu den modernsten seiner Zeit zählte und als uneinnehmbar galt, bedurfte es nur 78 deutscher Fallschirmjäger, um es am Morgen des 10. Mai 1940 in kürzester Zeit einzunehmen. Entscheidend war der Überraschungseffekt, der mit neuartigen Sprengkörpern und Segelflugzeugen erzielt wurde.

Der Komplex des Forts *Eben-Emael* erstreckt sich über einer Oberfläche von 75 ha. Ein Großteil des Forts besteht aus unterirdischen Räumen, die unter anderem der Unterbringung und Versorgung der 1.200 Mann starken Garnison dienten. Die Artilleriestellungen befanden sich oben auf dem Fort. Umgeben war das Fort von Betonbunkern für die Nahverteidigung.

i *Im Fort Eben-Emael werden regelmäßig Führungen durchgeführt. Im Inneren befindet sich eine Ausstellung. An der Außenseite können Sie den Eingangsbunker und mehrere Kasematten besichtigen. Das Gelände des eigentlichen Forts ist immer noch Militärgelände. Weitere Informationen finden Sie auch unter Route 10 („Vorschläge zu Lüttich und Umgebung")*

Vom Eingangsbereich des Forts aus folgen Sie der Radroute weiter in Richtung Knotenpunkt 88. Folgen Sie dem Albertkanal, bis Sie an eine Brücke kommen. Überqueren Sie die Brücke, biegen Sie links ab und folgen Sie den Wegweisern bis zu den Eingängen der Champignonzuchtbetriebe an der Avergat. Kehren Sie um und folgen sie dem Avergat über die Anhöhe bis zu dem Soldatenfriedhof für die Gefallenen des 10. Mai 1940. An der Anhöhe liegt außerdem ein englisch-kanadisches Kriegerdenkmal. Biegen Sie am Soldatenfriedhof rechts ab und fahren Sie dann über die Brücke in Richtung Kanne. Zuerst fahren Sie dabei noch ein kleines Stückchen in Richtung Knotenpunkt 88. Fahren Sie quer durch das Dorf bis zum Knotenpunkt 12 auf niederländischem Hoheitsgebiet. Bei Knotenpunkt 12 biegen Sie links ab. Dort liegt auf der linken Seite das „Huize Poswick" und auf der rechten Seite eine Kapelle. Hinter dieser Kapelle biegen Sie rechts ab und fahren kurz darauf über den Cannerweg am Schloss Neercanne vorbei in Richtung Maastricht.

Das Schloss Neercanne oder Agimont

Die Herrschaft Neercanne bestand bereits Mitte des 15. Jahrhunderts und gehörte zum Fürstbistum Lüttich. In dieser Zeit stand an der Stelle des heutigen Schlosses Neercanne ein Schloss, das der Herrschaft als Herrensitz diente. Als Maastricht im Jahr 1465 unter anderem auch von städtischen Milizen aus Huy belagert wurde, ging das Schloss in Flammen auf. Wahrscheinlich wurde es danach wieder aufgebaut. Melchior von Pallant, der das Schloss und den herrschaftlichen Besitz im Jahr 1607 in die Hände bekam, ließ es umbauen. 1611 ließ er im Süden des Schlosses ein Gehöft errichten. Die Stallungen dieses Wirtschaftshofs sind erhalten geblieben, heute befindet sich dort das Restaurant „L'Auberge".

Am 14. Februar 1697 kaufte Daniel Wolff von Dopff, der damalige Kommandant der Festung Maastricht, das verfallene Schloss. Von Dopff, der später militärischer Gouverneur der Festung werden sollte, ließ es zu seinem Landsitz mit eindrucksvollen, terrassenförmig angelegten Gärten umbauen. Der Schlossherr veranstaltete bemerkenswerte Feste auf Neercanne. Einer seiner berühmtesten Gäste war Zar Peter der Große, der im Jahr 1717 Maastricht besuchte. Im Laufe des 20. Jahrhunderts verfiel das Schloss. 1947 wurde es von der Stiftung „Het Limburgs Landschap" erworben und danach bis 1955 gründlich restauriert. Heute befindet sich im Schloss ein renommiertes Restaurant.

Schloss *Neercanne* ist fast vollständig aus Mergel gebaut. Die Terrassen zwischen dem Gebäude und der Straße wurden in ihrer alten Pracht wieder hergerichtet. Teile des Gartens lagen früher auch an der gegenüberliegenden

Seite der Straße und erstreckten sich sogar bis in die Wälder hinter dem Schloss. Kurz hinter dem Gebäude liegen noch einige Mergelbrüche, die sich ebenfalls im Besitz des Herrn von Neercanne befanden.

i *Schloss Neercanne wird als Restaurant genutzt. Von der Seite des Dorfes Kanne aus können Sie über eine Treppe nach oben gelangen und das Gebäude aus der Nähe betrachten. Der hinter dem Gebäude liegende Innenhof ist im Prinzip frei zugänglich.*

Folgen Sie dem Cannerweg. Sie passieren rechter Hand die ehemalige Grenzstation und Straßenbahnhaltestelle. Etwas weiter links, versteckt in den bewaldeten Hängen, liegen die Eingänge zu den Mergelgrotten unter dem Cannerberg und dem ehemaligen Nato-Hauptquartier.

JOC (Joint Operations Center)

In den Mergelgrotten unter dem Cannerberg befand sich bis vor einigen Jahren das Joint Operations Center (JOC) der Nato, das Koordinationszentrum für die Streitkräfte und die Luftwaffe im nördlichen Teil Europas.

Wenn Sie die Hauptstraße verlassen und links ein Stückchen den Berg hinauffahren, können Sie am Hang des *Cannerbergs* die Eingänge zu den Mergelgrotten und den mit schweren Toren gesicherten Eingang des Nato-Komplexes erkennen. Biegen Sie beim Hoeve Nekum in den ersten Weg links ein. Wenn Sie dem Cannenweg ein Stückchen weiter folgen, erblicken Sie in den Feldern einen kleinen Betonbunker, ein so genanntes „Stachelschwein".

Das „Stachelschwein"

In den Jahren vor 1940 wurden im niederländischen Limburg ungefähr zweihundert Betonkasematten gebaut. Sechs von ihnen waren mit der Frontseite nach Belgien gerichtet. Anscheinend hielt man es für nötig, die Neutralität der Niederlande auf diese Weise zu demonstrieren. Die Kasematte am Cannerweg ist eine der vier Kasematten des S-Typs, ein „Stachelschwein". Derartige Kasematten hatten einen ungefähr dreieckigen Grundriss und waren relativ leicht konstruiert. Sie hatten mindestens drei Schießscharten und waren für leichtes Maschinengeschütz bestimmt.

i *Die Betonkasematte am Cannerweg liegt auf Privatgelände und kann nur von der Straße her betrachtet werden.*

Über den Nekummerweg überqueren Sie die Jeker. Fahren Sie weiter bis zur T-Kreuzung mit dem Mergelweg. Biegen Sie links ab und folgen Sie dem Radweg bis zum Knotenpunkt 03. Am Ende des Mergelwegs biegen Sie rechts ab in den Luikerweg und fahren dann nach oben zum Fort Sint-Pieter.

Das Fort Sint-Pieter

Das Fort Sint-Pieter wurde 1701/1702 am Nordhang des Sint-Pietersbergs bei Maastricht errichtet. Die französische Belagerung im Jahr 1673 hatte gezeigt, dass dieser Hang eine Bedrohung für die Festung bedeuten konnte, falls die Belagerer dort Geschütz für einen Angriff aufstellen sollten. Das Fort, ein Entwurf von Daniel Wolff von Dopff, war eine völlig autarke Wehranlage. Deshalb wurden auch einige Brunnen ausgehoben und Vorratskeller eingerichtet. Unter dem Fort befanden sich Teile der weitläufigen Mergelgrotten des Sint-Pietersberges. Während einer erneuten Belagerung durch die Franzosen im Jahr 1794 wurde das Fort nach schwerem Beschuss vom Cannerberg aus fast völlig außer Gefecht gesetzt. Ursprünglich verfügte die Festung über zwei Kanonenbatterien, deren Reichweite Teile des Jekertals und des Maastals erfasste. Zwischen 1818 und 1822 wurde das Fort mit weitaus schwereren Waffen versehen. So wurden eine Mörserbatterie mit drei Mörsern und eine neue Ka-

nonenbatterie mit zwölf Kanonen installiert. Mit der Aufgabe der Festung Maastricht im Jahr 1867 verlor jedoch auch das Fort Sint-Pieter seine Bedeutung. Im Zweiten Weltkrieg befand sich oben auf dem Fort ein Aussichtsposten des Luftschutzes von Maastricht. In jüngster Zeit wurden an das Fort ein Café-Restaurant und ein Festsaal angebaut.

Das Fort *Sint-Pieter* hat einen fünfeckigen Grundriss, der zum größten Teil noch aus den Jahren 1701/1702 stammt. In den Außenmauern befinden sich in zwei Reihen übereinander liegende Schießscharten, die durch ihre ausgefallene Konstruktion besonders ins Auge fallen. In den beiden Flanken des Forts sind noch Schießscharten für Kanonen zu erkennen. Rund um das Fort herum verläuft ein trockener Graben, der ursprünglich von vier Caponnieres gedeckt wurde. Von den neueren Batterien oben auf dem Fort sind noch die nach der Entfestigung übrig gebliebenen Reste zu erkennen.

i *Um das Fort herum verläuft ein Spazierweg, der Ihnen, so weit es der Bewuchs zulässt, schöne Aussichten auf das Fort bietet. Der Verkehrsverein von Maastricht organisiert regelmäßig Führungen durch das Fort. Von der Terrasse des Café-Restaurants aus haben Sie eine herrliche Aussicht auf Maastricht und Umgebung.*
Info zu den Führungen:
00 31(0)43 32 17 878.

Fahren Sie zurück bis an die Kreuzung mit dem Mergelweg und dort weiter geradeaus, vorbei am Polizeibüro, bis an die Ampel. Auch dort fahren Sie weiter geradeaus, bis Sie links die Tapijnkaserne erblicken.

Die Tapijnkaserne

Nach der Aufgabe der Festung Maastricht im Jahr 1867 unterhielt die Stadt noch eine letzte Garnison, deren Soldaten in Gebäuden untergebracht wurden, die ursprünglich nie als Kasernen dienen sollten und die sich oft in sehr schlechtem Zustand befanden. Ende des Ersten Weltkriegs wurde in Maastricht auf dem ehemaligen Flutungsgebiet der Festung eine neue Kaserne für das 13. Infanterieregiment gebaut. Die Kaserne wurde 1917 fertig gestellt und erhielt 1934 zu Ehren von Sebastian Tapijn, der 1579 während der spanischen Belagerung Befehlshaber der Festung Maastricht war, den Namen Tapijnkaserne. Heute wird die Kaserne zwar noch von der Nato genutzt, da aber das Militär die Stadt in einigen Jahren ganz verlassen wird, steht auch das zukünftige Schicksal der Gebäude zur Debatte.

Das Aussehen der Tapijnkaserne wird größtenteils von den ursprünglichen Gebäuden aus dem Jahr 1917 bestimmt. Hier und dort sind spätere Ergänzungen zu erkennen. Auf dem großen Vorplatz am Prins Bisschopsingel befindet sich ein Denkmal zu Ehren von Generalleutnant Dibbets. Er starb 1839, nachdem er neun Jahre lang die niederländische Befehlsgewalt in *Maastricht* ausgeübt hatte, das inmitten des aufständischen belgischen Gebiets lag.

i *Die Tapijnkaserne ist Militärgelände und kann nur von der Straße aus betrachtet werden.*

Biegen Sie direkt rechts in die Van Heylerhofflaan und am Ende dieser Straße nach links ab. Hinter dem Tor Waerachtig biegen Sie rechts ab. So gelangen Sie zum Besucherzentrum Helpoort.

Helpoort und Umgebung

Die erste Stadtmauer

Nachdem Herzog Heinrich I. von Brabant im Jahr 1202 die Reichsstadt Maastricht als Lehen erhalten hatte, befestigte er seinen soeben erhaltenen Besitz sogleich mit einem Erdwall. 1229 erhielten die Maastrichter von Heinrich die Genehmigung, ihre Stadt weiter zu befestigen. Daraufhin entstand

Die „Helpoort“ (das Höllentor) in Maastricht

rings um Maastricht eine starke Mauer mit Toren und Türmen. Diese erste Stadtmauer von Maastricht wurde aus groben Blöcken aus Kohlensandstein errichtet. Unter großen Mauerbögen und auf dem Wehrgang konnten Bogenschützen Deckung finden. 1486 annektierte Maastricht jedoch einen Teil des Grundgebiets von Sint-Pieter außerhalb der Helpoort (des „Höllentors“) und umgab es ebenfalls mit einer Mauer und einem Graben. Das führte dazu, dass die Helpoort plötzlich mitten in einem ruhigen Stadtteil lag.

Danach diente sie unter anderem als Versammlungsraum, als Pulvermagazin und als Wohngebäude. Vor einigen Jahren hat die Stiftung „Maastricht Vestingstad“ in dem Torhaus eine kleine ständige Ausstellung über die Festung Maastricht eingerichtet.

Nach dem Bau der zweiten Stadtmauer war die erste dem Verfall preisgegeben. Die Überreste wurden an vielen Stellen auch in die Bebauung integriert. Im Verlauf des 20. Jahrhunderts kamen jedoch am Lang Grachtje und am Klein Grachtje Teile der Mauer wieder zum Vorschein.

Die Helpoort gehörte zur ersten mittelalterlichen Stadtbefestigung von Maastricht. Sie ist das

"VIJF KOPPEN" (FÜNF KÖPFE)

Die spanische Besetzung Maastrichts, die im Jahr 1579 begonnen hatte, endete erst 1632, als die Stadt nach ungefähr zweimonatiger Belagerung Prinz Friedrich Heinrich in die Hände fiel. Viele Katholiken in Maastricht waren jedoch nicht glücklich über die protestantische Herrschaft. Die Spanier hielten noch eine Garnison im Fort Navagne, wenige Kilometer von der Stadt entfernt. So war es nicht verwunderlich, dass immer wieder Pläne geschmiedet wurden, um Maastricht wieder in spanische Hände zu bringen.

1638 kam solch ein Plan ans Licht. Einige Bürger von Maastricht wollten zu nächtlicher Stunde ein zugemauertes kleines Tor am Onze Lieve Vrouwewal (Liebfrauenwall) aufbrechen und eine Abteilung spanischer Soldaten hereinlassen, die die Wache an der Onze Lieve Vrouwepoort überrumpeln und dann den Rest der spanischen Kriegsmacht hereinlassen sollten.

Der Verrat wurde rechtzeitig entdeckt, weil einer der Verschwörer etwas zu übermütig mit Geld um sich geworfen hatte. Nach einem scharfen Verhör war er geständig. Daraufhin wurden zwanzig Bürger und Geistliche festgenommen, darunter der Minoritenbruder Servatius Vink. Trotz schwerer Folter legte der Mönch kein Geständnis ab. Neun Verdächtige wurden am 7. Juni 1638 hingerichtet. Die abgehackten Köpfe von fünf Verdächtigen, darunter auch der von Pater Vink, wurden als abschreckendes Beispiel aufgespießt und auf dem Rondell „De Drie Duiven" ausgestellt. Seitdem heißt das Rondell „Vijf Koppen". Bei der Rekonstruktion des ersten Turms der zweiten Stadtmauer, dem Turm „Achter die Swesteren", erhielt dieser außerdem den Namen Pater Vinkturm.

Bis zur Besetzung durch die französischen Revolutionstruppen im Jahr 1794 blieb Maastricht, abgesehen von einigen französischen Intermezzos, Teil der niederländischen Provinzen.

einzige erhaltene Stadttor Maastrichts und das älteste erhaltene der Niederlande. Die Helpoort wird von zwei runden Türmen flankiert, über dem Durchgang befindet sich eine Pechnase. Im Tor selbst sind noch die Schlitze des Fallgatters zu erkennen.

Die Mauern rechts und links neben der Helpoort wie auch der Jekerturm wurden rekonstruiert. Wir können hier dem Verlauf der ersten Stadtmauer nach links bis zum Pater Vinkturm folgen. Wenden wir uns nach rechts, so erreichen wir hinter dem Jekerturm die Stelle, wo sich früher die Onze Lieve Vrouwpoort (das Liebfrauentor) befunden hat (ganz in der Nähe des Eingangs zum Parkhaus).

i *Sie können anhand der steinernen Informationsschilder, die hinter der Helpoort und am Eingang des Parkhauses liegen, einen Spaziergang entlang der Stadtmauer machen. Beim VVV-Maastricht ist eine Wegbeschreibung erhältlich. Sie können dort auch Führungen durch die verschiedenen Befestigungsanlagen von Maastricht buchen. Tel. 00 31 (0)43 325 21 21.*

Die zweite Stadtmauer

Die erste Stadtmauer umschloss ein sehr kleines Areal, weshalb dort schon nach kurzer Zeit Platzmangel entstand. Außerhalb der Mauer entstanden neue Stadtviertel, was dazu führte, dass um 1300 eine zweite Mauer erforderlich wurde, die ein viel größeres Gebiet umgab. Erst um 1380 war die Mauer so weit fertig gestellt, dass sie zu Verteidigungszwecken genutzt werden konnte. Die erste Stadtmauer blieb jedoch noch einige Zeit als Reservestellung erhalten. Im 16. Jahrhundert wurde die zweite Stadtmauer den aufkommenden Feuergeschützen angepasst. Der Oberbau der mittelalterlichen Mauertürme wurde entfernt und hinter der Mauer wurden weitere Erdwälle aufgeschüttet. Die mittelalterliche Stadtmauer funktionierte bis zur Aufgabe der Festung Maastricht im Jahr 1867 als Verteidigungsanlage. Jedoch wurde sie kurz nach

1867 abgerissen. Erhalten blieben nur der Pater Virkturm und einige hundert Meter der Mauer, die heute im Aldenhofpark liegen.

Im Westen der Helpoort befindet sich am Pater Vinkturm der Anfang der zweiten Stadtmauer. Es fällt sofort auf, dass die zweite Mauer hauptsächlich aus Blöcken von Namurer Hartgestein errichtet wurde. Das Flüsschen Jeker, das hier durch ein Wassertor unter der ersten Stadtmauer hindurchfließt, bildete einst die Grenze zwischen dem Dorf Sint-Pieter und Maastricht. Über die Jeker wurde noch ein Extra-Bogen mit Fallgatter gebaut. Dieses sollte verhindern, dass Eindringlinge über das Flüsschen in die Stadt gelangten. Beim Pater Vinkturm handelt es sich um eine Rekonstruktion. Er wurde nach dem Modell des Pulverturms in Wyck gebaut, der im 19. Jahrhundert abgerissen worden war.

Die Mauer der Neustadt

Die Lage außerhalb der Helpoort war aus strategischer Sicht absolut ungünstig. Aufgrund des Verlaufs der Jeker entstand dort eine weit zurückspringende Ecke. Jedoch änderte sich der Flusslauf regelmäßig, weshalb Maastricht 1486 bereits ein Stück Land annektieren konnte. 1515/1516 beschloss man, sich nicht länger den Launen der Jeker zu unterwerfen und baute eine Mauer, die einen etwas evidenteren Verlauf erhielt. Das Stück Land, dass damals annektiert wurde, erhielt den Namen Nieuwstad (Neustadt).

Die neue Stadtmauer wurde mit Rondellen versehen, niedrigen, runden Geschützplattformen, deren Konzept bereits vollständig auf die neue Artillerie ausgerichtet war. Durch den Bau dieser Mauer, die kein Tor hatte, verlieh die Helpoort von diesem Augenblick an Zutritt zu einer Art totem Winkel in der Stadt. Erst nach der Aufgabe der Festung Maastricht sollte dieses Gebiet unter anderem durch den Bau des Tors Waerachtig im Jahr 1888 wieder erschlossen werden.

Über eine Treppe schräg gegenüber der Helpoort können Sie auf die Mauern der Neustadt steigen. Oben auf dem Rondell „Vijf Koppen" erhalten Sie auch einen Eindruck von der räumlichen Beschaffenheit eines derartigen Rondells. Im Prinzip konnten hier zu Verteidigungszwecken Geschütz aufgestellt werden. Sowohl das Rondell „Vijf Koppen" wie auch das Rondell „Haet ende Nijt" ist von Wasserläufen umgeben, deren Verlauf an die früheren Gräben erinnert. Auch diese Mauer wurde zum größten Teil aus Namurer Hartgestein errichtet. Beide Rondelle sind mit zwei übereinander liegenden Kanonengewölben versehen.

Die Ausstellung über die Festung Maastricht in der Helpoort besteht unter anderem aus Informationstafeln, Modellen und einer audiovisuellen Präsentation. Die Helpoort ist ab Ostersonntag bis Ende der Herbstferien täglich von 13.30 bis 16.30 Uhr geöffnet. Der Eintritt ist kostenlos, aber man kann einen freiwilligen Beitrag leisten.

Fahren Sie durch den Park zum Maasboulevard und anschließend auf der großen Straße an der Maas entlang. Überqueren Sie die Maas über die Sint-Servaasbrücke. Fahren Sie dann immer weiter geradeaus, bis Sie schließlich wieder am Bahnhof von Maastricht ankommen.

© 2001 AnyWay Productions, tel. +31-113-556088
Berg
Meeswijk
Elsden
Urmond
Mechelse bos
Leut
Industrie DSM
Maasmechelen
Geleen
Stein
N763
Meers
41
Nieuwdorp
43
A76
A76
45
Kotem
België
Elsloo
Neerbeek
Boorsem
Opgrimbie
Catsop
Beek
Beek
A2
Aan de Maas
17
Hussenberg
Klein Genhout
Rekem
16
Uikhoven
Geulle
Maastricht Aachen Airport
Oensel
Neerharen
15
Lanaken
Ulestraten
Itteren
14
Klein Haasdal
Bunde
Meerssen
Nederland
Maas
N298
Smeermaas
Borgharen
08
MAASTRICHT
2A
Bezoekerscentrum Helpoort
WILHELMINABRUG
KESSELSKADE
SINT SERVAASBRUG
WYCKERBRUG
STRAAT
STATIONSSTRAAT
M. SMEDENSTR
MORENSTR
PLANKSTR
GRAAN MARKT
HET BAT
Maas
ST. MAARTENSLAAN
WYCKER PAST. STR
RECHTSTRAAT
LAGE BARAKKEN
KON. WILHELMINA SINGEL
BOURGOGNE
AKERSTRAAT
HOOGBRUGSTRAAT
PARALLELWEG
MEERSSENERWEG
SPOORWEGLAAN
PROF. SCHOLSSTRAAT

17. Die Maastal-Route, 48 km

Folgen Sie vom Bahnhof Maastricht aus den weißen Schildern mit grüner Aufschrift zu den Knotenpunkten 02, 2a und 8. Von Knotenpunkt 8 aus fahren Sie dann in Richtung Knotenpunkt 14. Nachdem Sie einen beschrankten Bahnübergang überquert haben, biegen Sie in die erste Straße rechts ein und fahren bis zum Schloss Bethlehem (Hotelfachhochschule).

Das Schloss Bethlehem

Schloss Bethlehem, das manchmal auch als Schloss Limmel bezeichnet wird, war anfangs ein Lehen der Herren von Valkenburg. Herzog Jan von Brabant belagerte und eroberte das Schloss im Jahr 1288 während der feindlichen Auseinandersetzungen, die der Schlacht bei Worringen vorausgingen. 1318 wurde es wahrscheinlich ein Lehen des Herzogs von Brabant. 1509 gelangte es in den Besitz des Deutschen Ordens. Zurzeit gehört das Schloss der Hotelfachhochschule von Maastricht. Ursprünglich bestand es wahrscheinlich nur aus einem befestigten Turm.

Beim heutigen Schloss *Bethlehem* handelt es sich eigentlich um ein aus dem 19. Jahrhundert stammendes Herrenhaus, in dem jedoch noch Überreste aus dem 16. und 17. Jahrhundert erhalten geblieben sind. Erhalten blieb auch der Graben.

Das Innere wurde vollständig erneuert.

i *Schloss Bethlehem kann nur von außen besichtigt werden.*

Fahren Sie zurück und folgen Sie der Route in Richtung Knotenpunkt 14, dann kommen Sie zuerst am Wehr von Borgharen vorbei und dann zum Schloss Borgharen.

Das Schloss Bethlehem gehört zur Hotelfachschule von Maastricht

Der Innenhof von Schloss Borgharen mit linkem Flügel

DAS SCHLOSS BORGHAREN

An der Nordseite des Kirchdorfs Borgharen liegt das Schloss Borgharen, Haeren oder Ophaeren. Es stammt ursprünglich aus dem 13. Jahrhundert und war damals wahrscheinlich nichts weiter als ein Wehrturm. Er diente den Herren von Valkenburg als Stützpunkt und wurde 1318 von den Lüttichern bis auf die Grundmauern abgerissen. Die neu erbaute Burg wurde 1483 ein weiteres Mal verwüstet, danach wurde das Schloss mehrmals umgebaut. Der heutige Zustand ist auf Umbauarbeiten im 17. und 18. Jahrhundert zurückzuführen.

Den Mittelpunkt der heutigen Schlossanlage bildet noch immer der (umfassend veränderte) Wehrturm. Auch der Verlauf des halboval verlaufenden Berings ist noch zu erkennen, da auf seinen Fundamenten ein Wohnflügel errichtet wurde.

i *Schloss Borgharen ist der Öffentlichkeit nicht zugänglich.*

Folgen Sie dem Weg weiter in Richtung Itteren. Nachdem Sie das Dorf passiert haben, fahren Sie auf dem kleinen Weg unten am Kanaldeich entlang. Wenn Sie den Düker der Geul unter dem Julianakanal überquert haben, können Sie kurz links auf den unbefestigten Weg fahren und Gut Hartelstein einen Besuch abstatten.

Ein Blick auf Gut Hartelstein

Ein Blick auf den Südflügel vom Innenhof aus

Nach Ihrer Rückkehr biegen Sie links ab und fahren weiter in Richtung Knotenpunkt 14. Danach überqueren Sie wieder den Kanal in Richtung Bunde, wo sich der Knotenpunkt 14 befindet. Von hier aus geht es dann weiter in Richtung Knotenpunkt 15 beim Campingplatz De Bosrand. Vorher kommen Sie aber noch an Brommelen vorbei. Vom Campingplatz aus fahren Sie weiter in Richtung Knotenpunkt 16. Nach einiger Zeit überqueren Sie abermals den Julianakanal. Hinter der Brücke fahren Sie kurz nach links und dann wieder nach rechts den Hang hinab. Versäumen Sie nicht, einen Blick auf Gut Geulle zu werfen, das rechts des Weges liegt.

Das Gut Hartelstein

Hartelstein war ein Lehen von Valkenburg und wurde im Jahr 1365 zum ersten Mal erwähnt. Von dem ursprünglichen mittelalterlichen Gebäude sind nur noch die Fundamente auf einem von Gräben umgebenen Gelände erhalten geblieben. Das Gut ist wahrscheinlich nie mehr als ein befestigtes Gehöft gewesen.

Die heutigen Gebäude, Überreste einer Vorburg, stammen hauptsächlich aus dem 17. und 18. Jahrhundert. Das auf mittelalterlichen Fundamenten errichtete Ecktürmchen strahlt immer noch eine gewisse Wehrhaftigkeit aus.

i *Gut Hartelstein ist heute eine Niederlassung der Emmaus-Gesellschaft, einer Wohn- und Arbeitsgemeinschaft, die sich mit Wiederverwertungsaktivitäten beschäftigt.*
In diesem Rahmen werden regelmäßig einzelne Räumlichkeiten der Öffentlichkeit zugänglich gemacht.

Das Gut Geulle

1298 kaufte Walram von Valkenburg vom Abt von Kornelimünster das Gut Geulle. Es handelte sich dabei um eine rechteckige Wasserburg mit vier Ecktürmen. Das eigentliche Gut war 1840 bereits sehr baufällig und wurde teilweise 1847 und beim Anlegen des Julianakanals im Jahr 1930 vollständig eingeebnet.

Vorburg von Gut Geulle

Heute sind nur noch zwei Flügel der Vorburg mit Torhaus aus dem Jahr 1620 zu sehen. Vor dem Tor führt noch eine Brücke über den Graben.

i *Gut Geulle kann nur von außen besichtigt werden.*

Nachdem Sie am Knotenpunkt 16, der sich auf dem kleinen Platz vor der Kirche von Geulle befindet, vorbeigefahren sind, biegen Sie rechts in Richtung Knotenpunkt 17 ab, der sich sofort hinter der linker Hand abbiegenden Straße „Aan de Maas" befindet. Hier besteht während der Sommermonate die Möglichkeit, die Route abzukürzen. Biegen Sie links ab und überqueren Sie die Maas mit einer Fähre. So gelangen Sie an den Knotenpunkt 52. Von dort aus folgen Sie den blauen Wegweisern mit der weißen Aufschrift: „Kempen en Maasland". Biegen Sie links ab, dann können Sie über Knotenpunkt 53 wieder auf die unverkürzte Route gelangen.

Bei Knotenpunkt 17 führt die Route weiter in Richtung Knotenpunkt 45. Dort angekommen biegen sie rechts ab und fahren über die Brücke. Die Route geht dann weiter in Richtung Knotenpunkt 43. Vergessen Sie nicht, das wirklich malerische Örtchen Elsloo mit Schloss zu besuchen. Sie erreichen das Schloss, indem Sie hinter der Brücke rechts abbiegen und gleich wieder rechts dem gepflasterten Weg bis zur Dorfmitte folgen. Am Hang fahren Sie dann nach rechts bis ins Tal und folgen der Kurve nach links. Dann befinden Sie sich am Eingang des Schlossparks.

Das Schloss Elsloo

Die mittelalterliche Burg Elsloo war bereits im 12. Jahrhundert eine Herrschaft von Valkenburg. Das ursprüngliche Gebäude verschwand zwischen 1613 und 1649 in den Fluten der Maas und lag etwas westlich des heutigen Schlosses. Bei niedrigem Wasserstand kann man noch Überreste entdecken. Um 1620 baute der damalige Herr von Elsloo ein

Das Schloss Elsloo

neues Schloss, das aber nach zwei Bränden in den Jahren 1835 und 1885 ebenfalls verschwunden ist.

Auf halber Höhe des Maasberges in *Elsloo* liegen Gebäude, die vom Schloss Elsloo übrig geblieben sind. Es handelt sich dabei um die ehemaligen Dienst- oder Wirtschaftsgebäude.

Fahren Sie zurück bis kurz vor die Brücke. Vor der Brücke biegen Sie rechts auf den Radweg ab, der nach oben in Richtung Knotenpunkt 43 führt. Dort angelangt, biegen sie links ab. Sie passieren die Autobahn und biegen dann links in Richtung Knotenpunkt 41 ab. Sie fahren dann durch Alt-Stein (Oud Stein) und passieren hinter einer Kurve eine schöne Kapelle. Vor Ihnen liegt jetzt der Knotenpunkt 41. Links hinter den Bäumen, Gebäuden und einem Graben liegt die Schlossruine von Stein.

Die Schlossruine Stein, vom Klosterkomplex (Vorburg) aus gesehen

Die Schlossruine Stein

In der näheren Umgebung des heutigen Dorfes Stein lag im 13. Jahrhundert ein befestigtes Haus. Bis heute konnte nicht genau festgestellt werden, ob es sich dabei um den Vorläufer der doppelten Wasserburg gehandelt hat, die im 14. Jahrhundert südlich des Dorfes erbaut wurde. Stein war in dieser Zeit eine freie Reichsherrschaft. Die Wasserburg bestand aus einer Vorburg, die von einem kleinen runden Turm und einem dahinter liegenden umwehrten Innenhof gebildet wurde. Ein breiter Graben trennte diese Vorburg von einem zweiten Wehrturm, der auf einer sechs Meter hohen Anhöhe lag. Diese Anhöhe konnte von einer dicken Mauer in Form eines unregelmäßigen Achtecks aus verteidigt werden. 1605 wurde die Burg bei einer Belagerung schwer beschädigt und anschließend wieder aufgebaut. Vor dem Komplex und außerhalb des Grabens befand sich die Zehntscheune.

Im 19. Jahrhundert wurden Teile des Grabens zugeschüttet und Teile der Vorburg abgerissen. Die hölzerne Zugbrücke wurde durch eine Steinbrücke ersetzt. 1846 wurde die Vorburg ausgebaut. An die rechte Flanke wurde ein Kutschenhaus angebaut und auf der linken Seite errichtete man ein weißes Wohngebäude. Diese beiden Gebäude bildeten zusammen mit der Vorburg ein Viereck. Zwischen 1921 bis 1996 war der Komplex ein Missionshaus der Mönche der Kongregation der Missionare vom Heiligen Herzen. Im November 2000 wurde auf dem Gelände der Vorburg und der Zehntscheune mit dem Bau von Wohngebäuden begonnen.

Heute ist das Schloss nur noch eine Ruine. Von der Vorburg blieb nur ein Turm aus Backstein (14. Jahrhundert) mit anschließender Mauer und einem Tor aus Mergelgestein, das so genannte Weiße Tor, übrig, das ebenfalls aus der Mitte des 14. Jahrhunderts stammt und Zugang zum Vorhof verlieh. Von der eigentlichen Burg ist nur noch ein Teil der Ringmauer und ein starker Wehrturm mit über drei Meter dicken Mauern aus Mergelgestein erhalten geblieben. Das Schloss ist noch immer ganz von Gräben umgeben. Außerhalb der Gräben liegt der Schlosspark, der zu einem Spaziergang einlädt.

Das Schloss Vilain XIIII Leut

Wenn Sie die Ruine besichtigen möchten, wenden Sie sich bitte an die Archäologische Stiftung Dr. Beckers/Pater Munsters, Tel. 00 31 (0)46 43 31 843.

Ab Knotenpunkt 41 fahren Sie links auf der für Autos gesperrten Straße in Richtung Knotenpunkt 51. Überqueren Sie den Kanal und fahren Sie weiter in Richtung Knotenpunkt 27. Diese Route führt Sie durch die malerischen Orte Meer, Veldschuur und Maasband. Biegen Sie vor dem hohen Kanaldeich links ab und folgen Sie dem Weg. Nach einer Kurve kommen Sie an dem prächtigen Urmond vorbei. In Berg aan de Maas kommen Sie an eine Fähre, die in der Nähe des Knotenpunktes 27 liegt. Nachdem Sie die Maas überquert haben, sind Sie in Belgien, wo Sie den blauen Schildern mit der Aufschrift „Kempen en Maasland" folgen. Am belgischen Maasufer befindet sich der Knotenpunkt 50. Dort angekommen biegen Sie links in Richtung Knotenpunkt 56 ab. In Leut erreichen Sie das gleichnamige Schloss.

Leut

Die Herren von Leut herrschten über eine freie Reichsherrschaft und bewohnten im 13. Jahrhundert einen runden Wohnturm. Ab 1475 traten die von Vlodrops als Herren von Leut auf. Sie errichteten das Schloss mit den vier Türmen. 1485 wurden das Schloss und das Dorf anlässlich einer Fehde zwischen dem Fürstbischof von Horne und der Familie von der Marck niedergebrannt. Zwischen 1485 und 1537 wurde die Burg wieder aufgebaut. Alle aus Mergelgestein errichteten Teile des heutigen Gebäudes stammen noch aus dieser Zeit. Da Wilhelm von Vlodrop sich auf die Seite von Wilhelm dem Schweiger schlug, wurden seine Besitzungen in den Südlichen Niederlanden, zu denen auch Leut gehörte, von den Spaniern beschlagnahmt. Zwar erhielt er schon kurze Zeit später sein Land, eine freie Reichsherrschaft, zurück, aber

Schloss Vilain XIIII Leut (kolorierte Lithographie n. A. Schaepkens)

sein Schloss wurde noch lange von den Spaniern besetzt gehalten. Entgegen der beim Westfälischen Frieden (1648) geschlossenen Vereinbarungen belagerte Friedrich Magnus, Rheingraf von Salm und Militärgouverneur von Maastricht, 1662 die Burg Leut, um die spanische Garnison von dort zu vertreiben.

Als 1793 die Franzosen in das Gebiet einfielen und Maastricht belagerten, richtete Bernadotte, der spätere Karl XIV. von Schweden, in Leut sein Hauptquartier ein. Auch später bekam Leut noch prominenten Besuch. So hielten sich Wilhelm I. im Jahr 1818 und Leopold I. im Jahr 1864 dort einige Tage auf. Durch Heirat gelangte das Schloss schließlich in den Besitz von Karl Vilain XIIII., der sich in den Gründerjahren Belgiens Anfang des 19. Jahrhunderts zunächst als Sekretär im Außenministerium, dann als Gesandter und schließlich als Außenminister Verdienste fürs Vaterland erwarb. Seine Töchter brachten das Schloss in eine soziale Stiftung mit dem Namen „Stichting Vilain XIIII." ein und machten daraus ein Krankenhaus.

Ende des 17. Jahrhunderts erhielt das Schloss seine heutige Form. Große Teile der früheren Gebäude wurden durch ein U-förmiges Landhaus im Louis-XIV-Stil ersetzt, das vollständig unterkellert war und größtenteils aus Backstein gebaut wurde. Zwischen 1753 und 1788 folgte noch eine klassizistische Bauphase, in der die Mansarddächer, die neue untere Fassade mit einer doppelten, leicht gedrehten Treppe und der erhöhte Mittelrisalit mit Giebeldreieck entstanden. Auch die Wirtschaftsgebäude stammen aus jener Zeit.

Das Schloss liegt am Ende einer langen Lindenallee. Durch ein schmiedeeisernes Tor aus dem 18. Jahrhundert kann man den Landsitz, der in einem bis zu den Ufern der Maas reichenden Park liegt, gut sehen. Beim heutigen Schloss Leut handelt es sich um ein Gebäude aus dem 18. Jahrhundert im Louis-XV-Stil. Es wird im Osten von zwei Ecktürmen aus massivem Mergelgestein flankiert, die einen Durchmesser von zehn bzw. acht Metern haben. Diese Türme sind erheblich älter als die Gebäude aus dem 18. Jahrhundert. Die Turmmauern sind so dick, dass der Raum für den Alkoven des Grafen Vilain XIIII. seinerzeit vollständig aus dem Mauerwerk herausgehauen werden konnte. Der schwere Eckturm, bei dem es sich ursprünglich um einen Donjon handelte, hatte früher fünf Geschosse, aber das Mergelposament ist neu und verdeckt die früheren Öffnungen, während Umbauarbeiten im Inneren auch dort die alte Struktur verwischen.

i *Schloss Leut, auch Schloss Vilain XIIII. genannt, liegt in einem schönen Park am Ende einer langen Allee. Sie können dort in aller Ruhe spazieren gehen. Die ehemaligen Wirtschaftsgebäude dienen heute als Restaurationsbetrieb. Die aus dem 20. Jahrhundert stammenden Nebengebäude werden als Altenheim genutzt.*

Fahren Sie weiter bis zum Knotenpunkt 56, der sich an der Zuid-Willemsvaart befindet. Biegen Sie dort links ab und fahren über den Treidelweg zu Knotenpunkt 57. Fahren Sie dort geradeaus weiter zu Knotenpunkt 58. Überqueren Sie kurz den Kanal und besuchen Sie das bezaubernde historische Städtchen Rekem und das gleichnamige Schloss.

Rekem

Schon in römischer Zeit war die Lage Rekems am linken Maasufer und der Heerstraße Tongern-Nimwegen dem Aufblühen des Orts sehr förderlich. Auch in fränkischer Zeit war Rekem eine wichtige Siedlung. Vom 12. Jahrhundert an sind die Herren von Rekem namentlich bekannt. Rekem war eine freie Reichsherrschaft, wurde im Jahr 1356 bereits Reichsbaronat und schließlich im Jahr 1623 kaiserliche Grafschaft.

Maas- oder Uikhovertor von Rekem

Der älteste bekannte Besitzer der Herrlichkeit war Arnold von Redekem. 1317 verhandelten Gerhard von der Marck, der neue Herr von Rekem, Wilhelm von Bronckhorst, Erbe der Herren von Rekem, und Graf Arnold von Loon über den Wiederaufbau der Burg. 1562 wurde Wilhelm von Vlodrop, Herr von Leut, Eijsden, Rijkholt und Dalenbroek, Burgherr. Danach geriet der Besitz in das Spannungsfeld der Religionskriege. 1589 tauschte Wilhelm wahrscheinlich aus diesem Grund seinen maasländischen Besitz mit Herman d'Aspremont-Lynden gegen Ländereien in Deutschland. Letzterer entpuppte sich als erfolgreicher Feldherr und Diplomat. Nach seinen gesellschaftlichen und militärischen Erfolgen ließ er ab 1597 sein Schloss zu einer prächtigen Residenz ausbauen. Nach seinem Tod im Jahr 1603 übernahm sein Nachfolger Ernest d'Aspremont-Lynden den Besitz. Er durfte miterleben, wie sein Baronat zur kaiserlichen Grafschaft avancierte. 1704 wurde außerhalb der Gräben eine neue Pfarrkirche gebaut. Nach einem Brand im Jahr 1755 wurde die Kirche 1773 in ihrer heutigen Form wieder aufgebaut. Die Grafen von Aspremont-Lynden regierten mit absolutistischer Allüre bis zur Französischen Revolution.

Ein adeliges Städtchen

Natürlich gehörte es sich, dass in der Nähe einer derartigen Residenz ein hübsches kleines Städtchen erbaut wurde. Von den Bürgern wurde erwartet, dass sie auf den Stadtwällen und an den drei Toren Wache hielten. Das Terweidetor an der Ostseite der Umwehrung, auch Maas- oder Uikhovertor genannt, stammt aus dem Jahr 1630. Beim Minoritenkloster lag das Bos- oder Maastrichtertor, das manchmal auch Paterstor genannt wurde. Außerdem gab es noch das Middel- oder Ferdinandtor, das später den Namen Aspremont- oder Isabellator erhielt.

Leider verfügte *Rekem* nicht über die städtischen Privilegien und Handwerkergilden, die dem Ort auch zu politischer und wirtschaftlicher Blüte hätten verhelfen können. Deshalb gab es auch keine äußerlichen Anzeichen städtischer Macht wie beispielsweise ein Rathaus oder Gildehäuser. Abgesehen von einigen stolzen Bauten ist *Rekem* eigentlich immer ein Ort mit dörflichem Charakter geblieben.

Verfall und Untergang

1778 ließ sich der Graf von Rekem mit seiner Familie in Wien und somit in der Nähe seiner umfangreichen Ländereien in Österreich und Ungarn nieder. Das Inventar, das in Rekem geblieben war, wurde 1779 öffentlich versteigert. 1792 wurde das Schloss verpachtet und von den Österreichern als Militärkrankenhaus eingerichtet. Aufgrund eines Erlasses von Napoleon wurde es ab 1809 als Obdachlosenheim genutzt. Dies trug nicht gerade zur Instandhaltung des Anwesens und seiner Inneneinrichtung bei. Die nördlichen Gebäudeteile, zu denen auch die Schlosskapelle gehörte, wurden abgerissen und durch ein U-förmiges Gebäude ersetzt. 1920 wurde das Hauptgebäude zu einer psychiatrischen Klinik umgebaut. Die rund 140 Zimmer wurden zu großen Sälen zusammengelegt.

Bei Ausgrabungen in den Kellern des Schlosses wurden die imposanten Mauerreste der Burg gefunden. Innerhalb der ersten Umwehrung, dort, wo jetzt die prächtigsten „bürgerlichen" Häuser und die Pfarrkirche stehen, lag die Vorburg mit zwei Wirtschaftshöfen. Nach 1600 wurde dieses Gebiet zur Bebauung freigegeben. Da das Gebiet hier einen etwas mehr gräflichen Charakter zu haben schien, gelang die so genannte „städtische" Bauweise hier besser als innerhalb der zweiten Stadtumwehrung. Eine weitere, ursprünglich ebenfalls umwehrte dritte Erweiterung schenkte der Graf den Minoriten, die dort eine Lateinschule und ein Kloster errichteten. Die runde, fast polygonale Wasserburg wurde im 12. Jahrhundert aus Maasstein und Kalkstein auf einer leichten Böschung errichtet. Die Gebäude im Inneren waren an die westliche und südliche Ringmauer angebaut, die zwischen 1,20 bis 1,80 Meter dick war. Die Burg hatte einen Durchmesser von 22,50 bis 27,50 Metern, der Innenumfang betrug rund 84 Meter.

Einige Mauerstreben verstärkten die Wehrmauer. Das dreieckig ausgebaute Eingangstor zum Burgplatz lag an der Nordseite und an der südwestlichen Seite befand sich ein Wohngebäude. Im Südwesten wurde der Ansatz eines halbrunden Mauerturms gefunden. Bei dieser Burg handelte es sich genau wie bei Burg Kessel in Niederländisch-Limburg und der in der Nähe liegenden Burg *Pietersheim* um den Typ der sogenannten Ringburg.

i *Das Schloss d'Aspremont-Lynden liegt mitten im alten Stadtkern und kann nach vorheriger Anmeldung das ganze Jahr hindurch besichtigt werden. Bei Führungen werden Ihnen in den Kellern des Schlosses auch die ausgegrabenen Überreste der ehemaligen Burg gezeigt.*
Info: 00 32(0)89 71 28 52.

Fahren Sie zurück auf die Route. Biegen Sie beim Knotenpunkt 58 rechts ab und fahren Sie bis Knotenpunkt 54. Dort folgen Sie der Route in Richtung Knotenpunkt 59, um Schloss Pietersheim ein kleinen Besuch abzustatten, das auf der rechten Seite der stark befahrenen Straße liegt. Folgen Sie den Schildern in Richtung Schloss.

Das Schloss Pietersheim

Die ältesten Herren von Pietersheim tauchen als Zeugen in Urkunden auf, die von dem Grafen von Loon verliehen wurden. Arnold von Pietersheim wurde bereits im Jahr 1147 erwähnt, als Theodoricus, Graf von Horn, erklärte, dass Arnold II., Graf von Loon, das Schloss und die dazu gehö-

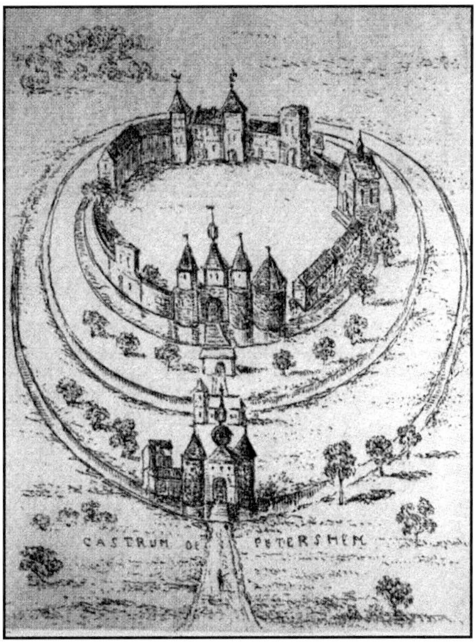

Ansicht von Schloss Pietersheim (A. Schaepkens)

Wandteppich aus dem 16. Jahrhundert vom Schloss Pietersheim

rigen Ländereien aus seiner Hand als Lehen erhalten habe. 1185 gründete Theodorus von Lodenaken das Kloster von Hocht. Sämtliche Herren von Schloss Pietersheim waren mächtige und treue Berater der Grafen von Loon. Jan I. von Pietersheim wurde 1322 als Senneschall der Grafschaft erwähnt. 1330 erwarb er die Herrschaft Stein. Nach dem Tod des Fürstbischofs Jan von Arckel herrschte im Fürstbistum Lüttich die Anarchie. Milizen aus Tongern zogen 1378 gegen die plündernden Einwohner in den Kampf und kamen auf dem Rückweg an Schloss Pietersheim vorbei. In seiner Funktion als Kapitän von Brabant zog sich Jan von Pietersheim aus Angst vor einer Belagerung nach Maastricht zurück, um dort Verstärkung zu holen. Inzwischen hatte die Schlossherrin den Milizen aus Tongern Erfrischungen angeboten, um sie auf diese Weise zu einem friedlichen Abzug zu bewegen, was ihr auch gelang. Beim Verlassen der Burg fielen ihnen jedoch Jan und seine Truppen in den Rücken und einige Mitglieder der Nachhut wurden getötet. Als die Lütticher hörten, was man ihren Verbündeten aus Tongern angetan hatte,

Blick auf die Ausgrabungen beim Ostflügel vom Schloss Pietersheiml

zogen sie nach Pietersheim, belagerten die Burg und machten sie dem Erdboden gleich. Jan von Pietersheim starb um 1383.

1292 wurde das Schloss als „Haus von Pietersheim mit Turm, Innen- und Außenumwehrung" bezeichnet. Von dieser Burg, die 1378 fast vollständig zerstört wurde, blieben nur der Kern der mehr oder weniger polygonalen Wehrmauer und die Basis des Torturmes erhalten. Die Wehrmauer lag auf einem künstlich aufgeschütteten Kieswall, der beim Ausheben des Burggrabens entstanden war. An diese Mauer waren Verteidigungsanlagen und Wohngebäude angebaut.

Die Burg vom Ringburg-Typ war von drei konzentrischen Gräben umgeben. Es gab eine Vorburg, eine Außenkapelle und mehrere hintereinander gestaffelte wehrhafte Torbauten. Nachdem der Besitz durch die Heirat von Beatrix von Pietersheim mit Richard von Merode im Jahr 1449 in den Besitz der Familie Merode de Westerlo gelangt war, wurde an der Nordseite ein neues Schloss mit einem großen Wohngebäude und einem Küchenflügel errichtet. Im Westen wurde ein großer Flügel für die Wirtschaftsräume gebaut, während die Ostseite ihren defensiven Charakter behielt. Sie bestand aus den Ruinen des mittelalterlichen Donjons, der an beiden Seiten von rechteckigen Kasematten flankiert war. 1569 wurde das Schloss von Fürstbischof Gerhard von Groesbeek belagert und 1579 von Alexander Farnese, Herzog von Parma, erobert. Im dritten Viertel des 17. Jahrhunderts wurde es mit Befestigungsanlagen umgeben, die aber auf Befehl des Fürstbischofs sogleich wieder abgerissen wurden.

Danach begann der Verfall des Schlosses. 1721 stürzte ein Teil des Wohngebäudes ein. 1792 wurde deshalb auf dem Gelände des alten Wirtschaftshofs mit dem Bau eines neuen Schlosses begonnen. Das alte Schloss brannte 1836 völlig aus und wurde danach bis auf die Kapelle systematisch abgerissen. Auch die neue Kapelle fiel 1909 einem Brand zu Opfer. Beim Wiederaufbau wurden auf dem Wirtschaftshof auch noch die alte Scheune und die Ställe abgerissen. Mit dem daraus gewonnenen Material wurden zwischen dem alten Torturm und der Kapelle der Burgruine neue Stallungen gebaut.

i *Burg Pietersheim liegt auf dem Anwesen Pietersheim und ist der Öffentlichkeit nicht zugänglich. Sie können aber ganz um die Burg herumgehen. Von der Rückseite aus können Sie einen Blick in den Innenhof werfen. Im neuen Schloss befindet sich ein Restaurationsbetrieb, der zu einer Pause einlädt.*

Fahren Sie nach dem Besuch des Schlosses zum Knotenpunkt 59 zurück. Hinter der Schleuse biegen Sie links in Richtung Knotenpunkt 54 ab. Beim Zusammenfluss des Briegden-Neerharen-Kanals mit der Zuid-Willemsvaart führt der Pfad in einer scharfen Kurve nach rechts in Richtung Smeermaas. In Smeermaas biegen Sie links ab, fahren über die Brücke und folgen dann dem Weg, der in einer Rechtskurve entlang der Maas in Richtung Maastricht führt. Folgen Sie diesem Weg bis Maastricht. Im Viertel Bosscherveld liegt auf der rechten Seite ein Schleusenkomplex. Biegen Sie dort rechts ab, fahren Sie über den Fort Willemweg nach unten und biegen Sie nach der Ampel am Cabergerweg nach links ab.

Das Fort König Wilhelm I.

Als Napoleon 1815 von Elba zurückkehrte, zitterte ganz Europa. Alle großen niederländischen Festungen wurden in Alarmbereitschaft versetzt. Unter General de Constant-Villars, dem damaligen Militärkommandanten von Maastricht, wurde im Jahr 1815 mit der Fortifikation des Cabergs auf der Grundlage von französischen Plänen begonnen, die man in der Stadt gefunden hatte. Auf diesem Hügel sollte im Eiltempo ein Fort aus dem Boden gestampft werden. Zunächst wurde das Festungswerk ganz aus Erde errichtet, von 1816 bis 1818 wurde es mit Mauern versehen. Nach Aufhebung der Festung Maastricht im Jahr 1867 wurde die rechte Hälfte des Forts eingeebnet. Die Kasematte erhielt zunächst verschiedene militärische Bestimmungen. Nach dem Zweiten Weltkrieg wurden dort eine Jugendherberge und danach der provisorische Sitz der Verwaltung der Provinz Niederländisch-Limburg untergebracht. Heute ist die Kasematte das Vereinslokal der Studentenvereinigung Tragos. Oben auf dem Fort befindet sich ein Spielplatz.

Vom Eingang des Spielplatzes aus sieht man den linken Teil der Schildmauer des Forts. Sie war mit Schießscharten versehen und schloss die Rückseite des Forts ab. In der Mitte der Mauer befand sich ursprünglich ein mächtiges Eingangstor. Hinter der Mauer ist noch die Fassade einer bombensicheren Kasematte zu erkennen. In diese Kasematte konnten sich die Mannschaften im Angriffsfall zurückziehen und auch die Pulvervorräte wurden hier aufbewahrt. Das Fort war an vier Seiten von einem Trockengraben umgeben, in dessen gemauerte Wände Schießscharten eingelassen waren. Hinter den Wänden des Grabens verläuft der um das Fort herumführende Wehrgang, der noch immer völlig intakt ist. Vom Spielplatz aus kann man einen Blick auf den Graben werfen. Das Fort war über einen Gang mit der Festung verbunden. An der Kastanjelaan entdeckt man noch Teile des Schutzwalls.

i *Das Fort König Wilhelm I. kann nur teilweise besichtigt werden. Der Graben ist nur vom Spielplatz aus zu sehen. Gelegentlich werden Führungen durch das Fort organisiert.*

Hinter dem Meubelboulevard liegt auf der linken Seite der Eingang zu der Verteidigungslinie von du Moulin.

Die Verteidigungsanlagen von du Moulin

Die westlichen und die nordwestlichen Festungsfronten von Maastricht konnten nicht unter Wasser gesetzt werden. Die Gräben waren hier seit jeher trocken, das Gebiet wurde deshalb auch als „Hohe Fronten" bezeichnet. Ab 1576 entstand hier ein umfangreiches System von Außenwerken. Unter Prinz Friedrich Heinrich wurde zwischen 1632 und 1640 zum ersten Mal ein zusammenhängendes Verteidigungssystem angelegt, das in der Folgezeit ständig umgebaut und ergänzt wurde. Das führte dazu, dass um die Mitte des 18. Jahrhunderts ein unübersichtlicher und schwer zu verteidigender Komplex entstanden war. Die Direktoren der Befestigungsanlagen, de la Rive und du Moulin, versuchten, abermals eine gewisse Systematik in das Wirrwar der Bauten zu bringen. Du Moulin entwarf einen Gesamtplan, aber nur das Gebiet der Hohen Fronten konnte wirklich nach seinen Plänen umgestaltet werden.

Die so genannte „Linie von du Moulin" erstreckte sich über das ungefähr 16 ha große Gebiet, in dem zwischen 1770 und 1780 die Pläne des Direktors der Festung ausgeführt wurden. Man findet hier eine zurückspringende Linie, bestehend aus den drei Bastionen Stadhouder, *Erfprins* und *Holstein*. Unmittelbar vor diesen Bastionen befindet sich ein trockener Graben in einer Couvre-face, die nach du Moulin benannt wurde. Weiter vorn gibt es eine befestigte Straße, drei Lünetten und ein Glacis.

Hinter der Linie befindet sich außerdem die Bastion *Sachsen*, die 1690 errichtet wurde. Die Bastion *Holstein* stammt ursprünglich ebenfalls aus dem Jahr 1690, wurde aber umgebaut und in die Linie aufgenommen. Die Hohen Fronten wurden von de la Rive und du Moulin mit einem unterirdischen Minensystem ausgestattet. Heute handelt es sich bei der Verteidigungsanlage nicht nur um ein Kulturdenkmal, sondern auch um ein Gebiet, das für Naturfreunde äußerst interessant ist, was an den unzähligen Mauerechsen liegt, die in den Festungsmauern ihr Biotop gefunden haben.

i *Die Anlagen von du Moulin sind zum größten Teil frei zugänglich. Regelmäßig finden Führungen statt, wobei auch die unterirdischen Gänge besucht werden.*
Informationen zu den Führungen:
Tel. 00 31 (0)43 325 21 21.

Links des Weges befinden sich die „Nieuwe Bossche Fronten".

Die „Nieuwe Bossche Fronten"

Zwischen 1816 und 1822 wurde die Festung Maastricht zum letzten Mal umfassend modernisiert. Nachdem in der zweiten Hälfte des 18. Jahrhunderts die Hohen Fronten in Ordnung gebracht worden waren, stellten jetzt die nördlichen Fronten außerhalb des Boschtors das schwächste Glied dar. Das Gebiet konnte zwar geflutet werden, aber der fortifikatorische Wert der vorhandenen Festungswerke war eher zweifelhaft.

Deshalb wurden fast alle bestehende Anlagen eingeebnet und es wurde auch hier nach den von den Franzosen in der Stadt zurückgelassenen Plänen eine völlig neue Festungsfront errichtet. Es entstand eine einfach bastionierte Festungsfront mit vier großen Bastionen. Dazwischen befanden sich Ravelinen mit jeweils einer „Couvre-face". Neu waren die fünf großen bombensicheren Kasematten, in denen ein Teil der Garnison der Festung und ein großer Vorrat Pulver untergebracht werden konnte.

Große Teile der „Nieuwe Bossche Fronten" gingen nach der Aufgabe der Festung im Jahr 1867 in dem sich an dieser Stelle entwickelnden Industriegebiet Boscherveld unter. Zurzeit plant die Stadtverwaltung von Maastricht einen neuen Nordwesteingang, in dem die noch bestehenden Überreste der Festung hoffentlich einen Ehrenplatz erhalten werden.

Direkt neben den Anlagen von du Moulin entdecken Sie etwas weiter auf der rechten Seite des Cabergerwegs die tiefer gelegene Kasematte der Bastion A. Wenn Sie auf der linken Seite des Cabergerwegs über den Lage Frontweg rechts nach unten fahren, kommen Sie an den Wasserlauf, der an der Stelle des früheren trockenen Grabens liegt, der jedoch unter Wasser gesetzt werden konnte. Das Wasser wird jetzt gestaut, da man dort ein inzwischen außer Betrieb genommenes Hafenbecken gebaut hat. Am meisten fällt hier die Kasematte des ehemaligen Ravelins A auf, aber auch das Mauerwerk der Kurtine A-B und die Bastion B mit den Überresten einer vorgelagerten Wehrs lohnen einen Besuch.

i *Die Überreste der „Nieuwe Bossche Fronten" sind frei zugänglich, in Bälde soll hier ein Park angelegt werden.*

Kehren Sie auf den Cabergerweg zurück. An der Ampel der Kreuzung mit dem Statensingel folgen Sie der Kurve nach links. Fahren Sie dann an der zweiten Ampel geradeaus und anschließend über den Fransensingel weiter geradeaus bis zur Auffahrt der Norderbrücke. Biegen Sie vor der Ampel rechts ab. Fahren Sie geradeaus über die Bosschstraat zum Markt. Dabei passieren Sie linker Hand das Becken der Zuid-Willemsvaart. Über den Markt und die hinter dem Rathaus liegende Hoenderstraat fahren Sie in Richtung Knotenpunkt 01. Am Maasboulevard biegen Sie rechts ab. Der Knotenpunkt 01 befindet sich an der Sint-Servaasbrücke. Um zum Ausgangspunkt zurückzukehren, überqueren Sie die Sint-Servaasbrücke. Fahren Sie geradeaus weiter, bis Sie an den Bahnhof kommen. Um zum Besucherzentrum Helpoort zu gelangen, fahren Sie geradeaus in Richtung Knotenpunkt 13. Vor dem Eingang des Parkhauses biegen Sie zu Fuß rechts in die Sint-Bernardusstraat ab. Am Ende dieser Straße liegt die Helpoort.

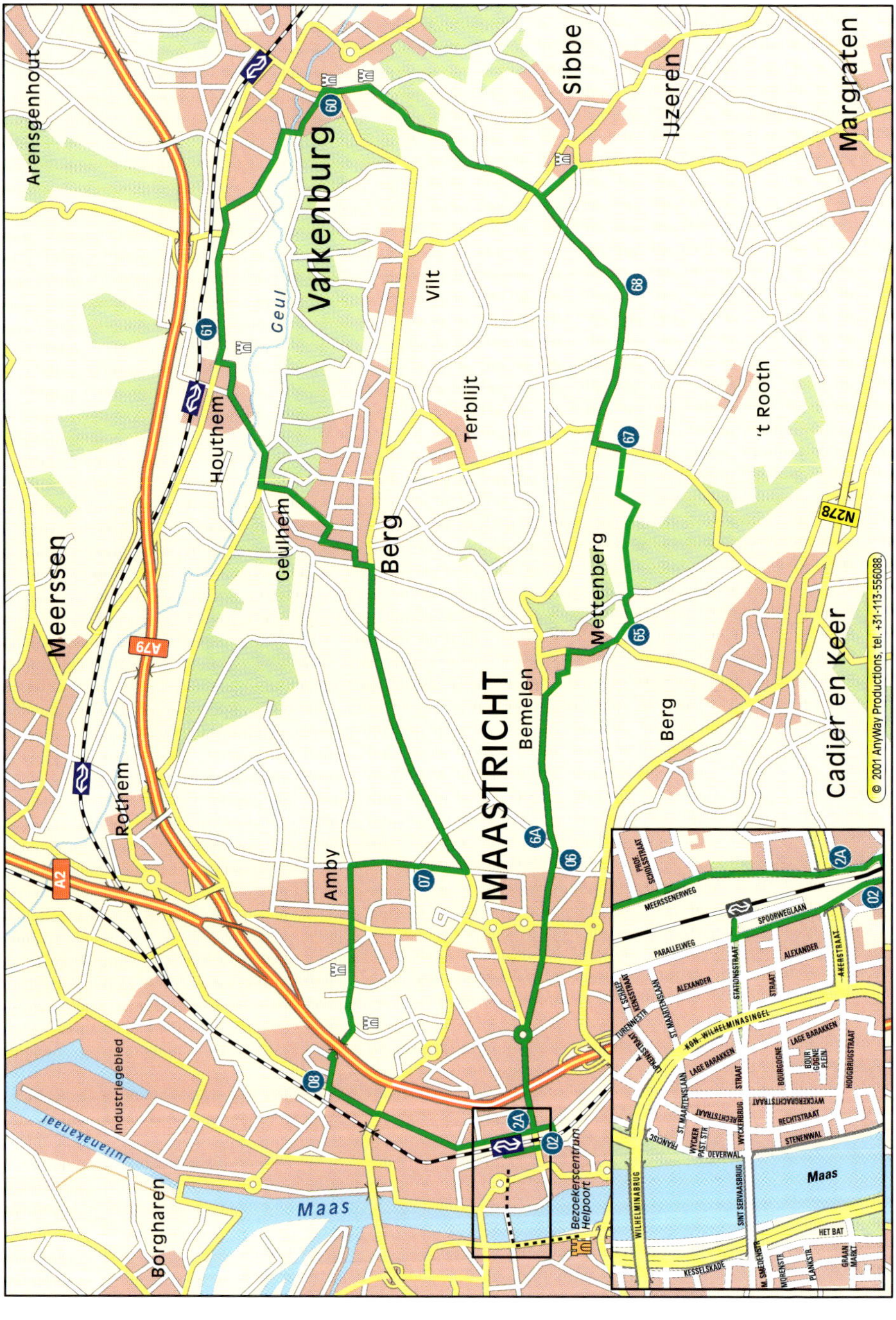
Arensgenhout
Valkenburg
Sibbe
IJzeren
Margraten
Geul
Vilt
Houthem
Terblijt
'T Rooth
Meerssen
Geulhem
Berg
Mettenberg
N278
A79
MAASTRICHT
Bemelen
Berg
Cadier en Keer
Rothem
Amby
A2
Industriegebied
Julianakanaal
Borgharen
Maas
Bezoekerscentrum Helpoort
© 2001 AnyWay Productions, tel. +31-113-556088
60
61
68
67
65
6A
06
07
08
2A
02
MEERSSENERWEG
SPOORWEGLAAN
PARALLELWEG
STATIONSSTRAAT
ALEXANDER
AKERSTRAAT
KON. WILHELMINASINGEL
LAGE BARAKKEN
WYCKERBRUGSTRAAT
RECHTSTRAAT
STENENWAL
WILHELMINABRUG
SINT SERVAASBRUG
KESSELSKADE
HET BAT
OEVERWAL

18. Die Heuvelland-Route, 25 km

Vom Bahnhof Maastricht aus folgen Sie den weißen Schildern mit grüner Aufschrift in Richtung Knotenpunkt 02 und 2a. Dort biegen Sie rechts ab und fahren nach dem Überqueren der Autobahn über Scharn zum Knotenpunkt 06 am Stadtrand. Wenn Sie dort geradeaus weiter fahren, erreichen Sie nach kurzer Zeit Knotenpunkt 6a. Von dort aus geht es dann durch das malerische Bemelen weiter zu Knotenpunkt 65. Von hier aus fahren Sie wenig später über einen steilen Kiesweg links hoch. Nach dem Aufstieg passieren Sie den Mergelbruch 't Rooth. Kurz dahinter liegt an einer T-Kreuzung der Knotenpunkt 67. Biegen Sie links in Richtung Knotenpunkt 68 ab. An der nächsten T-Kreuzung biegen Sie rechts ab und fahren an der Tienhovenmühle vorbei. Am Knotenpunkt 68 biegen Sie links ab. In der Nähe von Sibbe weichen Sie kurz von der Route ab, um den befestigten Hof Sibberhuis zu besichtigen.

Das Sibberhuis

Das Sibberhuis war früher wahrscheinlich einmal ein von Gräben umgebenes Schlösschen.1935 zerstörte eine Feuersbrunst einen großen Teil des Komplexes. Die Küche, der Turm und sämtliche Stallungen brannten völlig aus. 1936 wurde der abgebrannte Teil wieder aufgebaut, wobei der alte Zustand so weit wie möglich wieder hergestellt wurde. 1972 wurde unter Aufsicht des Denkmalschutzamtes mit umfangreichen Restaurierungsarbeiten begonnen, die über ein Jahr dauerten.

Die Südseite des „Sibberhauses"

Beim heutigen *Sibberhuis* handelt es sich um ein schlossähnliches Gebäude, dessen jetzige Form hauptsächlich aus dem 16., 17. und 18. Jahrhundert stammt. Der Turm an der Südwestseite stellt den markantesten Teil des Gebäudekomplexes dar.

Fahren Sie weiter in Richtung Knotenpunkt 60, der im Zentrum von Valkenburg liegt. Auf der rechten Seite liegt eine Schlossruine.

Das Schloss Valkenburg

Dem ursprünglichen befestigten Haus auf dem Heunsberg war kein langes Leben beschieden. Nach einer sechswöchigen Belagerung wurde es von Gottfried von Löwen und den Truppen Kaiser Heinrichs IV. verwüstet. Wahrscheinlich wurde es um 1170 wieder aufgebaut. In den Jahren 1214, 1288, 1327, 1329 und 1465 wurden die Burg und das Städtchen belagert. Das befestigte Haus entwickelte sich in dieser Zeit zu einer besonders starken Höhenburg. Der Heunsberg, der als Sporn aus dem Kreidemassiv vorspringt, war der ideale Ort für eine Burg. Die steilen Felswände machten eine Annäherung an die Burg von der Vorderseite her fast unmöglich. An der Nordseite wurde zu Verteidigungszwecken ein tiefer Spalt in das Mergelgestein gegraben. Die Burg hatte mehrere Wehrtürme, einen Zwinger, Kasematten und einen stark befestigten Eingangsbereich. Innerhalb der

Verteidigungsmauern lagen die Wohngebäude und eine Kapelle. Die zweihundert französischen Soldaten, die die Burg im Jahr 1672 besetzt hatten, wurden von einer Garnison aus Maastricht vertrieben. Wilhelm III. gab daraufhin den Befehl, die Burg mit Pulver zu sprengen. Es blieb nur eine Ruine übrig. Im 20. Jahrhundert wurden bei Ausgrabungen und Restaurierungsarbeiten Überreste verschiedener Vorgänger der heutigen Burgruine gefunden und teilweise restauriert.

Die Ruinen der Höhenburg der Herren von *Valkenburg* sind auch heute noch sehr eindrucksvoll. Die einzelnen wehrhaften Elemente sind noch gut zu erkennen.

DIE HERREN VON VALKENBURG

Nachdem Goesewijn I., Herr von Heinsberg und Valkenburg, um 1119 ein befestigtes Haus auf dem Heunsberg bei Valkenburg in die Hände bekommen hatte, wurde es in den darauffolgenden Jahrhunderten zu einer mächtigen Höhenburg ausgebaut. Hier befand sich das Machtzentrum der Herren von Valkenburg, die ihren Stempel auf einen Großteil der Umgebung drückten. Bei Walram de Rosse (der Rote) und Reinaud, die von 1268-1302 bzw. von 1305-1333 herrschten, handelte es sich um schillernde Persönlichkeiten, die auch heute noch die Phantasie anregen. Nachdem 1352 der letzte männliche Vertreter des Geschlechts derer von Valkenburg gestorben war, gelangten sowohl das Städtchen wie auch das Schloss in den Besitz der Herzöge von Brabant. Von nun an residierten in Brabanter Diensten stehende Droste im Schloss. Valkenburg wurde eines der vier Länder von Overmaze, die dem Herzog von Brabant gehörten. Von 1578 bis 1632 befand sich Valkenburg unter spanischer Herrschaft, von 1644 bis 1794 gehörte es zu den niederländischen Provinzen. Ab Ende des 19. Jahrhunderts entwickelte sich Valkenburg zu einer Touristenstadt, wobei auch die Burgruine keine unbedeutende Rolle spielte.

i *Schloss Valkenburg kann täglich besichtigt werden. Nach dem Erwerb einer Eintrittskarte können Sie die Ruine auf eigene Faust erkunden, aber Sie können auch an einer Führung durch die „Fluwelen Grot" (Samtene Grotte) teilnehmen, die den Schlossbewohnern einst als Fluchtweg gedient haben soll. Info: 00 31 (0)43 609 01 10.*

DIE STADTBEFESTIGUNG VON VALKENBURG

Mehr oder weniger parallel zur Entwicklung der Höhenburg wurden auch rund um das an ihrem Fuße liegende Städtchen Verteidigungsanlagen angelegt. Bereits bei der Belagerung von 1327 scheint es derartige Anlagen gegeben zu haben. Möglicherweise handelte es sich dabei um einfache Erdwälle. Dirk IV. von Valkenburg befestigte die Siedlung im Jahr 1335 mit einer Ringmauer mit Türmen und Toren. Der befestigte Ort Valkenburg bildete ein Dreieck, das im Norden vom Flüsschen Geul begrenzt wurde. Die Burg lag an der Südspitze des Dreiecks. Es gab drei Tore: das Berkeltor, das Grendel- oder Maastrichttor und das Geul- oder Molentor. Die Stadtmauer wurde aus Mergelgestein gebaut und hatte fünf Mauertürme. Der Halderturm wurde 1465 zu einem starken Bollwerk ausgebaut.

Von der Stadtbefestigung von *Valkenburg* sind Überreste des Berkeltors, des Grendeltors und ein Teil der westlichen Stadtmauer erhalten geblieben. Das Grendeltor mit seinem flach spitzbogigen Durchgang wurde von zwei runden Türmen flankiert. Das Berkeltor hingegen war ein viereckiger Torturm. In der westlichen Mauer findet man noch einen halbrunden und einen rechteckigen Mauerturm.

Das Gebäude, das im Volksmund „Schloss Halder" genannt wird, liegt an der Stelle eines ehemaligen Bollwerks. Möglicherweise wurde das Bollwerk irgendwann zu dem heutigen schlossähnlichen Haus umgebaut.

Die Schlossruine Valkenburg

i *Die Überreste der alten Stadtbefestigung von Valkenburg befinden sich im Zentrum des Touristenstädtchens.*

An Knotenpunkt 60 biegen Sie hinter dem Berkelplein links in die Plenkerstraat ab. Dort nehmen Sie die zweite Straße rechts. Hinter der Brücke über die Geul biegen Sie an der Kreuzung links in den „Prinses Beatrixsingel" ab. Am Ende dieser Straße biegen Sie abermals links in Richtung Strabeek ab. Dieser Weg führt Sie zu Knotenpunkt 61. Von dort aus fahren Sie zu Knotenpunkt 64. In Houthem Sint-Gerlach liegen links des Weges Schloss Sint-Gerlach und die Kirche.

Das Schloss Sint-Gerlach

Schloss Sint-Gerlach besteht aus den Klostergebäuden des ehemaligen adeligen Norbertinerstifts und der Sint-Gerlachuskirche. Das erste Klostergebäude wurde bereits um 1225 erwähnt. Bekannte historische Persönlichkeiten wie Karl der Kühne pilgerten nach Houthem, um dort das Grab des Schutzheiligen und Eremiten Gerlachus (gest. 1165) zu besuchen und zu ehren.

Lange Zeit war das Landgut eine spanisch-österreichische Enklave auf holländischem Gebiet. In diesem „Mini-Staat" lösten Zeiten des Aufbaus und Verfalls einander ab. Nach der Französischen Revolution wurde das Kloster aufgelöst. Durch Erbfolge gelangte es Anfang dieses Jahrhunderts in den Besitz der adeligen Lütticher Familie de Selys de Fanson. Das Propsthaus wurde 1713 errichtet und hat sich im Laufe der Zeit langsam zu einem Schloss entwickelt. Nach umfangreichen Restaurierungsarbeiten, die Mitte der neunziger Jahre abgeschlossen wurden, wird das Schloss heute als luxuriöses Kongresszentrum, Restaurant und Hotel genutzt.

Fahren Sie auf der Route weiter in Richtung Knotenpunkt 64. Dort biegen Sie links ab und fahren den Hang hinauf

Château Sint-Gerlach

in Richtung Berg. Auf der linken Seite des Weges liegen Höhlenunterkünfte. Fahren Sie weiter in Richtung Knotenpunkt 06. Nach dem Verlassen von Berg biegen Sie rechts auf den Radweg ab, der am Rijksweg entlang führt. Vom Rasberg aus haben Sie eine herrliche Aussicht auf Maastricht. Am Fuß des Hügels befindet sich der Withuishof. Biegen Sie vor dem Withuishof rechts in den Molenweg und bei Knotenpunkt 07 in Richtung Knotenpunkt 09 ab. An der Kreuzung mit der Longinastraat biegen Sie abermals links ab. Fahren Sie an der Ampel weiter geradeaus über die Severenstraat. Auf der rechten Seite befindet sich der Eingang zum Haus Severen.

Das Haus Severen

Die aus einem kleinen Schloss und einem Wirtschaftshof bestehenden Gebäude gehörten ursprünglich der Familie van 't Zievel oder Tsevere. Diese Familie wurde bereits im Jahr 1384 erwähnt. Bei Haus Severen handelt es sich heute um ein schlossähnliches Landhaus aus dem 18. Jahrhundert. Neben dem Schlösschen liegt ein Wirtschaftshof mit einem eindrucksvollen Torhaus mit Türmchen aus dem Jahr 1647. Haus Severen verdankt sein Entstehen dem Vorhandensein zahlreicher Quellen im sumpfigen Gebiet zwischen den Flüsschen Kanjel und Geul. Die wasserreiche Umgebung eignete sich hervorragend zur Anlage von Verteidigungsgräben.

Haus Severen liegt heute in einem parkähnlichen Gelände und wird von einer Wohnungsbauvereinigung als Bürogebäude genutzt. In der Umgebung wurden zahlreiche Neubauten errichtet. Einige Nebengebäude, die im 19. Jahrhundert entstanden waren, wurden inzwischen abgerissen.

i *Das Gelände rund um das Haus Severen ist frei zugänglich.*

Wenn Sie etwas weiter fahren, kommen Sie auf den Marathonweg mit einem Radroutenhinweis in Richtung Knotenpunkt 08. Auf der linken Seite befindet sich in einem Park Schloss Geusselt.

Das Schloss Geusselt

Die „Borch te Goesselt mit den Blochuyse" (Burg zu Goesselt mit dem Blockhaus) wurde bereits im Jahr 1381 erwähnt. Diese Bezeichnung scheint darauf hinzuweisen, dass es sich um ein befestigtes Haus ge-

Haus Severen

Das Schloss Geusselt

handelt hat, das wahrscheinlich schon damals von einem Graben umgeben war. Teile des heutigen Gebäudes stammen noch aus dem 17. Jahrhundert. Möglicherweise wurde damals an der Stelle eines Vorgängerbaus abermals ein von Gräben umgebenes Schlösschen errichtet. In den Jahren 1635, 1657 und 1820 wurden weitere Gebäudeteile hinzugefügt. Im 17. Jahrhundert gehörte zu dem Schloss auch ein Pachthof, der 1964 abgerissen wurde.

Inzwischen ist nur noch das von Gräben umgebene Hauptgebäude von Schloss *Geusselt* erhalten geblieben. Das aus Backsteinen errichtete Gebäude hat einen rechteckigen Grundriss, vorne einen ausgebauten viereckigen Turm und zwei ausgebaute Seitenflügel, die vor dem Turm einen Innenhof bilden. Über den Graben führt eine Steinbrücke. Das Gebäude wurde 1996 und 1997 restauriert. Heute ist dort die Limburger Denkmalschutzstiftung untergebracht.

Kehren Sie zur Route zurück und folgen Sie ihr bis Knotenpunkt 08. An der Kreuzung mit dem Meersenerweg befindet sich der Knotenpunkt 08. Biegen Sie hier links ab und fahren Sie über den Meersenerweg in Richtung Knotenpunkt 02. Bei Knotenpunkt 2a (Koepelkerk) fahren Sie noch ein Stückchen weiter geradeaus. An der Unterführung fahren Sie nach rechts. Hinter den Bahngleisen liegt der Knotenpunkt 02. Biegen Sie hier rechts ab und fahren Sie weiter bis zum Bahnhof Maastricht, dem Endpunkt dieser Route.

Register

Aachen 60, 66, 67, 73, 75, 106, 134, 136, 145, 198
Aardenburg 23
Achel 29
Agimont 238
Albertkanal 237
Alden Biesen 186, 212, 216
Aldenhofpark 243
Aldenhoven 69
Amay 169
Amstenrath 162
Andenne 67
Anthisnes 156
Antwerpen 237
Arenberg 73
Arloff 65, 71, 121
Aubin-Neufchâteau 177
Aynechon 202

Bad Münstereifel 64, 69, 122
Barchon 177
Battice 177
Bavai 66, 205
Beek 24
Berg 69, 70
Bethlehem 245
Betho 227
Beusdael 164
Beverst 214
Bilzen 213, 216, 225
Binderveld 188
Binsfeld 103
Blankenheim 66, 73, 141
Borgharen 246
Borgloon 30, 66, 181, 182, 184
Borgworm 189
Born 69, 70, 77
Boschtor 257
Boslar 70
Boulonge-sur-Mer 67
Brabant 69, 70, 71, 73, 145, 181, 188, 189, 196, 198, 215, 240, 254
Braives 23
Brand 73
Breinig 73
Brügge 189
Brustem 27, 29, 66, 186, 189, 195, 197, 199, 226
Burgau (Schloss) 105
Burgund 75
Burtscheid 71
Büsbach 73
Buzenol 23

Caberg 255
Caesterburg 235
Cannerberg 239
Chaudfontaine 177
Chèvremont 67
Colmont 61, 66, 181, 196, 223, 225
Conflans 197
Cuijk 26

Daelhem 234
Dalenbroek 252
Dalheim 70, 75
Demer 216
Diepenbeek 185, 215
Diest 213
Dilsen 71
Dollendorf 73, 120, 121, 142, 144
Dorestad 25
Dourbes 23
Duras 70, 188, 189, 196
Dürboslar 96
Düren 69

Eben-Emael (Fort) 22, 177, 237, 238
Echt 69

Eijsden 234, 235, 236, 252
Eilendorf 73
Elsloo 248, 249
Elvenschans 236
Embourg 177
Emmaburg / Eyneburg (Burg) 163
Eprave 23
Erfprins 256
Erkelenz 69, 75
Eschweiler 70
Eupen 77, 80
Euskirchen 70
Eyll 233

Flémalle 177
Franchimont 64, 71, 149

Geldern 26, 69, 70, 75
Genoelselderen 211, 218
Gent 45
Geulle 247
Geusselt 262, 263
Givry 23
Gors-Opleeuw 224
Gorsleeuw 225
Gressenich 73
Grevenbroek 61
Gronsveld 233
Guigoven 223
Gymnich (Burg) 100, 101

Haaren 73
Haet ende Nijt 243
Hamal 201, 204
Hambach 88
Hamoir 156
Hardtburg (Burg) 118
Hartelstein 247
Harzé 154
Haspengau 70, 189, 201
Haspinga 71
Hasselt 77, 182, 189, 213, 214
Heer 199, 233
Heerlen 66, 67, 70
Heers 199
Heimbach 69
Heinsberg 26, 70
Helpoort 240, 241, 242, 243
Hengebach (Burg) 69, 112
Herenelderen 218
Hergenrath 163
Herstal 67
Hertogenrode 75
Herzogenrath 60, 77
Heunsberg 259
Hex 200, 201
Hirsch 135
Hocht 254
Hoepertingen 185
Hoeselt 217
Holstein 256
Horn 66, 253
Horpmaal 27, 199, 200
Houthem 261
Hoverberg 61
Huy 66, 71, 167, 238

Izier 154

Jehay 168
Jeker 243
Jekerturm 244
Jesseren 199
Jevoumont 152
Jülich 26, 38, 51, 60, 66, 67, 69, 70, 75, 77, 88, 90, 91, 93, 94, 107, 112, 121, 123, 125, 128, 131, 132, 133, 134, 137, 138, 142, 145
Jünkerath 143
Jupille 67
Kerpen 73
Kessel 26, 30, 66, 253
Kessenich 27, 28, 29, 73
Kirspenich 120
Kleve 26, 70
Kolmont 29
Köln 60, 67, 70, 71, 106, 107, 118, 121, 125, 128, 132, 133, 144, 145, 189, 205

Kommern 73
Komont 27
Kornelimünster 66, 71, 247
Kreuzweingarten 119
Kronenburg 73, 77, 144
Kuringen 182, 183, 214

Lantin 177
Lassus 156
Laufenburg (Burg) 114
Laurensberg 73
Leut 250, 251, 252
Liberchies 23
Libermé (Schloss) 160
Limburg 26, 64, 69, 75, 132, 137, 145, 159, 197
Limmel 245
Linnich 70
Lixhe 237
Logne 64, 71
Loncin 177
Longe 155
Loon (Looz) 26, 69, 70, 75, 179, 181, 183, 186, 188, 195, 196, 198, 201, 214, 226, 252, 253
Louveigné 153
Löwen (Louvain) 70
Lummen 189
Lüttich (Liège) 39, 51, 66, 70, 71, 75, 80, 145, 179, 183, 185, 189, 197, 198, 199, 204, 214, 215, 226, 236, 237, 254
Luxemburg 69, 143, 144

Maas 243
Maasgau 70
Maastricht 23, 30, 38, 51, 58, 60, 65, 66, 67, 70, 71, 75, 77, 201, 213, 216, 231, 232, 236, 238, 239, 240, 241, 242, 243, 245, 254, 255, 256, 257, 260
Maldegem 23
Malmedy 71, 77, 80
Manderscheid 73
Mariagaarde 185
Marienburg 136
Mark 69, 70
Maubach (Schloss) 69
Mereheyn 26
Metz 73, 189
Middelburg 24
Millen 27, 65, 70, 179, 180
Millen-Riemst 66, 180
Modave 170
Moelingen 236
Moha 71, 168
Monschau 70, 80, 137
Montberly 197
Montemaken 189
Montenaken 197, 226
Montfort 61, 69, 75
Montzen 164
Morlanwelz 23
Motte Knöpp 117
Mulken 29, 228
Munsterbilzen 212

Namur 189, 237
Nassau 69
Navagne 236, 242
Neercanne 238, 239
Nerem 229
Neuss 66
Neustadt 243
Nideggen 58, 64, 91, 107, 108
Nieuwstad 69, 75
Nimwegen 66, 181, 213
Nörvenich 69, 100, 101, 106

Obbendorf 87
Oost 234
Oost-Maarland 234
Opleeuw 225
Ordingen 186
Orsbach 73
Oudenburg 23
Ouffet 156
Overrepen 225

Petegem 25

Pietersheim 31, 63, 65, 73, 253, 254, 255
Posterholt 69
Poulseur 157

Raeren 161, 162
Randerath 70
Rath 87
Ravensberg 70
Reifferscheid 73, 145, 147
Rekem 73, 251, 252
Rennes 156
Reuschenberg 131
Rijkel 185
Rijkholt 252
Rimburg 73
Rode 132
Roermond 38, 69, 75
Rolduck 77
Roosteren 69
Rullingen 183
Rutten 201, 204, 229
Ryckholt 233, 234

Sachsen 256
Sankt Vith 77
Satzvey 125
Schalkhoven 223
Scherpenberg 229
Schleiden 73, 77
Schoonbeek 214, 215
Schouwen 24
Severen 262
Sibberhuis 259
Siersdorf 131
Simonskall 113
Sint-Gerlach 261
Sint-Huibrechts-Hern 223
Sint-Pieter 239, 240, 241, 243
Sint-Pietersberg 239
Sint-Truiden 66, 71, 73, 185, 186, 188, 189, 192, 195, 196, 197, 226
Sint-Winboksbergen 24
Sippenaeken 164
Sittard 37, 51, 70, 77
Souburg 24
St. Odilienberg 69
Stablo 71
Stein 66, 249, 254
Steppes 71
Stevensweert 51
Stokkem 71
Stolberg 138
Streversdorp 164
Susteren 70

Taviers 23
Taxandrien 70
Termotten 198
Tessenderlo 189
Theux 152
Tongern 23, 24, 37, 65, 66, 67, 205, 213, 226, 228
Trier 66, 181
Türmchen 136, 137

Untermaubach 106

Vaals 75
Valkenburg 29, 30, 38, 65, 70, 75, 235, 245, 246, 247, 248, 259, 260
Vechmaal 201
Venlo 75, 77
Veulen 198
Veurne 24
Veynau 128
Villers-le-Temple 170
Visé 237
Vlakenburg 26
Vliermaalroot 216
Vlodrop 24, 69

Wachendorf 124
Walheim 73
Wassenberg 26, 70
Waudrez 23
Wegberg 69
Weiden 73
Wien 252
Wijlre 73

Wijnandsrade 73
Wildenburg 147
Wilhelmstein (Burg) 133
Wimmertingen 199
Wittem 73
Worringen 66, 69, 71
Würselen 73
Wyck 232, 243

Zievel (Burg) 125
Zülpich 71, 107, 128

FOTONACHWEIS

H. Bresgen, K. Buch, B. Dautzenberg, I. Desmedt, J. Eeckhout, P. Hoffsummer, H. Jansen, S. Kellens, H. Kuttler, Jérome Nagelmackers, S. Peters, A. Petersen, J. Schmitz, L. Schwellenbach, T. Waegeman

© Flechsig Buchvertrieb im Verlagshaus Würzburg
© WEGE im Kreis Düren mbH
© Städteverlag E.v. Wagner & J. Mitterhuber GmbH Fellbach
© Forschungszentrum Jülich
© Grenzlandplan Norbert Johnen*
© Römisch-Germanisches Zentralmuseum** (***)

* Copyright Grenzlandplan, Norbert Johnen, Aachen, Tel. 32387, Nachdruck, auch Auszugsweise, verboten

** nach R. Friedrich in: H.W. Böhme, Burgen der Salierzeit 1. Monogr. Röm.-German. Zentralmuseum 25 (1991), S. 184.

*** nach M. Müller-Wille, Führer zu vor- und frühgeschichtlichen Denkmälern, hrsg. v. Röm.-German. Zentralmuseum Mainz, Bd. 15 (1969), S. 55.

BIBLIOGRAFIE

BAALBERGEN J., u.a., *Atlas van historische vestingwerken in Nederland, Limburg*, Utrecht, 1998.

BORNHEIM GEN. SCHILLING, *Rheinische Höhenburgen, Jahrbuch 1961-1963 des Vereins für Denkmalpflege und Heimatschutz*, Neuss, 1964.

Bouwen door de eeuwen heen in Vlaanderen, Inventaris van het cultuurbezit in België, Provincie Limburg, delen 6n, *Arrondissement Hasselt*; delen 14n1, *Arrondissement Tongeren. Kanton Riemst-Tongeren;* 14n2, *Arrondissement Tongeren. Kanton Voeren*; 14n3, *Arrondissement Tongeren. Kantons Bilzen-Maasmechelen*, uitg. Brepols, Turnhout, 1981-1996.

CHÂTELAIN A., *Châteaux-forts, image de pierre des guerres médiévales*, coll. *Rempart*, Editions/Verlag Desclée de Brouwer, Paris 3e, 1990.

DEBORD A., *Aristrocatie et pouvoir, le rôle du château dans la France médiévale, coll. Espaces médiévaux*, Editions/Verlag Picard, Paris, 2000.

DEHIO G., *Handbuch der deutschen Kunstdenkmäler*, München, 2000.

DE MEULEMEESTER J. en A M.ATTHYS., *L'architecture militaire*, in DELEHOUZEE L.*e.a.*, *Architecture romane en Belgique*, Editions Racine, 2000, p. 157-188.

DEUTSCHE BURGENVEREINIGUNG e.V., *Burgen in Mitteleuropa, ein Handbuch*, dl. II, *Geschichte und Burgenlandschaften*, Stuttgart, 1999.

DOPERE F. et W. UBREGTS, *De donjon in Vlaanderen, architectuur en wooncultuur*, Editions/Verlag Gemeentekrediet en Universitaire Pers Leuven, Leuven, 1991.

DUPUY R.E. en T.N. DUPUY, *The encycopedia of military history*, New York, Hagerstown, San Francisco, Londen, 1977.

FAUCHERRE N., *Places fortes, bastions du pouvoir*, coll. *Rempart*, Editions/Verlag Desclée de Brouwer, Paris, 1996.

FINO J.-F., *Forteresses de la France médiévale, construction, attaque, défense*, 3e, Editions/Verlag. Picard, Paris, 1997.

HERZOG H., *Burgen und Schlösser. Geschichte und Typologie der Adelssitze im Kreis Euskirchen*, Köln, 1989.

HOGG, I.V. *Fortress, A history of military defence*, London, 1975.

HOGG, I.V. *A history of artillery*, London, 1974.

HUGHES, Q. *Military architecture*, Liphook Hants, 1991.

KAMPS, P., u.a., *Terminologie verdedigingswerken, inrichting, aanval en verdediging*, Utrecht, 1999.

MESQUI J., *Châteaux et enceintes de la France médiévale, de la défense à la résidence*, dl. 1, *Les organes de la défense*, dl. 2, *La résidence et les éléments d'architecture* coll. *Grands manuels*, Editions. Picard, Paris, 1991 et/und 1993

Le patrimoine monumental en Belgique, Province de Liège, delen 3, 8, 11, 16, Editions/Verlag Mardaga, 1974-1994.

SAILHAN, P. *La fortification, histoire et dictionnaire*, Paris, 1991.

Zeitschrift: *Informationen und Materialien zur Geographie der Euregio Maas-Rhein*, MaasRhein Institut für Angewandte Geographie e.v. Aachen.